陽明後學文獻叢書

錢明 主編

北方王門集

上

[明] 穆孔暉 尤時熙等 撰

鄒建鋒 李旭等 編校

國家社科基金重大項目“陽明後學文獻整理與研究”
（15ZDB009）

浙江省哲學社會科學重點研究基地
浙江省浙江歷史文化研究中心
學術成果

本書出版得到國家古籍整理出版專項經費資助

「陽明後學文獻叢書」出版緣起

王守仁，字伯安，生於明憲宗成化八年九月三十日（即西元一四七二年十月三十一日），殁于明世宗嘉靖七年十一月二十九日（即西元一五二九年一月九日），謚文成。三十一歲在離越城（今紹興市）十公里的宛委山陽明洞天結廬，自號陽明山人，學者稱其爲陽明先生。他是明代最有影響的思想家、政治家、教育家和軍事家。王守仁繼承並發展了中國傳統儒家的心性之學和浙東地區的學術傳統，創立了以「致良知」學説爲核心的陽明學，又稱「王學」。由王守仁開創並由其門人後學繼承、發展而形成的思想學派，統稱「陽明學派」或「姚江學派」。王守仁的弟子和傳人衆多，門下流派紛呈，他們對王守仁思想各有新的創設與展開，形成了後世所稱的「陽明後學」。從廣義的「陽明後學」槩念説，其陣容相當龐大，所存文獻也相當可觀，可謂明代思想史中最爲豐富的原始史料之一，其中較爲重要的，據初步統計就有百餘種之多。將這些文獻資料整理出版，對於明代思想史、政治史、軍事史、教育史、文化史等研究無疑具有重要價值。

儘管可以納入「陽明後學」範疇的文獻資料，大部分已收入於《四庫全書》、《四庫全書存目叢書》、《續修四庫全書》、《四庫未收書輯刊》、《四庫禁毁書叢刊》等多部大型叢書，但散失情況嚴重，缺憾甚多。譬如有的著作未曾鐫刻行世，有的重要著作雖有刻本存世但卻未被收録，有的重要人物其著作雖被收入但缺漏不全，有的所收著作並非最佳或最全的版本，有的有嚴重的缺卷、缺頁、缺字等現象。這些問題已成爲深入開展陽明後學研究的一大障礙。

又儘管上世紀五十年代以來，已陸續整理出版了一批陽明後學者的單行本、全集本或注釋本，如黄綰《明道編》（中華書局一九五九年初版）、《何心隱集》（中華書局一九六〇年初版）、《林大欽集》（廣東人民出版社一九九五年初版）、《顔鈞集》（中國社會科學出版社一九九九年初版）、焦竑《澹園集》（中華書局一九九九年初版）、《趙貞吉詩文集注》（巴蜀書社一九九九年初版）、《王心齋全集》（江蘇教育出版社二〇〇一年初版）、《張璁集》（上海社會科學院出版社二〇〇四年初版）、《程文德集》（香港銀河出版社二〇〇五年初版，上海古籍出版社二〇一二年修訂版）、《王叔杲集》（上海社會科學院出版社二〇〇五年初版）、《項喬集》（上海社會科學院出版社二〇〇六年初版）、鄧豁渠《南詢録校注》（武漢理工大學出版社二〇〇八年初版）、《王叔果集》（黄山書社二〇〇九年初版）、季本《四書私存》（臺灣中研院中國文哲所二〇一二年初版）等，但這些只是所存文獻中的極少部分，不能反映豐富的陽明後學之全貌。

浙江省社會科學院自上世紀八十年代起，就非常注重對明清時期思想家文獻資料的整理編校工作，相繼整理出版了《黄宗羲全集》、《王陽明全集》、《劉宗周全集》、《王陽明全集（新編本）》等。二〇〇〇年開始，浙江省社會科學院又投入一定的人力財力，由時任哲學研究所所長董平進行課題設計，錢明具體負責實施，約請有關高校和科研機構的專家，對陽明後學的主要代表人物的著作進行搜集整理，並與鳳凰出版集團合作，於二〇〇七年出版了「陽明後學文獻叢書」初編七種十册，内容包括《徐愛·錢德洪·董澐集》、《王畿集》、《鄒守益集》（上下册）、《聶豹集》、《歐陽德集》、《羅洪先集》（上下册）、《羅汝芳集》（上下册）。該七種十册書，由時任浙江省社科院院長的萬斌任主編，錢明（常務）、董平任副主編。叢書出版後即獲得海内外學術界的廣泛好評，並先後獲得浙江省哲學社會科學優秀成果三等獎和全國優秀古籍圖書獎。

在此基礎上，自二〇〇九年開始，浙江省哲學社會科學重點研究基地、浙江省浙江歷史文化研究中心又啓動了「陽明後學文獻叢書續編」項目，由錢明任項目負責人，内容包括《薛侃集》、《黄綰集》、《劉元卿集》、《胡直集》、《張元忭集》、《王時槐集》、《北方王門集》，即將由上海古籍出版社陸續出版。二〇一三年初，浙江省哲學社會科學重點研究基地、浙江省浙江歷史文化研究中心又與北京大學高等人文研究院合作，開始啓動「陽明後學文獻叢書」的三編、四編工作，由錢明、張昭煒任項目負責人，並且與上海古籍出版社簽訂了長期出版合同，使整個項目在人員、資金、出版等方面都得到了充分保證。

我們計劃從二〇〇〇年到二〇一六年，用十六年時間完成包括「陽明後學文獻叢書」一編到四編在内的全部整理出版工作。整個項目計劃完成四十册書，約兩千萬字，將分期分批出版，力求集陽明後學文獻之大成。由於叢書一編出版後又陸續發現了一些佚文佚詩，所以本計劃還包括等條件成熟後陸續出版修訂本，對已出書進行增補和修正，並將一起交由上海古籍出版社出版。

凡入選本叢書的各種文獻資料，編者都盡量收集原書各種版本進行比較，辨其源流，選擇時代較早、内容完整、校刻最精者作爲工作底本。整理時用其餘版本通校，並於「編校説明」中列明底本、通校本及參校要籍的名稱、版訊。同時也盡量參考前人的校勘成果，充分吸收其合理意見，並盡可能對原書的引文進行復核。在編校過程中，還盡量進行輯佚補闕工作，收集相關傳記、序跋、祭祝類資料，力求完備。每一思想家的文集，大體上由編校説明、基本文獻及相關附録資料三部分構成。

本叢書中所收著作的版本搜集和選定、標點校勘、附録彙編等基礎性工作，皆由整理編校者獨自完成，自負其責；叢書主編的工作，主要是課題設計、組織協調、人員選定和落實檢查，部分善本孤本、佚文佚詩及附録内容亦由主編負責提供。浙江省社會科學院、浙江省哲學社會科學重點研究基地暨浙江歷史文化研究中心的各級領導、上海古籍出版社的領導和責編尤其是劉海濱先生、北京大學高等人文研究院院長杜維明先生以及海内外學術界的前輩和同仁，始終給予本叢書以極大的支持和關注，使得本叢書的各項計劃得以順利實施。

錢明謹識

二〇一三年十月

編校説明

黄宗羲《明儒學案》有《北方王門學案》一卷，收穆孔暉、張後覺、孟秋、尤時熙、孟化鯉、楊東明、南大吉七家。黄氏大體是以地域爲標準來劃分陽明後學諸學案的，僅從篇幅來看，與五卷的《浙中王門學案》、九卷的《江右王門學案》、三卷的《南中王門學案》相比，北方王門所占篇幅甚少。黄氏又云「北方之爲王氏學者獨少……非二孟嗣響，即有賢者，亦不過跡象聞見之學，而自得者鮮矣」[一]，可見其對北方王門的學術造詣評價也不高。作爲一部典範性的學術史著作，黄宗羲的上述看法對後人産生了籠罩性的影響，明代中後期陽明學「南盛北衰」幾乎成了一種普遍的印象。

然而，如果仔細翻檢晚明文獻，可見時人對北方王門的評價有許多不同的聲音。如生活於隆慶、萬曆之際的張元忭曾云：

有明正嘉之際，王文成公倡道於姚江，維時及門之士，自大江以南無慮千百人，而淮以

[一] 黄宗羲著，沈芝盈點校：《明儒學案》卷二十九《北方王門學案》，中華書局，一九八五年，頁六三六。

北顧寥寥焉，誠阻於地也。既一再傳，諸高第門人，各以其學流布于四方，然後一二傑者，始興起於齊、魯、燕、趙之間，而其毅然自樹，超然獨得，顧有出於及門諸賢之上。〔二〕

張元忭生於陽明鄉里的浙中，又曾從學於陽明及門高弟王畿，後中隆慶五年（1571）狀元，歷仕翰苑，在當時服膺陽明學的士大夫中聲望卓著，堪稱領袖式的人物。相對於時代晷後的黄宗義，這樣一位「在場者」的評論自然可能透露給我們更多的歷史實相。張氏亦認爲陽明學在北方的聲勢遠不及大江以南，然而他也指出，北方王門的若干精英人物「毅然自樹，超然獨得」，甚至有高於「及門諸賢」之處。這就提示我們，要全面理解陽明學之流變，就不能忽視北方王門，此即本書編纂之緣由。另需説明的是，相對於黄宗羲《北方王門學案》，本書增收張信民、趙維新兩家。又由於時間與資料限制，本書未收孟秋、南大吉兩家。以下即對本書所收各家及其著作情況作一説明。

一、本書收録各家述畧

穆孔暉（1479—1539），字伯潛，號玄菴，山東堂邑人。少年時即穎悟凝重，爲人平和。弘治

〔二〕　張元忭：《茌平弘山張先生墓表》，《張陽和先生不二齋稿》卷十三，浙江省圖書館藏明萬曆二十一年刻本。

十七年(1504)秋,王陽明主考山東鄉試,取其爲解元。次年中進士,入庶常,散館後授翰林院檢討,因忤逆劉瑾被調南京禮部主事。劉瑾被誅後復還舊職,歷任南京、北京國子監司業,翰林院侍講,左春坊左庶子,翰林院侍講學士,南京尚寶司卿,南京太僕寺少卿,南京太常寺卿。嘉靖十三年(1534)致仕,「杜門静養,與世相忘」。著有《讀易録》、《尚書困學》、《前漢通紀》、《遊藝集》、《大學千慮》、《玄菴晚稿》等。穆氏之學體現出濃厚的禪學化特徵。明人黄佐評論穆氏説:「天性好學,雖王守仁所取士,未嘗宗其説而非薄宋儒,晚年乃篤信之,深造禪學頓宗。」〔二〕黄宗羲説:「先生學陽明而流於禪。」〔三〕

尤時熙(1503—1580),字季美,號西川,河南洛陽人。嘉靖元年鄉試中舉,歷任元氏、章丘學諭,國子監學正,户部主事。後以母病辭官,遂不復出。時熙於嘉靖二年在北京參加會試時得讀《傳習録》,豁然有省,以不及師事陽明爲恨,遂師事陽明門人劉魁。又曾從王門弟子朱得之、周怡、黄驥等人問學。告歸林下後,家居三十餘年,日以講學著述爲事,「陝西、洛陽之間,聞

〔二〕 黄佐:《南雍志》卷二十一《穆孔暉傳》,收於周駿富輯《明代傳記叢刊·學林類》第二十一册,臺灣明文書局,一九九一年,頁一二七。

〔三〕 黄宗羲著,沈芝盈點校:《明儒學案》卷二十九《北方王門學案》,頁六三六。

風擔簦而至者百數十人」〔二〕。時熙病世之學者崇虛見而忽躬行，誤認情識爲良知，遂强調於日用常行處用功，而不爲玄虛隱怪之談。著有《擬學小記》、《聖諭衍》等。

孟化鯉（1545—1597），字叔龍，號雲浦，河南新安人。萬曆八年（1580）進士，歷任南京、北京户部主事，吏部主事，吏部文選司郎中。萬曆二十一年因上疏推補張棟忤上意，削職歸里。化鯉爲諸生時即師事尤時熙，後又結識張後覺弟子、山東茌平人孟秋，二人同在北京任官時，密相過從，互相砥礪，時人稱爲「二孟」。化鯉歸里後，築川上書院，講學其中，陝、沔、永、盧、汝、濆、光、羅間翕然風動，負笈至者數百人。其教人，一以孝悌忠信爲本，不爲玄杳高深之談。著有《尊聞録》、《讀易窾言》、《諸儒要録》等，另有文集八卷。

張信民（1562—1633），字孚若，號抱初，又號洗心居士，河南澠池人。幼時即嚮慕曹端，年十五爲諸生時，聞孟化鯉之學，即往從之，毅然以斯道爲己任。在鄉組織講會，陶鑄後學，反復忘倦。及化鯉去世，信民恐學會落寞，約同門王以悟會講于分陝龍興寺，學者如歸。萬曆二十一年，以選貢生授甘肅隴西令，以不避權貴，謫西安藩司檢校，事白，授懷仁令。居官多有德政，如引水、建學、建倉、刻書等。在西安時，曾與馮從吾論學。後以歸養解官，「秦晉之間以及汝、

〔二〕孫奇逢：《中州人物考》卷一《尤主事時熙》，四庫本。

潁、睢陽之士相繼而來問業者，室不能容」〔二〕，創正學會所，觀聽者數千人。直至去世，講學結會不輟。所著有《日鈔》、《理學彙粹剖疑》、《訓蒙要纂》、《四禮述》、《印正稿》、《洗心録》等。

張後覺（1503—1578），字志仁，號弘山，山東茌平人。屢試不第，以歲貢生授華陰教諭，甫三年即引歸。後覺年輕時本服膺程朱之學，嘉靖初年陽明門人顔中溪任茌平教諭，後覺從其處獲聞良知之旨。後徐波石出任山東參政，波石曾師事陽明，又卒業王艮之門，主「現成良知」説，後覺從其處聞「天聰明」之説，其學益進，并展現出泰州學派簡易直截之宗風。後覺不喜著書，獨好講學取友，不僅在家鄉講學，還曾北遊京師，南遊石城、水西，與鄒聚所、耿楚侗等名公論學。著有《張弘山集》、《書經集註》等。

趙維新（约1525—1616），號素衷，山東茌平人。年二十，聞張後覺講良知之學，即師事之。後以歲貢生爲長山訓導。以純孝爲鄉人所稱。東昌知府李瀛陽聘其講學，信從者衆。著有《感述録》、《感述續録》、《慎獨説》、《盡心解》等。

楊東明（1548—1624），字啓昧，號晉菴，河南虞城人。萬曆八年進士，歷任中書舍人、給事中、太常寺少卿、光禄寺卿、南京通政使、刑部右侍郎等職。任言官期間，直言敢諫，上請立東

〔二〕 孫奇逢：《中州人物考》卷一《張知縣信民》，四庫本。

宫、請預教皇子等疏。萬曆十一年黄河決口，上《饑民圖》，名動天下。東明曾與當時名儒鄒元標、馮從吾、吕坤、孟秋、耿定向、張元忭、楊起元等人交往論學，與楊起元關係尤密。吕坤説：「啓昧之學得之楊復所，復所得之羅近溪，近溪得之顔山農，而淵源則良知一派也。」〔二〕所著有《山居功課》、《論性臆言》、《青蓋瑣言》等。

以上各家中，以尤時熙及其後學孟化鯉、張信民爲代表的洛陽王門，以張後覺及其後學孟秋、趙維新爲代表的茌平王門，尤爲重鎮。此二學派不僅有清晰的師承關係，亦有各自的學術特色。如茌平王門不僅在源頭上受到了泰州學派的重要影響，更將泰州學派强調頓悟、「在本體上做工夫」的思想推致到了一個新的高度。再如洛陽王門，誕生於宋代理學的發源地之一洛陽，繼承了北宋二程篤實之風，强調在日用中踐履良知，對後期王學中泛濫的虚無輕浮的學風起了重要的矯偏作用。其餘如穆孔暉、楊東明諸家，雖然并未在其鄉里形成學派，但仍然在發揚王學義理方面作出了各自的獨特貢獻。

〔二〕吕坤：《楊晉菴文集序》，見本書所收《山居功課》卷首。

二、本書收録各書情况説明

《大學千慮》一卷，穆孔暉撰。北京國家圖書館、北京大學圖書館藏明嘉靖刻本。北京師範大學圖書館藏明刻本。本次整理以北京國家圖書館藏明嘉靖刻本爲底本。

《玄菴晚稿》二卷，穆孔暉撰。北京國家圖書館藏清抄本，上署「聊城後學朱延禧校」，本次整理即以此本爲底本。

《擬學小記》六卷并《擬學小記續録》七卷，尤時熙撰。《擬學小記》爲尤時熙語録與文章之結集，有兩種版本：一本於隆慶年間由洛陽尤氏門人捐資刻成，凡八卷。一本爲尤氏門人李根將八卷本别爲編次後刻成，凡六卷。萬曆年間，尤氏門人孟化鯉又將上述兩種《擬學小記》所未收之尤氏語録、文章編成《擬學小記續録》，凡七卷。清咸豐年間，洛陽人曹肅孫將六卷本《擬學小記》與《擬學小記續録》彙編爲一書，并於同治三年由洛陽知縣秦茂林刊刻，名爲《擬學小記合編》。本次整理的《擬學小記》與《擬學小記續録》以中國科學院圖書館藏秦茂林刻《擬學小記合編》爲底本。其中，《擬學小記》又以《原國立北平圖書館甲庫善本叢書》影印之八卷本《擬學小記》爲校本，補充了八卷本有而六卷本没有的内容。

《孟雲浦先生集》八卷，孟化鯉撰。臺灣「中央圖書館」藏明萬曆二十五年張維新刻本，題

《孟叔龍先生集》。中國社會科學院文學研究所、北京國家圖書館、清華大學圖書館藏明萬曆二十五年刻清康熙二年增修本，題《孟雲浦先生集》。本次整理以中國社會科學院文學研究所藏明萬曆二十五年刻清康熙二年增修本爲底本。

《印正稿》六卷，張信民撰。清華大學圖書館藏清雍正四年王箴輿刻本，本次整理即以此本爲底本。以北京大學圖書館藏清道光刻本爲校本。

《張弘山集》四卷，張後覺撰。中國科學院圖書館藏明萬曆二十七年張尚淳刻本。山東大學圖書館、北京大學圖書館、吉林大學圖書館等藏清康熙五年刻本《茌邑三先生合刻》[二]，亦收入此書，題《張弘山先生集》。本次整理以中國科學院圖書館藏明萬曆二十七年張尚淳刻本爲底本，以山東大學圖書館藏《茌邑三先生合刻》本爲校本。

《感述録》六卷并《感述續録》四卷，趙維新撰。山東大學圖書館、北京大學圖書館、吉林大學圖書館等藏清康熙五年刻本《茌邑三先生合刻》收入此書。中國科學院圖書館藏清道光刻本。本次整理以中國科學院圖書館藏清道光刻本爲底本，以山東大學圖書館藏《茌邑三先生合刻》本爲校本。

[二] 此書爲張後覺、孟秋、趙維新三人文集之彙編。

《山居功課》十卷，楊東明撰。日本内閣文庫、寧波天一閣文管所、河南新鄉市圖書館藏明萬曆四十年刻本。本次整理以日本内閣文庫藏明萬曆四十年刻本爲底本。

《青瑣藎言》二卷，楊東明撰。上海圖書館藏明萬曆四十年楊東眼刻本。本次整理即以此本爲底本。

三、《北方王門集》分工合作説明

本書是集體勞動的成果，具體分工如下。王志鵬：《大學千慮》、《張弘山集》、《感述録》；鄒建鋒：《感述續録》；黄巍魏：《擬學小記》、《擬學小記續録》；麻雪梅：《孟雲浦先生集》；李旭、曾友根：《山居筆記》、《青瑣藎言》。由劉丹、鄒建鋒統一審核定稿。并蒙同濟大學朱義禄先生、浙江大學潘建華先生審閲書稿。

課題組成員均抱好學不懈之心，然而學識有限，加之出版時間緊迫，書稿必定會有不少錯誤疏漏之處，敬祈方家不吝賜教。

鄒建鋒

總目

目録

玄菴晚稿

擬學小記

卷五　雜著

擬學小記續録

孟雲浦先生集

卷三……（四〇九）

卷七

印正稿

張弘山集

感述録

感述續録

山居功課

卷二 敬老篇 ……………………（八二七）

卷三 蒙教篇 ……………………（八三五）

卷七 書類下

卷八 序文類

青瑣藎言

附録　本書所收各家傳記資料

大學千慮

［明］穆孔暉 撰

大學千慮引

《大學》一書，見於《戴記》。自范氏表章之後，先儒屢有更定。至朱子深造自得，著爲《章句》、《或問》，而衆説淆亂始有所折衷，天下學子大夫翕然宗之。嗣是勝國迄我朝文士喜新好異，復爲紛糾之論，不知彼所妙契而真悟者，乃皆予朱子之棄餘也，可勝慨哉？堂邑穆先玄早已發解上春官，歷官翰苑，獨於是書沈潛有年，頃爾放歸林下，於世務一切謝絶，究索墳典，坐卧不離一室，冥心默思。凡有所得，輒筆之於稿。既而以爲心不得其正，遂禁吟咏。因發揮正心修身章大意，静久而理思涌發不可遏，乃通爲論釋成編。邦教受而讀之，反復玩味，其於予朱子之意既無牴牾，又多所發明，或補其未及，或廣其未備，誠無愧於前修而有功於來學。謹輯以付梓，與同志者共之。

總論《大學》大義

問：「古有大學之教矣，曾子復爲是書者何？」穆子曰：「大學之教，立其法耳，行其事耳。若夫序其本末，悉其始終，闡其精微，傳以心法，廣其功業，貫爲一體，會爲一編，則未之有也。蓋學校之教，廣成群才也；《大學》之書，所以傳道也。」

問：「古所謂大學之教者何事？」曰：「司徒敬敷五教，所以明人倫也。典樂之官專教冑子，所以養成德也。明人倫則通乎上下，養成德則專造大人。是時教立於上，有法可守，其道自行。世衰教廢，而講道於下者，始爲是書以垂訓，俾有志於大者知所持循。雖萬世之下，可以聞而知之。若夫爲教之規，學校既有之，故此書不具。」

問：「《周禮》以鄉三物教萬民，大司徒以鄉三物教萬民，而賓興之。一曰六德：知、仁、聖、義、中、和；二曰六行：孝、友、睦、婣、任、恤；三曰六藝：禮、樂、射、御、書、數。《王制》樂正崇四術，《王制》曰：樂正崇四術，立四教，順先王《詩》、《書》、《禮》、《樂》以造士，春秋教以《禮》、《樂》，冬夏教以《詩》、《書》。與唐虞之教同異？」曰：「教一也。世有古今，政有詳畧耳。夏曰校，殷曰序，周曰庠，學則三代共之，皆所以明人倫也。是謂大學之教。」

問：「《大學》之書，何以闡其精微？」曰：「慎獨以誠意，有十目十手之嚴；正心以檢身，使忿畏憂樂不得有於中。論『明明德』而欲『顧諟天之明命』，論『新民』而至於『天命維新』，精微莫甚焉。」

問：「古者學校之教，豈必無是？」曰：「教由粗而精，槩以是語之則誣矣。今之士謬談心學以自欺，妄説性命以相高，實白首鮮聞焉，皆然也。實宋儒誤之耳。蓋遺其切實而妄意高遠，非帝王之教也。」

問：「何以見帝王不以是教？」曰：「五倫以教百姓，音律以教胄子，『惟精惟一』但以授舜禹，則唐虞之教可知矣。《大學》之格物致知，惟精也；誠意正心，惟一也；自修身以至平天下，皆所以執其中者也。然皆指其要而不詳其法，專以明道也。」

問：「不詳其法者謂何？」曰：「經禮三百，曲禮三千，修齊治平之所必由者，其法備於學校矣，兹故畧之。」

論「明明德」

問：「『明德者，人之所得乎天。』朱子何所據，而謂其得於天？」曰：「據《大學》之已言也。『顧諟天之明命』，謂之自明，則知明命者，明德之源。天命本明，故人得之則爲明德。」

問：「虚靈不昧者何？」曰：「心惟虚故靈，靈故不昧。譬之谷以虚故響，鼓以虚故聲，耳惟虛故聞，鼻惟虛故齅，塞之則不靈矣。」

問：「虛何以得乎天？」曰：「由太虛有天之名，惟天爲虛。凡有形者，皆實也。太虛滿前，圓浄明通，即心之體也。心惟得是，故靈。」

問：「圓中而竅外者，心也，是亦形也，何以爲虛？」曰：「此肉心也，不可以語心之體。」

問：「肉心非心乎？」曰：「肉心者，神明之舍，非神明也。以其中虛者方寸，故神明居之。則其方寸中之虛而無形者，即心也。」

問：「何以能具衆理、應萬事？」曰：「惟虛，故能具衆理；惟靈，故能應萬事。」

問：「既虛矣，何以能具衆理？」曰：「子謂理有形乎？理若有形，則方寸之內所具者，亦寸物而已，一物之外將無所知矣。無形之寸虛與無形之太虛，其竅流通而無間，故渾爲一體，實非二物也。嗚呼！古今知此者鮮，未可以口舌喻，惟默會者得之，粗率無思者難與語。」

問：「明明德之事何如？」曰：「朱子《或問》言之盡矣。」

問：「《或問》與《章句》何殊？」曰：「《章句》言其畧，《或問》悉其詳。朱子之書，莫精於《四書》；《四書》之中，莫精於《大學》；《大學》之義，莫詳於首章。首章《或問》發明義理精備，故於他書義有相關者則畧之。蓋其説已備於此矣。是以善讀者能究心是書，則於他書可以契合，理無往而不融會矣。但粗率者未必能久觀也。」

論「親」當作「新」

問：「《禮記》本言『在親民』，而程子以爲當作『新』，此何所據，而朱子從之？」曰：「據《大學》之本文也。《盤銘》一章，爲『新』字者五，其『新』字將何所用？觀今人傳寫文字，每有差訛，況多歷年所，能無訛字？古書有不可通處，而强爲解説者，此類亦多矣。此義《或問》中已畧言之，況興仁、興讓、興孝、興弟，其『興』之爲言，皆新之之意也。」

論「止至善」

問：「明明德固當止至善矣，若民何以能止至善？況『民可使由之，不可使知之』，格物致知之事，豈民所能？」曰：「否。非謂使民止至善，欲新民者止至善也。謂大人之事云耳。」

問：「新民何以止至善？」曰：「以純王之心，行純王之政，化之有其機，處之有其道，好惡同其心，用人同其情，利不專於上，澤必及於遠，是之謂至善。豈急功利目前，爲小補之云哉！」

論「知止而後有定」一節總括一書大義

問：「『知止而後有定』，其義云何？」曰：「首言『在止於至善』，而即繼之以『知止』者，見

《大學》之道以『格物致知』爲急也。蓋能格物致知，則知所止矣。而後有定者，意誠矣。而後能靜者，心正矣。而後能安者，身修矣。而後能慮者，齊家治國平天下之事審矣。而後能得者，始能止於至善，《大學》之能事畢矣。此一節亦總括《大學》大義，已含蓄八條目。其言甚精密，雖一事之中，而道之始終無不備，蓋言至善之所當止者，其益如此。」

問：「此節但言『知止能得』而已，未必字字俱以八條目分合，恐作者無此意，或失之牽强。」曰：「作者之心甚精密，非粗淺者所能信也。不特此節爲然。或一章總括一書大義，或一句總括一書大義，篇内往往皆然。皆所以貫始終爲一物，通血脈爲一身。所謂『文雖不屬，而意實相承』。其用心深奥，非朱子莫能知也。」

問：「此義已備見《章句》矣，子復喋喋者何？」曰：「學者雖呻其佔畢，未究其藴奥，不過粗知大旨而已，其實未嘗深味而樂玩也。」

論「事物先後」爲《大學》格致之要

問：「『物有本末，事有終始』，其意云何？」曰：「此言格物致知之要也。蓋天下之事，不知其序則不得其要，不得其要則作爲無緒，錯亂顛倒，終無成功，而去道遠矣。惟先窮其本末終始，則進爲有序，不遺所急而先所緩，舉足措手皆得其所向矣。」

問：「何以不詳言格物致知之事，而但舉其要？」曰：「格致之事已備於學校之教矣，故此但言其要，以示學之有序也。」

問：「學校之教，何者爲格致？」曰：「經禮三百，曲禮三千，春秋教以《禮》、《樂》，冬夏教以《詩》、《書》。舉凡學校所立成規，無非格致之事，故此書不載。此一書皆言其理，而不詳其法，所以明道也。」

問：「其要何如？」曰：「『明德』爲本，『新民』爲末；『知止』爲始，『能得』爲終，《章句》已言之矣。『知所先後』，『先』之一言，已起下文六『先』字；『後』之一言，已起下文七『後』字，先儒亦已言之矣。若句爲之析，則天下國家身心皆物也，修齊治平誠正格致皆事也。所謂『致知在格物』者，正斯物也。始言『物有本末』，終之以『致知在格物』，豈二物哉？『事』則所以處物者。此一節亦總括一書大義，誠至要之論也，其説見後。」

論「明明德於天下」一句總括一書大義

問：「何謂以一句總括一書大義？」曰：「言『明明德』，則新民之事備矣；言『新民』，則明明德之事備矣。蓋不能新民，則明德之量未盡；不能明德，則新民之事無本。是以既次序其全功而分言之，又括以一言以見其意。如古人『明明德於天下』，朱子謂一言而該體用之全，其實一書不外此句而已。作者立意工緻，始言『在明明德』，次言『在新民』，若二事也。將分斯二句爲八條目，而總之曰『明明德於天下』，則明德、新民，皆在一句之内矣。」

問：「『明明德於天下』者，正言新民之事，豈即指自明爲言哉？」曰：「明德者，我之明德與天下所同得者，非專指在民者言也。」

問：「何以謂之明於天下？」曰：「文勢猶言明道於天下，即我與物皆在其中矣。蓋此德未明於天下，則其所得於天者，限於吾身而已。吾之所得，豈止如是而已哉？且明德之内，萬物皆備，不能盡人物之性，則明德之功未極。故一言而該體用之全，其説深合作者之意，無是胸襟者，烏足以究其致？」

問：「天下之人何以能皆明其明德？」曰：「興仁、興讓、興孝、興弟，使倫理明於天下是已，非謂欲求其格致誠正也。庶人之誠意，但不欺而已。若其正心，但無側頗僻而已。人有賢愚，理有精粗，事有廣狹，如《孝經》論『孝』，自天子以至於庶人，雖等第大小不同，均謂之孝，豈謂以天子公卿之孝責之人人哉？如《書》之所謂『百姓昭明，黎民於變時雍』，是天下之人皆有以明其明德矣。《易》之所謂『聖人以人文化成天下』，則明之之謂也。」

問：「首章總括大義是矣，其餘他章亦有總括者乎？」曰：「釋『明明德』章先引《康誥》，以見其言之有據；次引《太甲》，以見明德之功，且推明德之意；次引《帝典》，以見是德之大無所不包。雖明明德於天下，亦謂之自明，是一書大義不過自明而已。釋『新民』章先引《盤銘》，是言明德爲新民之本；次引《康誥》，正言新民之事；次引《文王》，以見新民之極。且『明德』章言『顧諟天之明命』，所以事天也。『新民』章言『天命維新』，是能格天矣。精微莫甚焉，是正止至善之事，故曰『君子無所不用其極』。若釋『止至善』章，其括一書大義又甚明，不待言矣。」

論天下國家身心爲物之所當格者

若備論格致之全功，在《或問》甚悉。今畧舉《或問》之要，以明窮理之意，則朱子用心之密，或可得而知矣。其曰「天道流行」以下至「皆得於天之所賦，而非人之所能爲也」，此一段言物皆有至理，見學者所當窮也。其曰「心之爲物，實主於身」一段，以見心有本然之主，格其理，則知所以正心矣。「渾然在中」之説，正不欲其有所偏也。其曰「次而及於身之所具」一段，以見身有當然之則，格其理，則知所以修身矣。謂「身之所具」，本傳之七章而言也，因論視聽食味，知其言耳目口鼻矣。謂「身之所接」，本傳之六章而言也，因論親愛賤惡，知其指人倫言矣。其曰「外而至於人，則人之理不異於己」，以見天下國家之理可以類推也。知所以格之，則可以齊治均平矣。

問：「《或問》又言『遠而至於物，則物之理不異於人』，與前所謂『凡有聲色象貌盈於天地之間者』，此於身心何關，而必欲格之？」曰：「大義有二焉：一則欲會其理於心，心明則物莫能蔽；一則欲曲成萬物以爲用，故無物可遺。《周禮》於山川原隰、昆蟲草木細微之事，多備爲之處者，則古人之學可知矣。此理也，非可以私見揣度，故曰是乃上帝所降之衷。因備引古人之論，以見至理精微，乃物之所具者，即天之所賦者。理在物而備於吾心，故可得而格，不然泛爾散亂，吾何從而究之。」

問：「理在萬物，物各有理，理各不同，何以具於吾心？」曰：「此論末矣。所謂『同』者，遡其本也。天之生物，降本流末，末雖萬殊，其本則一。得其一以生者，萬斯具焉，故曰『性者萬物之一原』，具於吾心謂之性，散於萬物謂之理。故此心乃萬理鍾會之地也。以其所聚而照其所散，沿其末而遡其本，合其殊而歸諸一，隨其體而辨其用，何物之不可格耶！」

問：「格物之功當自何始？」曰：「自學問始。」

問：「何以見之？」曰：「《大學》已明言之矣。『如切如磋者，道學也』，一書之内惟此一『學』字，舍此而論格物，則無可據之成法矣。是之謂孔門之實學。朱子論之甚悉，故不復再述。」

問：「物、理一也，何以有『當然之則』及『以然之故』？」曰：「性分之所固有，是『以然之故』；職分之所當爲，是『當然之則』。所當然者，人事也；所以然者，天理也。」

問：「何謂貫爲一體？」曰：「天下之本在國，國之本在家，家之本在身，身之主則心，心之發則意。心者，人之神明，所以具衆理而應萬事者也。知則心之神明，所以妙衆理而宰萬物者也。物則理之散見者耳。故自格物以至平天下，不過一理貫通而已。」

論「敬」爲一書之管轄

心所以具此理，知所以識此理，而「敬」則一心之主宰，萬事之根本，實學者用力之地也。蓋有主宰則衆理可存，有根本則應用無窮，《大學》之管轄，實在於斯。

問：「此程子之意，《大學》所不言者，何爲加一『敬』字？」曰：「程子固本之《大學》以立論也。非身體力行者，不足以知此。」

問：「何以見之？」曰：「論明明德而言『顧諟天之明命』，論新民而本之『日新』，論止至善而曰『緝熙敬止』、曰『恂慄』，論誠意而曰『慎獨』、曰『十視十指之嚴』，論正心曰『喜怒憂樂不得有於中』，論修身齊家曰『親愛賤惡不得有所偏』，論治國曰『其儀不忒』，論平天下曰『先慎乎德』，敬莫備於此矣。一書始終不離乎敬慎，此程子心所獨得之學，故能言其要。且《大學》精微之説，於斯爲至。」

論「格物絜矩」爲《大學》之要

穆子曰：「《大學》之道始於格物者，萃天下之理於一心以立其體；終於絜矩者，推一心之理於天下以達其用。皆所以貫天下之道者也。必如是，則理有定法而可求，心有定法而可施，錯之天下，始無謬矣。何者？格，量度之也，謂以式量物，則物理可得；矩，爲方之器也，謂以矩度物，則人情不遠。斯二者，《大學》之要法備矣。始據成格以啓其心，終操方矩以廣其用。本諸天理，合於人心，皆有定規而可循，是之謂至善可止者。《大學》之要，孰大於是？然格者，自外而約諸内，以見此理之同；矩，則操内而施諸外，以公此心於物。蓋必格之明，而後矩始正，皆不外於能度而已，其實非二物也。」

問：「格物之説，近時多有背程朱之論者，何如？」穆子曰：「程朱之論理精矣，而訓詁未明，是以啓後學紛紛之論。但曰『格，至也』，以『至物』不可以爲句，故又繼之以『窮至事物之理』，是增字而義始足，使格物之文遂不明，宜其未能快人心也。」

問：「爾之所論何據？」曰：「以古人之訓詁合程朱之義理，則聖經自明。」

問：「所據何在？」曰：「《蒼頡篇》云『格，量度之也』，見《文選·運命論》注。此程朱以前書。二公以《文選》爲辭章之學，不暇久觀，是以不及採。且《蒼頡篇》乃訓詁之最古者，以其書久廢，故見之者鮮。在唐時其書尚行，故李善得以引用焉。不特此耳，考之内典，隋智顗《法華經文句》解《分别功德品》云『格量功德』，又云『格量多少』，其一篇内『格量』字甚多，此又在唐以前者。不特此耳，《大莊嚴經論》云：『佛之弟子等，梵王所尊敬，况復如來德，如何可格量？』此其來又遠。然則『格量』之義，古皆用之，而程子未之見，是以意雖暗合而解釋弗暢，故使聖經難明。然其爲説合於聖門無疑，豈前人之所能及哉！彼妄爲紛更者，蓋未究聖門之學也。」

問：「格之訓至，可終廢乎？」曰：「不可。當云格量物理以求其至，則其義始備。」

論「厚薄」

問：「人各私其家，豈有所厚者薄而所薄者厚乎？」曰：「不愛其親而愛他人者，謂之悖德；不敬其親而敬他人者，謂之悖禮，世如斯人多矣。如博弈好飲酒，不顧父母之養，或勢利相交，傾情相與。以至惡少爲狎取歡，一有不合，或失其意，則疎且怨矣，其厚豈本心哉！」

論聖經一章皆總括一書大義

朱子分聖經一章凡七節，節節之内，一書大義皆備焉。簡要如此，信非聖筆不能也。首節以三「在」字提一書之綱，然其義莫要於止至善，故次節以「知止能得」言大人精微之學。蓋

「止」字承上，「知」字起下，「知」之一字，即指下文「知所先後」、「格物致知」之「知」，此節含畜多義。第三節以「本末先後」承上起下，第四節推其先後之由，第五節次其先後之序，第六節以「身」對「天下國家」而究其本末，第七節以「家」對「天下」與「國」而論其厚薄。是則進爲之功，莫要於知所先後；施用之業，莫要於知其厚薄。其示大人體用之學，極約且盡矣。不如是，則爲之有不成，動之有不化者矣。

論「釋明明德」章

問：「『諟』字既訓『此』，又訓『審』，當孰是？」曰：「五經無有以『諟』爲『是』者，況『是』字亦虛字而已。惟『審』字爲有力，此經文不可改者。《說文》：『諟，理也。』《廣韻》：『正也，審也。』此自古相傳之訓。」

問：「『顧』與『審』何別？」曰：「『顧』疎而『審』密，『顧』粗而『審』精，必兼二義乃備。」

問：「當何如用力？」曰：「譬人有一子，恐其有失，常觀其所在，是之謂『顧』；然又察其飢寒疾痛，晝夜撫摩育養，是之謂『審』。君子於天命亦然，每念己之恐忽天命而有違，故常顧於目。又於言動食息之頃，皆省其合天與否，則天命始昭然在前，無時而昧矣。《詩》曰：『敬天之怒，無敢戲豫。敬天之渝，無敢馳驅。昊天曰明，及爾出王。昊天曰旦，及爾遊衍。』」

問：「何以言皆自明也？」曰：「《康誥》之義，固言自明矣。觀之《太甲》，正謂『天未始不爲人，人未始不爲天』，雖顧諟在天者，亦豈非自明其在我者乎！觀之《帝典》，又謂『道雖極於無外，理則約於一心』，雖明明德於天下，亦豈非自明其在我者乎！善哉傳者立意之精也！所引《康誥》之意固已盡矣，恐人不知此德之出於天也，故又引《太甲》；恐人不知此德之大也，故又引《帝典》。知此義，則《大學》一書之旨盡矣。」

論「釋新民」章

問：「五『新』字何爲新民之『新』？」曰：「皆用新民之『新』字以貫始終言之，亦括一書大義也。未及言聖經『新』字，而聖經『新』字在其中。若『作』之爲言，乃新民之功也。」

問：「何不正以新民爲言？」曰：「此正其血脈流通精微之論。蓋言新民而本於自新，則新民有機矣。然後作新之教可施。及新民既久，而天命自新。故摠之以『無所不用其極』，而新之爲言無餘藴矣。」

問：「『作』之爲言，何以備『新』字之義？」曰：「其力正在此，聖經『明』字、『新』字無功可尋，故傳文發之。蓋君子既嘗躬行，使民興仁興讓矣，是之謂自新之民。然後政令可施，作興鼓舞，民有不知其然而自化者矣。」

問：「何必以『新』字牽强言天命，如後世作文者巧於用字然？」曰：「不然。此正其精微之學，貫通之極致，非俗儒所能窺也。方其『顧諟天之明命』，固以自明爲言，然未嘗至民而有間也。敦典曰『天敘』，庸禮曰『天秩』，五服五章曰『天命有德』，五刑五用曰『天討有罪』，蓋『天視自我民視，天聽自我民聽』，是則事天者内不遠於吾身，外不遠於斯民，蓋與天無時而可違也。人常顧天，天亦顧人，《詩》云『乃眷西顧，此維與宅』，豈非因顧而新其命哉？克配上帝，本於得衆；命不于常，善則得之，正以實斯論也。嗚呼！微矣。是以『釋明明德』章以『明』字貫一篇之義，『釋新民』章以『新』字貫一篇之義，『釋止至善』亦然。皆字字淵奥，包攝深廣，親切詳盡，豈若後世用字掇拾其似，無所統紀，無味可詠哉！知道者當自得之。雖然，此『新』字從朱子之説耳，若謂作新其民，於經文爲切且有力。」

論「釋止至善」章

問：「『邦畿』、『黄鳥』之詩亦有義乎？不過因『止』字取用耳。」曰：「何其言之鄙也。民之所止，莫邦畿爲美；鳥之所止，莫丘隅爲安。言『止』言『至善』者，莫切於此二詩，故取其詠嘆以發其意。何以言之？『商邑翼翼，四方之極』，正以言道之所在也，豈止衣冠文物、百工技藝甲於天下哉？蓋四方之所取則者，此正民居之至善也。凡民所止，豈有過於是哉？黄鳥所止者多，而惟取此者，安且静也。《詩》以『黄鳥』名篇者三，孔子何以不取彼而取此？蓋止於棘桑者以興臨穴之惴慄，集于穀栩者以明邦人之難處，彼亦豈無所止哉！　桑棘、穀栩皆有所利，亦以近人，不免於害，豈若丘隅之高遠哉？詩人立意之深，孔子説《詩》之妙，於此可見。知此亦可以悟讀《詩》之一法。『邦畿』以明至善之所在，『黄鳥』以明至善之當審，豈有不審而能處哉？均黄鳥也，或能審其所止，况於人乎？」

問：「引《黄鳥》之詩，但影畧止之爲義云爾，何必以利害爲言？」曰：「不言利害者，迂儒也。聖言周悉，豈舉此而遺彼，若世之疎論哉！　蓋君不仁則失其民，臣不敬則失其身，不孝、不慈、不信，□有不罹於患者。『僻則爲天下僇，菑必逮夫身』，《大學》何嘗不言利害哉！」

問：「《文王》之詩，所言『止』字但爲助語。此引不過借止字以實經文之辭耳。」曰：「不然。『緝』言其純，『熙』言其明，『敬』言其力，正得止之由也。蓋不純則有間矣，不明則昏矣，不敬則怠矣，豈能得所止哉？純亦不已，丕顯其德，小心翼翼，是則文王之所以爲文，其德所以深遠也。蓋常續其明，自無不敬，故能安所止，而其德莫遷矣。一句四字皆有力，非他處『止』字叶韻而已。《益稷》曰『安汝止』，《太甲》曰『欽厥止』，此自古聖賢相傳之心法，豈可以『止』字爲虚辭，若後世綴文者之漫用哉！」

問：「既曰緝熙，又曰敬，又曰止，是三義矣？」曰：「緝熙所以爲敬也，昏則怠矣。敬所以爲止也，怠則失矣。若夫止字與至善字，亦惟至此始明。《大學》但言止至善，不言至善爲何物，故舉仁、敬、孝、慈、信以見人倫之至理，所以爲至善也。但言至善當止，而不言得止之力，故以敬明之，以見其爲求止之實地也。道莫精於此，惟程子能知之，非朱子亦莫能發明其意。」

問：「敬如何而用功，《大學》亦未嘗明言。」曰：「言之悉矣。内而慎獨以誠意，外若十視十指之嚴，恂慄存於心，威儀肅於體，忿懥恐懼不得有於中，親愛賤惡不得僻於貌，莫非敬也。敬之爲義，莫精於斯。」

問：「『與國人交止於信』，與何人交耶？」曰：「交友也。」

問：「臨政御下，不可謂之交乎？」曰：「爲人君止於仁，御下之道盡矣。御下之道泛，交友之道專，故別以『信』明之。此五句皆指人倫而言，況『交』字、『信』字非施之友而何？《或問》中所謂『於大倫尤且缺其一焉』。又觀朱子於寧宗時侍講所進《大學講義》皆《或問》也，此節末段又云：『君之所以仁，臣之所以敬，子之所以孝，父之所以慈，朋友之所以信，皆人心天命之自然，非人力之所能爲也。』其旨明矣。」

問：「《淇澳》、《烈文》之詩與此節同異？」曰：「《文王》之詩，言止至善之標的，已含下二節之意。《淇澳》見進修之功密，《烈文》見德澤之被遠，欲知『緝熙敬止』之聖學，非《淇澳》之功莫能至，而《烈文》則其餘效耳。蓋仁、敬、孝、慈、信乃先王之所以親賢、樂利者，成己則爲明德，成物則爲新民，穆穆之德，若之何不深且遠哉。」

問：「《淇澳》之功何如？」曰：「《或問》言之詳矣，兹且明其大意：蓋緝熙敬止，聖學也。先舉此以爲學者立極耳。然但渾言其理，人將何由而用力？故引《淇澳》之詩以見得止至善之由。傳者用意精深，立言有序，爲文有法如此，後世雖有作者，莫能及矣。《大學》之書皆如此，然學問之功，惟此節爲備。蓋道學言格物致知之事，自修言誠意正心修身之事，恂慄則心正矣，威儀則身修矣。明德而至於威儀赫喧，則可畏可像，觀者敬愛感發，孰能忘之？蓋其光輝之接於人目者盛，故盛德之入於人心者深，至善孰有加於此哉？然學問所以求至善，自修所以體至善。恂慄則邪僻之心不萌，而至善止於中；威儀則鄙陋之習已盡，而至善著於外。是則爲斐然之君子，去聖人不遠矣。」

問：「兩詩皆言不忘者，何異？」曰：「《淇澳》覩其光者切，故當時不能忘。《烈文》被其澤者遠，故後世莫能忘。」

問：「《烈文》之詩何如？」曰：「其賢其親、其樂其利者，先王新民之澤也。賢之親之、樂之利之者，君子小人之自新者無已也，諸儒言之悉矣。即其莫能忘，見其善之至。」

論「釋本末」章

問：「聽訟之説何如？」曰：「新民莫難於聽訟，聽訟莫先於使民無訟，使民無訟莫先於不得盡其辭，不得盡其辭莫先於畏其志。彼之自畏者，由於神明其上也，然則使民自畏，非明德、新民之極，何以至是？此蓋已格其心，非止免而無耻而已。」

問：「《大學》之道大矣，遽可以此爲知本哉？」曰：「此天下之至難，堯舜其猶病諸者也。」

問：「何以言之？」曰：「舜征有苗而逆命，至於王師振旅、舞干羽而後格，德之服其心也。此爲正言己與物相感之機，乃合明德、新民爲一事，而自其難者言之也。於此而知其本，豈聽訟者之矜其聰明而以得其情爲喜哉？然得其情者雖十九，而或失焉者多，不得盡其辭者，千萬人如一，莫之能或欺。此王者之大化，聖神之極功，知本孰大於是？自明德新民之外而論本末者，其義疎矣。蓋理雖無窮，可以類推也。嗚呼！使民無訟，孔子猶以爲難，學者豈可忽之？讀者或未之思也。」

論「釋誠意」章

問誠意章大義。曰：「其機在於慎獨，其發在於不自欺，其情在於好惡，其志在於自慊。自慊則心廣體胖矣。廣則心之正，胖則身之修，蓋心正身修皆由於誠意也，可不慎哉！然此章『好惡』亦貫一書大義。蓋好惡者，人之常情也。情之所發，非好則惡，而好惡之公私誠僞，即明德新民之善與不善，皆可知矣。格物致知，所以察善惡而擇好惡也。好惡不自欺而意誠，好惡不有於中而心正，由是推之於用，則好而知其惡，惡而知其美，身無一偏之害，而家可齊矣。由是推之於民，民之所好好之，民之所惡惡之，以至於能好人能惡人，公其情於天下則天下可平矣。不然，將拂人之性，然其機皆本於意，可不慎哉！」

論「釋正心修身」章

問：「誠意者『如好好色，如惡惡臭』，正心者『有所好樂，則不得其正』，然則好善亦非正乎？將有所好樂者，或謂聲色諸欲乎？」穆子曰：「否，非是之謂也，是進於精微矣。求道之初，先別善惡，故好善惡惡，當極其誠。及夫知爲善矣，能去惡矣，可以爲君子矣。聲色諸欲不必言矣，或好惡喜怒有係於心，即謂之偏倚，所好雖善，所樂雖正，而心之本體已失矣。」

問：「心之本體何如？」曰：「寂然無物者，心體也。」

問：「無物何以言具衆理？」曰：「惟虛則無不具，有物則塞矣。惟好惡喜怒不留於心，是之謂虛，是之謂正。」

問：「事至不齊，絶無好惡，將應之失宜，如所施舛錯何？」曰：「非是之謂也。君子已嘗窮理矣，已嘗誠意矣，復進之以廓然，俾澄兮如淵，瑩兮如鑑，則物來能照，據理而施，何舛錯之憂？」

問：「物之順逆既至，而好惡所施不同，既應於心，亦謂之有矣，何以謂有則不得其正？」曰：「非是之謂也。鑑照妍媸而妍媸不着於鑑，心應事物而事物不染於心，自來自去，隨應隨寂，如鳥過空，空體弗礙，何有之云？」

問：「好善惡惡即好惡正矣，獨不可謂之正心乎？」曰：「是特求正之功耳，乃心之用也。方自其已發者言之，故謂之意。意之發患於有僞，故教之以誠是恃，立志欲篤，用力欲實，正欲所發皆正耳。所發皆正則心無妄用，發猶未發，而後可以復其本矣。鑑刮其垢而復明，水澄其滓而復清，心去其惡而復善。心未能即正，故自誠意始，意之不誠而遽欲心無偏係，難矣。始於能好惡而終不爲好惡所累，非知道者其孰足以語此？故心之得其正者，自好惡得其正始，好惡之力未極而遽欲無所好惡，冥然無覺，猶之凡庸耳。心終於蔽，正奚由生？」

問：「嫉惡如讎者，好惡亦云極矣，其心不亦得其正乎？」曰：「否，不然，是於好惡之道尤遠，是正不能正其心之弊也。玆所謂善惡者，謂其在我者，非謂其在人者；玆所謂好惡者，好其美吾内者，惡其穢吾内者。於吾也自足，於人也何暇？彼嫉惡如讎者，謂之慕善則可，然或客氣之不克，猶之暴戾者耳，直而未温，剛而或虐，意且不誠，心奚由正？好惡方馳於外，何切於己？」曰：「『民之所好好之，民之所惡惡之』，其好惡不在外乎？」曰：「否，非是之謂也。彼所謂好惡者，以用之天下者言也；此所謂好惡者，以體之吾身者言也。惟其在我者不存好惡之心，是以施之民者方得好惡之正。若在我者先有好惡橫於中，則其施於人者，好惡始違其情矣。」曰：「此章但言好樂而已，未嘗言惡也。」曰：「忿懥非有所惡乎？犯其所惡而忿懥生焉，況是四者總括人情盡矣。雖所不言者，固未嘗不包也。」曰：「喜怒妄發謂之不正可也，今皆云無而後謂之正，然則一怒而安天下者，將其心何似？」曰：「聖人出怒不怒，猶之無怒也。所謂『王赫斯怒』者，詩人指其迹以言，蓋從世之所云也。豈必奮髯抵几、撫劍疾視，而後謂之怒哉？赫赫之旅雖出，穆穆之常自若，何怒之有？」

問：「『心不在焉』，其説何似？」曰：「方其心有所喜，雖當怒之人弗見；方其心有所怒，雖可愛之語弗聞。其弗見弗聞者，不能檢其耳目也。是之謂身不修，推之則動履不能正，容止失其常，皆可知矣。是以威儀攝於能敬，筋骨束於有禮，何者？敬以制心則心存矣，心存則無動無静，常寂常明，本體不偏於未發之先，妙用不留於已發之後，無時不正矣。然後恭而能安，動容周旋中禮，此修身之極功，明德之成事也。《詩》云『其儀一兮，心如結兮』，言儀之能一由於心也。」

問：「好樂不得其正者謂何？」曰：「非必貨利聲色而後謂之不正，胡明仲所謂『或遊畋，或博弈，或辭藝圖書諸好，雖汙潔不齊，欲有大小，皆足以變移志慮者』是也。凡此類一或蔕於胸中，雖夢寐弗忘矣，心奚由正？」

問：「《中庸》言『喜怒哀樂之未發謂之中』，與此同否？」曰：「一也。自《中庸》言之謂之中，自正心言之謂之正，皆不偏之謂也，皆至静之體也，非知道者何足以語此。」

問：「孔子聞《韶》三月不知肉味，與此章『食而不知其味』何殊？」穆子曰：「否。孔子之忘味，真樂切也；衆人之忘味，至憂迫也。孔子知有理而不知有欲，是以終身爲忘味之人，『飯疏食飲水，樂亦在其中』，『發憤忘食，不知老之將至』，豈止聞《韶》一事云爾哉！記者以忘味之言狀學《韶》之樂，以見其得於心者深也，是正其理與心融，舉天下之物，無有加於中者，豈若世之貪此而忘彼、憂懼深而失所樂者可槩論乎！孔子無所動其心，他人心每馳於外，此其忘味之别。」

問：「堯以不得舜爲己憂，舜以不得禹、臯陶爲己憂，聖人吉凶與民同患，此非有所憂患乎？」曰：「否。此非問矣。聖人之憂患，公天下之心也。此章所謂憂患者，一己之私也。且聖人亦有情，非若木石之無知。但其未發則謂之中，發而皆中節則謂之和。此章之所云，正所謂失其中和者。苟得其和，雖恐懼之事，亦無以動其中，况憂患之常乎！周公東避流言，赤舄几几；孔子厄於陳蔡，絃歌不衰。是其心未嘗不泰然也。今之所謂有者，如鏡有塵翳，明而未瑩，聖人則皎如皓月，雖雲霧往來，莫能損其光也。謂鏡有塵翳則可，謂月有雲霧可乎？有之云者，言滯於中而未化也，聖人之情則無所滯。」

論「釋修身齊家」章

問：「七章所謂『忿懥恐懼』，八章所謂『親愛賤惡』，皆人之情也，何所分别？」曰：「上章以動於中者言，故屬之心。下章以見於貌者言，故屬之身。屬於心者未接物亦有之，不必待施之人而後發，故謂之心不正。心之所發莫先於視聽，視聽則屬身矣，故以之言身不修，是接心與身而言。若夫親愛賤惡諸情，是身與物接之時見於外者如此。然身之所接莫先於家，情之所偏，惟家爲甚，故因以惡子碩苗言之，以見家之所以不齊，是接身與家而言也。其脈絡分明貫通，精之至矣。」

問：「親愛賤惡指何等人？」曰：「朱子解『傲惰』一句内已備言之矣，則是親且舊者，所當親愛，然莫親於子而莫知其子之惡，豈非僻乎？若夫其位與德可敬而畏，以下皆可類推。言雖當敬當畏，不可過於敬畏也。敬畏或僻，則陷於諂矣；賤惡或僻，則嫉之已甚，亂也。此『辟』字亦通貫《大學》，蓋由於心之偏，故發而爲情之辟，此修身所以次於正心也。有所忿懥則不得其正，豈不發爲賤惡之偏？苟是僻不已，將爲天下戮。」

爲解《大學》默思《遺教經》有契，因附著於此

《大學》言修身本於正心，與佛《遺教經》所謂「心爲其主」同意。《經》云：「汝等比丘，當制五根，無令放逸。五根，謂眼耳鼻舌身也。此五根者，心爲其主，縱此心者，喪人善事，制之一處，無事不辦。是故，比丘當勤精進，折伏汝心。」是以心檢身，其功同也。不特此耳，《遺教經》云：「不得包藏瑕疵，顯異惑衆。」「包藏瑕疵」者，即「小人閒居爲不善，無所不至也」；「顯異惑衆」者，即「掩其不善而著其善」也。《經》又云：「比丘當常慚耻，無得暫替。」若離慚耻則失諸功德，有愧之人則有善法，若無愧者，與禽獸無異也。見君子而後厭然者，豈不知愧？但忍於自欺，包藏瑕疵耳。孟子云「人不可以無耻」，是儒與釋道皆以耻爲重也。佛道以自知所行名爲慚，因他生耻名爲愧。又云：「以自作而羞，見他而愧。」愧之云者，即厭然意。若夫瞋恚憍慢諂曲之論，皆有同焉者。其曰：「瞋恚之害破諸善法，當知瞋心甚於猛火，常當防護，勿令得入。」「瞋恚」即「忿懥」也。其云：「若起憍慢，當即滅之。增長憍慢，尚非世俗白衣所宜，何況出家入道之人？爲解脱故，自降其身。」所謂「憍慢」即「傲惰」也。其云：「諂曲之心與道相違，是故汝等宜應端心，以質直爲本。」所謂「諂曲」者，即過於敬畏也。蓋釋道與儒道大本皆同，特事不同耳。因論《大學》及此一二，餘不能悉也。

莫知其苗之碩

此一句亦貫《大學》終篇。蓋貪得無厭，豈能使其家有仁讓之習？故一人貪戾，一國作亂，外本内末，争民施奪，以身發財之禍，有不可勝言者。蓋由心在於貪，莫之能知，此句則其本也。何以言之？不知其苗之碩，未嘗利人之有。何以見其爲貪？蓋其心如此，是貪之萌也。便能知足，自無是心矣。人知貪之不可施於國，而不知不可訓其家，此又傳者之深意也，故於此啓其端。《遺教經》云：「多欲之人求利多，故苦惱亦多。少欲之人無求無欲，則無此患。」况少欲者心則坦然，無所憂畏，觸事有餘，常無不足。不知足者，雖富而貧，知足之人，雖貧而富。可見貪之害道，不可使萌於心也。又佛法以貪、嗔、癡爲三毒，謂能破壞出世善心，故名爲毒。《大學》理財，正所以戒貪也，正心以防嗔，格物致知以破癡。

論「釋齊家治國」章

此以下皆以身教言也。上章「親愛賤惡」以情之見於貌者言，所以接物也；此章「孝弟慈」以行之成於身者言，所以立教也。其情和而可即，則感之而易化；其行成而可法，則教之而易從。推之天下，無有不順者矣，未有情之或偏而能立教者，其動物之序自如此。

問：「弟者所以事長，其長謂何？」曰：「此官長之長，孟子所謂『出以事其長上』是也。蓋事君事長使衆，在公之職備矣，餘皆可以類推也。」

問：「如保赤子一節，何爲專以慈言之？」曰：「此言立教之本在於誠，非專以慈言。蓋因慈以見其心之懇切也。凡人之不孝不弟者，失其本心之至愛，莫之知耳。惟母之於子，愛出於心者深，是以痛之切，而能求其所欲，不待勉强而自能撫養得其情，此仁之至也。使事親事兄者皆如此心，則無不孝之子、不恭之弟矣。凡養子者皆然。至於其親，則不能體察者多矣，愛之未深也。此性之得於天者獨切，非由於人爲，故以之啓其良知而欲推廣之耳。此非有志於體道者，莫能知也。註言『立教之本』，指孝弟慈而言；『不假强爲』，指誠而言；『在識其端』，指良知而言。蓋惟知其情之不能忍，自然體之極其誠，於事親敬兄之際無不得其道者矣。斯道也，豈惟能孝弟而已哉！蓋誠則無不能察，仁則無不愛，而行之倫理者無往而不篤矣。何者？由其不忍於薄也。臣有是心則不忍欺其君，故自然事之以忠。上有是心則不忍虐其民，故自然使之以慈。朋友有是心則不忍欺其類，故自然待之以信。措之天下者，無非實道，而仁無不被。《中庸》所謂『修道以仁』，《易》所謂『仁以行之』，皆用斯道也。斯道也，非朱子莫能知，非體道者莫能信。不知此，則凡施之於親疏之際者，皆苟且應之而無有以實心相愛者矣，何往而非薄哉？何者？其心忍於相負，故不能以愛相加，將於其所厚者薄，而何有於其所薄者厚哉！故自修以誠意爲始，意既誠，斯無往非仁矣。」

「人莫知其子之惡」，言父之愛其子也；「如保赤子」，言母之愛其子也。蓋骨肉皆天性之愛，而莫如父母於子爲至痛切者。《大學》引用之言皆切實精深，人情物理，徹其骨髓，愈雋而愈有餘味，但讀者未之深究也。夫婦兄弟之間，情愛雖親，然一失其意，或怨惡生焉，況有惡，豈不易知？若子雖不孝，父亦未嘗不慈，蓋愛之至也。子之愛父未有如父之愛子者，觀之世俗可見矣。惡者夜半生子，急取火視之，恐其類己也。己雖不善，尚苟且因循，莫之能改。子或類己，則憂斯深矣。己雖富貴，可以知足矣，必欲其子富貴勝己，而其心始慰且樂，死無遺恨焉。既言莫知其子之惡，又言莫知其苗之碩者，苗碩豈至於貧？蓋欲積財以遺其子，故貪心無已也。母之愛子，推燥就濕，絶少分甘，寧己飢而欲子之飽，寧己寒而欲子之温，其體察撫摩之勤，雖善言者莫能詳。惟《大學》「心誠求之」一語，狀之極盡，立言精至，孰有加於是哉！世雖至惡者，忍於害人，獨於其子，慈根於心，終不可奪，豈待賢父母而後然哉？雖虎狼蛇蝎，其情亦爾。是以自古帝王治人，聖人垂教，皆以孝爲先。蓋本其所以生者，因其良知以啓其心，又使知欲報之恩，昊天罔極，且躬行以率之，使其情自有不能已者，然後孝道生焉。世之不孝者，幼雖知愛長，而爲欲所蔽，遂忘其恩而移其愛於妻子。方其愛子之時，固未嘗思父母於己，亦猶是也。慈烏反哺，人且不如，豈不哀哉！非特儒道爲然，釋道亦爾。《經》云：「人事天地鬼神，不如孝其親，二親最神也。」又有《父母恩難報經》、《孝子經》等，皆言父母之恩及子之當孝也。

問「仁讓」一節。曰：「此言爲善之化難，爲惡之敗易，欲人知所謹也。一家仁，兒無常母；一家讓，衣無常主。一國仁讓，則歡然有恩以相愛，燦然有禮以相接，百姓不親、五品不遜者鮮矣。然斯化也，自身而家，自家而國，以漸而成。若夫一人貪焉，國人即從而争奪；一人暴戾焉，國人即從而戕害，不善之禍甚速也。然尤未也，復引古語以實之。一人可以定國，蓋定國未必成仁讓之風，不必待教成於家而後能，然其謀爲尚多。若夫一言違理，失人心而害事體，其僨事立至，固不待於多故而禍成矣。言爲善之化，其機必待於家；爲惡之應，其機即起於身，可不慎哉！此以見治國之難，非以言其易也。古云：『從善如登，從惡如崩。』斯言甚有理哉！一人者論其行也，一言者論其言也。修身之道，謹言慎行而已。《大學》於言行之道弗詳者，修身之内盡矣。《曲禮》所載皆言行之則，乃學校之常教，故不復詳。此云『一言僨事』，復云『言悖而出，亦悖而入』，則言之不容易也審矣。《易》云：『言行，君子之樞機也。』可不謹哉！《大學》立言甚約，凡學者所常習者，皆不暇及，專以明道也。」

治國必本於齊家者，家難於國；齊家必本於修身者，身難於家也。其家不可教而能教人者無之，故能齊其家而教自成於國，可見治國爲易矣。然齊家本於誠，誠由於心，豈苟且者所能？可見修身爲難矣。是以行之不謹則一國作亂，言之不慎則一言僨事，不待涉於家而禍易至，身教豈不甚難哉？經言：「壹是皆以修身爲本，其本亂而末治者，否矣。」傳者終篇皆本此意。「堯舜帥天下」一節，以見身教不在於言也。求諸人，非諸人，與其所令所喻皆以言爲教者，民孰信之？是以及人之化，由身而推，故本之恕。若夫民之不從，專以刑齊之者，無恕心也。然無忠不可以爲恕，故必孝弟慈體於身，則忠矣。然後仁讓行於家，則民有所感發而從之也易。一言不善，固足以僨事，多言徒善，亦不足以動人，然則言豈可易哉！

問：「家以齊言，國以治言，齊之與治，其道異乎？」曰：「家人所欲不同。衣有偏愛，食有偏嗜，父各愛其子，夫各庇其妻。戚屬不同，各有往來，僮僕非一，各有私役。用財營務，紛紛日有。或喜此，或惡彼。最難一者，家人之心也。此仁而彼忍，此讓而彼争，是謂不齊。同歸於仁讓，無不如一，是謂齊矣。猶刀之裁物，無有長短參差者，齊之至也。至於國則不然，何者？骨肉之間責望者厚，故難得其心，非若他人之疎可以政事制也。故『齊』之一字獨施於家。周子曰：『家難而天下易，家親而天下疎。』」

問：「齊家必有定規，何以不言？」曰：「不特家耳，雖修身之則，亦未之詳。凡動止之容、飲食之節、衣服之制，爲宫室、别内外及冠昏喪祭之儀，皆修身齊家之事，已備於《禮》矣，乃學校之教，學者之常習也，兹故不及，予故曰：『《大學》專言其理，所以明道也。』」

故治國在齊其家者，以應「其家不可教而能教人者無之」，所以治國在齊其家也。下文三引

《詩》而詠歎之，正言家齊而後國治，故結言「此謂治國在齊其家」，辭非重複，蓋文勢自爾。無前一句，不可以起下三詩。其後一句，則收一章之意。

「之子于歸，宜其家人」，宜其夫家也。君子齊其家，至於使其女子宜於夫家，則教成於家也，莫有加矣。蓋女子最難化，而人之養女者多寡於教，由其客待之也。是以驕逸不能事人，况能宜其家人哉！觀《周南》，此詩言文王后妃之化可知矣。金氏謂：「天下之未易化者，婦人；人情之最易失者，兄弟。」其論人情至矣。「其儀不忒」，蓋章終仍歸之身也。儀足以爲父子兄弟法，是家齊矣，而後民法之，其正是四國，何難哉！是則君子使民之不可忘，豈待臨政而後有斐然之儀？蓋修於家庭者素矣。《大學》用字先後，其反覆相應如此。

論「釋治國平天下」章

問：「老老長長即孝弟，前章已言之，此釋『治國平天下』復言之者，欲本於家以見化之所起乎？」曰：「不然。此正言治國平天下之事，不復言家矣。教家及國之效，前言已詳，此以下專言治民以推之天下者，故不復以家言。蓋家非身比，治國平天下皆身之所爲，故始終以身言。若治平之事，非其家可得而預，何者？家不過治天下之則耳。家教已成，人已知化，何必復言之？故此以下專以政事言也。《大學》之言雖前後相關，若喋喋可厭則亦無之，蓋氣脈已貫矣。」

問：「老老長長者何？」曰：「老人之老，長人之長。孔子曰『君子之教以孝』，非家至而日見之也。教以孝，所以敬天下之爲人父者也；教以弟，所以敬天下之爲人兄者也。故敬其父則子悦，敬其兄則弟悦，於是莫不興孝興悌矣。蓋因人有父兄而施之以孝弟之教，是之謂『絜矩』。若夫吾自孝弟而人化之，則是機之所感，何嘗絜矩哉？絜矩者，自吾心而推之彼也，非化之也。夫絜矩之政一施而民莫不自盡，所以君子有絜矩之道也。此之謂至德要道，以順天下，民用和睦者。」

問：「其事何如？」曰：「先王有養老諸政，已見諸《禮》，行於學校之教矣。兹故不詳，蓋但言其理也。」

問：「何以恤孤？」曰：「文王發政施仁，必先鰥寡孤獨，則老老恤孤之事備矣。」

問：「何謂不倍？」曰：「倍，反也。民於家族戚屬有孤幼者，皆知撫育之，無有倍戾而不慈者。倍謂倍上之教也。即『不倍』之言，可知爲政者有以道之也。《周禮》以六行教民，孝、友、睦、婣、任、恤，其有不率者則有刑以糾之，糾其倍教者，所謂『不孝之刑』，『不弟之刑』，以至『不恤之刑』，可見老老、長長、恤孤之政詳矣。」

問：「老老長長之政，復有可詳之迹乎？」曰：「有。《禮記·祭義》曰：『祀乎明堂，所以教諸侯之孝也；食三老五更於太學，所以教諸侯之弟也。』又曰：『食三老五更於太學，天子袒而割牲制牲體爲俎實，執醬而饋進食也，執爵而酳食畢以潔口，冕而總干總持干盾立于舞位，所以教諸侯之弟也。是故鄉里有齒而老窮不遺，强不犯弱，衆不暴寡，此由大學來者也。』其曰『教諸侯』則是行於天下矣。上章言治國之事，則諸侯之所以爲教者。此章由國以及天下，惟天子之所能行，故當廣視之。《祭義》又曰：『虞夏殷周，天下之盛王也，未有遺年者。年之貴乎天下，久矣！』是以孔子曰：『教以慈睦而民貴有親，教以敬長而民貴用命，孝以事親，順以聽命，錯諸天下，無所不行。』然虞夏商周養老之政甚多，今不能盡述，姑舉其畧於此。李泰伯曰：『天子無父矣，欲爲人子而不可得也；無兄矣，欲爲人弟而不可得也。是故父事二老，所以教天下之爲人子也；兄事五更，所以教天下之爲人弟也。』天子之尊，四海之内，其義莫不爲臣，然而以父兄事人者，孝弟之心無所用之，因以教天下之孝弟也。天子之尊，且事他人爲父兄，天下之民敢遺其親父親兄乎？是一舉而孝弟之風洋洋乎九州之内外矣。」

問：「『絜矩』之説何如？」曰：「此以政事言也。上章但言化民之機，此章始言治民之政。上章所謂求諸人者，即孝友睦婣任恤之教；上章所謂非諸人者，即不孝不弟諸刑。上章重在躬行以率之，正以起此章之意，故以恕爲言。其云恕者，乃絜矩之心也，此章正言絜矩之事。《或問》所謂：『不惟有以化之，而又有以處之，其條教法令之施，賞善罰惡之政，固有理所當然而不可已者是已，此正新民之至善所不可無者，然亦本諸心耳。』朱子曰：『矩者，心也。』《或問》所謂：『物格知至，故有以通天下之志，而知千萬人之心即一人之心。意誠心正，故有以勝一己之私，而能以一人之心爲千萬人之心。』其論甚大且精，《大學》一書之大義備矣。」

問「所惡於前，毋以先後」。曰：「朱子以官員交代爲言，甚切，此其一端耳，他皆可以類推也。朱子畧啓其端，未竟其説，今以俗言發明朱子之意。且如前官文案不明，錢穀有虧，費用不貲，後無所繼，宫室器皿則其小者，後官繼之必有不便而惡之者矣！當思我既去後，或有此事，則後人之怨我，亦猶我之怨前人也。前人曾以此先我，我豈可以此而先後人乎？先之云者，謂自我始，以遺之也。」

問「所惡於後，毋以從前」。曰：「此亦以前意明之。且如我去任後，其代我者，凡所爲善法，皆改行之，變其文案而委罪前人，或失事敗官，雖辯明有目，未免係累於我，我豈不惡之？然當思我若代他人，亦當曲爲之處，豈可以後人之害我者而以之害前人乎？從之云者，謂繼其後也。他事皆然，今不能備舉。」

論「樂只君子」以下

問「樂只君子」。曰：「此因上文言所惡者而知人心好惡之同，故推之於民而同其好惡。此好惡蓋統言之，即孟子『所欲與聚』、『所惡勿施』爾也。然此所謂好之惡之者，其辭尤切。謂視民所好即吾心所好，自不能不與之聚，如父母從子之欲然，蓋好之切於吾心，孟子所謂『樂民之樂』是已。視民所惡即吾心所惡，自不忍施於民，如父母憂子之苦然，蓋惡之切於吾心，孟子所謂『憂民之憂』是已。此言好惡之公，以見絜矩者之得。《或問》甚明，不可忽！」

問「節彼南山」。曰：「此言好惡之私，以見不能絜矩者之失。《或問》所謂：『恣己徇私即驕泰之云。驕者矜高，即恣己徇私也。』好惡大端，此兩節已盡矣，後皆分言以明之。」

「殷之未喪師」結上文兩節之意，《或問》及饒氏之説已明。此下方以理財、用人分言好惡之事。

「君子先慎乎德」以下，以財貨明絜矩之得失。蓋財者，人之所同欲也。此節以得言，外本内末以失言。財聚民散，財散民聚，得失并言之。「言悖而出」一節以失言，《康誥》則引言以明其意。其云「申文王之詩」者，蓋上文得失未嘗以財貨言，至此又申明之。所謂善者，公其利於民也，得衆得國，是善則得之矣；所謂不善者，私其利於己也，失衆失國，是不善則失之矣。《或問》明白《楚書》、臼犯，以明不外本而内末之意，以見有國者雖不可無財用，而亦不當以財爲重也。『其惟善以爲寶』起下文用人之意，以見用人急於理財。蓋用人既得其所，則理財自得其道，惟在公私之間耳！

論《秦誓》以下

《秦誓》以下，以用人明絜矩之得失，蓋即好惡之大且要者言之也。《秦誓》一節，先別人之可好可惡者。蓋「休休」者能好人，故人君當好之；「媢疾」者不能好人，反惡其所好，故人君當惡之。欲人君分別邪正以擇相也，萬世求相之法莫過於此。「斷斷」者，言其心之誠，一無所惑也。「無他技」者，無他才能也。蓋宰相不在多能，惟在用天下之才耳。天下之事無窮，一人之才有限，若恃己能自用，則其所不能者多矣，足以守一官耳，非宰相才也。姚崇、宋璟爲相，以高仲舒博通典籍，齊澣練習事務。姚、宋每坐二人以質所疑，既而歎曰：「欲知古，問高君；欲知今，問齊君，可以無缺政矣。」是誠宰相才也。雖周公之才之美，猶且朝讀百篇，暮接七十二賢人，蓋欲多知以察事變，恐自用爲小也，况其下者乎！若「媢疾」者，方忌人之才而惡之，耻於下問，將獨顯己長，雖壞天下事不恤，□□則技能何足恃乎！「休休」者，其心無欲而其德粹美也。「其如有容」，言莫如其有容也。「人之有技，若己有之」，則天下之才皆我之才也，蓋不分人己，喜得其才，若出自吾身也。「人之彦聖，其心好之，不啻若自其口出者」，言其好之之甚，口雖稱道之，有不能盡其意者。啻，但也，言不但若自其口出云耳。《朱子語録》云：「『人之有才，若己有之』，言其能容天下之才；『人之彦聖，其心好之』，言其能容天下之德。」其論甚明。寔能容之者，上言其如有容，以狀其量，此云寔能容之，以明其心，謂非徒外示容人之迹，而内無容人之實也。自古論宰相之事莫盡於此。是以孔子删《書》，於秦不棄，而續之篇終，以繼唐虞三代之訓者，蓋深有取焉。爲人君而不知此道，則不能擇相；爲宰相而不知此道，則無以事君。自古知此者必治，昧此者必亂，未有能違者。雖以後世宰相未至古人，然亦以仿佛此道而爲賢耳。凡學者皆讀是書，未有當大任而能反之身者，蓋有三道焉，不誠一也，有欲二也，矜己三也。去是三者，是爲宰相之器矣。媢疾者反是，吴氏季子發明盡矣。

「唯仁人放流之」一節，言人君好惡，公之極也。但言放流而不言舉用者，蓋必邪黨去而後正人容。正人不能媚世以求容，奸人必欲逢迎以植黨，是以正不能勝邪，仁人深有憂焉。必先逐邪，而後正人得以自立，故曰「能愛人，能惡人」。「見賢而不能舉」一節，言人君好惡在公私之間而未决者，故不能盡其道。其云「舉而不能先，命也」，猶晏嬰不知仲尼，豈非命哉！智之於賢者也，有命焉。蓋雖知而不能用，是其命之所禀者濁勝清，駁勝粹，故不能明决，卒爲氣質之累如此，此氣運使然，無所逃於數者，《大學》蓋傷之耳，不可以爲訓，故畧言之，「命」之一字足矣，孟子則謂「有性焉」是已。唐玄宗時姚、宋爲相，每進見，輒爲之起，去則臨軒送之。及李林甫爲相，寵任過於二人，然禮遇殊卑薄矣，是亦豈全不見林甫之失哉？見不賢而不能退也。

是故君子有大道

此總結君子有絜矩之道，以見絜矩之所由得失也。蓋好惡公私之極如此。其所以然者，由天理之存亡也。章首先開絜矩之端，既而以好惡公私明之，既而以貨財公私明之，既而以用人公私明之，皆言由絜矩以爲得失也，然未言絜矩之所以得失。此云忠信則得絜矩，驕泰則失絜矩，而後天理存亡之機决矣。三言得失者，初言得國由於得衆，失國由於失衆，然不過以國之存亡言耳。次言善則得天命，不善則失天命，是已言其極矣。然其機又有微焉者，故復以心言之。蓋此心得絜矩之道，則能得衆得國而得天命。若失絜矩之道，則失衆失國而失天命，然則君子豈可無絜矩之道哉？

問「忠信以得之」《章句》與《或問》同異。曰：「一也。『發己自盡』，謂理之所當爲者，必自盡其心而無或欺僞也。『循物無違』，謂事之所當爲者，必順人情而無所拂逆也，《或問》謂『盡己之心而不違於物』是矣。驕則忠之反，泰則信之反。蓋矜高者無復發己自盡之意，《或問》所謂『恣己徇私』是也。自恃其驕貴，謂我之富有，何求不得？於是恣其所欲，無所不爲，曾不肯少降其心以自約。天理既喪，此心豈復有矩之可操乎？侈肆者無復循物無違之意，《或問》所謂『以人從欲』是也。謂凡我所欲，孰敢违之，於是虐用海内以遂其樂，大拂人心，豈復有矩之可絜乎？爲人君而知此道，始能同民之好惡，而用財用人無非公天下之道矣，於治平何有？嗚呼！此《大學》精微極致之言，學者粗率其心，必不能潛玩而深究也。」

「生財有大道」以下

上文但言財貨公私之得失，而未言生財之道，至此始言之，以見財雖不可私，而亦不可不理。蓋日用之所急者，《或問》言之盡矣：「理財之法此一節盡之，王政大備，周禮亦在其中矣。」生財但言此四句，下文復言聚財之害，以見自大道之外，非所以生財，適所以起禍，蓋深戒之，以丁寧前意也。「孟獻子」以下一節，可見理財由於用人，用當其才，則理財之道得矣，乃合理財用人爲一事，蓋治國平天下之道，自君心之外不過用人而已，此萬世爲君者之要法也。《大學》論君相之道，何其簡切明盡哉！國不以利爲利，以義爲利者，蓋以利爲利者人之常，若計利而爲義者亦未免有利心，而或失其義以至橫取亦弗覺矣。以義爲利者，謂心之所利惟在於義，故義即利也，猶《楚書》言「惟善以爲寶」是已。未有好義其事不終，未有府庫非其財，然則利何往哉？程子曰：「聖人以義爲利，義之所安，即利之所在。」猶言智者利仁，或利而行之，《大學》所云則謂「利其義」也。嗚呼！知此義者甚少，而況在上得以自恣乎！「彼爲善之」，蓋善其人之能生財，故喜而用之。《或問》所謂「用桑弘羊」之類是已。小人之使爲國家，菑害并至，往監甚明，茲不復喋喋也。《章句》、《或問》當詳參者，今亦不暇重出，蓋不細觀《章句》、《或問》，亦無由知吾之用心也。

孔暉自去年夏間病甚，不能言，默然坐卧。静中不覺舊日所得義理發於思慮。蓋心無所用，不能動履，誠難遣也。每思《大學》，腹稿成段，輒□□□□，然眼花不能□□□男符書而□□□□□□□能出□□□甚微。雖食，不過數口。今春以來，又不□食。至四月間，病又復如前，言又難出矣。三四日一食，食不過一二口，虚痞太甚，誠難支也。悶甚，輒繹《大學》以自遣，遂至終篇，并諸詩等作，已成二帙。然病中書之不暇，不能鍛鍊文句，無復壯年工緻，但取寫其所藴，發明義理而已。雖辭語重複，前後無序，不暇計也。所謂始於脱，未成於文，觀者取其意味而已。然於初學未必無少啓焉。恐死期迫甚，自惜空有所契，不能語人，則平生徒費精神，無補於世，是徒生也。此予本心，因以附見云。嘉靖十八年夏五月朔，孔暉記。

玄菴晚稿

［明］穆孔暉 撰

卷一

五言古詩

老病吟

人多有五苦，老病爲其二。生苦長已忘，死苦仍未至。
獄苦人多免，君子尤知畏。羿雖善發矢，幸不遊其地。
惟憐此病身，正與老相值。廻首憶芳齡，青雲初發翅。
三三鬢潘皤，晝夜多精思。籟寂采天髓，他好寡深味。
鶯啼花自春，寧覺流光逝。出方倦且愁，譏毁不知忌。
四十尚誦經，二鼓仍披對。一字未詳悉，參究不輕置。
閉户少窺園，韶年倏忽替。詩賦偶隨時，適情聊游藝。
從此事更繁，公移多勞悴。經筵及史館，清黄并草制。

盡日不停筆，匆冗答人事。慶餞應酬頻，哀挽碑銘誌。
竊閒又著書，發明經史義。鷄鳴起趨朝，雨雪何能避。
馬上温講章，默至端門内。朝紳尚未集，先與勑書會。
授勑與使客，鞭靜朝方退。隨輦向文華，叨與風雲萃。
錫宴同宰輔，珍署多頒賜。觀者以爲榮，其誰知我勩。
是時身且健，每將真訣試。城郭尚堅完，鼎鑪仍端峙。
重展《陰符經》，再玩《參同契》。一啓玄關竅，即産先天氣。
杳冥鉛汞生，應時真火熾。頃刻運周天，骨暢身如醉。
□□□頓消，丹田煖若焙。玄膺湧美津，日覺精神異。
午夜停真息，神光溢自背。守一以處和，期千二百歲。
安得阿練若，盡將俗緣棄。何情戀金馬，恩寵漸流貤。
家貧口累多，歸山終無計。丹頭雖暫得，馳散難拘係。
屋破未能修，藥枯生非易。隨牒又南行，登臨賞佳麗。
比當解綬歸，中濕足痿痹。方求田問舍，俸竭囊空匱。
至今謀朝夕，久矣無宿志。行年方六十，倚杖或顛躓。

孔神氣已微，離坎難相濟。脾弱不能食，血耗不能寐。
氣虛不能言，眼昏不能睡。痰多塞咽膈，腹虛痞不利。
餘病難狀名，惟心神未昧。老與病交侵，二苦適相際。
長苦莫能詳，默然成痞憹。因思塵世人，誰能免衰瘠？
鰥寡顛連者，況有飢寒累。或癱患跛癘，及僂傴聾聵。
瘡瘍痛切身，矢溺遺床被。欲輾轉反側，非人難自遂。
起卧常艱辛，動止必歔欷。蚤虱莫能捫，蚊蠅偏恣肆。
薰沐廢已久，肌膚多穢漬。居不避風雨，豈有僮僕侍。
此苦更難詳，聞之生涕泗。念茲皆同胞，常有撫摩意。
自活尚無術，何能廣恩施？因思《普門品》，神功卒難致。
兀然且忘我，念波羅揭諦。

病問怒脾胃

胃專主容納，運化脾所司。非舌辨其味，彼脾胃何知。
饕嗜心無厭，皆涎口所爲。惟是忘舌者，不爲甘旨欺。

食不可求飽，但令無太飢。取充虛接氣，疏食美如飴。
孔顔樂在中，何物能奪移。若豐膳佳品，鬱悒益尊卮。
或過眼有愛，及耳得聞之。或鼻臭其芳，能皆朵人頤。
此是魔來惑，易至動饞癡。若不見不聞，又起於心思。
此身本腥穢，攻取樂相宜。壯夫氣方盛，大嚼恣欣嬉。
醉飽傷腑臟，久則百病隨。三尸復其便，令人漸癯羸。
迴首百年内，爲樂能幾時？醫人治脾胃，老則脾胃衰。
諸物難鎔釋，藥力何能奇？藥又來相擾，豈弱脾可支？
若遡其源流，不節又誰咨？是皆六根罪，於脾胃何追？
使三日不食，沉疴盡消靡。大智揮神劍，百邪詎敢窺！
六根賊既定，何患六塵迷？此心常寂照，空豁湛無涯。
雖綺筵方丈，視之如臭屍。食不過數口，胃氣自不疲。
四大元無我，孰與病爲基？悟斯玄妙理，長生即在兹。
置身心碧落，至樂無終期。此道卒難至，銘右示箴規。

苾蒭

雪山峻且潔，上有苾蒭草。淑氣孕靈根，奇莖挺鮮好。
敷勞衍蔓繁，四出何裊裊。碧煙接綺霞，映霽發文藻。
向日轉柔枝，不披離紛倒。香聞十里外，風超百卉表。
疾痛切身者，採之輒能療。嗟予抱沉痾，念茲以爲寶。
跛足難出户，何由涉遠道？西去數萬程，望之白雲杳。
妄想竟何益？棲神聊自保。

五言律詩

歷田圖爲張兵憲以寬題

讓畔風猶在，安居自故家。身方依日月，夢或繞煙霞。
軒冕心如寄，枌榆興不賒。羨墻隨所寓，舉目即重華。

四月畏寒

寒威侵四月，僮僕尚重綿。衰病須親火，昏眸却畏煙。
藥隨春酒洽，雨賴土床便。風濕仍堪避，貧夫最可憐。

四月愁雨

三冬苦無雪，四月雨何頻。潤發秋苗性，寒傷宿麥仁。
多風花失信，少霽燕愁貧。天道常消息，浮雲迹未真。

重陽不見菊

菊開即重九，節序在推移。五日方成候，三秋漸有期。
騷人多餐擬，處士慕齡思。病衰如堪濟，芳菲未厭遲。

夜移盆菊就枕邊默詠

菊有黄華際，《禮記·月令》：「菊有黄華。」盆中正發榮。避霜宵近榻，向日晝當楹。

鼻息吹芳氣，《莊子》：「野馬也，塵埃也，生物之以息相吹者也。」樽醪泛落英。《楚辭》：「夕餐秋菊之落英。」頽齡今有幾？陶淵明詩：「菊爲制頽齡。」賴此制殘生。數日禁吟詠，對景興發，不覺爲此二首。然取寓意而已，自不苦思求工也。

七言律詩

伏枕

伏枕常憐世事勤，默聽塵市亂紛紛。生前自恨身無補，老去還愁道未聞。
苦海終年償宿報，迷途長夜混同群。因思往日登高處，遥望人煙盡白雲。

栖栖

栖栖一室晝偏長，僮僕相扶擬下堂。腹飽止宜餐柏露，形羸每欲制荷裳。
華胥路遠人難到，姑射山高志已荒。鴻雁聲驕頻聒枕，晴空得意太翺翔。

自遣

起卧艱辛厭枕衾，春臺何處宴芳林。平生擬效君臣藥，和樂思調妻子琴。
勝事難忘塵外想，奇書每向夢中尋。自知禄筭應前定，何必推星問演禽。

入夏

悲秋苦寒傷春已，入夏寧知病又添？身如芻狗不復用，口豈金人只麼箝。
林外鶯聲空歷枕，堦前草色謾侵簾。蠅蚤蚊蟲將得意，火雲何日斂威炎？

病聞乞者甚多二首

怪來犬吠振庭除，行乞嗷嗷接里閭。少壯何心甘凍餒，平原無地作樵漁。
盲兒鼓内蓮花盡，遊女弦中楊柳踈。抱病自傷空伏枕，誰家賸有萬箱儲？

連雨濛濛雲不開，門前底事未生苔？僧人個個敲盂立，道士雙雙拍簡來。
錫杖幾時離舍衛，羽衣何日下蓬萊。福田可種休須問，未必塵中無異材。

嗟老

嗟老嗟窮未足憐，曾懷雅志笑無緣。六塵漸使希夷壞，七竅難求混沌全。
衰病幾時忘藥餌，寒崖何處作芝田。莫看泡影爲真跡，抱朴仍將歲月延。

己亥歲二首 嘉靖十八年

塵外風光阻俗緣，夢中歲月自推遷。壯齡枉棄庚申夜，衰病重經己亥年。
製藥在囊非壽餌，著書盈篋是殘編。精華已竭難康濟，惟羡忘形思獨玄。

青青未久鬢先班，六十餘年命尚艱。慕道曾希登彼岸，著書妄擬貯名山。
每嫌劉向身無術，却似揚雄心未閒。自笑此來成底事，枉留塵跡在人間。

有感

辭榮歸舍旋求田，終歲思逢大有年。自愧衰齡難禁酒，兼悲貧屋未炊煙。
恒沙身命誰人施，偈句文辭何處宣？惟有信心真不逆，自無定法入言傳。

半夜枕上默成

獨羨平生不好詩，衰齡偏發病中思。元無杜甫驅愁意，却似堯夫喜老時。
興本自來神不竭，辭非苦鍊句難奇。枕邊流水依然過，仍曲寒肱枕瘐頤。

五言絶句

病甚默占口號八首示兒符

資生無長物，何以惠貧窮。安得三千界，均歸普濟中。
此心開悟處，亦欲悟他人。未遂今生志，空嗟老病身。
欲正斯文謬，期令萬世同。平生多著述，白首竟無功。
發憤猶如昨，寧知老病侵？家人生産業，未暇動愁襟。

眼爲看書暗，脾因苦思傷。遺情本高致，俗累自相妨。

日侍文華講，兼趨史館勤。清黄并草制，廻首誤青雲。

賣文非本意，撥冗悶然酬。家口多無倚，寧容得自由？

猶喜心常静，終身思不迷。明珠光自葆，未必作淤泥。

真空

真空難得見，恍惚又如無。見之仍難捉，月影漾深湖。

病中默然成口號十五首

天居碧色上，人處囂塵裏。日月在中間，隔千萬餘里。

虚空何所據，形體自輕清。宫殿并城郭，無非氣結成。

寶殿空中過，諸天游樂時。園池反萬景，佳麗盡相隨。

天一無寒暑，昏晨亦不分。宮垣吐光焰，香氣自氤氳。

心樹能生物，隨人意所須。珍奇供享用，變化在須臾。

蜂蜜及瓜李，皆非人造爲。欲窮天上事，此理亦堪推。

蟲能仰面居，鳥解凌空上。而況天居人，翠虚爲輕壤。

世間爲幻者，變化在須臾。何況神妙機，靈奇信不迂。

生能修十善，得與天人偶。惟大聖大賢，常在帝左右。

碧居多玉女，千百燦如林。只爲曾修善，多瑕行未深。

堅意修完行，生天即丈夫。同居多綵女，千載共歡娱。

百載内生人，歸天上者少。古今多善流，歷歷超雲表。

世間貧與富，千百倍參差。若論天人福，王宫未足奇。

生天或入地，畜鬼阿修羅。禍福惟心造，心外更無他。

天耳聞人語，如對面相呼。見人修善者，喜增益其徒。

詠《中庸》十四首明「鮮能知其味」二首明「體物而不可遺」〔二〕

探玄愛深味，久厭人言語。誰料病中身，與仇常作侣。

〔二〕此篇標題與其内容不符，疑底本有闕葉，或鈔録時有誤。

眼前月露形，都是妄心發。不欲使成篇，俄然思硉矹。
池草夢何多，寤時常自剗。朝來叉手餘，花枝仍照眼。
摭拾成篇者，何勞盡組織。散句棄如遺，猶恐滯胸臆。

形累六首

有形必有慮，無病在無思。若解心忘我，參玄未足奇。
身内常無我，能令四大空。心機無處著，何處病來攻？
終身學至道，頃刻念還生。絶學無憂者，不期道自成。
病纏思瞑卧，玄思忽來侵。理障何時剖？重雲蓋密林。

委念思存道，磨梁擬作鍼。此生如未了，且植宿根深。

常苦身難死，形衰病日深。氣虛神尚在，豈爲服黄金？

難悟七首

李泌雖聞道，年非羅結倫。羅結見《北史》，年百二十歲。四仙曾避死，無處可藏身。

唯有純陽子，偏知生死情。因看《入藥鏡》，心地轉分明。

《金剛經》甚奥，偏發吕仙才。遂契牟尼旨，長登般若臺。

宿業誰能脱，常爲生死津。若不識前定，煩惱盡傷神。

未信陰陽理，都言死即休。寧知歸別殼，罪在更堪愁。

常人爲達觀，要生齊生死。智者慟霑襟，蜉蝣何足比？

若能歸樂境，委順去何求。終不迷真性，長消萬劫愁。

七言絶句

病憶捧勅日講諸舊事有述五首

早趨殿角未聞鵶，受勅雲端鼓始撾。鳳紙纔交辭陛客，又隨黄繖下文華。

講餘賜茗暫踟躕，小宴匆匆出殿隅。纔到玉堂書滿案，又須依樣畫葫蘆。

戰績無鐫譜牒亡，每當襲廕竟難詳。細披狀紙還多僞，竄潤成文始入黄。

新正暫輟講筵勞，冠蓋相攜夜宴高。忽報上元佳節近，又催致語引雲璈。

史館歸來日已西，忽傳應制又分題。入門厭見催詩吏，暫卧松窗聽鳥啼。

病甚口不能言書懷三首

歷劫生來怨此身，每看世界等浮塵。至今未造真如境，疑是靈山退席人。

堪笑平生夢裏身，夢中憂樂總非真。穢囊抛却渾無累，此去方爲大寤人。

往生浄土豈無因，只要心田不染塵。一念莫差西去路，蓮花胎裏孕元神。

病甚不能食枕上默占遣興五首

七寶林中七寶臺，八功德水碧蓮開。會間共飲須陀味，香焰雲從足下來。

寶殿行空寶樹隨，紫霞碧焰遶漣漪。慧禽彩羽香雲内，飛處常歌法頌辭。

諸天化樂不經營，器服皆從樹裏生。枝上笙絃風自韻，洋洋盈耳洗塵情。

諸天盛事妙難明，食用都非煙水成。寶器騰輝無晝夜，身光不用日光明。
兜率天中寶座懸，瓊宫千里碧林泉。見今彌勒方傳法，不待龍華會上宣。

病憶《涅槃經》不能看

四十九年説法人，猶如月照萬方新。要知月落今何在，他處方看月滿輪。

病憶《楞嚴經》

四外虚空盡本心，却將形識認來深。阿難忽聽如來咄，慟極歡生淚滿襟。

病憶達磨對梁武帝語因足成一偈

净智妙圓指用心，體常空寂説性宗。如是功德超無漏，人天何處覓形蹤？

絶吟

詩興生時思不禁，枕邊合眼即來尋。冥心莫出希夷府，免使狂魔晝夜侵。

焚香

焚香淨几自鳴琴，人静雲收夜漸深。流水無聲山寂寂，獨憐明月自知音。

病中憶幼年夢不能再作六首

幼年合眼即池臺，何處園林入夢開？碎碧蒙茸如雪舞，芳煙不斷上衣來。

濃翠紛飛香襲人，滿林嘉麗繞池濱。覺來神爽還思寐，瑞靄仍敷夢裹春。

映枕團團月近床，夢中常對一輪光。醒來彷彿梅花發，尚覺餘輝動草堂。

夢登臺榭疾於飛，樹杪流泉響四圍。忽見蓮華大如傘，接天碧葉舞晴輝。

仰覩人身長丈餘，鞭牛推采過晴虛。空中遼闊難聞語，惟見花開錦不如。

天邊錦字大如輪，佇看停時記未真。回首碧霞光映日，又看隊隊過麒麟。

病苦

壯歲曾經鬢已秋，那知今日更多愁。但令無病支殘景，扶杖何須厭白頭？

禪

禪到忘形最是奇，却憑何物立根基。既登非想非非想，難學無爲無不爲。

自警二首

嗔癡長夜使心迷，真性猶如珠在泥。不入海中難得寶，須知煩惱即菩提。

怒來心氣最難調，小事違情思莫聊。回首寒潭明月寂，瀰天風焰自冰消。

吊古

壯志堂堂雲外盡，愁魂鬱鬱土中培。北芒山下累累塚，多少英雄蓋世才。

卷二

孔子删詩

問：「周詩有三千篇，孔子删之，存其十一者何？」穆子曰：「猶後世之詩選也，而有教存焉。朱子謂：『善不足以爲法，惡不足以爲戒者去之。』然未盡也。予嘗足其意云：『事不足以稽實，文不足以垂訓，聲不足以協律，皆無取焉。』蓋取其至善者以爲經，足以範後世，千載之下，莫有加矣。邵子所謂删後無詩，信然也。」

問：「何謂事不足以稽實？」曰：「如後世之溢美是矣。無其善而稱之過其實，不可以信，後世君子奚取焉？」

問：「古文皆善，豈有辭不足以爲訓者乎？」曰：「古今一也。『登高能賦，可以爲大夫』，知不能賦者多矣。汝將謂古人皆才，無不才者乎？古人皆智，無愚者乎？鄭國一辭命必更四才，若非子産潤色，斯鄙陋不足觀矣。『吉甫作誦，其詩孔嘉』，是不嘉者不可勝言也。」

問：「何謂聲不足以協律？」曰：「今之爲詩多不可歌者是矣。蓋音律出於自然，不可强悟，必氣秉於和，德養之粹，而後發言成章，出音可詠，此豈人所皆能者哉？唐虞之世，庶頑讒説，非不能言也。聖人謂言得而僞飾，氣不可矯爲；射猶可以習成，樂不可以偶合。故雖明之以侯，未知其心之格否。故俾出納五言者時颺其言以觀其心，此治忽之所由係也。嗚呼！聲音之道精矣。是以自唐虞而下千數百年，得三百篇而已，蓋甚難也。人生而知音律者少，不知音律者皆是也。自漢以來，數百年内，作者甚少。魏晉猶近於實，六朝其愈下矣。唐始製爲音律，俾工于文者皆可播之詠歌。蓋謂古風中律者不多得，至是善律者興焉，定爲近體。雖可以觀世變，實足以求正音，知此者蓋鮮也。然唐以詩取士，俊才穎拔者皆極力爲之，其實可録者，世不數人，人不數篇。今之所存者萬一，就所存者，例經取之，將千一而已。然則孔子之取十一，固未爲不多。古今文運之盛衰，豈可以共倫哉？予故曰：孔子之删詩也，善不足以爲法，惡不足以爲戒，事不足以稽實，文不足以垂訓，聲不足以協律，皆棄弗取。」

《乾》卦「利見大人」

問：「《易》稱大人多矣，皆謂九五，何獨《乾》之九二亦爲大人歟？」穆子曰：「此周公之特筆也。文王所言『大人』皆指九五，周公獨于九二亦以大人稱者，非可以他卦例也。此卦乃六十四卦之首，特獨備天德之純。六爻各有天德，其時位則異。《易》猶天地之大運，卦則世變之盛衰。若《乾》者，值天運之極盛，當世道之最昌，猶唐虞之際，天下古今一遇而已。上有光被之堯，下有玄德之舜，皆大人也。皐、夔、稷、契諸聖賢，猶之六爻發揮，豈他卦可倫哉！」

問：「人以『大』稱者何？」穆子曰：「惟天爲大，與天同德，故謂之大人。」

問：「何以見之？」曰：「『大哉乾元，萬物資始。』『大哉乾乎，剛健中正。』此天德之所以爲大也。大人者與天地合德，此九五之所以爲大也。」

問：「剛健中正，惟九五耳。二以陽居陰，于正何取？」曰：「此朱子之獨斷也。乾以剛健中正爲大，九五與之合德，故以大稱。二與九五既同稱大人，奚有於不正？孔子曰『龍德而正中者也』，德與九五同，故名與九五并。朱子之論本之孔子，孔子之論本之周公。」

問：「《易》不以『正』言者，皆謂其不當位也。」曰：「不當位者，時也，地也。可以他卦論，不可以《乾》卦言。蓋德盛則無不備，非可以位拘。若舜之在側微，謂之未遇則可，謂之不正，可乎？」

問：「他卦九二，何得不言正？」曰：「不禀天地之純粹，故但以其氣質爲德，烏可與《乾》同語耶？故卦之德惟《乾》爲大，同《乾》之德者，莫如九五，與五同德者莫如九二。何者？皆以其中也。《易》之道莫善于中，他卦諸爻，材質隨異，德之大小，以中爲準，况《乾》之中乎？在《乾》而中，則其德極矣。堯舜所謂執中者，此也。九二之爲大人也何疑？程子曰：『臣利見大德之君以行其道，君亦利見大德之臣以共成其功，天下利見大德之人以被其澤。』斯言尤爲周備。又曰：『乾坤純體，不分剛柔，而以同德相應。』然則《乾》之九二可與他卦倫耶？」

九二所以爲大人者以其仁

問：「《乾》九二之所謂爲大人者何？」穆子曰：「仁以行之，故能大。」

問：「何以知其然？」曰：「『大哉乾元，萬物資始，乃統天』，此天德之大也，故曰『元者善之長也』。在人則爲仁矣，故曰『君子體仁足以長人』。九二得于學聚問辯之餘，而其行之者以此仁耳。」

問：「人皆言仁以行之者，謂其無私故能行，子獨以仁愛爲言乎？」曰：「予本諸孔子之經、朱子之論。蓋《乾》之論仁，自乾元而來，故體仁則無不愛，故能長人，豈獨于『仁以行之』外此求異論乎！且無私之言泛，慈愛之論切。無私以成功言，慈愛以體察論。先由體察而後能無私。遽言無私，將何所用力哉？」

問：「慈愛施之于長人則可，行之于己身何用？」穆子曰：「所謂行者，行道也。道莫大于倫理，而不本之愛則惡矣。忍則苟且相欺，行之不篤，外飾其應取，畢事則已，終無實心，于道何有？故子不體其父則不成之爲孝，臣不體其君則不成之爲忠，况其他交接往來之可以得己惡于相詐者乎？」

問：「斯道也，自何而始？」曰：「察其切近，根之心身，知其本于生之所以然者，自不能已矣。《中庸》曰『修道以仁』，朱子曰『仁者天地生物之心』，《易》所謂『元者，善之長也』。」又曰：「仁者，人也，親親爲大。朱子曰：『人身具此生理，自然有惻怛慈愛之意，身體味之可見。』此朱子之學，本之于《易》而得之孔子者深矣。故君子之道也，不忍自欺，則發之心者誠；不輕其身，則見諸行者篤。《中庸》曰：『篤行之。』朱子曰：『篤者，惻懇意也。』蓋必如是，而後修之倫理者無不實，私於是可忘，德由是而可成矣。故曰『君德』也。君德莫備于九五，故曰『與天地合其德』。天地之大德曰生，故曰『元者，善之長也』。九二之所以爲君德者，自仁愛之外，何所用其力哉？嗚呼！學者不知此終不足以見道，自修者不知此終不足以體道。何者？身與道終爲二物，無門可入也。必知此意，其爲人始別。」

問：「朱子釋『仁以行之』，何以不言此意？」曰：「『君子體仁』之下已甚明，故此不重出。且于《中庸》又特詳焉，學者未之察耳。」

天命之謂性

穆子曰：「天者氣也。一氣流行，如令之布，故謂之命。」

或曰：「天以理言，若專言氣，於性何關？」曰：「言氣則有理，言理則無氣，理何物耶，而能爲命？」

問：「若是，則有形之天乎？」曰：「然。天無形，以氣爲形。」

問：「有知乎？」曰：「無知。」

問：「既無知，何以能命？」曰：「惟無知，是惟至虛，惟虛則一，故能爲氣之主宰。而靈具其中，乃性之所以本也。」

謂：「天何以命？」曰：「流行普布即命矣。何待諄諄以言，然後謂之命乎？」

問：「如是，則其理何在？」曰：「是氣之布，有動静，有陰陽，其中條理不紊，是之謂理，此外無理矣。故一氣渾然者，理之主宰。動静而生陰陽，理斯散見矣。散者萬殊，各得其主宰者，有至一存焉，是則所謂性也。朱子曰：『天以陰陽五行化生萬物，氣以成形，而理亦賦焉。』是已。」

問：「是氣而已，何以謂之明命？」曰：「惟天爲明，有形者皆暗矣。仰以觀于天文，俯以察于地理，是故知幽明之故。蓋以天而明，以地而幽也，故天命謂之明命。」

問：「天何以有夜？」曰：「天無晝夜，因日而爲晝夜。故日在南，則南爲晝而北爲夜，日在北，則北爲晝而南爲夜，地以掩之也。地高中而低外，今之所處，地之最下者，蓋水中之洲也。

故皆謂之州。四海之内皆洲，非高平之地。」

問：「高平之地何在？」曰：「談天地之高下廣遠，有累日不能盡者。今姑以天命言，未暇及此。」

問：「夜而不日，天之明何在？」曰：「莫明于天，天之陽精凝而爲日，陰之精凝而爲月，故日月者天之明也，猶人之明在兩目焉。」

問：「人之明雖在目，而其靈則在心，若目但見其然而已。」曰：「天之明雖在日月，而其本則一氣渾然者爲之主宰，猶人心所具之性也。故曰『天得一以清』。日月得天而能久照。得天者，程子曰『得其道也』。故天之明著于日月，日月運，五行行，流布而萬物生焉。凡有生者，皆得是一，而性斯具矣。故曰『天命之謂性』。『惟天之命，於穆不已。』則性之所以本也。」

問：「渾然之氣出于天之外乎？」曰：「否。方其一氣未分時，一動一静之間，此乃天地之至妙。至妙者太極是已，是謂天命之本。」

問：「是氣在天，何以未動？」曰：「即人心言之，方其未動時是謂性，及其有思則爲意，及其既發則爲情。《樂記》曰：『人生而静，天之性也。』『天命之謂性』，惟此一言狀之盡矣。故天命之本，即人心之性，非二也。」

問：「何以能明？」曰：「舉目昭然，非明而何？」

曰：「舉目昭然者日月也。」曰：「天之明，非日月而何？」

問：「若是，則其論粗矣。」曰：「此其最著者。舍是而論明，自以爲精，終不能以悟人，實以自誤也。況萬物之生皆本于日月，且日月之理，孰能究其微？故渾然至一，不可見者，天之本也。粲然昭著，不可掩者，天之命也。天命以日月而彰，人生因日月而明，今觀人雖有目，得日月則覩，不得日月則一物無見。此其在外者，必依日月以爲光，況此心所得之靈無所本乎？故太虚者人心之體，空朗者人心之靈，是則人性所得於天者，不可誣也。」

問：「天既無知，何以能使萬物受其命以爲性？」曰：「將謂天於物物而命之，則其得生者少矣。且如一室之內，水漬其穀，則生而爲芽，物腐于濕，則化而爲蟲，豈有知者命之乎？況人以男女相交，禽獸以雌雄牝牡，其繁衍不可勝數。無日不生，無時不生，無頃刻不生，無處不生，皆得是氣以爲形，得是光以爲性。譬之一雨普洽而萬卉滋暢，雨何如而皆命之乎？」

問：「性一也，何以有智愚賢不肖？」曰：「氣之不齊，得之各異，朱子言之悉矣。凡學者所共聞，今亦不暇論。」

問：「天既無知，何以言天道福善禍淫？」曰：「無知者，形體之天也，以生物者言也。福善禍淫，天之神也，以宰物者言也，是之謂帝。故分言之則其名不同。然帝主乎天，故亦謂帝爲天，亦謂天爲帝，皆以其在上也。古之所謂祭天者，祭帝也，非指其茫茫無際之形，蒼蒼不盡之色也。」

問：「帝在何處？」曰：「居天之上。」

問：「有是乎，但言其理而已？」曰：「聽人之論而不察其寔者，自其肉眼所見，肉耳所聞，肉身所至，遂謂止此矣。豈知天地之大，義理之深，幽明之殊塗，不可以妄意揣而顧可以淺見拘？井底觀天，將謂止此，可乎？」

問：「審有是，聖人何以不言？」曰：「聖人言之悉矣，見于經者不可勝數，故制爲祭祀，非虛設也。堯曰『天之曆數在爾躬』；舜之類于上帝；湯用玄牡以昭告于上天神后；『文王陟降，在帝左右』；武王『上帝臨汝，無貳爾心』，皆實見也。儒者不能信，雖讀其書，但以爲其理如此耳，於福善禍淫之説亦以爲迂談。是以心無實學，身無實行，皆以不明天地鬼神之道故也。」

問：「帝在上，何所司？」曰：「政之得失，人之善惡，國之存亡，人之命禄，帝皆察之。」

問：「帝何以盡知？」曰：「不有百神乎？神無處無之，無非帝之所統，猶天子之統四海、御百官也。故三代君臣論興亡皆歸之上帝，豈虛語哉！」

問：「天命之謂性，何以知其非帝命？」曰：「物物有性，生即具矣，帝何能與之？故生物之天與其性，非與之也，物自得之耳；宰物之天制其命，非制之也，物自取之耳。此天與帝之别，非知道者惑矣。」

問：「上帝所居及所事，可得詳乎？」曰：「此累日言之不盡，今姑論性，未暇及此。」

問：「『維皇上帝，降衷于下民，若有恒性』，是言性原于帝也；『克享天心，受天明命』，是言命祐於天也。顧可二之乎？」曰：「此所謂通稱之辭，無害于天稱帝、帝稱天，但析之則異耳。猶言天子爲朝廷。蓋朝廷者，天子之所居也，其實朝廷以其地而言，天子以其人而言，無害于通稱。」

問：「《易》言乾元，與天命何異？」曰：「一也。『大哉乾元，萬物資始』，乃斯氣之初動也；『乃統天』者，斯氣之流行也。『乾道變化，各正性命』，故曰『天命之謂性』。《易》又言『一陰一陽之謂道』，即天命也。『繼之者善，成之者性』，以得天道而成性也。子思立言，實本於此。後世論性者尚紛紛立異焉，獨孟子得其傳而曰『性善』。空門之學，其源淵有本如此。」

率性之謂道

問：「性有形乎？」曰：「無形。」

「有法乎？」曰：「無法。」

「可思乎？」曰：「不可。」

問：「若是，將何所依而循乎？如循禮者，禮有節文，可得而據也。性既至静，無朕兆可窺，其何以循之？且人亦何由知其性之所當然者而循之？」曰：「非謂循也。韻書之訓『率』字者多矣。其曰『自』也，正此『率』字之義。蓋率者自然之辭，非用力之稱。循則遵其迹矣，非自然也。今人凡言任意爲之者謂率性，如此而已。可見非有心之稱。故自性而行之謂道，言性之自動也，是由性而行也，孟子所謂『由仁義而行，非行仁義』是已。程子之論率性，謂私意未萌，自然發見，各有條理者是也。」

問：「朱子非此意乎？」曰：「亦此意，但訓『率』字不切，不見發於性，似非所以論道也。如『子路率爾而對』，是不暇于思也。可見『率』者，率然自動之謂，有『速』之意。如『率然之蛇』，亦言其速耳。」

問：「若是，是專以聖人之道言矣。」曰：「不然。聖人特率性之盡者。此方論道，未及論仁。此蓋言天下之達道也。」

問：「惟聖人爲能率性，此豈人之所能？」曰：「人之率性時，皆道也，聖人烏得而私之？」

問：「人何以率性？」曰：「日用常行、服食起居、作業往來，凡所當爲者，皆無非道也。凡無所擬議而自合於理者，皆率性也。孩提之童皆知愛其親者，此豈人教之哉？見孺子入井而惻隱之心生，已有不善，人見之而知羞，人有不善，己見之而知惡，以至辭讓是非，皆有不及思而自發者，無所爲而爲，是性之動，皆謂之道，聖人豈得而私之？故曰百姓日用而不知，言道之費者廣大昭著，人莫之能察也。」

問：「若是，則人皆有道矣？」曰：「不然，私欲一生，道即遠矣。日用其道而不知，卒爲私意所蔽，是道之所以晦也。子思於中揭其率性者而謂之道，所以明道之所自，非人可得而爲也。」

曰：「君子之勉强而行，獨非道乎？」曰：「是謂修道者，非可以言道。惟及其成功則一也。此方論道之名，未及言修道之事。」

問：「若是，則道終歸于聖人矣，人焉得而共之？」曰：「人非道則無以爲生矣。道之用廣，豈可專以聖言？況及其至，而聖人亦有所不知不能者乎？此所謂道者，以公共者言，非以聖人言也。蓋聖人之行無非率性，賢人率性之時多，衆人率性不常，是其所不同者，皆以其於性有順逆焉耳。是以道雖公共而終歸於聖人者，人不能盡其性也。若此處則言道之出於天者，人所共由也。予故云動於性者之謂道，未及言聖人也。聖人則其率性之盡者耳。斯道也，普著于天下，豈可因聖人所自盡者而掩其所共有哉？故天下之達道五：君臣也、父子也、兄弟也、夫婦也、朋友之交也，五者天下之達道也。此豈以聖人言哉？率性之道，正謂此道，非有他也。」

修道之謂教

問：「何謂修道？」曰：「『修』之爲言，如云修身、修德、修業之『修』，謂修諸己也。修道者，君子自修其道耳。」

問：「自修其道，何以謂之教？」曰：「有所效，故謂之教。」

問：「『效』，以效於人也，『教』，所以教人也，烏得以有所效而謂之教？」曰：「古之訓字不一，教本訓效。」

問：「於傳有之乎？」曰：「有。《元命苞》云：『天垂文象，人行其事，謂之教。教之爲言效也。』此訓之最古者。今見諸韻書，可考，《中庸》此『教』字正與之合。」

問：「何以知其非教人之教？」曰：「此言『修道之謂教』，後言『自明誠謂之教』，然則自明誠可以教人言乎？此二『教』字不當異，故知皆謂效也。凡教之爲言，皆生於效，不特此耳。夫『率性之謂道』，言天道也，『修道之謂教』，言人道也，此一言含一篇之大義矣。《中庸》爲傳道而作，道有天人之别，不言學道之事，將何以得道哉？故言天道以見聖人之立極，言人道以見君子由學而至中，是《中庸》立教之意也。」

問：「修道何不以聖人品節言之？」曰：「不合中庸之旨。」

問：「何以見其不合？」曰：「此但言修道，以見教之所以名，然不言道何由而修，故復云修道以仁。二『修』字顧可異哉乎？是則子思立言精密，未有矛盾不通，如後世之漫言也，且子思立言，與當時諸子不同，皆超然有見。若例尋常之文用字，夫人皆能爲之矣。」

「然則修道之事何如？」曰：「道也者不可須臾離，故不可不修。修道莫先于養性，養性莫先於主靜，故於不覩不聞之際而戒慎恐懼。顯見莫甚於隱微，故當慎其獨。如是則至靜之體常存，而道之大本立矣。此修道之最要者，故先言之。然道本於性，不遠於人，盡之於己謂之忠，推之於人謂之恕，故曰『違道不遠』。此修道者之事，未能即道，但謂不遠。然恕之所及，即教之所由行也。其所施者在於子臣弟友，其所盡者在於言行篤實。然何以能篤實哉？故曰『修道以仁』，仁則至誠惻怛，自能篤實矣。仁者心之德，故曰『仁者人也』，謂人身所具者甚切。又曰『親親爲大』，謂本其所以生也。修道而不知此，則道與己終爲二矣。何者？所修不切於心，是謂不誠。以親親之心修道，則五倫之間莫非實行。故曰『天下之達道五，所以行之者三』。蓋修道雖在於仁，然不先明乎善則不能誠身，所以貴乎智；雖知而行之不力，終無成功，所以貴乎勇。然斯三者何由而得？故曰『好學近乎智，力行近乎仁，知耻近乎勇』。知斯三者，則知所以修身矣，是謂修道之要。知修身，則知所以治天下國家矣。然斯三者用力之實何如？在於擇善而固執之，故博學之、審問之、慎思明辨之，所以求知此道也；篤行之，所以求行此道也。篤行者，朱子謂『有惻怛懇意是即所謂修道以仁也』、『人一己百，人十己千，雖愚必明，雖柔必强』，修道之功盡矣。故曰『自明誠謂之教』，不但是已，尊德性而道問學，致廣大而盡精微，極高明而道中庸，温故而知新，敦厚以崇禮，以至德修道，此道之所由凝也。修道之功，至此極矣。道由是而得矣，是人道也，故謂之教。然其始而立心下學爲己之功，終要其極，至於篤恭而天下平，是謂能盡其性矣，故能至于命。」

燈賦

日月既淪兮，子德維彰。生人無爾兮，長夜茫茫。百務未結兮，俱俟子以無荒。吾病起居之艱辛兮，子繼旦其熒煌。如來大智兮，亦兼子以爲名。天地無全功兮，維子燈續其長。聖賢體斯道兮，學有緝熙于光明。

《心經》無眼耳鼻舌身意解

見如不見，是謂無眼；聞如不聞，是謂無耳；不別氣之芳穢，是謂無鼻；不較味之美惡，是謂無舌；忘其形體，是謂無身；泯其思慮，是謂無意。此謂六根清浄矣。有眼則爲色所動，有耳則爲音所惑，有鼻則嗅芳以自足，有舌則貪味而無厭，有身則安便自適，有意則私僞紛起，是謂有色聲香味觸法，爲六塵所染矣。惟内無六根，外無六塵，自此得無分別智，般若則波羅密所由生也。蓋有分別，則五藴無由而空，空不可得，則所知有限，所蔽者深，無明不可剖，大智慧何由而生？況分別之智生，則好惡横於中，得失戚其情，順逆拂於物，其心無由寂静矣。無明業覆，何時豁朗？知此則知智慧生滅之由，可以求用功之地矣。

游三忠祠對

穆子與二三子送客至三忠祠，禮三忠畢，客因嘆曰：「《書》言『惠迪吉，從逆凶，惟影響』，今思武侯雖得考終命，而子孫亦不能免。若武穆、文山者，何吉之有？而況謂如影響之速？」穆子曰：「爾所謂影響者何？」客曰：「言吉凶隨善惡而應，速如影響。」穆子曰：「非是之謂也。」問：「何以言影響？」曰：「言其必有，非謂其速也。」客曰：「此正予所惑者，二公不免於禍，何吉之有？形必有影，聲必有響，誠然矣。但二公之福，影不可得而見，響不可得而聞。吾謂聖經但論理之常，非謂其必然也。」穆子曰：「汝身有影否？」曰：「有。」曰：「汝今坐於室，其影何在？」曰：「否。無日光耳。」曰：「請出日下行立觀之。」客笑曰：「吾行日下即影，二公吉影終不可見。」曰：「二公當時猶汝坐室中，汝焉知二公之有日下耶？」客曰：「如響者何？」穆子曰：「今室中談論之客皆聲否？」曰：「聲。」曰：「響否？」曰：「不聞。」曰：「請出數十步之外而高呼之。」客乃皆出向室而呼，室中答如人聲然。曰：「響否？」曰：「響。」曰：「此之謂必有。若二公者亦猶室中之談，何以求其響爲？汝又安知二公之虚堂空谷耶？」客曰：「吾惑滋甚。」穆子曰：「若指二公影響之實，汝惑愈甚矣。」乃默而不言。客因固請者再。曰：「恐汝辭窮不能答矣。」久乃復叩之，穆子曰：「汝謂有鬼神否？」曰：「亦有亦無。」曰：「言有者何？」「謂祭祀之鬼也。」「言無者何？」「言人死則魂散無知矣。」穆子曰：「二公被辟之後有知否？」曰：「二公雖英靈不散，何福可加？」曰：「汝不聞鬼神害盈而福謙乎？」曰：「是言人事也已，無驗於二公矣。」曰：「汝不聞有天上乎？」客笑曰：「天上太虚，何處居止？」曰：「汝但見目前汙濁之地，乃凡肉穢骨所處，何由知數千萬里之上境界之奇哉！太虚遼闊，中樓臺殿閣園林皆瑞氣凝結而成，七寶莊嚴，池沼秀麗，光焰香馥，鮮塵不起，絶非人間所見。生於此者，體輕氣爽，足踏碧虚，即爲寔地。食天味，衣天服，皆自然而至，非人力所爲。左氏所謂『如天之福』是也。其生極樂，其壽極長，汝安知二公之不於此生耶？」曰：「汝從何聞此論？」曰：「内典《阿含》諸經言之悉矣。」曰：「然否？」「請思之，若以『速』言者誠非也。善不積不足以成名，惡不積不足以滅身，『積善之家必有餘慶，積不善之家必有餘殃』，皆言其必有，非謂其速也。」

己亥歲，穆子病中默坐，因思舊論，備録于此。

重修觀音堂記

棠邑城南里所關廂盡處舊有觀音堂，創建於元至正二十二年。至我朝成化間，僧成鑄奉香火募緣塑像。致仕某官朱錦及其子英、壻張志道協力共造正面觀音三尊及兩山諸像約七十餘衆。嘉靖以來，殿宇頹敝，本關致仕典史王資重修，始鼎新可仰。於是賈二莊民張欣羨發誠，門右穿井一，施大石槽以濟往來，又甚便以惠也。寡婦解氏復鑄銅佛三尊、大鐘一，置鐘樓一、交龍碑一，諸制畧備矣。堂在大路之西，背南面北，北亦大路。路北關王廟則王資及致仕引禮舍人李元亨所建也。於是致仕引禮舍人梁纓共請予紀其石。前此實未嘗來募，予固樂爲之辭。

夫古今供養恭敬觀世音，隆麗廟貌，及其崇信者，徧海内外皆然。此何所見耶？蓋靈應之跡甚顯著，感在人心，實深以遠，故歆仰承事，自不能已，實萬世所同也。何以言之？蓋菩薩自曠劫以來，發弘誓願，欲盡度衆生，使之見性，且除苦而與樂，此心視衆生猶如一子，何其仁愛之至哉！是以先於自修，則行深智慧，能照空五蘊，於是根塵識界，十二因緣皆無生滅，亦無事於四諦，以至無智亦無得，然後形累已忘之盡，真心寂朗，而變化神應遂無窮矣。以千百億化身遊婆娑世界，隨所應度衆生，皆肖其形而爲之説法。若夫苦難當救、有求必獲者，顧人之誠心禮敬何如。苟非其人，神通亦豈輕應哉！在道如此，非有所私，蓋不如是，在我既失其神，於物亦無所利。世謂之無應者，正以不知此道，誠未至耳。或者謂菩薩亦丈夫而已，何能以一身爲多身，無感不應如此哉？嗚呼！此難言也，若論其理，將聞者狂惑不信、驚愕多訾，姑以譬喻明之。月一而已，河海江湖溪澗池沼盆盎之内，水無大小，皆有一月，無處不然。彼月何心，印映如此之廣？況菩薩靈妙，孰得而窺其機？世謂之水月觀音者此也。夫欲知菩薩之心，當以至仁爲本，欲知菩薩之神，當以大智爲先。大智自無分别始，此尤其難言者，今不能喋喋也。

吾鄉諸叟前後飾此祠漸盛，無亦慕其兹愛之心，效其濟物之惠于萬一，庶不徒享安富樂太平，亦有益於生民之一端也。若關王者爲智顗大師所度，專以威力護佛居。處處梵宫皆有其殿，正宜近斯堂者，故并及之。

顯靈義勇武安英濟王銅像記

祀有國典所秩、有司所承而齊民不與者，有齊民崇奉而國典無文者，有儒者或以爲誕，直者或以爲淫，但为一方之祀，亦弗能久遠存者。乃若國典秩之，有司承之，齊民崇奉之，遍天下海隅郡邑城堡、市廛聚落皆廟貌而俎豆之，至有家庭迮隘，亦多影其真而旦日供養之者，且莫或以爲誕若淫，亦無弗欽仰尊信焉者，神而若斯，古今鮮矣。蓋其威靈赫若，天下後世人人皆若親見其面，儼然如在目前。雖兒童婦女，愚劣狂瞽，亦無弗尊信欽仰者。斯神斯祀，自古以來惟一關王耳。嗚呼，聖哉！

志雖逆于生前，没則神於萬世。慕忠義之節者雖爲王慨憤，達死生之説者知其常存而不死，愈遠而愈光，於王何鬱抑哉！方其圖復漢室之日，用兵自樊，威振華夏，曹操護徙許都以避其鋒，司馬懿計請孫權以躡其後。乃天訖漢祚，卒成二國犄角之顧。此雖二國之私快，實萬世之通憾也。既而權守東吴，以固有大邦；操成篡基，垂統來裔；司馬繼篡，晉業益弘。此皆明享崇高之福，以自遂於當時者，視王之忠義何有耶？若不足以見天道矣。未幾禍亂交作，淪胥以亡，宗廟一墟，血食永絶，後世曾有一人念之、一鄉祠之者哉？視王之今日，顯晦榮辱，雖萬莛其倍不足言。且操之奸雄，雖兒童婦女、愚劣狂瞽皆賤惡而賊謂之，亦萬世不可改矣。夫明則有禮樂，幽則有鬼神，明既如此，幽亦可知。惟是崇祀之儀，又不可不究。蓋神非正不足以膺上帝之命，非威不足以柔百神之情，故隨其所在，足以鎮邪殲怪，應祈答誠，往往耀靈於天下者，正與威也。然則神之於人，無亦惟爲善者是祐，而凡舉處於明神者，無亦惟善事是思乎！

東昌西城門譙之右，舊有義勇武安王廟，所以祀關王者久矣。元碑以爲金大定乙巳歲重修，自金迄元又百五十餘歲。天曆元年加封顯靈義勇武安英濟王，至今葢重修者又累矣。惟是塑狀易毁，不足爲久遠計。居民魏潮出資爲銅像，而助之者日至，得銅千五百餘斤，爲像高五尺八寸，而王之德容威狀又焕然可覩、巍然可仰矣。嘉靖十五年三月訖工，請予言以記。予郡人也，當爲鄉人表其誠、闡其義。至若王之中信之節、義勇之迹，亦載之史册，播之歌頌，夫人而能言之，故不悉。

重修蓄鋭亭記

蓄鋭亭者，太原陳公瑞卿所創建，蒲洲張公以寛所重修也。二公俱以山東憲副兵備臨清，其間相去幾四十年，而保境安民，弭患於未至，前後相同，雖遠如繼。其用意皆深遠矣。亭在州城内西南隅東遠兵司。學士四明楊公守阯、諭德錢塘李公旻皆有記。蓋是郡居南北兩京之衝，鎮河漕之上，與衛水交會。四方商賈輳集，多于居民者十倍。誠繁華之地，貿易之所，天下之大都會，京師所倚重者也。其地平衍豐樂，無山澗之險，剽畧時至，患蔓隣境，不有威蕒，民何以安居而樂業哉？陳公貫駿於前，張公增騎於後，選拔壯快，參以軍舍，熟其調習，精其操練，俾雄武可恃，誠足以懷遠而折衝，其功豈止一方而已哉？馬舊五十匹，張公增加至二百匹，皆易以罷資，無捐于民，非若他諸營作不急而忘費者。廐庌日漸頹圮，今皆拓而固之，馬視昔爲得所而愈鋭矣。乃新其亭，愈華其觀。于是指揮某、州判某來請予文其石。

予惟公之善政福兹郡多矣，豈止蓄鋭一事哉！夫善患於無繼，備弛於弗思，害生於未萌，利享於長慮。斯舉也，固非迂疎因循、淺見目前者之可得而知。夫使爲政者皆若公之不替前人之美，永啓後人之功，則居人長庇其德，天下相忘於治，其有補于太平，豈云小小哉！予每嘆今之爲政者，於國家定制，尚坐視其散弛，以至自懼瘝曠而莫知。視公之無所督於常稽而能預所急於未見者，其立心相去何遠哉？且漢初以蓄牧繁而匈奴懾，後以馬耗乏而師不振，此豈迂疎淺見者之可得而窺其緩急也？

夫秦非子繁馬於犬丘，初非由於政令，宋以保馬之政任官而徒以斂民。然則馬之盛衰由人而已，況公撥冗務以修服功，養時晦以遺餘烈，其賢可勝言哉？嗚呼！異日紹斯職者，寧能覩既懋之績，使漸至隳廢，而不惟前休是慕，俾成業不永乎？公能弘其前，吾意來哲亦自不能已其後矣。公名邦教，别號歷田云。

重修漱玉井亭記

漱玉井亭在蓄鋭亭西南而近，爲飲馬設也，太原陳公創。自時以來至今幾四十年，漸至堙圮。蒲州張公來備斯地，政修事立，舉廢興頽，井濬甃惟潔，亭繕構惟新矣。井以漱玉名者，蓋初得懸泉，琅然有聲，誠一快事也。

予惟善養馬者，廄以禦寒，庌以勝暑，馬是以不病。然而水草不時，馬終焉斃。臨清城外，兩河交會，大衆取汲，無不周裕，無所事井。然而於馬遠，況春則涸，夏則湯，冬則冰，馬雖至岸，不得以潤吻，非若人之可以坎取澄貯，便于爲用也。城内雖有井，僅足以供市巷。使非此，則馬不遂其啜，時或困於渴，甚則苦於暍，蓄之難矣。然則斯井之功可少緩哉？久之弗濬，將泥以無禽，谷或射鮒，新之良是也。

夫秦非子之汧渭，衛文公之河湄，魯伯禽之坰野，蓋皆依野壙之長流，恣雲錦之飲浴，於馬性甚適焉者。况馬秉純陽，畏熱非他畜比，是以馬獨盛於冀北者，足於寒也。水之急莫馬爲切，今鳩之城市，誠非其便。然而既得寒泉以悦其志，故不忘修疏，則資之愈深。且于居人亦養而不窮，澤斯普矣。利奚止於馬哉！君子誠未可以輕視也。予故別出而記之，或歲遠得所考，將不至於廢，永爲蓄鋭之助云。

擬學小記

［明］尤時熙 撰　［明］李根 輯

明史本傳

尤時熙，字季美，洛陽人。生而警敏不羣，弱冠舉嘉靖元年鄉試。時王守仁《傳習録》始出，士大夫多力排之。時熙一見歎曰：「道不在是乎？向吾役志詞章，末矣。」已而以疾稍從事養生家。授元氏教諭。父喪除，改官章邱，一以致良知爲教，兩邑士亦知新建學。入爲國子博士，徐階爲祭酒，命六館士咸取法焉。居常以不獲師事守仁爲恨，聞郎中劉魁得守仁之傳，遂師事之。魁以直言錮詔獄，則書所疑，時時從獄中質問。尋以户部主事榷稅滸墅，課足而止，不私一錢。念母老，乞終養歸，遂不出，日以修己淑人爲事，足未嘗涉公府。齋中設守仁位，晨興必焚香肅拜，來學者亦令展謁。晚年病學者憑虛見而忽躬行，甚且越繩墨自恣，故其論議切於日用，不爲空虛隱怪之談。卒於萬曆八年，年七十有八。學者稱西川先生。其門人孟化鯉最著，自有傳。

擬學小記自序

擬學者，擬欲如此爲學而未知其是否也。卷内所記，先因請教晴川劉先生〔一〕，未及寄達而先生逝〔二〕。山頹梁壞，今十餘年矣。病中無事，再繹舊聞，遇會意輒筆之。中間或與前人異同，又或有所傳聞而忘其人。道無人我，主於共明此學而已。其因事感觸，謾及象緯五行，亦欲明一本之意，見萬物皆備於我，不容他諉，然猶臆説也。外雜著數首亦附入，總若干言。師亡友隔，無所就正。邇來〔三〕朋友未有肯切磋根究，而予亦衰老矣。追憶疇曩〔四〕，親師取友，直下承當。只今悠悠皓首，用是怛然感懷。不忍舊聞堙没，摹擬想像，聊存於此，姑以自驗自考，竊比於古之箴銘。義理無窮，躬行不逮，安敢便以爲是？倘同志者覽而教焉，固求益之資也。

嘉靖己未季冬念又一日，西川居士尤時熙書。

〔一〕「劉先生」，八卷本作「劉師」，下同。
〔二〕「先生逝」，八卷本作「劉師奄逝」。
〔三〕「邇來」，八卷本作「眼前」。
〔四〕「疇曩」，八卷本作「往年」。

卷一 經疑

釋經而曰疑，存吾疑也。義理精微，昔賢淵義，吾猶得而疑之也，矧蠡測之陋耶？吾敢有成心乎？存疑，所以俟釋也。凡二百七十七條。〔一〕

大學 古本

「大學」，言所學者大，非小道也。灑掃應對便是明德、親民事。成人小子，執事有殊，皆大學也。

古人但言「大學」，不言「小學」，大學有篇，小學無篇。非闕之也，蓋弟子之職，須於事長見之，若別有處所，則所習何事？後世以藝爲學，非養心成德之教，宜乎其分言之也。《記》言小學在公宫南之左，此小學疑是鄉學。若聚國中之童子教於一處，勢豈能行？童子自有家塾。

〔一〕 本書各部分之引語中注明之條數多不確。如卷一實有二百七十六條。以下不一一説明。

大學只是「止至善」。至善，性也，良知也。「止」之云者，復之也。知猶水也，止水自能鑑物，慮在其中矣。人情多在過動邊，此過則彼不及。格物只是節其過，節其過則無馳逐，始合天則，故能止。良知本體，止乃見。

知止則不馳逐，故有定而能得。

從「明明德於天下」逆推，直到「格物」，且曰「在」，可見只是格物。從「物格」順下直到「天下平」，可見天下平只是物格。

氣禀不齊，質之剛柔、情之濃淡，非可以一律齊也；時勢不同、地位不同、分量不同、情事不同，非可以一律齊也；義理無窮，行一程見一程，非可以預期前定也，故陽明但言「致良知」。

知一而已。良知、習知，致之自辨。良知之訓，是爲學者立方，其實只是一個知。

誠者，成也，本體完具曰成。意誠則心正。若别有正心之功，何以謂之成？

本亂則末亂，本治則末治，故知本爲知之至。身，天下國家之本，良知又身之本，知止則知本，是爲止至善。

心主乎身，意者心之用也。道無内外，故誠意則身心皆舉之矣。《大學》工夫只在此章，此章又只「毋自欺」三字。

「如惡惡臭，如好好色」，借喻以形自謙，必如是而後爲毋自欺也，而後意誠。不主好善惡惡説。

「小人之爲不善，無所不至」，其心若已死矣。忽見君子，即其厭然，具見全體，不從外益。揜惡著善，好惡之本心也。誠之不可泯，所謂自也，益可以見至善之非他，而誠意之功不可以他圖矣，是以君子之必慎乎此也。

何謂獨？只有此，更無他。莫非此，豈有他？故曰「獨」，又曰「自」。

「近取諸身」則曰毋自欺，「遠取諸物」則曰心誠求。毋自欺，故心誠求之。心誠求之，乃所以爲毋自欺也。

《淇澳》之風，《烈文》之頌，正是致知、格物，皆毋自欺之事。

「切磋」、「琢磨」蓋言學也。語學之道惟修身，語學之要惟恂慄，「戒慎不覩，恐懼不聞」是也，所以毋自欺而慎其獨也。威儀暢於四支也，親賢樂利發於事業也，皆天則也。盛德至善，止至善也。

「緡蠻黄鳥，止於丘隅」，「止」意在綿蠻，不在丘隅。此與《中庸》「鳶飛戾天，魚躍於淵」同意，皆指本體言。

仁、敬、孝、慈、信，只是一個良知。良知即至善。

「大畏民志」，有耻且格也。格心何訟？故曰知本。交國人信，故有此，民無訟，則天下平。人之所以至於相争而起訟者，皆由知不止，知不止則自欺，故訟。無訟由於知止。舉此例彼，格心之道通乎上下也。

親民本於格心，格心本於明德，明德要於知止，此知本所以爲知之至也。

「身有」之「身」非誤。此但言身心相關之故，身字爲讀。有所者心也，不得其正者身也。下文「心不在」數語，原其心不存，所以身不修。

《大學》一篇，終於理財，治天下只此一事。

生財大道一條，重「食寡用舒」二句。意今天下財用不足，非因生不衆、爲不疾，乃由食不寡、用不舒也。

能理天下財，斯能幹天下事。但古人理財以勤儉爲主，後世以聚斂爲急，古人利民，後世利己。

能經營生理者，即能理財，只是所見者私小。

「以財發身」，理財以成其仁也。「以身發財」，逐利以喪其仁也。

「彼爲善之」者，不止能其事，亦又善其説，使人易惑也。

自篇首至「此謂知之至也」，總説學之大端。自「所謂誠其意」至「此謂知本」，細説學之工夫。而要其歸極，各以知本結之。所謂修身爲本，本治末治，止於至善也。不釋明明德，通篇皆明明德也；不釋親民，通篇皆親民也；不釋止至善，德明、民親乃所以止至善也。專揭誠意者，止至善之功全在此也。致知格物，所以誠其意也，致知格物之功，則毋自欺是也。恂慄者，毋欺之實也。釋正心修身，明其無内外也；釋修身齊家，明其無人己也；釋齊家治國，明其無親疎也；釋治國平天下，明其無遠近也。自「所謂誠其意」以下，每到落處，必屢引言以詠歎發明之。自正心修身至治國平天下皆并舉，而於誠意獨單言，則其要旨所在，與其無缺文錯簡，皆可見矣。

附八卷本所多之二條

「維天之命，於穆不已」，良知元不息，雖在常人，豈無開明時？旋復昏閉，未能緝熙也。文王之德之純，緝熙之故也。

「不得盡其辭」，非不告於人，不作於心也。故曰「大畏」。

中庸

天命者，本然之真，是之謂性。無所使之，無所受之。

董子曰「道之大原出於天」，不求端於心而求端於天，是義外也。

道不可離。仁者，人也，安能離之？

前輩謂「不睹不聞爲道體」，其論本精。但以上下文勢觀之，疑未然。若如此說，不睹不聞只好作贊語，如無聲無臭可也。若指爲道體，則不睹不聞爲道，而睹聞非道矣，下文何以曰「莫見乎隱，莫顯乎微」耶？竊詳此兩句蒙上「道」字來，則所睹所聞者，道也。戒慎不睹，欲其常睹，恐懼不聞，欲其常聞，只是常存此心之意。下文「慎獨」，獨字即道字，慎字即常睹常聞。上是直述其功，下是轉發其意。道無隱見，無顯微，天地間只有此，故曰獨；莫非此，故曰獨。是以君子常睹常聞而慎其獨。所謂正目而視之惟此，傾耳而聽之惟此。然所謂獨者只是喜怒哀樂，未發則爲中，發而中節則爲和，此本體也，人患不能致之耳！果能常睹常聞，於是發皆中節，則大本立而達道行。天地以位，萬物以育，道修而性復矣。如此看似於文勢爲順，而於先輩意指亦似不遠。

凡物對立，則相形爲有二也。道一而已，見即隱，無有見乎隱；顯即微，無有顯乎微。見顯隱微，物相有然，道一而已，故謂之獨。

「中庸」之「中」是裏許之意。中，心也；庸，用也，常也，吾心日用之理也。

「喜怒哀樂之未發謂之中」，既云未發，豈惟無偏倚？雖不偏不倚，亦無可見，指其近似，但可言其在中而已。故「中和」之「中」，亦只是裏許之義。

凡書語文字，但涉連綿者，多重下一字，如「忠信」、「忠恕」、「中庸」、「中和」之類是也。蓋道理只是一個，未發無形，不可名狀，多於下字影出之。如人以魄載魂，可指可名者魄也，所以多重下一字。「忠，心也」，却説「言忠信」，不言心；「忠恕違道不遠」，不釋「忠」，却釋「恕」曰「施諸己而不願，亦無施於人」。終身可行，不言忠信以成之，不言忠；臣事君以忠，曰事行之以忠。曰行皆就發用處説。忠無可指，可指者信與恕，事與行也。中庸、中和亦復如是。中庸總是平常，平常之外無中；中和總是中節，中節之外無中。

發而中節即是未發之中，爲原不曾有所發也。言成文，自成次第，其實無次第。「中和」二字原在一連，故并舉之。猶今人以德性平易者爲中和，豈有兩義耶？

先云道，後云獨，後云喜怒哀樂，愈見道之切於人。先云睹聞，後云慎，後云致，愈見功無待於外。

雖至於「位天地」、「育萬物」，只是一念結果，大小、物我非兩事也。「位天地」、「育萬物」，不是聖人有功於天地萬物，只是自復其本體。

此章論學與《大學》誠意章相類，喜怒哀樂只是好惡，喜怒哀樂本體元是中和的，好惡本體元是自謙的，故皆言慎獨。

中庸便是至德，此外更無至德。良心不息，民非不能，但不能久耳。日至月至亦不能久，聖人只是能久，故曰「至誠無息」，只是中庸，此外更無道。

過與不及，不知其味而漫億之，故不明不行。知味者，良心存也。言正言中，均屬意見。「中庸不可能也」，「也」字活言中庸之可能也。

大舜、顏淵、子路，不必分知、仁、勇，後面知、仁、勇是資禀。舜、顏與君子之强是成德事，豈可例論？成德則渾然一理，豈有知、仁、勇之分？况舜、顏之深造乎！

費隱具兩景，似欠精一，後八章俱釋費隱似穿鑿。若如此説，《中庸》一書，孰不可言費隱者？何獨此八章？天道人道，分釋各章，亦太分析。天道人道一也。

「君子之道造端乎夫婦」四句，是言君子體道之功。

「道不遠人」章最盡。

「以人治人」，天則人人自有，非由外也。「改而止」者，聖人不自以爲無過。賢人有賢人之過，衆人有衆人之過，無不自知者。各改其過，不須外求，改盡即本體完復，是爲至道。

聖人之道，初不遠於人情。「施諸己而不願，亦勿施於人」，夫子每每言之，聖人之教皆不外此。

觀聖人所以自期待惟曰「慥慥君子」，此外容有至道耶？

「君子素其位而行」，素者，淡素之謂。人於一切世味，往往溺情於其中，不能素淡。歆艷愁苦，相尋不歇，怨天尤人，由之而起。不知正己，而惟願乎外，皆因不知命故也。知命則於見在之位盡己之分，爲所當爲，成敗利鈍一安於命。行險徼倖之謀，自無所施，故無入而不自得。此平平簡易之道，君子之所居身以俟命也，惟世味素淡者能之。

妻子和，兄弟翕，父母順，皆卑近易行之事，而高遠在其中矣。

舜曰「大孝」，武曰「達孝」。人所共由曰「達」，盡其分量曰「大」。只是達孝。

莫非天也，冬至祀天，祀生物之天也；夏至祭地，祀成物之天也。故曰「郊社之禮，所以祀上帝」也，莫非天也。不言后土，非省文。

「修道以仁」，通章命脈全在此。

「不可以不知人」，「知」有「主」字意。知人，育萬物也；知天，位天地也。皆修身之事。

知、仁、勇是稟賦，人之稟賦不一，有此三者，義實相兼，各舉其質之盛耳。

達道、達德、九經只是一個，只是此心，心一而已，故曰「所以行之者一也」。

「參天地」、「贊化育」是以此參彼，以此贊彼，猶爲二，不如後章「知天地之化育」較精。知，主也，欛柄在我。

「誠者非自成己而已」一節，是釋上「君子誠之」之兼人己也。

「尊德性而道問學」，只一句，已盡下四句。本是補偏救弊，爲學者立方，然終覺支贅。若例觀連上句亦有病。

愚自用，賤自專，後進之流弊也；生今反古者，嫉後進之失，而矯枉過正者也，皆不足與於時錯之宜也。先進之禮樂，時錯之宜也，故曰「今用之，吾從周」，從先進也，從其宜，非從其勢也。

只經綸大經，便是立大本、知化育，至誠只是肫肫其仁，自深不可測，大不可量，故曰：「淵淵其淵，浩浩其天。」

到平常之地，正合天德。無世味之濃艷，故淡；直心直事，故簡；動無圭角，故温；原無歆厭之心，故不厭；實理著見，故文；和厚藹然，物情曲盡，故理；到平常之地則無我，無我則與物無間，合遠近内外而一之，猶之一身，痛癢自覺。故知遠之近，知風之自，知微之顯，此之謂達天德，故曰「可以入德矣」。德，天德也；天德者，天命之性也。

人所不見者，到平常之地，自慊而已。意氣泯然，人安得而見之？

到平常之地，自無怠無僞，不待言動而後敬信也。

不賞而勸，不怒而威，平常之道，實心實政，入人深矣。有耻且格，何俟賞怒？

篤恭者，「戒慎不睹，恐懼不聞」之深功也。到平常之地，則如饑之於食、渴之於飲、孩提之慕親、父母之愛子，篤之至也，無説可説，故曰「不顯」，又曰「無聲無臭」。

論語

「爲仁」猶言爲學，言孝弟者爲學之本，所當先務。孔門以仁爲教，故爲仁即爲學，不訓「行仁」也。

「巧言令色，鮮矣仁」，先儒云「專言『鮮』則絶無」，可知「小人閒居爲不善，無所不至」，不獨巧言令色也。「見君子而後厭然」，仁果絶無乎？凡言動不由於誠，皆巧言令色之類。幾微之際，君子所當深辨也。先儒「絶無」之云，亦足以警懼學者。

孝弟謹信，弟子日用之常。若夫行之而有餘力，則以其博學於順逆常變之文，經歷磨鍊，久而純熟，不費力也。蓋即從心不踰矩之地。而但曰「有餘力」，義理無窮，不敢要其終也。

「賢哉回也」，貧而樂；「禹無間然」，富貴而好禮者也。

「爲政以德」，主意在德，則凡所施爲無往非德矣，若衆星之拱極也。

「思無邪」一語，不獨可以蔽《詩》，真足以蔽古今聖賢之言。

道德齊禮，非廢政刑，乃政刑從德禮而出。若曰相爲終始，不可偏廢，却是有無政刑之德禮，淪於空虛。非德禮之政刑，同於亂世也。

自志學至從心，學問則一，但工夫有生熟淺深耳。

知命者，安分盡心，無往非奉天也。

無我故耳順，無逆耳也。但來皆有分付，不犯揀擇。

矩，天則也。人多欲，故踰矩。聖人無欲，故不踰矩。不言「無欲」，而言「所欲」，聖人所欲即天則也。其義精矣。

不言「即矩」，而言「不踰矩」，自道也，亦見乾乾不息之意。

「退省其私」，夫子言之，顏子自反觀也。發者，精神勃然興起也。發者顏子，發之者夫子之言也。夫子自謂，故曰「亦」。又以見顏子自發，有不專倚於言者。

諸子是摹倣孔子，顏子是學自家。

視吾以，觀吾由，察吾安，人欲無所匿矣。以此待人，便是逆詐億不信。

知，吾故物也，温復之則知不昧而愈明，師在此矣。自得師也，非爲人師也。

子貢聰明有餘，雖從夫子而自有所見。夫子知其難以辭説解也，故謂之曰：「先行其言，而後從之。」欲其自試而自知其阻也。使子貢得夫子之意，則言即行矣，何先行後從之云乎？然先行後從之云，正今日之藥石也。

思、學一也。思不學則殆，學不思則罔。安可二之？古人合一之功只是一端，故幾於道。罔與殆由分思、學爲兩端而異其功，故害道如此也。

子路亦在聞見上用功，以知爲學，故夫子警之曰：「不知爲不知，是知。」誰知不知者，豈非知乎？

致知則知日明，不致則知日昏。

子夏論《詩》，夫子以爲「起予」，此見聖人空空無知處。

「郁郁文哉」，先進於禮樂，非野人也。「吾從周」，從先進也。

孔子論仁皆以心言，獨於管仲以事功言，此與孟子論齊王好樂同一機括。蓋管仲一匡天下，不以兵車，於王者之舉動亦相似。充管仲之功，必至文武之政而後是，推文武之政，必至文武之心而後真。文武之心，仁心也。所過者化也，非太虛視浮雲不足以進於此。管仲之志，乃在功名富貴之間，自滿自足，是以功烈如彼其卑，非其途轍之不合，乃其器量之易盈耳。

孔子譏管仲官事不攝。俗言「官多民苦」，此最害治之大者。

志仁無惡者，心無二用，志仁便無惡，欲仁即仁也。

欲仁即仁，何力不足之有！人自不欲，故夫子以爲未見。然天下之大，學者甚衆，豈可謂必無斯人？但眼前未見斯人，學此聖人警發門弟子之切意。

欲仁即非昏弱，先儒之言是以才力論，聖人教人在心地，不在才力。

士志於道者也，彼恥惡衣惡食者，未足與議於此也。此疑有爲而發。

懷土雖人情，亦是私，懷惠惟順意是快，皆放利而行也。君子懷德而已，刑刻懲創，事每拂意，此亦足以堅志熟仁，固懷德之資也。此夫子周流四方，欲門人從行者隨寓而安也。近齋云：「刑，儀刑也。懷刑，念師資也。」

人常言：「事不如意者，十常八九。」放於利而行，故多怨也，君子惟自責自修耳。

「禦人以口給」，精神專在禦人，故憎人之意多，愛人之意少，而不能自覺其仁也。

「吾道一以貫之」，貫，該貫也，言吾道只是一。若謂一以貫萬，是以此貫彼，是二也。道一而已，萬即一之萬也。

「夫子之文章」與「子所雅言」，皆性與天道也，故子罕言命與仁，雅言《詩》、《書》，執禮而已。

子路之學在事，故惟恐有聞。顏子之學在心，故語之不惰。子路在萬上見，顏子在一上見。

仁者，天下之達道。若便於君，不便於民；便於己國，不便於鄰國；便於國君，不便於天子，皆非達道，必有私意主之。此春秋天下之通弊也，故皆不得爲仁。

充子文之忠，止於强楚；充文子之清，止於潔身。至於召忽則助糾爲逆，背公死黨，又匹夫匹婦之爲諒也。根究非至公，推行非達道，皆出管仲之下。

匹夫匹婦之爲諒也，自經於溝瀆而莫之知非也。

子路取召忽，故疑正名爲迂，而死衛輒之難。盜賊之死其黨，男女之殉所私，君子不以爲道者，爲其徇於情欲也。

狂簡之簡，非畧於事，世味淡泊，於事自簡。若畧於事是廢事也，孔子何以取之？既畧於事，何謂「斐然成章」？

狂者進取，必有其實。大言無實是妄也，豈孔子之所謂「狂」？「不知所以裁之」，慮其由質順習，流於偏弊而不自知也。

「伯夷叔齊不念舊惡」，本是愛人之心。其人能改，初心遂矣，何怨之有？夷、齊似隘，成物之心迫切，不覺其然也。嚴師之捶楚，慈母之呵斥，好學者自樂親之。

子路言志雖公，然全是意氣，似有德色。故顏子承之曰：「不伐善、不施勞。」然猶若自以爲德者，特不伐不施耳。至於孔子則一體之心自不容已，不識不知，愈平實，愈廣大。

「十室之邑，必有忠信如某者」，性所同也。「不如某之好學者」，人生有欲，動失忠信，不知學以復之，不能如聖人也。

聽政必南面，不必爲君也。周衰，天下厭苦繁文久矣。伯子之簡，宜夫子所深取。若曰「僅可」，聖人自明言不必如此爲含蓄也。仲弓「居敬」之語，對下「居簡」言之，敬簡一道，不因居簡不言居敬也。仲弓此言，蓋爲辨析學問路頭差別處而云，故夫子然之。亦不爲伯子説，觀其言曰「雍之言然」，語意自可見。

夫子不繼公西華之富，而教原憲以周鄰里鄉黨。不惟見用財之方，亦足以見取分少處。犂牛之喻，教仲弓立賢無方也，非論仲弓也。

行不由徑，不事知巧也。

「文質彬彬」不類孔子語，却與子貢「文猶質也」之言甚相似。

天下大抵多中人，中人可以上下者，幾也。中人以上，有志者也；中人以下，無志者也。上，上達也。惟有志則可賢可聖，故可以言上達。如其無志，則自暴自棄而已，未可語上也。此危微之幾，學者所當自省也。

人品有上下，道理初無上下。人品之上下亦存乎志而已矣，所謂幾也。

「先難」之難，是己私難肯處，凡事求可、功求成，皆屬獲心。君子豈不欲有成功哉？但先有此心即是意必，即是私己，故後之。

事之難者，君子只盡此心。巧拙利鈍，隨吾才力。造次於是，顛沛於是，成敗非所計也。

靈公庶幾知政，南子庶幾知學，且能知夫子，南子正而靈公可正。風化之原，機括非小，衛國之庶，可以有爲，此或夫子見南子之深意也。辭謝不得已之云，似爲夫子回護，亦是子路之見。

「何事於仁」，事，從事也。事仁猶言求仁，言如何如此求仁也。

堯舜病諸，痛癢切身也，孔子學不厭、教不倦，亦是此意。

好生之心，人物所同。聖人博施濟衆，遂此而已。五十非帛不煖，七十非肉不飽，殺生養生，濟於此不濟於彼，非聖人之得已也。而曰欲少者亦衣帛食肉，是何心哉？將使天下子弟爲膏粱乎？

「述而不作」、「從先進也」，周末文弊，厭古道之淳直，而謂先進爲野人。愚自用，賤自專，欲其信而好也難矣。故俗遺老，幸有老彭，欲竊自附，感世之意深矣。

孔子自言，吾學只「默而識之，學而不厭，誨人不倦」而已，他非所有也。「出則事公卿，入則事父兄，喪事不敢不勉，不爲酒困」，日用只如此而已，他非所有也。「何有」之云，即空空無知之意。本體無物，因事有事，所過者化也，非謙辭。

聖人赤心惻怛，不爲謙辭，其不敢當處，自是實事。

君子之學以修德也。講學所以修德也，徙義所以講學也，改不善所以徙義也。修德是主意，改不善是工夫。

志、據、依、遊皆志也，道、德、仁、藝皆道也。道無二道，心無兩心，生熟難易之間而已矣。

易，變易也，隨時變易以從道也。道，良知也，念念不離良知，是謂隨時變易以從道。夫子以是爲未能，故願學焉。無大過者，人情多在過動邊，動由良知，何過之有？

凡聖人言學，不指事説者，只是復性。孔子大段性無所失，其稍出入者，畧怠惰耳。才一發憤，性即瑩湛。忘食即不求飽之意，至專一也。性復則心無係累，故樂以忘憂，齊生死矣，安知老之將至！

「子以四教」，非一貫矣。蓋括「博文約禮」、「主忠信」之言而失其意者也。

無、虛、約，本體也。爲有、爲盈、爲泰，義襲於外。依憑意氣以爲德行，氣衰意歇，終於無有，難乎有恒。擇術不精，意見蔽之也。

有恒者，志於道者也；善人，有諸己者也；君子者，美大之地；聖人者，聖神之歸。世之君子篤志力行，期以終身不變者，孰不自謂有恒哉！然不免無而爲有之病。有恒者，志於道者也，是一様人。無恒者，志不終者也，是一様人。無而爲有者，志非其道者也，是一様人。雖孔門諸賢亦多着後兩病，故夫子以此警示之。

「與其進也」一條，無錯簡。「唯何甚」責門人，追其既往之已甚也。

欲仁即仁，至矣，盡矣，非自外至也。

「躬行君子則吾未之有得」，得無所得，所以爲孔子。

爲之不厭，誨人不倦，純亦不已也。真機活潑，不計塗程，不知老之將至。

《詩》言「至於大王，實始翦商」，蓋後人頌德歸功之辭。言人心歸周始此，其代商之基亦始此，非謂大王有此志也。

大王避狄去國，後雖漸盛，未至足以翦商，其言曰：「君子不以其所養人者害人，二三子何患乎無君？」有翦商之志者，不爲此言。

泰伯之讓，亦以季歷之賢，即爲文王，亦只以其賢聖足以治國安民耳，非望其有天下也。此皆公天下之心，故曰「以天下讓」，猶言天下之達道也。若謂文王足以興王，使帝乙立微子，文王不生武王、周公，周能有天下乎！此未然事，安可逆料。

先儒謂：「泰伯當商周之際，足以朝諸侯有天下。」文王百年乃没，又當商季，德猶未洽於天下，況泰伯乎！

大王之時，天下者商之天下。泰伯乃以人之天下爲己讓，亦妄矣。

泰伯、仲雍採藥不返，其以父之鍾情，從其重者乎！不然，親病不侍而逃，冀以成讓，此何義理！

《春秋傳》駁雜，其載泰伯事亦自相抵牾，尤不可信。泰伯不從，《傳》亦無考。

《詩》言興，禮言立，樂言成，各言其功用如此，無初、中、終之異。

《詩》、《書》、禮、樂，學者終身由之，非可用一捨一也。樂言成者，功用爲尤大耳。

舜、禹有天下而不與，行所無事也。

「三分天下有其二」，言人心也。若土地疆宇，紂所統御，叛歸文王，紂獨不知？安得置而不問？且文王豈安受之？何云「以服事殷」也？蓋文王之德，人所敬慕，紂亦知之，故用爲三公。雖紂左右，亦必傾心焉，獨崇侯虎與飛廉及五十國之君忌之耳。紂雖不能行其道，然見其小心和敬，故既囚而旋釋之，且以爲西伯，不獨閎夭之獻贖也。其伐崇、伐密、戡黎，亦是盡西伯之職以服事殷之事。使紂能改過，文王必見用，雖武王、周公亦必爲殷良臣，共安天下，寧有征伐之事乎？惟紂不改而益甚，文王又没，武王、太公老矣，度無有能安天下者，故遂因人心及時爲之，即復商舊政以安天下，是皆無一毫利己之意。故文王事殷，武王伐殷，分量不同，其道一而已矣。

利，功效也。仁、命，道體也。聖人之教先難後獲，言「爲仁」，言「知命」，就日用見在實處指示路頭，使學者自得之耳。料想計功皆妄心也，故罕言。

「天生德」，性也，非死生禍福所能損益也。言桓魋雖能害己之身，而不能害己之性也。文王，既没者也。後學，後死者也。繼往開來，斯文之寄，見在夫子。天之命脈元氣無絶喪之理，是匡人又必不能害己之身也，所以教二三子使信道也。

天生德，人人皆具，但自不覺耳。匹夫不可奪志是也。

「欲罷不能」，道不可離也。「既竭吾才，如有所立卓爾」，約禮之至，伎倆盡而本體見也。「欲從末由」，不由襲取也。

「語之不惰」，亦足以發也。

後生真識未鑿，習染未入，蒙以養正，聖功也。即師即友，故可敬畏。來者如今，不失其赤子之心矣。壯而有失，尚在交戰之間，力猶可挽。若四十、五十，習染已深，雖或聞道，猶慮重不可反，又無所聞，則終焉而已。當以爲戒，何足敬畏哉！

《鄉黨》首節，尤見孔子忠信篤實光輝。

飲食一節，皆□疾之意。

用醬各有所宜，不得其宜，亦必傷人，非惡其不備也。割不正者，飲食之淫巧奢靡也，咨口腹之欲而至於害性，故不食之。於此見聖人飲食之儉素矣。

「厭」字平聲，求足也，聖人飲食非惡精細，心不求足耳。

「不撤薑食」疑有誤，一物而每食必具，聖人飲食宜不如此，且常食而曰「不撤」，文義亦不可曉。

「有盛饌必變色而作」者，聖人之情安於質儉，饌盛則奢，有傷於中。色變而起立，示不安也。以饌盛爲禮，禮果在物乎？

「色斯舉矣」一章，疑錯簡，似當在前篇「唐棣」章下，與「緜蠻黄鳥」、「鳶飛魚躍」大指畧同。共，向也。嗅，疑作狊。依劉註，三狊而作，色斯舉矣。

「回也，非助我者也」，下「也」字活，謂回之助我也。啓予之助，其助小；無所不説，其助大。

「喪予」之嘆，悼其失助，不獨悼其無傳。

「有慟乎」，慟而無慟，順應也。

「閔子騫，人不間於其父母昆弟之言」，父兄所爲豈能皆善？自非孝誠惻怛維持調護，相隱相勸，安得人無間然？閔子之孝，藹然見矣。

子張之辟，非習於容止，葢是偏於意氣，仗義敢爲，憂人之憂，急人患難，如後世杜季良之徒是其流派。然激於意氣，非至誠惻怛之本然，故難與爲仁。

觀子張之言，亦是尚躬行、重根本，但意氣堂堂，過高不情耳。若謂習於容止，少誠實，是巧言令色之流也，何以爲聖人之徒？孔子曰「師也過」，過猶辟也。巧言令色，鮮矣仁，豈直謂之過哉？

空則化而不積，殖則積而不化，億則又多伎倆。屢中而自喜，展轉猜量，放心無窮矣，非天命之本然也。

「貨殖」二字是借用，子貢多學而識，猶之殖貨云爾，非謂貨財生殖也。

四民異業而同道。貿遷有無，爲不受命乎？何以云「嘗用力於自守」？善人不至於聖人也，是蔽於意見，自是自足。

「論篤是與」，與，自與也，以爲是而自許也。「論篤」者諄諄於講説教告之間，雖亦君子之事，然逐在言語上，誠意不固，是亦色莊耳，非君子之學也。若曰觀人，亦是逆億之心。

克己復禮爲仁。克，能也；己，自也；能自復禮，求仁之方也。「爲仁由己」，天則在我，非在外也。禮者體也，良知之見於四體與其事爲也。不言「以禮」，而云「非禮勿」，「非禮勿」即禮矣，此聖言所以爲無迹也。

「出門如賓，使民如祭」，理無大小也。「己所不欲，勿施於人」，强恕而行，求仁莫近也。「邦家無怨」，正己而不求於人也。「請事斯語」，顔淵既仁矣。「請事斯語」，仲弓亦仁矣乎！

「不如老農」、「不如老圃」，是真實不誑語。聖人之學、聖人之教、聖人之政，此皆可見。

夫子嘗曰：「魯一變，至於道。」又曰：「魯衛之政，兄弟也。」一變至道，其亦有望於衛歟？孔子稱公子荆善居室。「如賈三倍，君子是識」，詩人識焉，可以觀君子治生之道。

遇宗族則稱孝，遇鄉黨則稱弟。稱，舉也。舉，行之也，非稱譽也。

「邦有道，危言危行」一章，不類孔子語。

「古之學者爲己」，主於盡心；「今之學者爲人」，主於辦事。主於心，事在其中矣；主於事，或遺心。向背人己之間，學術所由差別也。

「使乎！使乎」，嘆其知學也。

「莫我知」之嘆，夫子思顔子而對子貢語也。子貢之達，當世仰之，至謂賢於仲尼。子貢雖尊夫子，而自信亦深，自謂得夫子之意。夫子有難於言者，故自嘆曰：「莫我知也夫。」「也夫」二字，其聲深長，其感深重矣，雖非怨尤，亦太虚浮雲也。及聞子貢「何莫知子」之言，又觸其幾，即自洗曰：「不怨天，不尤人。」浮雲過化矣。「下學上達」，天在是，知在是，未爲無知己也，非多學而識所及也，其教子貢也至矣。近齋先生曰：「憫世受迷，直欲捐軀一唱。觸心即洗，漸成無礙通衢。」其此章之謂乎！

「君子不怨天不尤人」者，非自以爲德而置天人於度外也。莫非己也，感吾感也，應吾應也，施吾施，報吾報也。孰爲天？孰爲人？一體故也。將孰怨？將孰尤？自省自修而已，一體故也。

「君子固窮」，君子亦人耳，未能易命，安之而已。

無爲而治，行所無事也。恭己即篤恭，兢兢業業不敢作聰明，恭之至也。

人能弘道矣，非道弘人乎？見人與道一。然語意終覺支離，不類孔子語，或是答問之辭。

「知及之」一章，與《大學》之旨不類。

「當仁不讓於師」，此爲守師説而不求自得者發也。

伯夷、叔齊餓於首陽之下，讓國不有，貧苦終身也，非飢餓而死也。

六言起於意見，蔽於意見。好學則虛心反己，求所未至，自能破蔽而達天德。德一而已，惟六言，故六蔽。

「飽食終日，無所用心」，禽獸則然。禽獸無所用心，飲食牝牡而已。博弈雖曲藝，猶能繫心一處，不爲浮游狂悖之想也。若無所用心，飽食昏冥，則禽獸耳。「難矣哉」者，懼其沉淪而不能返也。然曰「猶賢」，未足爲賢也。

三仁之事不同，而至誠惻怛則同，各有關係，皆天下之達道也。

孔子之嘆沮、溺，曾子之告陽膚，孟子之曉尹士，意脈如一人。惻怛之情，藹然言外。

君臣者，事使之通稱。仕必使民，有君道焉。民吾所使，有臣道焉。義者宜也，心安曰宜。君子不忍斯民之陷溺而思濟斯民，非仕則不能有爲。苟時不我以，才不副志，則亦無可奈何矣。若其具在我，時猶可爲，乃以無道，必天下而棄之，是忘世也。於心不安，不安不宜，故曰無義。若以時雖不用，君不可忘，吾姑仕以爲義，是市私也，安得爲義？果如是說，孔子魯人也，舍魯君而外求君，君臣之義何在哉？

孔子周流四方，教學并行也。

農圃醫卜非小道，凡不由盡分而曲藝自多者，皆小道也。

「允執其中」之「中」是裹許之義，蓋言心也，即《書》所謂「兹」，所謂「時」也。「不偏倚」、「無過不及」，是贊中之德，疑非堯言正訓也。

堯始命稷養民，五穀熟而民人育。然飽食、煖衣、逸居而不知心，則從其小體而無節，其流必至於禽獸，將相争以至於亂。人之有道，道者，中也。中者，心也，堯始指名之。人倫，中之實也，親、義、序、别、信皆中也，皆心也，故曰「使自得之」。自得者，得其心也，得其中也。「又從而振德之」者，得其心則爲德。振之者，鼓之舞之，使不倦也。此之謂執其中也。執中之云，猶言存心也。蓋堯之命契以教比屋之民者，猶之與舜禹諸臣都俞吁咈於廟堂者也，無二道也。所謂堯舜之民，皆以堯舜之心爲心，堯舜之心即中也。咨舜之語，再丁寧之耳。後世學者傳習之久，遂以存心爲常語，而以執中爲秘傳，乃曰「此是心法，非衆所與，問至是，始傳授之」，不知堯舜平日所講求者果何事耶？豈心外有法，抑心有二法耶！

堯言渾淪，但云「執中」。然既有名言，學者即生意見，故舜又有「精一」之訓。

孟子

孟子許齊王好樂、好貨、好色，是漸次接引，其機括全在與民同樂上。使齊王躬行之，必從自己節省，然後可以及國中、遍天下、傳久遠。節省之至，須到清心寡欲，自然心平氣和。清心寡欲，先王政之本也；心平氣和，先王樂之本也。於此有味，則世味之醲艷，俗樂之淫窪，自將厭棄之矣。所謂「通君心之非」、「一正君而國定」者如此。惜齊王好樂未甚而好貨好色，孟子之言未之嘗試也。

「不得於言」之言，與「六言六蔽」之言同，蓋事之名目也。古多通用，故言辭爲言，文字爲言，謂事亦曰言，謂德亦曰言。又言行同謂之言，「知言」之「言」是也，皆以語勢義理通之。

告子「不得於心，勿求於氣」，孟子以爲可者，蓋心主乎身，不得於心而求諸心，心得而氣得矣，故曰可。然心爲意見所蔽，氣因不得其平，而心亦非其本體，故又發明養氣之旨以救之。然養氣在集義，集義在知言。

「集義」之集，從隹從木。《説文》：「鳥止木上曰集。」心之所宜曰義。集義云者，謂集在義上，猶言即乎人心之安也。君子之學，樂則行之，憂則違之，即乎此心之安而已，是謂集義。集不訓「積」，義不在事。

義不在事，而云「必有事」者，天下無心外之事也。

孟子「配義與道」，與「合而言之道也」，此二言似支離，不類平日語。

知言，知吾言也，有洞照廓清之意。

「知皆擴而充之矣」，「知」字重，人患不知耳。知則火然泉達，自不容已。「苟能充之」疊上句，不能充者，由不能知也。

擴充是去障礙以復本體，不是外面增益來。

禹與子路見在奇特處，舜有大焉，見在平常處。

善與人同耳，無奇特也。

與人爲善者，己有善不嫌自任，即以同之人；人有善若己有之，即以用之己。無人無我，通天下爲一身，故曰「莫大」。

子路尊信孔子至矣，然於正名則謂迂，於見南子則不悦。若舜則眼前皆至理，庸衆中皆至論。子路是「仁者見之謂之仁，智者見之謂之智」。舜則於百姓日用處有見精一之至，故能察邇言，與人爲善而謂之大。

以舜觀禹，禹似意見猶未融。故舜命禹之辭曰：「人心惟危，道心惟微。」人心惟危，非意見乎？故「惟精惟一」，乃能「允執厥中」。若堯命舜，但丁寧之曰「允執厥中」而已，知其無意見也。

廣居、正位、大道，只因居、立、行生意。仁、義、禮，居、立、行皆備，難以分配也。

孟子答「大丈夫」一條，雖爲景春而發，本以救世，然言語終覺峻絶。道理本平易，不當説太奇特也。

孔子成《春秋》而亂臣賊子懼，又曰：「知我者其惟《春秋》乎？罪我者其惟《春秋》乎？」蓋不能化亂賊於未萌以滅其迹，而徒誅亂賊於既死以懲其後，所謂存什一於千百，聖人之心亦戚矣。然懼而未格，又因懼生弊，展轉欺誑。至於戰國則藩籬既決，雖有《春秋》之筆，亦不能使之懼矣，此亦《春秋》之所啓也，故曰：「知我者其惟《春秋》乎？罪我者其惟《春秋》乎？」孰知之？夫子自知之。孰罪之？夫子自罪之也。此聖人之所大戚也。

「好爲人師」是上人之心，「誨人不倦」是愛人之心。

聖人不作，學者遂無師乎？人孰無知，大知覺小知，小知覺無知，期以共明斯道可矣，似不當以爲師自嫌也。

人苟實心求益，則凡耳聞目見，無往非師，不必摳衣侍坐而後爲從師也。

樂正子勇於受責，真是好善，雖有志之士於此猶難。此與「子路聞過則喜」相同，皆百世之師也。

仁義智禮樂，異名同出，其實只是孝弟。孝弟者，人生不容自已之真心也。心一而已。手舞足蹈，樂之所由生也。舞蹈，容也，有容斯有聲。

孟子論《春秋》曰：「其事則齊桓、晉文。」《春秋》紀事不止二君，亦不始於二君，而孟子云然者，蓋前此諸侯雖擅征伐，天下正論猶在，不以爲是。至齊桓一匡天下，晉文繼之，天下翕然歸功焉，正論始大廢，人心始大壞，《春秋》爲正人心而作，故獨取義於桓、文。

故非利，而天下之言性則利也；以故言性而本於利，則是故也利而已矣。其爲説多鑿，推物理，原人情，滔滔浩浩，不可難詰，莫不取證於其故，而不知故之爲利也。千歲日至，求其故而可致，最其取證之大者。然今天地之運亦動於利者也，其大者如日月之薄蝕，亦可逆推得之，豈天地之性本然乎？知本然之故，可以知性善矣。

本然之故，順動也；以利爲本，過動也。

「親之欲其貴，愛之欲其富」，孟子此言，其流亦誤後世，孔子曰「禹無間然」，乃爲無弊。

「不以文害辭，不以辭害志」，觀書識此意，順逆皆方便矣。

「孔子之謂集大成」，「集」如「集義」之集。孔子之道合下落在大成上，非合衆小成而爲之也，入門便不同耳。

孟子「求放心」之云是輕輕提省，令人覺其心之放而存之耳。先儒乃謂「將已放之心約之，使反復入身來」，似失孟子之意，故白沙云「疑孟失求心」，可謂有功於孟子矣。

夭壽不貳，修身以俟。往因已成，不可變，但當不貳而已。故曰：「莫非命也，順受其正。」孔子畏於匡，厄於陳蔡，豈不知之？但安受之，亦是此意。立命是立方今之命。

夭壽不貳，所以立命。知性知天，命斯立矣。

修身見於世非求顯也，但與荷蕢、沮、溺之意不同耳。

自視欿然者，家愈大，責任愈重，愧難盡職故然。此必知學而後能，故曰過人。若只富貴不驕，未足爲過人也。

親親即仁，敬長即義，無他。「達之天下」，言此即天下之達道，更無他道也。

舜之居深山之中，與木石居，與鹿豕游，其所以異於深山之野人者幾希。意見不立，純之至也。故能聞善言，見善行，若決江河，沛然莫之能禦。

「無爲其所不爲」一條，「學問之道無他」一條，「大人者不失其赤子之心」二句，皆不用註疏。

飢者甘食，渴者甘飲，纔甘即逐，非本體，故曰「不得其正」。

子路慍見，飢渴之害爲心害也。顔子不改其樂，不以飢渴之害爲心害也。

孟子曰：「春秋無義戰。」若如後儒之説，則義戰多矣。

以弔伐爲名者，其弊至於弑父與君；以節義爲教者，其弊至於背公死黨，皆由學術不明之故。

「孟子曰民爲貴」一章，足以止上之亂；「有伊尹之志則可」一章，足以止下之亂。格君心、教太子則先事之圖也。

美、大、聖、神，只有諸已到純熟處。

寡欲是進步，尚有途程在。後人乃以件數差少爲寡欲，不知此心尚全體在多欲上耳。

鄉愿只是好名，卒成欺世亂真之罪。

人必實心爲學，然後有可商量。狂狷雖非中行，却是實心爲學者，故聖人思之。鄉愿只是周旋世情，不是實心爲學，故聖人惡其亂德。

鄉愿似聖人而實非，故孔子憾之曰：「過我門而不入我室。」

易

樂則行之，心安則爲之；憂則違之，心不安則不爲。全《易》之旨也。

訥谿講《訟》卦「不永所事」，云是自悔自息之意，不指他人説。

懲忿窒欲最要。

廟所以聚祖考之精神。只聚自己精神，便是聚祖考之精神，便是聚天地萬物之精神。

春秋

《春秋》只爲當時，不爲後世，故不立傳。其言其事偶有所傳，聖人所不能禁也；或真或僞，聖人所不必辨也。言或有可訓，事或有可法，另書可也，不必附於聖經。

《春秋》不立傳者，凡《春秋》所書之事，皆當時人所共知，此即是傳。但傳説不同，隱微之地，爲奸雄所欺耳。夫子《春秋》是直筆奸雄之真蹟實情而破其曲説，使天下曉然知是非所在而不可欺，而奸雄之計有所不能行。故亂臣賊子聞之而懼，懼其爲人所覺而共誅之也。三傳多奸雄之飾辭，傳之以欺天下者。而三子信而傳之，固不足據。然雖聖人所筆，已不如當時對景之切用，況三傳乎？腐爛朝報，其言雖爲過激，然謂六經須此爲斷案，亦未爲定論也。

懼有二，或格心，或格面。格心者少，故卒流於戰國。

唐虞三代不知斷過多少事，或善或惡，可懲可勸。若必事事爲之立傳，何止汗牛充棟？聖人之意，正不在此，若曰「堯舜事業如浮雲過太虛」，《春秋》之作何以異是？蓋《春秋》本天子之事，賞罰苟明，勸懲既效，隨過隨化，《春秋》可以無作。惟天子之賞罰不行，故夫子筆削《春秋》以明是非之所在，是非既明，亦隨過隨化，聖人之心固太虛也。

《春秋》亦有闕文，如不書即位，王不稱天，書月不書事之類。先儒亦各有説，終覺迂曲，疑只是闕文。

《春秋》於一君，必書其即位、書薨、書葬，於卿必書某卒，見是時當國政所自出，則褒貶主之。君書即位、書薨與葬，而卿但書卒者，君臣之分有詳畧也。然君薨或書正寢，或不書，見不于正寢者之非，薨於他國則又非矣，如魯桓薨於齊之類是也。列國君薨、卿卒，來告則書，亦是見一時國政所自出，然來告則書，不告不書也。蓋詳内而畧外也。外遠，固不得而詳也。諸侯數相朝聘而天王絶朝貢焉，不得已亦僅或一朝於王所而已。然亦因他事而及之，非特朝也。故凡書朝聘皆譏也。諸侯相見有禮有法，盟非法所有也，雖盟以尊王亦非，况相征伐乎？故凡書盟會亦譏也。此《春秋》書法之大例也。

《春秋》繫王於天，王叛天，故諸侯叛王，諸侯叛王，故大夫叛諸侯，大夫叛諸侯，故陪臣叛大夫，陪臣叛大夫，故羣小叛之，以至於大亂，皆王不王之故也。《春秋》之義，不止責其臣，并以責其君。

今所傳春秋諸子，豈無格言偉論？豈無苦志奇節？然皆黨國君以叛天子。大義既失，雖有他善，不足録也。

歐陽永叔《春秋論》，最得聖人之意。

《春秋》是孔門師弟子講授之書，非爲修國史作也。古時國史不諱，皆傳布當世，人人得討論之，與後世異。故孔子師弟得相講授，孔子因筆削以告門弟子。孔門言動，天下所觀聽，故其傳獨遠，而亂賊之黨聞之而懼。若如後世國史，孔子非史官，亦安得而筆削之？

《春秋》爲講學而作，不爲以褒貶助賞罰。

禮記

《禮記》曰「毋不敬」，又曰「禮者因人情而爲之節文」，又曰「協於義而協，則禮雖先王未之有，可以義起」。此數言已盡禮之大意。古之帝王不相襲禮，不相沿樂，是故聖人明其義，不陳其數。

世所謂難知而未定者，曆法與樂律耳。今四時朔望，曆數不差，閭巷歌謡亦有節奏。獨欽若敬授之實，直温寬栗之德，爲愚夫愚婦所共知者，未之講求耳。是難知者反有傳，而易知者反不傳也。

近世稱雅樂元聲未定，求之秬黍，終莫能協。今俗樂如黄鐘、正宫、南吕、中吕，俱傳曲調，能歌者但以耳聽之，以意消息之耳，未聞求之秬黍也。至於雅樂，何獨不然？蓋有世俗之好尚，斯能審世俗之聲律，皆精神之爲也。雅樂特聲之中和者耳。苟有中和之德，則自有中和之聲，自能曉中和之律。必如是而後雅樂之元聲可定也，后夔典樂，豈恃秬黍哉？

卷二　餘言

有餘不敢盡，吾敢盡吾言乎？收餘言以識慎也。凡一百四十七條。

慈湖不取《大學》，陽明發明「致知」，皆對病之藥也。

《中庸》論道理多分兩截，具兩景，不如《孟子》之直截。

《中庸》淡、簡、温三句，與子貢「温、良、恭、儉、讓」，子夏「君子有三變」之語相似，皆就相上見。聖人只是直心。

《大學》之言平實，《中庸》之言似張大。《中庸》内引孔子之言皆平實。《論語》之言平實，《孟子》之言切實。

《論語》是門人雜記夫子之言，節其要語而爲書。故有若無上事而發者，皆門人節其上下語耳。

象山謂「有子之言支離」，爲其取次耶？

子夏、子游之言皆主務本，皆有支離之病。由其務本，所以爲聖人之徒；由其支離，所以不得聖人之意。

顔之學由約禮，孟之學由立大。顔似損，孟似益，損所當損，益所當益，顔更無迹。

顔之視孔如舜之視堯，孟之視孔顔猶湯武之視堯舜。

顔子未仕而問爲邦，只是講學。雖周公之制亦容有未盡善者，蓋因時制治，多有俯就世俗，寓轉移之機，非所以望於賢者也。況周末文勝，又失公初意，事固有難從者，於吾學有背，心有所疑，故爲此問。君子不遽然以違時，不恬然以趨時，自檢制而已矣。

《孟子》書文勢開闔，意旨已自明白，但於轉換處畧提掇即了然，似不必多註，反失其意。孔孟教人每説向近易處，後人多往難處解，所以不得聖人之意。

曾子以「忠恕」明一貫，「忠恕」即一也。《中庸》云「忠恕違道不遠」，下却云「施諸己而不願，亦無施於人」，此恕也，亦忠也。《孟子》言仁義，仁必愛親，非後君也，義必急君，非後親也。仁義一道，猶今人謂人有情者爲有仁義也。此亦當時常言，故并舉之，非有二義。他日或言集義則不言仁，言仁民愛物則不言義，言四端則并舉仁義禮智，皆是隨時隨事立言。或單言，或兼言，只是一理一事，只是此心。以意逆志，是爲得之，若攙搭補輳，求其周全，則失立言之意而於道反支離矣。

有物有則，必具全體。雖螻蟻之微，萬物皆備，雖一字一畫，亦具衆理，不相假借，不俟補輳。古人之言，因景命辭，或兼言，或單言，皆是文從字順，隨人明白易曉處指點。時異俗殊，言語亦變换不常，但當以理融會，以意逆志。若以文害辭，以辭害意，則不可通矣。

古文調緩韻寬，今文調促韻切，故助語間有不同。如「也」字、「焉」字、「爾」字。今文決辭，古文或作疑辭，或辭疑意決。「也」字，如「中庸不可能也」、「何也」、「可知也」、「其從之也」、「非助我者也」、「我非愛其財而易之以羊也」之類；「焉」字，如「吾不惴焉」、「吾無憾焉」之類；「爾字，如「胡不慥慥爾」，用與「乎」字同。有不用助語，如「民可使由之」二句、「人能弘道」二句，上句下助語當是「矣」字，下句下助語當是「乎」字。「毁傷其薪木」下助語當是「爾」字。「楊墨之道不息」二句，上句下助語當是「者」字，下句下助語當是「也」字。「是邪説誣民」、「是」與「是以」同，皆不用助語。又有倒裝句，如「君子胡不慥慥爾」，「君子」當在「糙糙」下。「人之視己如見其肺肝然」，「如」字當在「人」字上。又有省字語，如「三月不知肉味」，内已有爲樂意，却於下句影出。諸如此類尚多。如此看則義合，不如此看則意背。蓋今文順直，古文盤曲，各有韻調。觀書者識古人意脈，又識古人語法，乃爲不背耳。

事理有正説不能明，而托辭設喻躍如者，莊、列寓言是也。中間亦有一二實事，不專寓言，故使人易惑。學者不達此旨，遂相附會流傳，以至失真害正，則寓言之流弊也。此亦見莊、列玩弄不仁處。聖人不爲寓言，懼其失真害正而陷溺天下也。

寓言是明言外之旨以告上智，猶釋氏直接上根之意。天下多中人，故悟者無幾而惑者反衆。沿流失源，愈差愈遠，徑情放言而不虞其弊，是不仁也。

三教皆起周末，當時文勝之弊如積熱發狂，道渴望飲。二氏如寒泉，儒者猶茶湯，學者局方失指，遂各有弊。二氏之弊，外人倫、遺物理，而繁文之害至今。儒者迄不能救，或從而益之，所謂「深言之近於誣，淺言之無益於戒」，立言之難，自古然矣。

古之聖賢期以共明此道，故既不私己，亦不私人。如「以德報怨」之言出於《老子》。「直」即「德」也，當時即失老子之意，以德爲恩惠，則直闢之曰：「何以報德？」即使老子答此亦必如此。楊墨之賢，其學流爲無父無君，孟子直闢之曰「禽獸」，即使楊墨復生，亦必如此説矣。佛老之學流爲外人倫、遺物理，使佛老於此輩亦必以爲外道而斥之矣。儒者之學流爲記誦、詞章、訓詁、口耳，其最近似者，莫如義外之學，使聖人於此，亦必辭而闢之矣。今學者直斥楊墨、闢佛老，而佛老之徒則莫敢相抗者，豈誠有以服其心哉！此可以一笑而自省矣。

儒與佛老之言今皆并存於世，吾惟驗之吾心而安，可以通行不悖者而從之。不必苟異，不必苟同，庶幾大公之義，而不負古人立教之苦心耳。

三教宗旨，只是行所無事。

讀周程張朱之書，當求之牝牡驪黃之外。要知諸儒爲道之心即堯舜孔孟之心，言論之異同有所不與，而亦非諸儒之所諱矣。

象山先生之言，讀之使人肅然敬，藹然親，嚴師之捶楚，慈母之呵斥，見其恩而不見其讎也。道理只是一個，諸子論學，謂之未精則可，謂别有一種道理則不可。聖人之學較之諸子，只是精一，亦非别有一道。

寧學聖人而未至，不欲以一善而成名，此是濂洛諸儒直接孔門命脈處。至其言道，或有未精，正賴同志者繼續發明，期以共明此道可也。若置偏私於其間，則失一體之意，亦恐非諸儒之心。

「太極」二字本出《易・繫》，爲生兩儀四象説來，乃是自無而有，故言「有太極」，非言生，不言有也。「無極」二字出《老子》，老子謂「復歸於無極」，乃是自有而無，非言復歸，不言無也。此「有」「無」字，蓋相形而立，非相形不單言也。《太極圖説》是摹放《易》文而附益之，又取《老子》「無極」二字合攏來，要把穩説個起頭，不覺流入意見。

道理不當説起處。若説起處，從何處起，便生意見。《太極圖説》從無極、太極説起，是謂道理有起處，不如程子「動静無端，陰陽無始」之言爲精。先儒疑此非出周子，似亦有見，且程子亦未嘗言及，不必曲爲之説也。

凡所有相，皆道之發見。學者能修自己現在職分，則萬物皆備於我。無極、太極只是此心，此真道之起處，不必求之幽深玄遠也。

邵子詩云：「天向一中分造化。」有何可見於人？從心上起經綸見之。故曰「天人安有兩般義，道不虚行只在人」也。

一氣流行，成功者退，曰互根，是二本也。「仁義中正而主静」，本欲説得周全，然頭緒似多，夫道一而已矣。

道理於發見處始可見，學者於發動處用功。未發動，自無可見，自無着力處。

天地萬物皆道之發見，此道不論人物皆各各有分。覺即爲主，則千變萬化皆由我出。

道理只是日用常行，學問到至處只是日用常行，「不識不知，順帝之則」而已。

道無方體，耳得之而爲聲，目遇之而成色。學者各以聞見所及立論，而道實非方體可拘也。

聖人言工夫，不言道體，工夫即道體也。隨人分量所及，自修自證。若别求道體，是意見也。

古人未嘗分知行立論，凡言知行處，多重行邊，如曰「非知之艱，行之惟艱」是也。蓋是因病立方。此「知」字亦指本明未息處言，非謂已有知的工夫，只少行的工夫也。

天下道理只是一個，學者工夫亦只是一個。言知似不必説行，言行似不必説知，知行一也。故雖不能行者，其本心之明原未嘗息。今指未息之明爲知邊事，而以不能行處爲行邊事，遂分知行爲二。不知其不能行者，只是此明未完復耳，而其所以能行者，乃其未嘗息者爲之也。豈别有一物能使之行耶！故先輩有知行合一之訓。方未行時見其二，及其能行，則行之者固其知之者也，合一則一矣。此是爲學者分上立方，其實本體只是一個，知即行，行即知，原非有分合也。

聖人之學，以無我爲至。學者未至於聖人，有我之私未盡耳。

仁者以天地萬物爲一體，無我也。以天地萬物爲一體，真我也。

孔門言仁，正是一體之學。

孔子未嘗以聖許人，雖堯舜猶曰病諸，於伯夷、柳下惠止稱曰賢人，且不敢自居仁聖。其自謂但曰「我學不厭，教不倦」而已。孟子則於伯夷、伊尹、柳下惠俱以聖人稱之。孔子在萬物一體上見，孟子在一念無私上見。然惟一念無私，而後萬物一體之義可盡，萬物一體之義有未盡，則於一念亦未了結。由孔子之言，見理無終窮，學無止法。由孟子之言，見道不遠人，聖人可學。

先儒言「仁統四德，然四德亦各統仁」。隨時隨事立名，非有偏全之異，理一而已。

功者攻此也，效者效此也。欲仁即仁，功在此，效在此。

分殊即理一，學者泛應未能曲當，未得理之一耳。

得則俱得，失則俱失，無中立之理。

載籍漸繁，即有義外之學，孔門已然。故孔子所稱，止於顏曾數子。後世父母不得子之情，君不得臣之情，皆起於義外之學。才説當然便是義外。聖人只是情不容已，不説當然不當然。動而後有生，生而後有五倫。五倫皆是人欲，即是天理，獨於夫婦易流者，生生之機括在此也。古之忠臣孝子義士，有過當者，亦是動於欲也，非天下之達道。學之不講，遂執以爲法，則使賢者任情，不肖者作僞。

孔子三十前已爲人師，而三十、四十、五十、六十、七十又各有進。其曰「啓予」、曰「助我」、曰「以我一日長乎爾」，只是相夾持，聊以先覺自處，爲諸子主盟耳，實相師相學也。後世必無一言可議然後相從，遂至不敢講學，恥談仁義，只是勝心，流爲無志。

聖人惟恐人不知，後世惟恐人知。引而不發，言語所及止此，非隱其機括也。

私欲在人，如身穿衣。然常人衣服厚，摩挲不知痛癢，須大觸撞始覺。乍見孺子入井，驚心駭目，是大觸撞，故有怵惕惻隱之心發見，尋常則不覺。中人以上如穿單裌之衣，稍觸撞亦覺，但不甚切。襟帶時開時合，故亦有切時。聖人則如赤身，一絲不掛，有感即應。講學是脱衣法，不問厚薄，一脱了都是赤身。

講學是解縛之法，有世俗縛，有賢傳縛，有聖經縛，有師説縛，有意見縛，皆是名利做根，講學只是解得縛了。

妙契疾書之言，愚始疑之，以爲務外。後更思之，亦是。生乎人欲横流之中，師遠友隔，天理人欲互爲賓主，一念良心之發是吾師也，從而劄記，以代切磋，即吾友也。然省察稍懈，即有務外之念竊發，不自覺，須謹察之。

學術差處，只爲認方便爲究竟。

士不講學久矣。人苟不隨流俗，肯來講求道理，不必所見皆同，即是同志。但當虚心切己，共求精一耳。

不有益於彼，必有益於我。講學欲以何爲，而必欲其説之自我出乎？

衆人之蔽在利欲，賢者之蔽在意見。意見是利欲之細塵。

若必考究載籍，然後爲學，後世載籍愈多，今人當大勝古人矣。

古人對景而言，言不出景，故必有中。後儒原始要終，主於立論，却不知所中。

人多爲父師之説不忍背，或爲曲論，以相回護，此非尊愛父師之道。父師於我，望其成立，乃是本心。道理至公無盡，父師所見如此，非有所私也。不得於心，不求其是，是自欺也。自欺則不能成立，失父師之望矣。且安知父師不自以其言爲過，而以吾今所聞爲是乎？若其求勝不反，是私也，過也，不委曲以就其德，而黨比以成其過，豈得爲孝敬！

是公共的心，雖相背，實相成；是偏黨的心，雖相合，實相負。

性分上欠真切，只因心有所逐。

學問不進，看來只是名利爲害。利不必財帛，名不必聲譽。凡得便益，要好看好聽處皆是。

意有所便即是利。昏惰亦是利，意所便也。

分心處只是名利，其幾甚微，當時時檢點。

名、利、色，三者之心，雖聖人亦有之，與常人無異。只是聖人動以天，常人動以人。動以天則修人紀，敘彝倫；動以人，反道亂倫，無所不至。

不求自慊，只在他人口頭上討個好字，終不長進。

小學、大學只是學人道。人幼時不知自學，須以事習之，灑掃、應對、進退皆卑者事，使習之，折其驕惰飛揚之氣，使就實。到大時知識漸開，知自學，故但提出頭腦，使自學之，功夫須自檢點，自方便，非如小學可以事盡也，其實只是存心養性。自天子達於庶人，古時只明人倫，故智愚貴賤可通行；後世專取才藝、邀富貴，遂將《大學》中所謂庶人但曰「凡民之俊秀」也。

古人教人收心，今教人放心。

前輩讀書少，見一句行一句。今讀書多，却不行，是爲侮聖人之言。

人雖至愚，亦能自覺不是，只不能改，遂日流於汙下。聖愚之機在此，不在稟賦。

人有過失，爲人所攻，雖知改悔，又以不得爲完人自阻，仍復放縱。此只在聲名上見，不知性無加損，若能真改，完人即在。

改過之人不遮護，欣然受規，爲欲改也。然猶羞澀者，好名之習未化也。

毀譽皆是切磋之資，譽者指我以前途，毀者告我以險阻。

冲和所鍾，并生并育，横逆之來和，自彼傷我，須默而平之，不可自替忿怒尋出路。

人之争起於飲食之得失，而遂至於大亂。欲不争只取分少，惟淡泊乃能少取分。

生齒日繁，衣食日廣，於此惟有崇儉一節足以救世。

崇儉之道，非止節財之流，實以豐財之源。

君子勤以盡分，儉以養德，而用因以足。然而世之所謂勤儉者，則貪與吝而已矣，學者先須辨志。

古時老者才衣帛食肉飲酒，少者則否。祭祀宴賓用酒肉，是推養老之義。章服以别等威，只是上蓋一層。樸素之教，通乎貴賤，人若約己，此事萬世可行。今只是縱欲任情，乃以備禮借口。

古人處處是學，無日不齋，非待祭祀而後齋也。

祭法，器有常數，食有常品。待客乃尚奢侈，是厚賓客過於先祖也。

繁文日甚，册頁手卷之類分心敝神，不得已而應之。量力所及，簡實爲貴，不必求工。

古人有教有學，故封建則郡縣在其中。後世教衰學廢，諸侯放恣，封建遂壞。郡縣猶是擇賢，然無教無學，則所謂賢者未必賢，其弊一而已矣。

非久任不足以爲治。然聖學不明於上下，則直道有所不行，以是久任，徒足以容奸而釀亂焉耳，亦自不能久也。

官多不損，本爲理壅滯然，以一人之通塞，而易萬民之利病，豈建官之初意哉！

爲政之道，體悉人情。是寬處分明白，是成就其寬。君子處己約，故似嚴。

今只有聽訟一件事爲民，然亦秦越相視，非古人弼教之意。其他只是刻剥，故没用者其罪淺，有用者其罪深。

不薄税斂，不重農事，不可以言養民。不清學校，不去妓籍，不可以行教化。

今天下只是智巧，爲政者與民鬬智巧，恐被人欺壞聲價，是名利心。

古法可用者，民風土俗共存之，世世不滅也。其或見或隱，須考索而後知者，皆是記誦之學，所留宜消化而未消化者也。

古人重射，以射選賢，中者獲封爵。《射義》曰：「射者所以觀盛德也。」又曰：「内志正，外體直，持弓矢審固，然後可以言射。」志正體直，惟心定乃能。心定，德也，美在其中，暢於四支，故及於射。安而能慮，發於事業，裕如也。自天子至於庶人，無不學焉，其以是歟？

射之有樂也，何以射，何以聽？古雖曲藝皆有是學。射之與樂，學同道同，節奏自協，非強合之也。

射之有樂也，所以和其未融之意，而起其油然之心。凡大禮用樂，皆有此意。

射以觀德，而武備在其中矣。

百工之事，皆天然資性所能。學術既明，人知盡性盡分，不忍自私，欲以共成天下之事。其執事之敬，足以精藝盡巧。然古人猶以藝成爲下，淫巧爲戒，成器而已，初無勝心；規矩誨人，初無秘術；務本節用，初無異圖。後世人情好尚既與古人殊，而風俗習染又從而甚之。古以爲恥，今以爲德；古以爲戒，今以爲學；古以爲禁，今以爲法。宜乎思之不通其説也。

古史只爲當時，非爲後世設也。蓋人君言動，天下治亂所關，大臣左右雖得目擊耳聞，羣臣之衆，天下之廣，安能盡知？故左史記言，右史記動，布之中外，使討論焉。君德缺失，民生利害，人人得言之。於是因人情爲因革，以安生民，以成君德，此建官之故也。謂一時善惡付之萬世之公議，非其本旨。

周室子孫多賢，故大封之，内舉不避親也。而謂以藩屏周室，豈分封之原意？

《南風》曲，疑非唐虞人語。《采薇》歌，疑非夷齊語。《扊扅》之歌，疑亦好事者爲之。

昔人謂韓子《羑里操》得文王心，恐未然。不怨可也，以非爲是，其誠心耶？

夷齊遜國，賴有中子之賢。若無中子，或未必賢，既有父命，叔齊立焉可也。

季札當立不當逃。吳之亂，札與有罪焉。

「内多欲而外施仁義」，此言可藥萬世。

氣動屬陽。風，氣之動也，而反寒涼。大風之後必大寒，雖盛夏亦涼爽，此陰陽一氣之可驗者也。

陽者揚也，氣之生也。陰者因也，氣之成也。物既成則漸就消化，皆道之變化必然者。生機平則變化平，此萬世不易之常道。生機過則成物之義爽而變異作。故君子之學只是主静，主静之功只是慎動。動慎則生機平而變化常平平矣。

萬物津液與河海潮汐是一氣，萬物精光與日月星辰是一象。象即氣之象，氣即象之氣，非有二也。潮汐隨日月，皆一氣之動也，不當分陰陽看。

寒暑一氣。歲時之有寒，非另有寒氣也。歲運已過，生機已歇，而物情未已，覺其冷落耳。物遇寒則凋零、糜爛、沸潰，皆生氣之自激也。

日月食是天地過動精虧，故先暗，暗則息，故復明。地震是天地過動氣虛，前者滯，後者激，故動。動多在夜，氣暫息來復也。天地過動由人事。

人晝過勞，夜息則肉動，動多在肉厚處。地動之理亦如此，動多在夜，多在西北方，西北土厚故也。皆由人事過動，滯極激甚。山崩地裂，或出蟲魚，或出非時之物，皆過動之氣所爲也。日有食之，孰食之？過動之前塵也，實自食也。

醫書云：「壯火食氣。」又云：「氣有餘便是火。」氣爲火者，過動爲火也。本來是氣，過動爲火，反食真氣，人之病以此，天地之病亦以此。日有食之之義，當以此推之。

近齋謂：「人疾由於氣逆，疾由過動。」近齋是推本説，謂逆其順動之常也。人事過動，虧耗元精，徵於天象。日食虧重，月食虧較輕。《春秋》書日食，不書月食，書其重者也。

《詩》云：「彼月而食，則維其常。」抑揚其語者，見日之尤重耳，非謂月食之可忽也。

日月光隨處皆有，隨物各具，非有方所，故影之長短遠近如一，象因目成，若有方所耳。星辰雖有分野，亦自人所見言之，實亦無方所也。

凡災異皆由人事過動，分陰分陽之説支離，祈禱亦是外求。惟修省爲弭變之實，故曰：「某之禱久矣。」修省之實，在節損其過動而已。

學問是陶冶造化之功，若在陰陽五行上立脚，是隨物化也。

「用」字從「生」字起，生尅代謝具焉，我與物皆然，相爲用耳，不獨物爲我之用也。君子慎動不過，天機自然，不敢參以人爲。

凡修省、齋戒、沐浴、祭告，應祀神祇，陳悔過遷善之意。内省於心，外省於事；國省其政，家省其俗。但涉過動，無不節止，上行下效，同心一誠，期於消災致和。其諸不經禮儀與過動同流者，悉革罷之。行之終身，傳之來世，久遠如一日，此應天之實，固學問之實也。

民之初生本於一氣，一氣之始不可窮詰。祭天之禮起於有生之際，乃自事人之義推之，故郊祀用牲醴，皆事人之禮也。

神之應祀典者，皆有功於生民。此外惟厲祭，其他皆淫祀也。

從淫祀者，不止有所歉，亦以有所求。非禮祀神，不止失己，亦失神；非禮事人，不止失己，亦失人。

以學問之道推之，鬼神其亦有學乎！

心者，天地萬物之主。道理如此，學問在此。

古人舉事必卜於神，神之所安，人亦安焉。後世乃以陰陽五行附會其説，臆而行之，而稽神之禮反廢，近於無忌憚矣。

俗禮祀先忌辰外，必以節令。習俗所安，神人同焉，亦不害義。舉事擇日看曆，亦遵王之義也。

朝祖之禮，《儀禮》著其儀，《禮記》言其義。然於義無當，終覺迂曲。竊詳「朝」字，恐是「朝奠」之誤；「祖」字，恐是「祖奠」之誤。禮，凡廟見，必以其物，如見婦以婦，見子以子。以柩見，告葬也。且形歸窀穸，形合於祖也；神返室堂，神合於祖也。曰「哀離其室」，曰「出必辭尊」，是錯看《儀禮》，求其說而不得，從而爲之辭。

凡告葬，如祠宇寬大，則如儀，若窄小，但令祝告可也，不必以柩行。魂帛可以代重，似不可以代柩。

風水家說壞人心術，斷以大義，禁而絶之可也。

六經、四書不言風水，苟於禮義有關，孔孟當詳說之矣。

風水之說本於郭璞《葬經》，璞教人擇葬以趨吉避凶，然自不免於王敦之禍，何也？

郭景純處生死之際甚明，《葬說》宜非其所爲，豈作是書者有所借重歟？

卜其宅兆，是卜之於神，非以甲子方向穿鑿臆斷，如葬師之說也。

五患之說，庶幾盡擇葬之義，然亦盡心焉而已，事固不可必也。

君子處盛衰之際，獨有守禮安命是職分當爲。舍是而他求，皆無益妄作也。

自有生民以來，人之生不知其幾世矣。作善作惡，皆有往業；生人生物，各從其類，鍾其氣。善多反於困窮，惡多肆於盛滿。襲困窮之餘孽，故善者或不亨，亦善未至也，然心固亨也。承盛滿之餘休，故惡者或倖免，惡未盈也，然心已禍矣。況善則人好之，故終能保全；惡則人惡之，故終必喪敗。造化之機不爽。學者明此，則無疑於善惡禍福之際矣。

善惡禍福之變，不可勝窮。然其近而易知者，善則心安，心安，福之源也；不善則心必不安，心不安，禍之源也。天下事皆起於心，善惡禍福之理宜於此求之。

福德一也。福者德之枝葉，德者福之根本。故大德則必得禄位名壽，必長子孫。自根本而達之枝葉花實，所謂全福也。無德而福，本實先撥，君子不敢安然以爲福也。有德而未得福，非無福也，如樹已植根，而未達之枝葉花實也。君子方自責德之未至，而不怨福之未全。

古今宇宙無窮，人以百年之身俯仰其間，若朝暮耳。未能至誠而徒欲責報，自滿自畫甚矣。修德即修福，福德一也。若爲福修德，是認福德爲二，失修德之意，亦非所以修福矣。知修德者即是有福之人。

聖人通天下爲一身，其於爲善曰：「位天地，育萬物。」其戒爲惡曰：「禍天下及後世。」不以一人一時論也。

君子之學，即乎此心之安而已。

「理無終窮，學無止法」，何謂也？生生不息，庸有窮乎？生機易遏，學庸可止乎？然則何如其爲學也？《書》有之：「節性，惟日其邁。」

卷三　格訓通解 附格物臆説

「格物」之訓不一，此最後説也，不落意見，庶其可從已乎？存之以俟。凡八條[一]，附臆説二十條。

格訓通解序 丁卯二月

陽明老師訂正「格物」，其説有二，曰：「知者意之體，物者意之用。如意用於事親，即事親爲一物。即要去其心之不正，以全其本體之正。故曰格者正也，正其不正，以歸於正也。」他日答人論學則曰：「所謂致知在格物者，致吾心之良知於事事物物也。致吾心之良知於事事物，則事事物物皆得其理矣。故[二]吾心之良知者，致知也。事事物物皆得其理者，格物也。」前説似專指一念，後説則并舉事物，若相戾者。然性無内外而心外無物，二説只一説也。

[一]「條」，八卷本作「節」。
[二]「故」，八卷本作「致」。

愚嘗妄意之，爲《臆説》，「格」訓「則」，「物」指好惡，蓋本老師前説。謂吾心自有天則，學問由心，心只有好惡耳。至近齋朱先生乃始訓「格」爲「通」，而專以通物情爲指，謂：「物我異形，其可以相通而無間者，情也。」蓋亦本老師後説，而文義條理加詳焉。然得其理必通其情，而通其情乃得其理，二説只一説也。但曰「正」曰「則」，取裁於我；曰「通」，則物各付物。取裁於我，意見易生；物各付物，天則乃見。且理若虚懸而情爲實地，能通物情，斯盡物理，而曰「正」、曰「則」、曰「至」兼舉之矣。是雖老師所未言，而實老師之宗旨也。因謬爲之解，合《臆説》而并載焉，用以質諸同志。蓋老師古本之復，非以好異，而近齋以「通」訓「格」，所以盡老師之旨。愚始不從改本而從老師，今舍師説、臆見而從近齋，皆非苟然者。主善爲師，協於克一而已，惟同志者諒而教焉。

格訓通解

孟子曰：「不得乎親，不可以爲人。不順乎親，不可以爲子。」故明明德必在親民，又在止於至善也。

舜盡事親之道而瞽瞍底豫，瞽瞍底豫而天下化。瞽瞍底豫而天下之爲父子者定，此之謂大孝。

「物格而後知至也」，「致」有數義，有以推極爲義者，即孟子「有所不爲，達之於其所爲」之義也；有以招致爲義者，如「伐衛致楚」、「和氣致辭」之類也；有以敬事爲義者，如「致敬」、「致哀」、「致君」、「致治」之類也；又「致身」，以委致爲義；「致爲臣」，以「還致」爲義，亦兼有敬事義。「致知」之致，則陳布施行之謂，以上數義亦在其中，事理本一致，工夫本一致也。

以好惡爲物，何處用工？須向所好所惡處用工。是所好所惡爲物，而好惡非物明矣。

好惡，情也；好惡所在，則物也；好之惡之，事也。學本性情，通物我，故於好惡所在用工，而其要則在體悉物我好惡之情。蓋物我一體，人情不通，吾心不安，且如子不通父之情，子心安乎？子職盡乎？而匹夫匹婦不獲自盡，民主罔與成厥功，推之草木鳥獸莫不皆然。物我一體，知本相通故也。故致知必在通物情，物情通而後吾之良知始快足而無所壅遏，是以必物格而後知乃至也。

「則」字雖曰天則，然易流於意見。若「通」則物各付物，意見自無所容。蓋才著意見，即爲意見所蔽，便於人情不通，便非天則。天則須通乃可驗，故「通」字是工夫。

或疑通有任情肆意之弊。應曰：順遂爲通。任情則樂極生悲，能終遂乎？肆意則利己損人，人情順乎？通人者必約己，慮終者必慎初，故制節謹度所以通之也。然亦只因人情而爲之節文，不先立意見以待物也。

上文既説「物有本末」，則下文「格物」之「物」不當另有所指。下文既説「修身爲本」，又承上家國天下來，是家國天下爲末也。若吾心好惡，則但可以言本，不可以言末矣。且本末相因而言，無末不可以言本也。又良知不慮而知，本無虧欠，若曰推極而離家國天下，非敝精於聞見，即游心於杳冥，非《大學》格致之旨也。故致知必在格物，「物」字必通身家天下，則格之爲通，益不可移易，而曰「則」、曰「正」、曰「至」，皆在其中矣。《臆説》因泥「先」「後」字，而不察工夫本無節次。古人立言之意，蓋從内説向外，從本説向末，不得不取次言之，其實工夫無節次，如樹之根本、枝葉，可以本末言，不可以本末分先後也，栽培灌溉，始終一而已矣，工夫寧有二乎〔二〕？

近齋批：是。

附録　格物臆説 丙寅三月

人之〔三〕一心，心之虚靈曰「知」，此天則也；知之發動曰「意」。遇有順逆，好惡形焉，所謂物

〔二〕八卷本「乎」字下有「哉」字。
〔三〕「之」，八卷本作「只」。

也。順不起歆羡，逆不生怨尤，則不逐於好惡，發猶未發，所以則之也。好惡不逐，心常在此，虚靈本然，無所虧蔽，知斯至矣。知至則良心真切，自不容已，意斯誠焉。意誠則心正、身修，而家國天下皆舉之矣，歸於了此心事耳。

人情只一好字，違所好則惡。只於好上有節，便見天則。雖正大事，若辭色嚴〔二〕峻，人亦不樂從，或反致扞格〔三〕，亦只因好惡無節。「格」字近齋訓「通」，予訓「則」。則而後通也，通乃見則也，不相悖也。

「格」字有數義。「格，則也」是正訓，有物有則。又曰「格，通也」，各得其則，情自相通。又曰「格，至也」，各得其則，無欠無餘，無不到處。又曰「格，正也」，天則正景也。

論道理，則修齊治平總是格物，若論此章文義語勢，此「物」字似只指吾心好惡說。是從天下國家根究到一念發端處，意雖相通，語各有當也。

《大學》工夫只是意誠。格物致知，所以誠其意也。

或疑：「專講心性，遇事有不能，則如何？」曰：「付之能者。」曰：「何不自學？」曰：「人

〔二〕「嚴」，八卷本作「陡」。
〔三〕「扞格」，八卷本作「捍挌」。

各有能，有不能。强所不能，終是不會。果於心性有得，雖非所長，亦必能曉大義。然有不必知、不必能者，爲其無益生人耳。」

天地無全功，聖人無全能，萬物無全用。源同派别，本吾一體，在人虚心受益耳。

良心真切，自然虚心受益。大賢吾師，次賢吾友，虚心之至，詢於芻蕘，有情無情，觸處警覺。

古今人我，本同一性。載籍言行，即是師友。但須忘我，乃能受益。若長機導欲，與雖非邪僻而無益性情學術者，不欲其接於目、聞於耳也。

古人讀書，主於培植此心，灌溉真機，故一番看一番新。若只解説文義，一過成故紙矣。凡讀書，虚心讀看求益，如對師友，但不可以書册作家當。今日看此段如此説，明日又或不同，我可自謂今見已是乎？即又虚心讀看，如對師友，此孔子所以韋編三絶也。然孔子固未嘗以書册爲家當。

雖師友之言，亦只是培植灌溉我，我亦不以此爲家當。故曰「當仁不讓於師」，玩「仁」字，玩「當」字。

諸葛孔明讀書獨觀大義，陶靖節讀書不求記、不求解，皆善讀書者。先儒議之，竊不然。且大義謂何？會意處謂何？似未可易也。

程子有言：「今人不會讀書。如讀《論語》，未讀時是此等人，讀了後又只是此等人，便是不曾讀。」此讀書法也，物有不格者乎？

是正景學問，讀書萬卷不爲多，不識一字不爲少。昔人云「讀書破萬卷」，讀而能破，六經無一字矣。

堯舜時，比屋可封，中間不識字的必不少。後人博物洽聞，果能以堯舜之心爲心乎？

古來只是淳氣生出許多才藝來，此豈有種子？有傳受？是皆淳氣自然發見。

凡天地間智能才藝，皆是造物自有者，不愁没人會，只恐不能忘我，則相争，不如大家不會，倒没事。聖賢教人格物，使之各因其材，執事以敬，蓋返樸還淳之意。

古時氣淳，群才由淳氣而生，故非後世所及。格物是要復他淳氣。

多才多藝，徒使淳氣日薄。不思損之，尚思益之乎？

氣運漸漓，亦由造物不節，生機太過。格物是返還造化之功。

右諸條臆説，非定論也。因酬來問，謾述鄙言，爲繹今聞，悉從舊本。微旨未析，大義畧陳，尚愧躬行，徒資口耳。好我者必有以教我也，敬録以俟。

近齋批：深造之功，日新月瑩。羲皇心事，不遠於我而得之矣。但格物之見，雖多自得，未免尚爲聞見所梏。雖脱聞見於童習，尚滯聞見於聞學之後，此篤信先師之德也。不若盡滌舊聞，空洞其中，聽其有觸而覺，如此得者尤爲真實。子夏篤信聖人，曾子反求諸己，途徑堂堂，萬世昭然。

卷四　質疑

夫書者，通志質疑者也。主於通志質疑，故寒暄之問不存焉。凡四十九通。

上劉晴川師 辛亥

去歲春間，漁浦先生寄示尊誨，隨具小啓，因來使請教，計達函丈久矣。離師久遠，無人印正。竊謂人生世間，不分賢愚貴賤，只有講學一事。講學只到聖人方是了當，半途無駐足之地也。古人之學只是主忠信，只是求益友，只是勇改過。故曰：「十室之邑，必有忠信，不如某之好學。」學者學忠信而已，忠信之外無他道也。忠信是吾本體，即良知別名。學者于此只是不真切，不真切，爲原無求爲聖人之志，皆由心有所繫。世俗繫在名利，亦有不戀名利，却是留心外道，外道亦只是利。此理本是人所共知，心誠求之，不中不遠。佛老之學本亦是教人爲善，今讀其書，自覺雖於世俗嗜好稍輕，而於人倫物理之意反不真切。孔孟之訓，讀之則人倫物理觸處藹然見在，世俗嗜好不待撥置，亦自淡然。更覺爲二氏之學者，亦是一分人欲，蓋才涉自私自利，即欲也。連年多病，覺得如此，不知如此見解，亦有少分相應否？

向在京師邂逅貴鄉舉人王雲野，聽其歌白沙先生詩，乃是陽明老師歌調，其時甚興起，真有萬物一體之意。自今思之，竊謂歌詩於學，似不涉階級，直超彼岸。古人絃歌不輟，其亦此意，如此見解，未知是否？今洛下無傳斯調者，但爲凄婉悲壯之音，其所感發，别是一種性情，非老師和平之旨。離師久遠，無人印正，腹病年餘，不能遠出，未知幾時稍耐勞役，得從二三子之後。一書數千里，不計歲月，仰思函丈，惘然悵然而已。師言在耳，師訓在卷册，勉自樹立，必不敢仆墜。惟師鑒之，有便萬望不惜瑣屑垂示，是不肖之幸也。省菴先生行，敬候起居。伏俟教言，統惟尊照。

與近齋朱先生 丙寅

奉書隔歲，今幾時矣。途長日遠，雲天罔極，何能即聞謦欬也？久不聞教，偶因後進有問，輒述舊見臆説數條，今録請正。未聞新教，仍此見解，蓋自謂於先生之言爲不悖耳，非敢有成心也。有偏蔽處，幸批抹示教。

近覺得古人言語，雖皆有功斯道，但言隨人異，所感不同，所謂「優而游之，厭而飫之，若江河之浸，膏澤之潤，涣然冰釋，怡然理順」，惟孔子之言爲然。大抵聖人之於天下，惟恐傷之，如慈母之有嬰兒，心誠求之，不疾不徐，無不曲盡。先儒惟明道有此意，今惟老師有此意。先生與晴翁則我親炙也，豈獨於不肖拳拳乎？何其諄諄於聾瞽，而不遽揮之也！竊謂二老之意真似老師，皆是以善養人，故拳拳不舍如此。諸儒雖正大，却似只伸其説，猶是勝心邊事。即如孟子，非不直截痛快，事理曉然，亦有過切反疏，未協一體之義。自非真切爲己，勇於受責，將有畏而不親者，是亦愛人之過。即未免以善服人，莫亦是勝心未化否？

又覺得「知行合一」之訓亦只是方便法門，知行本體固不容分合，亦不容一二論也。才立論不對景，便是起於勝心。又古人惟求自得，堯言執中，舜言精一，孔門却只説求仁。孔子曰一貫，曾子却説忠恕，各就自己會意處説，大旨不悖而已。即今致良知之訓，豈非至當歸一，然每聞談者，只成套語。某却於「毋自欺」三字覺口順，竊謂此即安分盡心之旨，而致良知之訓疏也。凡皆臆説，得無畔去乎？何處就正，不能不先生思也。鄙語并乞直指，先生諄諄之誨，無乃勞乎？但惟口受，不敢必尊翰也。幾時又得聞教，某企望。

二 丙寅

乙丑冬奉書請教，今年七月間再奉書，始得領回前項教言并書數種，原封驗收，拜賜如來。數念及不幸，感深骨肉，敢不服教？凡所請質，既得命，即釋然。獨老師臨終之語，尚欲有請。向在北雍時，先生曾言之，而久菴公述老師遺事，乃云老師臨終謂家僮曰：「我他無所念，平生學問方纔見得數分，猶未得與吾黨共成之，爲可恨耳。」而不及幾微之語，豈久菴諱之耶？何爲其諱之也？然竊信老師之學誠有日新如尊諭者，正是後學所不能學。所願學者，但疑學問起頭便是落脚，只有意無意之間耳。即今見在工夫，生死有以異乎？何以别有一着，必俟另説透也？不肖悠悠口耳，以實求之，凡先生教告，揣分孰非躐等？豈獨此爲躐等？或亦可畧示大意，如老師答童克剛分兩之請乎？尚默存之，不敢浪説，爲口耳之媒也。若也必須自悟，説破反不中用，則不敢請。但由先生安分盡心之訓行之，時至或能自覺也。先生云「只在目前」，往時見教非目前乎？或者老師往日語門人，尚有任的意思在乎？謹守素聞，不敢妄希也。

《列莊通義》至精矣，讀之恍然自失，不敢言學問矣。因省「格」訓「通」，不立意見，物各付物，曰「正」、曰「至」、曰「則」，皆在其中。「物」字所包者廣，忠告之言已備，無他説矣。但既曰「物」，則人物生死古今，宜無不該；曰「通」，則人物生死古今，宜無不貫。而曰「另有一着」，故疑老師平日猶是任底意思，而於此有釋重負之意。然不肖自省，却是悠悠口耳。行不掩言，於「任」字尚漠然，則此幾微之際，宜其爲躐等也。因言見病，先生教之。

劉魯山是否曾托寄我書者？讀二誌，慨然想其爲人，孰非我師？先生之意殆爲發明此學，不獨爲知其人也。《長語》發明此學殆無餘藴，一番看一番新，若領謦欬焉，若契心腑焉。中間有及不肖者，却過與，懼不敢當，然不敢不勉。《續刻》得早成全書，風便賜教，見書如見先生也。伏念往日從游，益心處却在言語之外，今獨不可得。先生老矣，某亦衰頽如此，安得一侍左右，與聞精旨乎？静言思之，不能奮飛，仰思函丈，悵然！悵然！日用間有瑣屑感觸，非紙筆可悉者，不得及時就正。悵然！悵然！蒲柳早衰，歲歲不同，衰腐不足言，以未聞道爲恨耳。固本良方，得并示尤幸。收之桑榆，或有望焉。

友人近抄得老師《傳習續録》，與前遺言大同小異。兹奉覽，亦有攙和否？乞校正。外字幅是鄙語曾就正者，小婿李生根與朋友刻之，有未當，今改爲并。《會飲約》似不悖慶生戒之旨，均乞裁正。途長日遠，悠悠我思，幾時得聞教言？何勝企望懇切之至！

三 丁卯

客歲兩次奉書求教，一是未聞教以前，一是得書聞教以後。蓋錯認先生「躐等」所指，然却是實供也。來教所謂「住見即蔽」，一言盡之，當服膺也。知止是一了百當之訣，老師幾微之旨，宜不外此。蓋老師平日發明致知，未及知止，此兩字自先生發之，然讀者又只口耳領署，若不肖是也，乃知《書》所謂「非知之艱，行之惟艱」，又今日之藥石也。

前所請教，望得批示，或口授門人筆之，便中賜教也。令姪父母先生，歷俸已深，想喬擢在邇。此後通書恐難，而尊年愈高，某亦衰邁，此年特甚，老大無成，良用慨歎。然聞先生之教，雖未實有諸己，却已不爲他説所惑，諒不退轉，亦無可退轉也。千古聖賢只有這些子，人生一世只有這件事，雖他生亦必了此願，亦必於先生是從是依也。先生念之。外册數條，是先時請教時，遺下未寫者。其「巧言」章及「莫我知」章，是近日偶思及，皆以先生之意推測擬之，未知是否？并批抹示下，庶幾有便風乎？某企望企望，懇切懇切。

四 丁卯

新正十四日奉書，并妄擬數條請教，因得領下丙寅十一月二十三日教言，并批改《格物臆説》，昭然若發矇矣。尾跋數語，翦盡葛藤，直露本體，其以不肖或庶幾可以語此乎！耳目卜度，似畧領會，雖非實有諸己，亦於路徑不迷。成我之恩，於斯爲至，敢不服膺，以求不負？因歎古人苦心，文理旨趣昭灼如此，先覺教詔明切如此。不肖自謂於此學稍知信向，而猶費辭説，至再至三，乃始脱然於舊聞。况夫拒之不信，或趨向不同者，欲其釋然，不亦難乎！乃知四江公之臨治，殆造物誘我之大機括也，不然何所從來，得數數聞命耶！知感知重。外紙所陳，尚落言詮，於翁「空洞其中」之旨，猶覺隔塵，然非言又無所請益也。蓋自是於先生之言，一無所逆矣。間有一二未協，亦非大義所在，有紕繆處，望賜指撥。

來諭郡公請會，郡公爲誰？與會爲誰？想雲集風動，成人小子，興起可知。衰病阻遠，不能親近，南望悵然，追思北雍、滸墅之聚，安得再有是緣？嵩少之游，區區尚不能往，况能遠勞長者乎？徒切杖屨之思而已。冬春兩書恭候回音，忠告三語，各再求一部。有副本乃敢借友朋，皆尊教所及也。

五 丁卯

七月二十七日，再書請教，計使者猶未行。近小婿根問「致知」、「知止」之説，妄擬先生意答之云：「致知、知止二義，只争毫釐。以止爲工，則必謙虛抑畏，其氣下；以致爲工，則或自任自是，其氣揚。雖曰同由於善，而其歸遠也。此與通物之義相發，然亦只在意念向背之間，若知『知止』，則『致』即『止』矣。毫釐之際，以意逆志，是爲得之。」如此見解，有少分否？然觀古聖爲學，與六經垂訓，莫非知止之義，所謂下其心而學，一言蔽之。此亦似顏、孟小異處。斯義也，自先生發之，必老師之所快聞也，亦足以慰孔、顏之神於冥冥矣。口耳卜度，深覺躬行不逮，何足以知之也？心粗，恐錯會，先生教之。外束質疑，并乞批示。三語皆精義，服膺舊矣，獨此條耳，亦無甚相違也。月餘得奉數書，不知何日能領教言也？

六 丁卯

昔年聽《琵琶記》有感，意謂今樂猶古樂，是此意。後再聽他詞曲則所感不同。又意是文字不同，非曲調然也。今看來只曲調便有正有淫，竊疑詩歌至唐律再下不來，如宋之詩餘，金元之詞曲，即聲調渾是哀思，無復静好之音矣。今樂只與三弦、箏、阮相協，若琴瑟則不相協矣。今所傳琴曲亦可疑，爲其音繁調促，非中和之音，於感發處覺之。今老師云云，或亦漸次引導，非謂即古樂也。後面求元聲與制律云云却不疑，而先生云云，故願聞其詳也。

七 戊辰

丁卯秋間，連作三書，託應試諸生寄上請教。諸生歸，得翁丁卯三月初八日、八月十二日兩書。前臆説，四江公亦有批示，因嘆我翁知己之難，宜其惓惓不遺於不肖也。然不肖亦直口耳承接，與默而成之、不言而信終是隔塵，何以仰慰尊望耶？悠悠卒歲，不能不先生思也。

承批示諸條，皆服膺。而「分」字特拈出，真是日日見在，可據之實地。昔賢每每議道，然而不協於極者，亦因不察乎此耳。先生嘗言下學，昨標知止；嘗言德、位、時，兹標「分」字，愈明切矣。然不肖自省，直是欠勇，先生以止至善屬勇，蓋自强不息，君子所以法天之健也。今喻此指矣，又省心不虚只是不好學，好學則日見所未至，心安得不虚？意安得不下？分安得不盡？非大勇無我，何以能此！此不肖所以自省、自愧也。垂暮之年，飫聞至論，以爲希世而聞者，不察尚有二三子可與晤言，不敢以衰病自諉也。

先生嘗教但留心《易》與《論語》，後儒之學有無不足爲重輕，今喻此指矣。先生之言愈看愈精密，今拈「分」字，極是要領。蓋莫非道也，對景切分，乃屬見在，《易》與《論語》所言無非此指。分有未盡，此堯舜之所以病諸也，况後生敢自足耶？此真活潑潑地，先生之言愈讀愈精密。諸因不便，不能特使，每俟順人，故不得及時請益，若此遲遲也。先生之教何時得聞乎？仰企天南，神馳跡滯。

八

乙卯年，洛陽地震，山陝尤甚。有著論者執舊説，思之不能通，妄意之。又因洙兒扶疾救月，慮之不能寐，因起看月食，感寒成病，多日不能出門。遂及象數之一二，爲與舊[二]異，姑[三]存之請正，皆是億説。初意以舊説支離，以爲此等議論，既已充塞宇宙不能去，姑以一本之義順而辨之。故爲此見解，然亦止此一二條，餘未相觸，亦不能推也。今見先生語，乃覺此亦是妄見。蓋古人至位天地、育萬物，只説致中和。若天之所以高，地之所以厚，未之言也。蓋吾職分所在

[二] 八卷本「舊」字下有「説」字。
[三] 「姑」，原作「如」，據八卷本改。

自有當務，苟吾中和誠致，則精神貫通，自有非見之見，本吾一體，何高厚之云乎！今吾未能自盡現在職分，而妄意於此，是屬意見，失性真，「支離」、「一本」，皆剩見剩語也。先生於此處，可謂一筆勾銷矣。業已照前録過，不及改削，并上請正，統教之，幸甚。

與竇竹川兄〔一〕

相别兩歲，不聞教言。僕近來日用，他無所思，惟自念浮生老大，身心不修，不能如書傳所稱古人者，自省自愧。往年大恩盛德，不能一報，凡世俗所謂酬恩報德之云，皆非老兄所屑者，僕何以爲報哉！惟思相與切磋，以共追古人而已，未敢告人也。仰念間，忽令親趙君適來投我書，僕以爲老兄書也，必有見教。開緘莊誦，乃非執事語，初疑見罪，甚不自安，詢之始知兄被事端的。又知以此氣惱成病，驚歎激越，無由省候。

嘗見古之立身行道者，往往皆有險阻不安之患。蓋世變趨下，氣運雜揉，雖天地之氣，亦有不得其常者。而仁人君子乃其元氣本然之真，然而已爲雜揉之氣所攻侵，而日就晦蝕。故君子禀氣或薄，則亦有不得其常者，但元氣本自生生，故有必伸之理。然其相尅相剥之餘，交戰未

〔一〕八卷本題作「與竹川竇先生」。

定，苟非着實體認，安得不惑？

古之善人流芳名至今者，其在當時多有天時人事不得直遂，以致禍患，幸而得免，多是後儒扶持世教，不欲盡見其苦楚耳。今觀人於論定之後，誠無可疑，想在當時，亦未必皆以爲賢，皆以爲無過，皆不以非禮相加。世俗蔽塞，善路不開，兼之好惡隨人意見，又莫不各有忌嫉之心。觀之孔孟程朱之事，倘非後賢洗雪得出，亦未必得如今日之尊信，則凡小賢片善不録於世，而反受誣謗，以就泯没者可知矣。然君子爲善，乃其禀性自然實見，惡不可爲？故寧甘心忤俗以至於此，非可以言語求也。老兄自思是如此否？

凡兄所爲，皆是理合如此，中間不無少欠婉轉，使人不平，只此亦是有我。蓋特立獨行，不免有負氣有我之病，雖古之賢士亦未免。此當克治之，其餘理所當爲，從俗不可，雖違衆可也。氣數不齊，即有患苦，亦當安受，此是命運使然。若以此生惱成疾，似失輕重，平日行善反爲求福求名之舉矣。毫釐之差，繆以千里，願兄自反。兄平日爲善，人人知之，彼上官一時觸忤，又或趨向不同，雖有誣辱，於兄何損？此正孟子所謂「待我横逆，又何難焉」者，乃以此致氣成疾乎？

兄本正人君子，但胸次似欠灑落，識見亦稍執一。道理本在目前，我與人本同一體。笑語言動，雖古人與常人一般，但立心不同，自有同中之異，非如後之學道者修飾作模樣，事事要與俗異。或執著古禮，不達時變，以此處人，人將遠之，曾謂知學之士而有是乎？古人治己嚴，處人和，是以兩得。兄似太方，故人忌之耳，此尤宜自反也。僕末學，所遭亦順境，此言似不相體。受兄厚恩，聞知尊恙，深不自安，故諄諄如此，願熟思之。凡講明義理，雖不可輕離古本，然吾心自有良知，不可專向外尋求也。狂言妄語，惟兄教之。僕無狀，在此幾一年，孟浪度日不足道。偶聞兄尊事，心甚憂怛。恃愛多言，惟兄諒之不罪。

二〔一〕 癸亥

比〔二〕因衰病，覺得外好較前又輕淡。見得古先聖賢之言，雖有不同，大約皆是。譬之醫藥，只要對症〔三〕，無不可用之藥也。即如街談巷語，除妄誕語言外，但是勸戒之言，亦皆至理，亦只要對病。然須看吾志何如，大抵此學只要頭腦是當，「致良知」三字，大頭腦也。兄年高德邵，近日精進何如？於此看較何如？弟此志雖不敢不勉，只悠悠如昔，倚靠師友，恨離索也。此間有丘方山老兄父子，及周氏昆玉爲同志，小婿李根亦有志向，其同會一二友亦信此學，可相告語。

〔一〕八卷本題作「與竇竹川兄」。
〔二〕「比」，原作「此」，據八卷本改。
〔三〕「症」，八卷本作「病」。

然皆相去數十里，不能數會，相會時每每念兄也。待教何時，惟共勉進此學，庶慰遠思耳。

三

爲學只要主意是，若主意是學好人，則心心念念只是要爲善去惡。今日以爲是者，明日未必以爲是也。明日以爲是者，後日未必以爲是也。且就眼下以爲是者學之，莫想明日，莫想後日。待得覺其不是時，即與攻之，不要自恕，便是實功，便日日有見。

聖人有聖人的見識力量，賢人有賢人的見識力量，學者有學者的見識力量，大小不同，其無私一也。只在心上取齊，不在事上取齊也。吾輩爲學，大抵猶是近名，故于人不知己處，不能甘受。當有表白之時，又恐形迹疑似，足以損傷名節，故於事多躲閃修補。雖所當爲，亦多避嫌，不敢承當，此病根甚深，弟每患之。

答仁居李先生 己巳

來諭發明格物詳盡矣，據僕所聞，亦不相悖。舊曾本此爲《臆説》答友人，亦與先覺往復數四，只到無意見處去不得，妄擬前解，所謂「羈靮之生由於馬」也，陽明老師詩云「久奈世儒横臆説，競搜物理外人情」，蓋有感而云。天理人情本非有二，但天理無可捉摸，須於人情驗之，故不若只就人情爲言，雖愚夫愚婦亦可易曉，究其極至，天地、聖人[一]有不能盡也。反復來諭，如曰：「悟定静安慮之義，則格物之義了然。」又曰：「默契經文，格義自明。」即就了悟默契處拈一言，使聞者豁然易惺，豈不尤快也哉！不肖口耳悠悠，謾無所得，竊念此學自先哲開發，雖曰「爲仁由己」，而培植灌溉，必資師友。幸值君子躬行心得，心實敬服。不辭固陋，就正有道，非有成心。凡厥教詔，亦既領畧，受益多矣，而心有未盡，輒復云云。諦觀登封有稿，他處應不止是，渴教如昔，不厭諄諄，是幸是望。

答李兩山 乙丑

兩次寄書，教我非一，中間之[二]述處，以僕所聞，用工亦只如此。此本人所共知共由，但行與不行耳，亦只在自肯與不肯之間，不在人也。所云「心雖專而時實戾」，吾輩患心不專一，若果心專，豈[三]分時之順與戾耶？心專便是歸結，又何慮作何歸結耶？此或是功效心，只心專是了義耳。願相與勉之。

[一]「天地聖人」，八卷本作「聖人天地」。

[二]「之」，八卷本作「自」。

[三]「豈」，八卷本作「寧」。

二 丁卯

承教憂我陷溺，慨焉興悲。此執事至情深愛，亦其爲道之功，進學之勇，乃能有是。敢不自省，以圖相報？顧僕自反未有實得，何能有益於高大也？近有一書與近齋朱先生云：「孔門論學，職分之外無説。故子貢有『性與天道不可得聞』之説〔一〕，蓋是因人請問，各隨其材、因其病，未嘗〔二〕空談道理〔三〕而畧職分〔四〕，職分固道理之實地也。」夫是以能實有諸己，而不爲虚見，若不肖所云「恍惚擬議」則以未有諸己故也。今執事有教，既未免見憂，又自無實得，是終無以爲報也已。向嘗奉上《陽明先生文萃》，曾徹覽否？此老苦心處，倘得其意，當别有見，望執事更細觀之。

僕之所聞，不能外是〔五〕，而所以報執事之愛、解執事之憂者，亦不能捨是也。義理無窮，各宜虚心，求所未至，斯千里之祝也。外册所述均爲有見，受益多矣。衰耗〔六〕不能條答，昔年病

〔一〕「説」，八卷本作「言」。
〔二〕八卷本「未嘗」下有「無上事」三字。
〔三〕「道理」，原作「理道」，據上下文改。
〔四〕八卷本「分」下有「也」字。
〔五〕「是」，原作「事」，據八卷本改。
〔六〕「耗」，八卷本作「眊」。

中，曾述鄙言，有相發明者，敬録請正。口耳之餘，只成知見，不足爲高明道也。

三 戊辰

惠書隔歲，衰病不能即答，怠惰甚矣，尚可與有言耶？雖然，執事之教，不敢終虚也。敬述所聞以求正，可乎？來諭儒學流弊爲鄉愿，鄉愿本於媚世，記誦詞章訓詁口耳，媚世之粗塵也，何所流弊乎？即今學術之弊，何所因乎？陽明先生之言與諸説不同者，只在致知格物。試將《大學集註》所謂「舊本誤在」者，去其分章補傳，照依舊次，細讀細繹，看其「知」字何指？「致」字如何用功？何者爲物？何者爲格？其於誠意正心修身以及家國天下，一事乎？兩事乎？有先後乎？無先後乎？必得立言之意而不泥名言之迹，庶乎可以得意於言外。不然則動成牽滯，將古人之言與立言之意自相窒礙矣。以辭害意，遂成支離，此後世學術分歧之故，幸詳繹之，便中見教也。

同志難得，此間亦有數友，但皆遠在數十里外，相會希闊。獨孟生化鯉暨小婿李生根頗着意講求，而孟生言每相近，然不肖只口耳，却未知是否也。陽明先生語近看又如何？其答論學書，篇末有云：「良知之明，萬古一日。聞吾之言必有惻然而悲，戚然而痛，憤然而起，沛然若決江河。」今執事讀先生書，果惻然乎？戚然乎？憤然沛然矣乎？若是乃爲知痛癢，不至謾讀也，請自驗之，將於三教宗旨、朱陸辨論，及諸儒先之言，不見其爲異同，而皆有我師。其未精者不放效，忠告也，期以共勉此學而已。此不肖所以不敢輕議先覺，亦不敢苟從先覺，又不敢遂以目前所見爲便是也。幸相與共勉之。

承示欲行古禮，不知所謂古禮者云何？《記》云「禮從俗，使從宜」，因時制宜，去其太甚與其鄙褻，使人情相安可也。若令人駭怪，則恐泥古之過，亦失古人之意矣。且古禮亦是當時所常行，聖人之道初不遠於人情也，更詳酌之。丘方山刻苦躬行，其子仰之克肖而先死，可爲悲歎。幸有次子可事朝夕，有孫亦儒服，守規矩，不愧家則。第阻遠，各衰年，久不相會，但相思耳。因知己之問及之。三周暨乃姪崇謙〔一〕近亦入孟生之會，更有一二後進〔二〕及小孫居厚亦從學。然新安處西，東縣舊友尤難會聚。病夫衰年，亦不能往會也，聊爲寄興焉耳，終負師友。奈何執事高明誠切，非隨人悲笑者，且能傾倒，直欲手援，僕安敢不盡愚衷也？風便無惜詳教。外《象山先生畧》奉覽，有未協，惟明辨〔三〕。此公器也，豈獨於吾輩豁然哉？即諸賢在天之靈，亦將爲之一快矣。陽明老師雖尊信象山，其學却另有自得處，更察之，見教尤幸。

〔一〕八卷本無「暨乃姪崇謙」五字。
〔二〕八卷本此處有「暨乃姪崇謙」五字。
〔三〕「辨」，八卷本作「辯」。

答南溪翟先生 庚戌

教言諄析，皆出實見，非泛然口耳所到，受益多矣。中間亦有欲請正者，大抵古人立言如醫用藥，雖五穀之美，不因饑渴，亦無所用，故曰「不可爲典要」。昔人只争這些子，故多錯會立言之意，轉相傳習，以至於今。宜其芝蘭反成荆棘，膏粱反爲鴆毒也。此只在頭腦上提掇，即涣然矣。

答〔一〕竇世德 丁卯

來示云云，足占有志。吾輩學無進步，只因志欠真切，然亦只在日用常行間檢點，即心所安行之，不必一一古格也。且古格亦是當時即心所安之糟粕耳，不失其意可矣。又云「欲向静處收其放心」，放者心也，静須心静，若身静，治其末耳，却恐或爲外道所攝，又在自察自審也。奉去老師《則言》，幸熟復之。只立志是要語。學欲何爲？無不自知。《大學》之要，在毋自欺，又立志之要也。心何以不静？必有牽繫。苟非義不容已，多因名利，斷之而已。自愧未能，期共

〔一〕「答」，八卷本作「與」。

勉之。

答李春野 丙寅

古人之言，句句是吾藥石，句句是吾服食，只在善看善用。自愧此志不力，尚落虚見，事口耳，不敢不自省也。近齋諸書，愚意欲取其要語數條，録爲一册奉寄。盛使去忙，且天暑不及爲也，嗣圖之。比來即政即學，必有著述，便中望示。子欲無言，豈非至理？然好問好察，慎思明辨，正吾曹今日之有事也。

答陳紹龍〔二〕

遠承教愛，惠賜《南野先生全集》。此老在師門最久，所得甚深，衆所推服。得其片言隻字已足開發，况全集耶？且原版不存，非志學篤好不能致，非至親深愛，安肯遠寄將耶？知感知重。自陽明老師没，門户頗多，憂世教者，懲玄虚之習，爲漸進之説，以一念自反即得本心爲上機，謂下學由工夫以完本體，先立本而後達用。言若近實而義實支離，心頗疑之。獲睹是集，

〔二〕八卷本題作「與紹龍」。

又得一番印正，真錫我百朋也。城南之會，同志彙集，懷龍、伊津皆在，不能不紹龍思也。執事方爲一方倚重，循良之政，强教悦安，閭閻鼓舞，所謂大作會也。聲應氣求，商山之陽，洛水之濱，言氏弦歌，點也風詠。即政即學，即學即政，異地同符，皆孔門家法也。某雖衰病，願與紹龍子尚友追踪焉，應不以爲妄矣。

與孟津諸生 丙寅

讀書主於存養此心，多見多聞乃其餘事。若以多聞多見爲學，則心愈放而不養矣。

人只要做有用的人，不肯做没用的人。有些聰明伎倆便要盡情發露，不肯與造物存留些少，生機太過，由造物乎？由人事乎？

今只要做得起個没用的人，便是學問。

道理在平易處，不是古人聰明過後人，是後人從聰明邊差了。

只此心真切，則不中不遠。

悠悠只是没緊要，是不知痛癢，吾自省如此。

學問頭腦，前人指破，是他親見如此。理同心同，故雖蒙士，一提即醒，須自證過。

「學」訓「效」，效本來也。人動便馳，故曰反觀，曰回向。

吾學所以悠悠不進，爲無朋友，自省還是志惰。此志興起時，自覺不愧古人，更無節次。及怠惰，即是世俗，罔念作狂，克念作聖，信然。

又

忿有不懲，中夜偶憶「何處羣英」之句，忽醒然，遂及終篇，反復歌詠，乃脱然矣。因思諸友離索，又有感於「莫負男兒」之語，亦將有啓予者乎？以豪傑自期者，應無所待也。

答楊仲衍、孟子騰 丙寅

格致解畧，率意口耳相正。承示「心之發動處用工夫」，又云「照管不着」，又云「還是心之不定」，覺用工真切，令我愧省，但工微苦耳。只照管便是着，便是心定，病在間斷，非道遠人也，此恐是功效心。又云「要將講説亦只是口頭語，又不能躬行」，意欲不用講説，此亦是怠惰。蓋沿襲舊見，非講説則不明，若吾心要求是當，則講説即是躬行，非外講説另有躬行也。若果洞然無疑，則不言亦是講説，倘未洞然而廢講説，是鶻突也。恐有先入之見，不欲參對耳，此學者通病，幸再思之。道聽塗説，蓋亦有年，即今口耳，猶未敢自信，奈何廢講説也？但不可徒事口語，不由中心求益耳。鄙語有未合者，無惜盡情討論，不有益於君，必有益於我，此真講説也。念之念之。仲衍光明和説，只於日用服食起居淡得一分，即是學問。子騰閒静，只常常對越老師之言，令此心不拘不放，自知方便也。道理只在日用常行間，百姓不知，但不自作主宰耳，無奇特也。諸友若君可之明爽，汝燦之沈潛，伯生之樸直，心皆質直，只是一意聖學，即是心定，即是照管常着。諸友既已出頭承當此道，人皆仰之，不得自委去推辭也。老師云「千古聖賢只有這些子，人生一世只有這件事」，願與諸友共勉之。

答李伯生〔一〕

此道本是不識字的愚夫愚婦所能知能行，而後世士大夫乃畏懼羞澀，以爲我不能，可謂顛倒見矣。然亦是從來講求入門太難，故使人無入頭處。亦由吾人未嘗真實有志於是，只作話説，甚者言非禮義，孟子所謂「自暴自棄」也。向日曾問如何入門，吾應之曰：「只此發問便是入門。」此語會得否？倘未會，且將《論語》「主忠信」章、《孟子》「無爲其所不爲」章身體之，天下之理皆不外是矣。

〔一〕八卷本題作「與伯生」。

二 甲子

前輩云舉業、德業只是一事，蓋以德業爲主意，則舉業即德業矣，只在一念輕重之間耳。至於心體把持不定，亦是吾輩通患。只要主意不移，定要如此。譬之行路，雖有傾跌起倒，但以必至爲心，則由我也。此意亦望説與君可。仲衍常將《陽明老師文粹》熟讀講究，即是師友相從，亦自不妨舉業，自有具眼者。

三 甲子

枉問格物，見本未真，姑從口耳卜度，以爲天下之物不出吾心好惡。蓋物有美惡，情有好惡，學問由心，心只有好惡耳。方擬著其説，將半，恐倉卒不能照管，與朋友言，恐相誤。必求穩貼，來人守候，故不敢筆出付之，容數月另具請正也。諸友但於日用間好惡不任情處相規勸，即大意已是矣，雖詳説亦只是此意也。子騰諸條儘有見，只首條「格物致知」尚有請正處，思之〔二〕。思之而不通，鬼神將通之，非鬼神之力也，精誠之至也。在吾輩思之又思之耳。

〔二〕「尚有請正處思之」，八卷本作「尚有請質處，思之思之，又重思之」。

四 丙寅

相别旬餘，想乘春對時，諸友相觀，浡然生意，不可量矣。擬著《格物説》數條，未知是否，且辭欠條暢，才力所限，辭不足以達意。兹録與伯生，幸與諸友共討論之。

五 丙寅

諸條依來示看過，更裁之。仍將格物討論，此是學問頭腦處，莫含糊放過。此提其綱，諸條詳其目也。讀東廓語，覺感動，只此感動是伯生本來面目。感動之者，則培植灌溉之謂也。如此讀書，則萬卷非多，一字非少矣。

六 丙寅

鄙語今再看〔二〕，意猶未盡，再更之。先儒云「非明睿所照，而考索至此」，今更不及也。吾輩欲求是，當應不以數易爲嫌也。諸友同此致意。

〔二〕「看」，原作「着」，據八卷本改。

七 丙寅

來示「一貫説」與「蕭公語人苟知」一條，所云皆從此出，意畧同。近齋以爲尚是二法，故改之。毫釐千里，正在於此。書傳中此類尚多，在善看，須識此意。

八

昨所妄談，是鄙人數十年畧領會於口耳者，似鶻突不可通。此鶻突處却是肯綮處，味之味之！此處通則觸處豁然矣。幸與諸友熟思之。〔一〕

九

鄙言二首，并前格物説，勞藩甫各録一通〔二〕，幸與諸友更討論一番，便中見示。道聽塗説，蓋亦有年，尚未明了，諸友既已了徹乎？於今説果無疑難乎？胡不明辨乎〔三〕？予老矣，亦欲以

〔一〕此句後八卷本多「自愧口耳」四字。
〔二〕「通」，八卷本作「過」。
〔三〕「乎」，八卷本作「也」。

積年所聞與諸友商議，不辭口耳之愆也。今説與〔一〕舉業自不相妨，以舊説遵時制爲正講，以今説發餘意，豈不兩得乎！在善用之也。

十

昨見示數條，率意綴數語，有未契，更商量之。先柬欲於知善知惡處着實用工，即此便是實地也。諸友以文宗將臨，日夜揭書。若會得此意，不更有味乎？不識諸友以爲何如？

十一 丁卯

月餘不作伯生書。是月初三日，場兒來投我。四月五日并廿一日書，知伯生移居良鄉道院。南來消息如何？可以諒子之爲心也，爲之揮淚。然觀前後書語，具見進修不懈，足慰離索。子騰昨有數條相講，已付去，今不能録，容面談也。竹川處書日久，畧不省記，意亦不差，即付子騰。訥谿之教，令人省愓，昨答我書，亦甚精，爲著數語，恨相遠無由再質也。《良知議辨》未見，念菴之學真切，云多契合，見子真切也。昔曾看一遍，今皆忘之，其與鄙語有不合處，不知何指，

〔一〕「與」，八卷本作「於」。

不能再閲也，總俟面談。但一念真切，即正脈路矣。

十二 戊辰

訥翁所指在即事，《臆説》本老師前説，指一念在好惡上用工。即如訥翁言，亦只在好惡上用工耳，本體不容言也，然莫非良知也。不遷怒是不爲怒所遷，今一聞可怒即動，已遷去矣，與「得情勿喜」之意不同。伯生之言良是，然未易言也。今吾輩且在三自反上用工可也。

十三

久不相聚，幸得一見，信宿而别，殊覺惘然。來語并教居厚，懇切至矣，非至情骨肉，誰肯念此？讀之悲感，渠亦感奮，因嘆此學本擔柴漢可能，而今以文藝先之，使拙者困阻、巧者没溺，而榮辱貴賤又視諸此。因又嘆師友之難得也，伯生念之。近覺「義理無窮」一句，舊解可疑。昨子騰歸，合作數語，或文或俗，主於達意，便中寄我伯生，試作看，只取達意，不拘文辭也。

伯生問「一貫」、「忠恕」

夫子之道〔一〕，若曰吾道只是一，因曾子之尚見於萬也。才舉起，即天地萬物皆在，本吾一體。以此貫彼，尚是取次説，此象山所以譏〔二〕有子之支離也。始學便是學聖人，但有生熟難易，初無二途。忠恕即一貫，實同名異，只是此心。

問「夫子説一貫，似只指此心本體説，未及應酬處。若曾子曰『忠恕』，則便就應酬上説，與夫子之意同否」〔三〕

本體無物，何一何萬？應酬是本體發用，此處用工。忠恕即一。忠恕是曾子日與門人從事者，故舉以告之，無難知易曉之別。見於一是集義，見於萬是義襲。凡應酬，面前只一事，無兩事，况萬乎？聖人得一，故曲當。常人逐萬，故紛錯，起于自私用

〔一〕「道」，八卷本作「意」。
〔二〕「譏」，八卷本作「議」。
〔三〕以下以「問……」爲題諸篇，均不署問者爲誰，疑均爲前篇提及之李伯生與尤氏之往復問答。

智，此吾人通患，自愧口耳。

曾子躬行，故曰道；子貢多聞，故曰識，言一雖同，所指則因人以異也。

問「明德」、「親民」

大人小子，執事不同，道理則一。灑掃應對就盡分説是明德，就事長説是親民。民即人也，通上下言，大人小子均以此心爲根基，非以此爲彼之根基也。有不合昔人説者，無惜辨問。

問「知止能得」條云「知止以用工言，能得以成功言，非有二也，生熟之間而已，只是得個不馳逐否」

用工，復本體也；成功，本體復矣。得無所得，無馳逐與不馳逐。

問「知止即所止」條云「知止之知，工夫也，致良知也。得所止，得本體也，良知致也。非本體則不知用工夫，非工夫則不能復本體，是之謂一乎」

工夫是本體做。

老師云：「合着本體方是工夫，做得工夫方是本體。」

做工夫的即是本體。

發端便須真切，即是本體。工夫只緝熙，皆本體所爲也，工夫是假名。

問「致知」、「知止」

若以知止爲頭腦，則知爲工夫之本體，止爲本體之工夫。若以致知爲頭腦，則致爲工夫，而知爲本體矣。

致知、知止之説，二義只争毫釐。以止爲工，則必謙虚抑畏，其氣下。以致爲工，則或自是自任，其氣揚。雖曰同由於善，而其歸遠也。此與通物之義相發，亦只意念向背之間。若知知止，則致即止矣。

問《格物説》「知止則良心真切，自不容已」句

此意不契，只是把「知」字、「意」字看作兩截。知痛知癢，有不搔摩者乎？痛癢有須外求者乎？

問「致知」丙寅

飲食不知滋味，必有寒熱之病。身體不知痛癢，必有痿痹之病。人心不知好善惡惡，必有偏私之病。病去則本然者復，自知方便，成天下之亹亹矣。

工夫只在應酬處做，豈惟身、心、意、知、物不可分截，即天下、國家亦不可分截。纔舉意，即天下、國家一齊皆在，故曰「獨」，又曰「自」。此在神上見，不在形上見，形固不能外也。

問「義理無窮」句〔一〕戊辰

生生不息，故曰「義理無窮」；生幾易過，故學無止法。《書》云：「節性，惟日其邁。」此吾曹所當共勉也。

問「好仁不好學」章

三代以前，淳氣未漓，學術無大相遠，士各以其質之所近爲學，故諸子容有不協于極者，所

〔一〕此篇據八卷本補。

謂「不踐迹亦不入于室也」，猶淳氣之餘也。周衰，氣漓俗敝，孔子創始講學，主於移風易俗，變化氣質，乃始管歸一路，曰「求仁」。凡不協于極者，皆〔二〕不求于仁也。蓋堯舜禹湯之正脈，所謂「中天而興，斯道大明」之會也。然諸弟子亦各以其質之所近爲學，孔子亦各因其質而成就之，變惡爲美而已，不强同也，亦仁而已矣。故無意見，亦無口耳。後世却從變化氣質上依憑意見，開義外之門，是從管歸一路上差了，不知孔門管歸一路者揣其本，而義外者齊其末也。老師致良知之訓，蓋亦管歸一路，正發求仁之旨。然亦因人成就，不强同也，致良知而已矣。良知明，意見無所著，口耳無所寄，所謂「太虛一出，而魍魎自潛消也」，存乎志而已矣。

問「師云『變化氣質，同歸于仁』，誠聖學正脈也。但夫子告子路『好學』二字，如何用工，方不生意見」

既云「變化氣質，同歸於仁」，則子路用工，亦變化氣質而已。不好則難與言學。既好學矣，自能知過，自能變化氣質。時時改過，自然時時見過，如此則意爲誠意，見爲明覺矣。

〔二〕八卷本無「皆」字。

子路猶是好勇之習未化，亦猶是好學之志未切。子路過在剛勇，夫子并舉六言，先言仁智，而後剛勇，蓋循循曲成之教也。老師致良知説最盡。

答〔二〕王藩甫問「莫我知也夫」章 己巳

此顔子既没，夫子見門人無會意者，故發此嘆。「也夫」二字，其聲深長，其感深重矣。雖非怨尤，亦太虚浮雲也。子貢之問，猶爲未達，故夫子不答，而但自洗自解曰：「不怨天，不尤人。」只下心而學，自達天德，未爲無知己也，蓋自是浮雲過化矣。蓋孔顔平日之所從事，不尚知識，而子貢以聰明失之。不答之答，乃所以深答之也。

答〔三〕孟子騰 己巳

久别未有問訊，心常念之。三度書來，知子進修不懈，且得與聞諸公精義，足慰離索矣。一

〔二〕八卷本無「答」字。
〔三〕「答」，八卷本作「與」。

向謂儒釋大同，老師却説只争毫釐，愚意不争毫釐也。年前偶見《無生要議》，談空甚劇，忽悟云：「無情，毫釐争處在此。」因思《中庸》「道不遠人」一章最盡，聖人之道初不遠於人情。只脱去註疏，諷詠之，其義自見。如此方是脚踏實地，良心真切，自不容已。「不識不知，順帝之則」，空乎？不空乎？吾道自足，何俟旁求？不審諸公以爲何如。近見新刻二種，一曰《三山麗澤》，一曰《天泉一勺》，皆發明虚寂之義，是龍谿先生語，讀之不逆。不知京中有無此書，試訪觀之，於諸公處印正過，有便寄我也。近日諸友約會城南，畧依鄙約。大抵此學起頭便要潔净，不得拖泥帶水，相觀而善，乃爲有益也。黄師昔論格物，似以通爲訓，試請其詳寄示。藩甫去速，不及爲書，倘見，致仰念之意，容便圖之。

附寄勉洙兒 凡一十八條

有用者，知分之難盡，不起驕矜；没用者，樂事之有成，不生嫉妬。便是各人性分中學問。勿以己之長輕人之短，常以人之短省己之身，以人之長攻己之短。若能忘己之長，忘人之短，見己之短，見人之長，便自得力。

人只爲喫不過「没用」兩字，故生出許多嫉妬欺罔。不知過者過也，没用非過也。《論語》曰「木訥近仁」，不耻不仁，而耻没用，耻非其耻矣。

人苟知父母之生成此身甚難，則所以愛其身者，不容不至，而義不可勝用矣。

古人有云「獨行不愧影，獨寢不愧衾」，此言當在幾上用功，至要至要，可以常省。

每日無論冬夏，不管讀書閒坐，俱要早起遲睡，尤忌晝寢。如遇勞苦，亦當歇息，一醒便起，不宜悠悠怠惰，習成傲氣。精神須常唤醒，勿爲睡魔所縛。

言語務在簡默，不得已而言，亦不可多，養心養氣之功全在此。

七情惟怒最爲難制，雖是當怒處，亦不可忘己而逐物也。

心地須常教舒暢歡悦，若拘促鬱惱，必有私意隱伏。《禮》曰：「中心斯須不和，不樂。」則鄙詐之心入之者，正謂此也，便當覺破。

起居服食常在從容順適，凡遇忙時勞時，饑渴寒暑時，但安分安命，不厭不惡，即心火不作而身安理得矣。若遇饑急於食，渴急於飲，熱急[一]於脱衣就凉，或從風寒中來便欲飲食，此最傷人，亦是心病，須待氣平方可。

諸葛孔明曰：「非淡泊無以明志。」彼意欲明志也。大禹聖人，菲飲食，惡衣服，卑宫室，只是勤儉，可久可大。纔有所好，便能累心，菜根滋味，試一嘗之。

[一]「急」，原作「即」，據上下文改。

人多爲些小財帛、器皿、書籍等物小事，傷了兄弟、親戚、朋友恩誼，此皆鄙吝之過。子路車馬輕裘敝之無憾尚非極至，乃甘處其下而爲俗人耶？物之聚散成毁，况自有數，可盡尤人乎？宜静觀以除此障。

人生最難得者，兄弟相容相愛，情理本然。骨肉之際，責善尚且賊恩，况其他乎？

凡人立心學好，則古今書史議論，以及常言俗語，或勸或戒，皆來輳我，若爲我設。反身體認，自得師友。若以此擬題作文，直述所見，自然明順親切，故舉業、德業只是一事。

人苟用心學好，則於一切動心損氣之事，自不敢爲。心平氣和，一舉兩得，故養德、養身只是一事。

陰德者，人所不見不聞之謂，但不以己妨人，真能愛人如己，則陰德在其中矣。

先正有言「覺紛擾則且静坐，覺懶看書則且看書」，亦是因病而藥，此言至切。然静坐以藥紛擾，當矣。彼無故懈惰懶看書者，是屬昏惰，看書以藥之可也。若元自發奮，一時神氣欲歇，豈可强使？亦當順時休養，静坐以息之，俟其休復，然後可用。或因事鬱結，精神不暢，又當置書停作，開[一]静出門。或歌詠詩章，或念誦平日得意之文，或誦古人文字，或看故事。如有山水

[一]「開」，原作「閒」，據八卷本改。

野趣，亦可徐步咏遊，使精神活潑，然後讀看亦自有得。至如作文，亦如此法。此則藏修遊息無往非學之意。

飲食男女，人之大欲存焉。此處有功，方是實地，不然猶爲口耳也。

卷五　雜著

文各有體，愚不能知也。偶因酬應，率意傷煩。同志者過而存之，愚不能擇也。抑亦識吾感焉耳。凡二十一篇。

養生臆言

竊觀世之論養生者，不由於堯舜孔孟。蓋迷于方便，而不察其本祖，皆志之失也。有所懲而知戒，有所聞而知疑。爰著斯篇，用資請益。夫事有因邪以知正，物有因此而識彼，故臆言之耳。

或問：「養生之説，孔孟亦有之乎？」

曰：「有之。孟子曰『無尺寸之膚不愛，則無尺寸之膚不養』，斯養生之説與？」

曰：「然。」

曰：「所以考其善不善者，豈有他哉？於己取之而已。」

曰：「于己取之，則待於外者皆非也，以小害大者亦非也。故曰『養其小者爲小人，養其大者爲大人』。先立乎其大者，則其小者不〔一〕能奪也。故立大者，養生之大端也。若世俗之説異於是，以血肉之軀爲生，而不知生之爲性也，性非外于血肉也。體有大小也，大小非二也。故養生者，舉其大則小者兼舉之矣。故曰：『兼所愛則兼所養也，無尺寸之膚弗養也。』然必曰『先立乎其大』，則可以自省矣。今吾之養吾生也，果爲先立其大也？未可知也。果爲能兼乎小也？未可知也。果爲放而不求，棄而不養也？未可知也。果爲一暴十寒，事弈慕鵠，養而實未養也？未可知也。皆可以自省也。故不志乎大而志乎小，曰『吾將以漸及之也』，是失所先也，未有能養其小也。夫大可以兼小，未有養小而不先乎其大也，大小非二也故也。然則必有口訣，何也？所謂方便也，猶醫之於病也。何經受病，當用何藥也。其必指命基也，猶醫之兼補損也。衆病之起于虛也，衆私之總于欲也，未有不虛而病，寡欲而心不存者也，此性命雙修之説。孟子所謂『兼所養也』，皆性也，性即命也。『雙』之爲言，亦方便也，爲人之歧性命爲先後也。故謂命爲有外于性，修命而不修性也，是汙濁也；謂性爲有超于命，修性而不修命也，是頑空也。故雙修之説，兩救其失也，非歧而二之也。孰知學者猶以爲二，而遂執兼養雙修之説也，雖合之，猶二之也，皆由不知古人方便，而認爲究竟實法也。今之言養生者，未有及于性者也，避頑空而不

〔一〕「不」，八卷本作「莫」。

辭汙濁鄙褻也，故厭簡静而愛紛華也，猶曰清蓮出淤泥也，而不知其種子之非也。故大者真種子也，養而無害，所以立之爾也。心也、性也、命也、志也，皆大也，隨所指而異其名，實非有二也。志者，其用也大，非志不立，而愛紛華者亦志也，故志不可不早辨也，志不辨不立也，志立所以立其大也。故曰『思則得之，不思則不得』也，思者志也，志立而思存不昧，則常明常照，有私即覺，覺即無私也。未能即了，乃有方便，主於勝私，非究竟法也，私勝而方便亦無也。堯舜之執中，《大學》之致知，《中庸》之慎獨，《孟子》之集義，皆立大義也，皆口訣也。意到懇切處者是也，實則亦方便也，非究竟法也。然聖人之有口訣也，惟恐人不知也，是懇切綱要之語也。世俗所謂口訣者，隱語寓言，若惟恐人知也。恐人不知者，仁也，欲人之同躋壽域也。惟恐人知者，不仁也，猶醫之有秘方也，安視人之病且死而不憫也，是不仁之大者也。蓋本因材之教而失之，而不自知其非道也，皆志之不辨之失也。」

曰：「何以有教外別傳也？」

曰：「爲接上根也，亦衆所共聞也，共聞之而有會不會也，是因材之教也。其有不令衆聞者，必其獨病獨藥也。因時相機，誘掖接引，方便有多門，良工心獨苦也。非如世俗之云『恐泄造化之機』也。顧爲之辭而曰有分無分也，不知性外無道，人孰無性也，無分是無性也。外性而爲道，是秘術曲技，期以勝物，非以成物也，孰不由性出也，是搏躍激行之類也，所謂弄精魂也，皆由不知古人方便，而以邪僻之心求之也，是不仁也。不仁不可以爲道〔二〕，是以君子不由也。故聖人之道，人皆有分也，是成己成物之大道也。世俗之論，非獨失聖人意，并失佛老意也。是以索隱行怪，無所不至也，皆世情，非道情也，故志之不可不辨也。吾斯未能信，是故億言之。」

嶽游散言 贈朱虛舟〔三〕，凡十四條

虛舟子有四方之志，將游五嶽，交游贈之言。余懷是游尚矣，從師問學，既晚且病。然異乎諸子之撰，請與商量游事。

游不同，或以對時，或以洗心，或以玩物。對時者上，洗心次之，玩物喪志下矣。如欲觀四方形勝，歸語人曰「吾嘗游五嶽，某嶽云何，遇某人贈言滿帙，圖書盈載」，此爲謾游，又其下也。如知對時，此類却不相妨。

人心私意，有師友講不退者，惟出游，或詠歌，忽脱然。故得游則游，不游則歌，此是洗心，即是對時，俱是學，古人不廢游歌以此。

〔二〕八卷本「道」字下有「也故報緣盡則終於無有也」十一字。

〔三〕「贈朱虛舟」，八卷本作「贈虛舟子」。

因君出游，偶思人物自得處俱是游。如「鳶飛戾天，魚躍于淵」，是性之本體。游而非此，却是放失，私意憂惱，不爲樂事。人不如鳶魚，爲有私意。若以脱略世故爲無私意，即是私意。

太和之世，含哺鼓腹。孰非游者？隨處五嶽。

孔子轍跡遍天下，孟子歷聘諸國，是對時之游，然迹勞而志悲矣。故孔子憮然于沮溺，而喟然于曾點，孟子亦曰：「人知之亦囂囂，人不知亦囂囂。」

沮溺耦耕，丈人荷篠，是洗心之游，但涉自私不廣大，然與世情異。

吾鄉先哲，或游伊洛，銓擇風花，或過前川，傍花隨柳。顔琴曾瑟，異世同游，對時洗心，斯游久廢。君今能繼後塵，可謂豪傑矣。更能講求其學，當别有見。古人遠游，或御門人，或從後車，或驅驢介僕，或杖屨攜囊，各有分量。度德量時，義之與比，似難執一。

今道脈在東南，泰山久頽，天真之勝，誰爲盟主？我心懸懸，渚蘋之薦，君爲我代之。南嶽青原，古人宗派所出。聞青原尚有結社相講者，盍往訪之，不虚是游。

逢人但舉《孟子》末篇「狂狷鄉愿」章，必有誨我者，此是五嶽根基。裏許打除潔净，却與天地同體，庶幾不愧山靈。即五嶽風景拔地倚天，時時爲我受用，或遠或近，游不游，俱是此理。

或以五嶽之游爲近名，虚谷張子曰：「今人苦不好名，知好名却是君子。」此高人微權，大觀曲引，誠不可思議。噫！使好名而精之，豈不爲君子乎！曲士難與論游，惟通人乃能知游。

然或不講此學，錯會古人意指，又從而益之，非玩物即謾游，游非其游久矣，吾誰適從？君去，友天下士，自西自東，自南自北。彼都人士，四方穎萃，試與深講此游，由名而精之，精之又精，深之又深，得大解脱。吾斯未能信，歸來示我方便。

澗陽別懷 贈訥谿周先生，癸丑

草堂在澗水之陽，往歲遇先生于此，别于此，思于此，故識之。感今憶昔，雜然并陳，不自知其拙也。

熙始因晴川劉師得受知于訥谿先生。是時晴翁與先生暨斛山楊先生、緒山錢先生，同處患難中，論道講學如平居，可謂夷險一致矣。投隙乘間，通問質疑，竊知向慕焉。先生痛癢心切，因言信心，不嫌固陋，惠我藥石，迄今服之，愈覺精切。星分雲散，各天殊封，十餘年來想像南北如夢寐。山頹梁壞，晴翁已没，斛山亦逝。因仍固陋，道不加修，爲疑爲是，未免執着，負教多矣。癸丑之夏，先生來游。人師難逢，儼然侍側，晤言朝夕，真見古人，如坐春風，如臨化日。先生自言于此心精微處未協，又曰：「思不出位，是不過其則。」他日論事云云，曰：「如此于事上似是，道理上却不是。」熙嘗有所疑億，先生曰：「莫猜度。」先生大旨亦可槩見，良知之教愈有發明。士有變素履者，熙謂是初念未真故，先生曰：「不然，惟聖罔念作狂。」行次登封，兩度寄書，惟以招致後輩，搜尋幾微根苗相期望，以夾帶心相警戒。書指懇切，誘掖拳拳，安敢自諉，敢不勉奮？先生學不厭，故教不倦，其言曰：「當此世界，若無二三子，未免孤立無徒，豈非形影相弔乎？」可謂至悲矣。敢忘乎？敢忘乎？凡先生自道皆誠言，凡所望于不肖者皆分内事。將必求以慰先生之心，即以是望於先生以爲報，豈以爲不可乎？

長語質疑 贈陳懷龍〔一〕，原本三十三條，録二十三條

懷龍陳子士華慕遠游，其言曰：「務遊觀者，挾通方之智者也。來多益者，秉虚受之懷者也。鵬摶九萬，鷯借一枝，賦分匪殊，識度不侔也。昔賢尚友千古，而予足跡未嘗及四方，違桑弧蓬矢之志矣。且諸方風尚，今古學術，予將有深辨焉。示範來裔，稽模往哲，非局方者所知也。」西川子聞而壯之，爲題卷首曰「友天下善士」，曰：「予有積疑，羈于衰病，不克越疆請益。子東西南北人也，幸持吾言，訪諸四方，君子庶幾有起予者乎？則斯游也，不爲玩物矣。經行過吴會，道毗陵，見近齋朱丈，試以予言質之，以爲何如？」江門之學，一再傳便失真。若陽明良知之訓，則善繼江門之志者也。近談學者，多説良知

〔一〕「贈陳懷龍」，八卷本作「贈懷龍子」。

上還有一層，此言自静中端倪之説啓之。夫良知無始終，無内外，安得有上面一層？此異學也，蓋本無極太極之説，而不察周圖之未瑩也。

陽明老師雖夙成其言，以江西以後爲定，此老師之意也。先儒動説「發前聖所未發」，道一而已，開口便盡，語有詳畧耳，無未發。

默識者，心識之，非口耳也。訓「默」爲「寂」，流于異學。

程子「須先識仁」之言，猶云先須擇術云耳。後人遂謂先須静坐，識見本體，然後以誠敬存之，若次第然，失程子之意矣。

舍見在乍見皆有之幾，而另去默坐，以俟端倪，此異學也。其不至於外人倫遺物理者鮮矣。入山静坐之説，陽明老師《答劉元道〔一〕》盡矣。長生神仙之説，《答劉元静書》備言之。

習淡須漸習之。昔年有一僚友向我言：「吾少時每飯必盡十二椀乃飽，後漸減之至四椀，又數年，減至兩椀。今吾每飯只兩椀。」因思椀數多尚可減少，滋味厚獨不可減乎？試漸減之，此習淡之一法也。

禮，毋絮羹，戒詳于味。今作食譜相誇，奈何？爲學大病在好名。先儒云：「有意近名，大

〔一〕 八卷本「道」字下有「書」字。

本已失，更學何事？」其幾甚微，切省之。

處天下事要商量，學術尤要商量，昔賢只少此。

改過之人不遮護，欣然受規。才有遮護，便不着底。

《曲禮》不可不讀。

《曲禮》首章最盡。

古人之言，或精或粗，句句是吾藥石，若用之得當，横説竪説皆是。一涉拘執，則動成牽滯，至使古人不敢開口，良由志之不真、心之不虚也。

能翻前人案，始能得前人意。若不得其意，而務爲紛更，是妄也。

集義者，爲集在義上，猶云即乎此心之安也。心安理得，何浩然如之。若以集義爲集善，而云理直氣壯，只成就其勝心而已。

道一而已，天地萬物皆吾性之發用，而聖人先得我心之同然。蓍龜無言，聖人闡之，若非一體，何以相契？是故探賾者，探吾心之賾；索隱者，索吾心之隱；鈎深者，鈎吾心之深；致遠者，致吾心之遠，審乎善惡之幾，謹于念慮之微而已。

吉凶者，得失之象也。得善曰得，吉有大焉者乎？失善曰失，凶有大焉者乎？蓍龜知吉凶，吉凶本善惡，謂吉凶在彼，善惡亦在彼乎？趨吉避凶，爲善去惡而已。

人情本然，只是相親相愛，如尊君孝親、敬兄友弟、刑家睦鄰、恤寡賑窮，是上愛下，下愛上。其於不善也，只曰「矜不能」，不得已而去惡，只爲保全善類，冀其能改，曰「不念舊惡」。故曰「惟仁者能惡人」，莫非仁也。若世人惡人，全是勝心，是亦不仁而已矣。

喪禮哭踊有數，主於節哀，爲賢者設也。人之忘哀，必有分心處，以致哀爲推極，非制禮之本意。爲懷龍過哀故云。

聖人盡人之性，則無人惡；盡物之性，則無物妖。然下車泣囚，鑄鼎象物，禹實昉焉，堯舜之世不聞其有此也。此非聖人之得已也，世變江河，其不可挽乎？噫！

附八卷本所多之七條

兩人同坐静，忽遇尊親急難，其一人開静往救，是往救也，生死未可知，所學何在？其一人晏然而坐，是晏坐者於心安乎？不安乎？所學何在？試於三教宗師商之。

古人對景而言，不出景觀書。須識此意。如《孟子》「浩然」章本爲答公孫丑「當大任」之問，與答景春「大丈夫」同旨，然語義稍涉義氣，後人遂認勝心爲浩然，又或但云養氣，不察集義謂何，反爲異學作羽翼也。

集義與慎獨同旨，孟言似涉義氣。

《易》言探賾索隱，探吾心之賾，索吾心之隱，所謂「搜尋幾微根苗」也。體《易》之功，遷善改過而已。

君子喻于義，小人喻于利。黄白之術有無本不足辯，然世人無貴賤多惑之，姑舉二端，請試自擇。《傳》稱「孔子焉不學」，則凡有裨於民生日用者，宜無不知，無不能。而在陳乃至絶糧，從者病，不能興。苟有點金貸米之數，何不一試爲之，而甘心同餓耶？其答子路，但曰「君子固窮」而已。夫孔子之所不能，而妄欲能之，孔子之所不爲，而妄欲爲之，其亦不智甚矣。昔有一道人，以白金使其徒市果蔬，其徒問：「此金何來？」曰：「吾點化所成。」其徒問：「此金亦還本質否？」道人曰：「五百年後始還本質。」其徒曰：「若然，吾不忍欺五百年後一人。」今爲點金之術者，安知不欺五百年後一人乎？有惻隱之心者，必不忍爲也。

飲食男女，人之大欲存焉。甘食悦色，有過無不及，此是吾人通病。有生即有身，有身即有我，有我即好勝，亦是吾人通病。但知是病，隨處省改，畧無回護，便是工夫。吾人職分，只是自見己過，不見人過。蓋才見人過，便自恕，不肯改。遲回展轉，尋路出脱，即私意愈重，蔽痼愈厚。如是不已，不知所至矣。自省悠悠不進，只是此病。偶見同胞，亦似犯此。痛癢心切，故自不容已於言也。

理無終窮，學無止法，何謂也？生生不息，庯有窮乎？生機易過，學庯可止乎？然則何如其爲學也？《書》有之：「節性，惟日其邁。」

不遷怒説

聖人只是愛人，不見可怒，故不逐於怒，是謂不遷怒，謂不爲怒所遷去也。蓋聖人之怒是不得已，其無所於怒，則本心也。如天以生物爲心，春生夏長，秋收冬藏，無非生機。聖人在上，生機和平，春無凄風，秋無苦雨，夏無伏陰，冬無愆陽，日月不食，雷出不震，無災霜雹，胎生不殰，卵生不殈，民無夭札，純是生生之意。聖王不作，學失政厖，生機每過，災變始生，非天道之本然也。學問是要復他本然，只是致中和，期于天地位、萬物育而已。純是好生之心，故無怨無惡。其有刑罰誅竄，皆是不得已。蓋教之不改，移之再三，知其終不肯變，又恐害及善類，萬不得已，然後刑戮及焉。然且爲之減膳，爲之徹樂。下車之泣，只見可哀，不見可怒，聖人之情可想矣。莫非仁也，莫非天道之本然也。顏子不遷怒，正是不違仁處。蓋所過者化，上下與天地同流者也。彼謂「怒於甲者，不遷于乙」，固疑于粗淺，而謂顏子之怒在物不在己者，亦爲無情。蓋誦習于三代以下之緒言，而未窺堯禹以上之心事也。其于孔之所謂學，顏之所謂好，殆猶未之深思矣乎！

仁義説 凡三條

昔賢必以四德配四時，五性配五行。然四德只一德，五性只一性。非如五行五材之有異質，可以分見也。五性只是神，五行只是形，神無方，形有方。四時各一其氣，仁義禮智則太和元氣之流行于四時也。

仁也者，人也。義也者，宜也。禮也者，體也。智也者，知也。信也者，實也。仁義禮智信，一時皆備，同出異名。謂仁爲生，義爲殺，非知義者也。如謂仁爲生，義爲殺，證諸孔孟之訓，仁曰生可也，如曰「喻義」，曰「集義」，曰「義之與比」，曰「不仕無義」，曰「義以爲質」，可以殺云乎？

故謂春生秋成可也，謂春生秋殺不可。殺機自是戾氣，非性中所宜有，故曰「不得已而用之」，曰「去殺」，曰「止殺」，可以理會。

風水説 凡九條，録四條

宋羅大經論風水甚明確，只於居室，未及《王制》葬説，未推原權教之意，今特爲補足之。

王者建都居民，必擇善地。《詩》云：「周原膴膴，堇荼如飴。」又曰：「相其陰陽，觀其流泉。」解者曰：「陰陽向背，寒煖之宜。流泉水泉，灌溉之利。只是要人無災疾，物産孳旺。」此等處一見可知，不必藝術。王者向明而治，前朝後市，官府居民皆在，必須寬廣平正，面勢迴合，水甘泉美，土脈光潤，草木暢茂，此亦一見可知，不必藝術。其居處也，各有定向，先宗廟社稷，次王居，次官府，次民居，各有定所，不得任情取舍。宮室間架，各有定數，高下廣狹，各有品式，以至衣服有制，燕會有節，執贄有等，無敢踰越。其有災祥疾疹，隨時隨地，量爲燮理，故曰「后以財成天地之道，輔相天地之宜，以左右民」者此也。古人定宅居民，主于安人，乃《大學》絜矩之一事。藝術皆是良知發用，是共公心。故神人協謀，卜云其吉，終焉允藏。世人只營一己，術士多是世俗憸人，其所謀爲盡出私意，不可對人言，况敢對神明乎！故廢卜筮、專技術，恣情矯誣，禮法蕩然，則以王制之不明而風水之説亂之也。是故必王制明，而後民志定，民志定，而後禮法有所施。上惟道揆，則下惟法守，物恥聿興，斯禮俗用成，知紀禮之爲恥，而後知安分之爲榮也。辨志以正俗，其在司風世者之責乎？噫！

謂遺體無關於禍福，吾不忍言也。謂禍福必由於遺體，吾不敢誣也。譬諸草木，子粒既成，根稭隨稿，漸朽漸化，物理皆然。如謂遺體云云，子孫蒙廕，則是子粒之生受廕枯稭也。試埋枯稭於沃壤，而藝子粒于堉田，能使堉田所生實穎實栗乎？蓋天地無私藏，有生無不化。適化之形，無所於廕也。然而孝子慈孫所以慎修塋域，必誠必信，遠諸患害，無所不用其至者，實以孝心純篤，事死如生，遺書尚謹莊誦，遺器尚謹襲藏，况其遺體乎？根心罔極，自不容已，非因禍福，不忍誣親遺體以徼利也。

孟子曰：「且比化者，無使土親膚，於人心獨無恔乎？」夫曰化者，終於化也，未聞有所廕也。盡心恔心，無使土親膚而已，無使諸患害侵膚而已。

附八卷本所多之五條

葬埋之禮，起於其□有，此則禍福之説，疑其爲無□者設信。佛氏之怖令，蓋權教也。然彼之怖令，雖若近誣，由能□人於善，而此之□□□無理據，乃至陷人於惡。

貧家不談風水，談風水者多由富貴家，蓋貪□病愚，不揆理義，而爲機械之巧者，日得□□規利於其間，曰某穴吉、某穴凶，有昆弟□則曰發長房發次房，或偶曰一二合道，其道□間人□□具□□爲佐驗，轉相迷□□□□□不有□則思改之而不吉則又思改之□□未出□□何□□□天倫之序，傷骨肉之恩？即是盡如所求，亦爲不□□□□誕無準耶？

風水家説但言富貴，不論善惡，□富貴世所求而善惡世不辨也。然高而不危，言下□也，乃能守貴；滿而不溢，言善施也，乃能守富。禍福倚伏，天道好還，一丘之土，未足憑恃乎？

□言垂裕後昆，即子孫□□之意，此垂裕者遺體乎？遺訓乎？必遺訓也□□□□□□□本形。神者，形所自出，凡中萬物□□□□□□神也，形不能外也。六經孔□之訓□□□□□□上理會，却是風水大血脈□□□□□□□□不會及此，此可以□群疑矣。

聖人致中和，□□□□□□□□之上，一廛之室，有能外之者乎？此□□□□□□□而六經孔孟之所詳説者也。

登封縣創制學田記

登封舊無學田。隆慶戊辰，雲南李先生來掌邑教，約己率人，古訓是式。凡國家建學作士，具在令甲者，既修舉矣。又詳著格物，折衷羣儒，以探洙泗。登封士亦既彬彬然興於正學矣。有觸于中，喟然嘆曰：「吾奉命爲弟子師，弟子猶吾子弟也，安有父兄而不恤其子弟者乎？士之貧也，婚不能遂也，喪葬不能舉也，流離者未有還定安集之也。不爲之所，奚忍哉？其惟學田乎？」乃于己巳二月，創制學田，爲之倡，而邑侯鄧公亦買田繼之，立約給帖，置籍以備稽考，經畫略備矣。於是介其門人李生訒、周生三省備禮致詞，來請記曰：「公我同志也，必能諒吾心，幸爲我記之。勿令歲久寖失初意，且願因學田以示學要，垂之金石，斯世道綱常之繫，百世之澤也。」噫！愚安知學哉！且衰老不文久矣，以同志故勉爲之言。請因學田以發格物可乎？

夫「格」之爲言「通」也，通物之情，所以自通也。故曰：「致知在格物，物格而後知至。」昔田之未制也，婚者未遂，喪者未葬，流離者未還定而安集。夫婚未遂，其情睽以曠；喪未葬，其情哀以鬱；流離者未還定而安集，其情愴旅寓而悲故居。如是則情塞，情塞則機滯，機滯則物與我不相通矣。斯則吾之知有未致，而物有未格。今爲之置學立約，婚者、喪者、流離廢業者，各濟其事，通其情，而吾心不忍之知致之無不盡，此之謂通物之情，所以自通也，斯不亦物格知致矣乎！雖達之天下可也。吾獨有取於行其所不忍也。雖然，二公之意，良亦勤懇矣。時移事往，將無有指是田爲私橐計乎？將無有指是田爲需燕會乎？博施則不敷，涉嫌則誨争，慢其經界則私公混淆，是肇侵奪而啓怨疾也。豈惟寖失初意已乎？愚故因二子之請，推李君之意，發格物之旨，以諗於衆，告諸後來，使知是田也，不徒以養，亦所以爲教也。田凡百二十有七畝，蓋李先令常生秋買民田二十七畝，邑侯鄧因李生汝楫之請，復買廢寺田百畝，皆捐俸爲之。而諸生亦有自備價直之願，故其成速且易。

李蓋嘗及道林先生之門，得王、湛二老之緒。而陽明先生倡道虔臺，江以西實風教所始。鄧侯之高誼，亦自有本也。侯名南金，奉新縣人。李名明通，石屏州人。是年三月望日，洛陽西川居士尤時熙爲之記。

登封縣志序

登封志再刻矣。其始刻也，吾洛先達水南畢先生備序之，其言曰：「志之所見，王道存焉。夫昔者聖人之以天下爲一身，而未能身歷之也，於是乎有志。國志其表望，邑志其土宜，家志其用度。于其身也，志其性情，經之以風俗，理之以教化。一人元良，百司修職，而庶務興舉。夫然後能通天下于一身，通天下于一身，然後能以天下爲一身也，是王道也。故凡無關于表望，無係於土俗，無切於用度，無本於性情者俱不載。爲其無與於王道之實用，且以蕩風俗而病教化也。」

予觀登封舊志，蓋有慨於是焉。其大者襲常蹈故，無以發明其所謂王道者。而其志人物也，則又以管仲、陳勝之流參于甫、申，而兩程、司馬諸賢反畧而不載。李善之純義，混於仙釋。啓母石之誣，并于觀星測景。而亂后之辭、佞倖之作，紛列於藝文。學諭李君蓋常病之，數爲予言，適與鄧侯見符，李於是筆削舊簡，以成侯志，以屬序於予。

予惟風俗，王道之大端，而觀民省方，教化之實務也。登封本周南地，而嵩高爲地中，是周公之所定鼎也，王道莫先焉。生甫及申，于蕃于宣，王道備矣。甫申之後，何其寥寥哉！如綫之緒，明道程子實承之。曰：「有天德便可語王道，其要只在慎獨。」「獨」者非他也，性情也。慎之也者，察之也。嗚呼！此豈管仲輩所知耶？王霸之畧混于一途久矣。宜其志彼而不志此也，其奚取于志也？

或曰：《禹貢》、周職方非王道乎？其于教化也奚屬？亦何關于性情也？夫《禹貢》錫圭告成，聲教訖四海，而修守考職，無不敬戒，職方氏蓋諄諄焉，所謂既竭心思，繼之以不忍人之政者也。非察於性情之間，而有是乎？孰不由性情也？予觀鄧侯之政，行乎廉恕；李君之教，本之格物，其爲斯志也，亦各志其性情而已。王道霸術之辨，覽者當自得之。

送郡伯西林先生致仕歸烏程序〔一〕

西林翁之學，不事帖括，人服其正；其仕也，不習宦局，人服其真；其去也，飄然引年以歸，人服其高。予固愛西林之不阿，惜多士之未盡識，而猶恨西林之未能俯而就也。將率丘生岳，周生玩易、玩書，張生穆稽，李生柔及吾兒洙追送西林于遠郊，而豫爲之言，則予之不文久矣。顧西林于我，非燕遊一朝之好也，師友之義，非相譽之無辭，而規所未至之爲貴，則述平日所聞于西林者以求正，固西林之所願聞者乎？

西林不忍人過，或面折之。夫聞過則喜，孔門多賢，獨稱子路。「野哉」之斥，以遇諸子，誰堪受之？陳蔡之阨，由至愠見，而諸子乃依依不去，則夫子包荒誘掖之誠，有以固結之也。他日有曰：「吾非斯人之徒與而誰與？」情可識矣。故謂西林之意爲非正，則不可以之接引後學，此明道之所以不讓于伊川也。西林嘗以董宣强項爲浩然之氣，夫浩然之氣，集義所生，與物無競。宣雖方正，不免忿戾行之，其于本體，亦謂屈撓矣。揆之孟氏之學，尚是人我邊見，似非浩然本

〔一〕八卷本題作「敘送邵西林翁致仕歸烏程」。

旨。而西林云云，故見不合己者輒争之，争之不得，遂有滿目荆棘之嘆，此予所以猶望于西林之俯就也。且西林之意，豈以人情之薄，北土之不如南風哉？然孔子則行之矣，縫掖不以易章甫，獵較不以薄魯人，故曰「爲之兆也」。今多士聞西林果去，皆依依不忍釋，翁之心於去益顯，多士不忍之心於翁之去始戚戚動也。人情薄乎？否耶？予年四十，始知從師問學，今十餘年來矣。師違友隔，徬徨無與，有望於翁，冀翁興起多士，爲我師友。而翁復以嚴見憚，迨其將去而其幾始發。然翁已得請，不可挽矣，如吾望何！如吾望何！噫！西林之所惡，吾之所惡也；西林之所愛，吾之所愛也。今而後，苟有樂善隱惡如西林者，雖其門庭險絶，吾猶親就之。然不可必得已。西林未别，已動我思。旦夕西林去矣，其將勞我遠思哉！西林曰：「吾鄉山水清佳，多同志，子盍來游？」人將與子果有是緣，將隨西林步霅川，涉苕水，以望天真，西林其待我乎？吾始欲繪送别圖，今不能，聊繪吾情以授從者。

賀張翁百壽序

予往與方山丘先生習静孤燈山中，聞山北有韓翁焉，百有餘歲矣。乃今又聞張翁亦百歲，是何壽者之多歟？孔子曰「仁者壽」，翁殆仁者歟？又曰「仁者樂山」，翁山居，知樂山歟？又曰「仁者静」，翁其静者歟？孟子曰：「舜之居深山之中，木石與居，鹿豕與遊，其所以異于深山之野人者幾希。」解者曰：「身與野人同，心與野人異也，曷足以爲舜也？」蓋野人之心質實，舜心亦質實，舜特聰明首出焉耳。孰無聰明乎？譬之日星焉，舜則日而野人則衆星也，其光明一也，舜特首出焉耳。其淳心一也，無以異也，夫是以必得其壽。世以伎倆知識擬舜與野人，若懸絶焉，多見其耗元精而損壽考也。斯義也，吾將以表於世。今於二老之壽，竊有感焉。韓翁予未識何狀，聞之楊子仲衍、孟氏子騰曰：「張翁誠篤質樸，耕于野，不履城市，人莫知之。」噫！茲翁之所以爲壽歟？誠篤則内無以摇其精，質樸則外無所役其情，是浮氣之守，近仁之質也，皆壽徵也。翁其舜之徒與？若其藴知識，恣伎倆，徵逐如世俗，雖獲永年，亦倖壽也，異乎舜之深山野人矣。

予衰且病，不足以究斯義，姑述所聞，以復二子。其以是諗於張翁，并以諗賓客之壽翁者。

壽梁節婦序

梁母節婦陸壽届七十，二三子將舉賀。賀也者，賀其壽而節，幸其節而壽也。聞者莫不感嘆以爲異。予聞之歔欷泣然不能止，蓋深痛節義之不易云。

昔我先祖母亦陸氏，二十七而孀，節四十七而即世，撫孤茹荼，四無依倚。吾家之不頽墮由祖母，迄今未得表揚，以爲愧恨。今梁母節而壽，壽而節，既已聞諸廟廊，載在國志，植綱常而慰地下矣。宗黨戚屬，暨二三子，又雍雍濟濟，稱觴拜舞，各獻其忱。斯非獨爲陸賀也，爲梁氏賀也；非爲梁氏賀也，爲盟人賀也；非爲盟人賀也，爲國家賀也，爲萬世綱常賀也。蓋仁者必壽，至是爲益信，而非節則無以成其仁。尤可見道之無二致也，又以見人心之同，而宗黨戚屬與二三子之心猶陸昔年誓死之心也。陸亦可以自慰，而飲旨酒，錫難老矣。

予素不能文，又衰且病，無以發節壽之義，而二三子必欲予言，不擇其鄙俚，以予嘗深斯感，庶幾足以知節婦之心，不徒爲泛泛語也。乃於是直述胸臆復之，遂以爲節婦壽。

崇義表俗序

嘉靖乙丑歲饑，郡城枵腹而待賑者，日數百千人。心惻之而不能救也。翼日諫村楊子金至自孟津，余往省之。縱言及荒政，楊子慨然曰：「吾不忍鄉里之嗷嗷也，顧邑廩聞有餘粟，金亦幸有先人之蓋藏，以邑之羨，繼以吾槖，困窮庶少濟乎？」余曰：「救荒無善政，賑濟徒虛名耳，饑民計日待哺，得不償貸，多餓死。且來者填門塞户，子鄉人也，何以應之？試檢子之笥有貸券乎？今饑民固兢兢，慮子之索償也。盍取焚之，以舒其困懷，使受實惠於邑廩，斯不賑之賑矣乎。」楊子曰：「凶年焚券，示空恩也，吾行吾志。」乃於是歸而出其藏穀若干，輸之邑用，致之饑民。邑省其半，民不阻饑。次年爲丙寅，復出米若干，及春，以應糴者減其直，邑之人讙然頌之，洋溢於旁邑，曰「楊子義人也」。嗚於當道，旌其門曰義門。楊子踖然曰：「吾初不爲是也，盡吾心焉耳。」是歲風和雨時，號曰有年，楊子又曰：「吾不忍室家之頻顑也。」議焚券如往歲之約，或曰：「有年焚券，欲何濟也？」楊子曰：「不聞大收有不收之家乎，且可償而不償，庶不爲空券乎？」卒焚券若干，邑人復讙然頌之，洋溢于旁邑，曰「楊子義人也」。將詠歌以侈其事，延譽於四方。楊子固辭曰：「吾初非爲是也，盡吾心焉耳。」

于是邑庠之英李子溥、楊子一川來謁余，而述其故，且述楊子之言。余曰：「二子乃不信楊子之言乎？楊子蓋誠言也，往余與楊子議焚券時，意不使人知也，謂楊子陰騭斯民也，而人卒知之，當道表之，已失斯意矣。然猶出于上官也，非楊子所能與，不可得而辭也。楊子其以是蓋前日之譽，而篤其後福，以成務實之學。蓋君子之濟人利物也，盡吾心焉耳，固未嘗曰『是可以得名譽，爲門户光，以矜耀於鄉人』，是始義而終利也。二子其知楊子之心乎？且君子之施仁也，曰『吾猶有所未能仁也』；其行義也，曰『吾猶有所未能義也』。施薄而譽厚，斯名浮而實爽矣。吾于楊子方相期于實勝之務，而二子以此望之，不亦失楊子之初心乎！語曰：『一室煖飽，千室叢怨。』此一體之機，人病不察耳。蓋生民與我并生覆載間，非有異，而吾獨厚享豐積焉。不有惠施，哀多益寡，是貪天之禄以自封，而緣是以爲名譽，儼然受而當之，是逃利而入名也。造物且均忌之，宜楊子之不居也。乃吾又將張之以言，無所切磋於其間，其爲負知己也甚矣。」二子曰：「楊子誠不願是舉。吾二人者亦深知楊子之心，如先生之云，然鄉人則不可告語也。姑借楊子之誼，以風富而好禮者，不亦楊子之不可必辭者乎？」余曰：「爲不爲，己也；知不知，人也。毁譽之際，君子方兢兢焉，此於楊子無加損，以之風示鄉人，亦與人爲善之意歟？子是之圖，其可哉！其可哉！」乃爲之序。

東山劉先生墓表〔一〕

嗚呼！此東山先生劉公紀之墓也。往嘉靖戊午督學亢先生試新安士，考德辨業，罔不敕愼，僉推其父子學行俱優云。是予時方述所聞良知之訓，與諸友相切磋，然猶未知公父子也。又數年，孟生輩來相從，公子鈦與焉，蓋公命之也。嗚呼！世方馳騖於記誦辭章以相誇尚，聞有談及身心者，已羣然詆笑之，况敢深言之乎？乃鈦獨奮然自拔，不顧流俗毁譽，以從吾黨遊，期以究明此學。卒之友信子率，善類朋從，斯不謂豪傑士哉！非公之教，不及此。即公之學可窺矣，以是知水陽公之與進不誣也。公之没且踰年，未有表其墓者。鈦泣曰：「先人終時遺言，得先生誌以瞑，今不及已，追惟先人，知信向先生。鈦非先人教不及此。先生與鈦進，宜不忍先

〔一〕　八卷本題作「東山先生劉公墓表」。

人之泯泯也。」噫！公知學且謬知予，其樸直長厚，鄉評籍之舊矣，獨未有鳴公之知學者，因述其事，以示令子，勒諸貞珉，俾論世者信公之知學，老而不厭，并以告於冥冥。噫嘻！鬼神其亦有學乎！

純直周翁墓表

殽函之間，有隱君子焉，曰周翁。其先洛陽人，後徙新安，因家焉，遂爲新安人。翁有三子，皆力學，從予游，予以是知翁爲詳，竊慕效焉。世常謂古今人不相及，若翁者，非即古之人歟？翁孝友天植，少時從父宦游，歸寓南陽。父尋没，乃奉母氏歸新安。途次值父生辰，貧不能舉奠，拾穗易酒果，野哭之倍慟，聞者揮淚。母老失明，歸途正當炎暑，乃背負以行。母初不從，託言阻水，乃從之。前途仍豫茶湯備用，母至家得無恙。其平居侍食，竭力致甘旨。每事先意承志，或出經營，尤必丁寧内顧。凡用度雖細小，置完然後行，慮母氏之闕養也。歸期稍遲，心念之不置。近舍，遇市餅餌熱熟，即懷抱以奉母。此雖小節，亦拳拳至意云。母没，葬祭悉盡誠心，遇節序忌辰舉奠，輒泣下不能休，語子孫以「親恩難報」。蓋老而愈篤焉。性好施，雖貧，亦約己爲義。嘉靖中，有遠客張姓者，封寄一篋。張後没，原篋畀其家人，封識宛然，驗無一失。又嘗買一童僕，受直矣，見其父子泣别，惻然不忍，亟還之，舍其直。性嚴不妄交游，惟心慕丘方山之爲人，未識面也。丘有母之喪，方供役省下未歸，翁率衆往奠之。丘訪問始知是翁，泣謝之，遂爲莫逆交。丘廉直，取與不妄。一日謁選京師，親交餽贐，俱不受。翁餽一羊裘，受之。蓋非丘，翁不餽；非翁，丘不受也，可謂兩義矣。斯不足廉頑立懦矣夫？翁素甘淡泊，不喜飲酒，然遇鄉人燕會，雖不飲，亦需衆散乃歸。每日夙興夜寐，冬五鼓畢，夏平明即起，梳洗訖，端坐少頃，乃分命家人各治務。有言翁當安逸者，厲言曰：「人生固當荒惰耶？」力行節儉，器用取其堅樸，服飾尚其質素，置矮棹小凳，長少各依倫次。會食雖豆粥菜羹，必集而後舉，一人不至不歡也。其正家也，嚴内外，絶師巫，婚喪有禮，婚戒争財。其教子若孫也，授之一經，則先士行，戒貪饕；教之治生，則循本分，去機心。以是三子皆烝烝向於學，爲同志先，翁之教也。年近期頤，縣學舉鄉飲，辭不赴，曰：「鄉飲尚德，我無德，冒非其分，惡乎敢？」今上龍飛推恩，詔錫高年粟帛，給冠帶，爲壽官。翁稽首拜賜，然皇恩浩蕩，德稱其服，翁獨協輿論焉。居常，朔望節序，必謁神明，有尊也，曰：「神無私，但焚香，不祝福。」生平與人交，一飯必報，一語不欺，以争訟爲大耻，以喫虧爲日用。故邑中稱善良，有家教者必曰周翁周翁云。

嗚呼！若翁者，其可謂純直篤行之君子矣。《論語》云「主忠信」，翁殆古之忠信人與？曰「益者三友」，翁其益友與？予辱翁知愛有年矣，口耳之餘，無能有裨於翁。然直諒之德，忠信之教，私淑尚矣。兹故表而出之，俾後進者知忠信爲大道，直諒爲實德。多聞總歸直諒，大畜用以畜德。挽末俗而復古道，其在此翁與？翁諱朝，字邦泰。三子，玩易、玩書隱居行義，有光先德；庸禮，縣學生。孫崇謙，府學生。子姓振振，周氏之世德殆方興未艾云。

跋丘丞二贊 丞名鳳，新安人

今也清官，昔也清吏，秉一寸心，對越天地。

昔也清吏，今也清官，玄風雅度，愧我儒酸。

右丘丞二贊，李中丞汲泉官彭城時寄我手筆也，今十五年矣。發篋檢舊帙得焉，不覺泫然出涕。嗟乎，此可以觀丘翁，可以觀中丞矣。

中丞上友古人，旁睨一世，最慎許可，而所傾仰篤信者獨翁。曰：「吾不及見古人，若方山翁者，今之古人也。」故其言曰：「秉一寸心，對越天地。」翁之心真可對天地也。曰：「玄風雅度，愧我儒酸。」噫！此中丞之所以爲中丞也，可謂至悲矣。世之人惟不知愧，故安于汙濁而不自惜。翁方憫斯人之陷溺，而恨不能救，亦不自知爲清官、爲清吏也。世多以資格待天下士，噫！天下士豈可以資格限耶？

翁平居以古人自期待，其清修苦節，人所難堪，而翁處之終身裕如焉。非其中有真樂，何以能此？其殆浮游乎埃氛之外，又安知世之有資格耶？己之爲何資格耶？中丞未嘗輕服下人，今於翁獨愧服焉。後之重修邑志、考尋國故者，可以觀矣。

書陽明先生詩後答君可〔二〕

老師《月下吟》三首，皆真言也。因帶川君之請而敬書之。昔在北雍，每詠此輒泣下沾襟焉。乞養歸來，於今廿載，濡毫揮涕，不啻往時，轉發轉新，只此數語。所學何事，可以繹思。帶川子其有味於斯言乎？其無忘於斯言乎？

題彭母陳氏貞節

天津子來自臨武，述彭母陳氏苦節存孤事。余聞之泫然，歔欷不能語。蓋慟我祖母之苦節存孤猶是也。夫彭氏四代，後先仗一惸嫠，與吾先世畧同。而陳氏壽考康寧，與吾先祖母異，其沈埋不耀則均也。

嗚呼！元氣精英，鍾爲貞烈，天鍾之，顧厄之耶？悲夫！悲夫！然余竊謂表揚爲世道計，於其人無加損。彼貞烈者，自率其性而已，庸計其表不表耶？世降風移，率視豐約以爲幽

〔二〕八卷本題作「書陽明先生詩後與帶川子」。

明，于激勸何賴焉？余病之，故耻圖之也。天津子其有意于是乎？天津謂我曰：「子言之將爲陳氏重。」噫！余鄙人也，安足以重陳？有天津者爲之倡，其足爲重也已。

擬作會約

擬作會，擇寬敞處爲會所，設先師位。隨便植花竹，置書籍、雅樂、弓矢、投壺。會友擇同志者，不拘人數，隨宜相約。每幾日一會，至日侵晨，入會所，先謁先師，次相揖，序坐。取書史内可以警發人者數段，令聲朗者誦一過，皆肅聽，畢，起再揖，却任意行坐，或歌詩，或鼓琴，或投壺，或射箭，或講論書史，或静坐，興到爲之，各從其便。如近山水，乘興游衍，隨事切磋，務在相成相下，物我一體。若曾點之攜童冠，樊遲之從舞雩，使此心活潑，生意油然。將晚，仍拜先師，相揖，序坐，聽誦書史如晨儀，乃散歸。如未及會期，或遇有難遣之情，及事有處不去者，即赴會所。或但約相近一二人，相與講解消遣，務期融釋。會不厭數，事惟從儉。

一每會一日兩飯，不用酒肉。蔬盤菜羹，隨意任便。但取足用，深戒奢靡，一則養心，一則可久。

一茶飯：或輪管，或共置。會田募人耕之，有力出分，無力則否。

一作樂：雅樂任作，俗樂盡屏。

一歌詩：貴和平，主於養心。近齋云：「聲由中出，中有物否？此等處工夫甚精細。」

一投壺、射箭：執事敬，去勝心。近齋云：「古人琴瑟簡編，莫非洗心之具。投壺、射箭，皆須忘我。步、立、作、止，莫非太虚之體。習之既熟，然後得空空無知，隨感隨應隨化也。」

一講論：虚心觀理，勿牽文義。近齋云：「講論牽文義，守成心，最大病，欲求日新，必不可得。」

一静坐：息思慮，勿執著。近齋云：「息思慮只要知起落，不起則息矣。若以息爲功，愈見起滅之無端也。蓋以息爲功，則欲息念之一欲自成紛擾矣。」

一游山：對時洗心，勿貪光景。近齋云：「光景美惡皆是火候，煆煉此心，試其好惡，取舍移换，始終不貳，是何如也？」

議會飲約〔二〕丙寅

載觀柏翁之約已善矣，方布散間，一友笑且嘆曰：「此亦非常人家所能辦也。」予無以應，竊惟此只具柬酒席耳。若邂逅相遇，坐談稍久，量爲供具，則當隨見在有無薄厚爲之。若更知己，即一菜一粥亦可對餐也。記得嘉靖初年時，奏淮房屋、衣履、燕會皆有品式，曾見頒行刻本，燕

〔二〕八卷本題作「議會飲柬」。

會有「團桌聚坐」之文，視此獨桌之坐爲奢矣，不知何謂酒席。今不知何處有此本，幸訪觀之。

少時曾見婚嫁筵席，一桌兩客，殽只三湯五割一餅一飯，酒止數巡，樂惟鼓笛。巳刻即席，及午而罷。客散，有後坐留至親者，席亦不侈，時亦不多，前輩質儉之風可想也。今席奢僭已甚，以苦爲樂，莫知所止，三湯五割之俗迥不可挽。爲之節制，賢者之責也。翁云不在此約，蓋亦漸次接引，使歸質儉。姑爲之兆，欲觀者自得焉耳。隨宜節省，蓋翁之微意云，因友人之議謾及此，無乃更迂乎？敢質諸同志者。

議鄉約〔一〕答孟津諸生，丙寅

承惠《警心要語》，讀之心動，真可自警。第幅數過多，費諸賢紙張也。并柏翁約，當與親友共之，兹附謝。寄來鄉約，明白可行，中間僭擬一二節，請與柏翁裁之，隨宜斟酌，不隨不泥，務在節約忍讓，躬行以率之也。外《鄉約》原三本，兹又得兩本，并奉看，暇中酌取之，務中肯綮，聞者感動，乃爲佳耳。昨帶川令寫老師《月下吟》及《勉學詩》，同附。手拙眼花，不足較也。録善紀過，姑具儀節，且莫舉行，此須官府爲之，不爾恐起争無益。大抵約之本意，啓其良心是第一

〔一〕八卷本題作「答孟津諸生議鄉約」。

義。隨事逐時勸化之，不在一時也。若必紀録，似太明，恐反致扞格〔二〕。全在躬行率之，不言而信。社日出分亦須量力，鄉約本意，不分貧富，若貧不能舉分，須另有處，如何？同會吉凶事，吉只一拜，凶只一弔，送不必具禮，此爲正約。其中更量情分親疏，隨意自行，亦須從儉，革去往時奢靡俗套。此二項行久，須另有公處，全在得人。

〔二〕「扞格」，八卷本作「捍挌」。

卷六　紀聞

人師難逢，高山仰止，尊聞所以懷刑也。吾懼昔聞之易湮也，故記之。凡三十一條，録十九條。

近齋朱先生說：「陽明老師始教人存天理，去人欲。他日謂門人曰：『何謂天理？』門人請問，師曰：『心之良知是也。』他日又曰：『何謂良知？』門人請問，師曰：『是非之心是也。』」

近齋自言得之親聞老師云：「諸友皆數千里外來此，人皆謂我有益於朋友。我自覺我取朋友之益爲多。」又云：「我全得朋友聚講，所以此中日覺精明，若一二日無朋友志氣，便覺自滿，便覺怠惰之習復生。」

近齋說：「老師嘗云：『學者須有個嘉善而矜不能的心。』又云：『須是遯世無悶，不見是而無悶。』」

近齋說：「老師逢人便與講學，時〔一〕人疑之。老師嘆曰：『我如今譬如一個食館相似，有客

〔一〕「時」，八卷本作「門」。

過此，喫與不喫，都讓他一口，當有喫者。』」

近齋說：「老師尹盧陵時，盧陵舊俗健訟。老師作兩櫃，鎖封之，竅其蓋，令可受投書。題其上，一曰『願聞己過』，一曰『願聞民隱』。夜置衙前，旦則收視。其於己過，有則改之，無則加勉。其於民隱，詳察而慎圖之。數月，盧陵無訟。甘泉先生嘗曰：『陽明〔二〕子卧治盧陵。』」

近齋說：「老師在南都時，有私怨老師者，誣奏師，極其醜詆。老師始見其疏草，頗怒，即自省曰：『此不得放過。』即掩卷自反自抑。俟心平氣和，再展看，又怒，又掩卷自反自抑。直待心平氣和如常時，視彼詆誣，真如飄風浮靄，畧無芥蒂怨尤。是後雖有大毁謗、大利害，皆不爲動。老師嘗告學者曰：『君子之學務求在己而已，毁譽榮辱之來，非惟不以動其心，且資之以爲切磋砥礪之地。故君子無入而不自得，正以無入而非學也。』」

近齋說：「老師每與門人游山，童冠雲從。遇佳勝處，師盤坐，冠者列坐左右。或鳴琴，或歌詩，或質疑。童子在後，俯伏潛聽，真機活潑，藹然『吾與點也』之意。」

近齋說：「老師喪自兩廣歸，護送武職說：『老師不自用，善用人。人有一分才，也用了，再

〔二〕「陽明」，原作「楊」，據八卷本改。

不錯，故所向成功。』」

一日因論「巧言令色鮮矣仁」，近齋曰：「昔侍坐先師，一友自言：『近覺自家工夫不濟，無奈人欲間斷天理何？』師曰：『若用汝言，工夫儘好了，如何説不濟？我只怕你是天理間斷人欲耳。』其友茫然自失。觀此，可以知巧言令色者，於理欲分數多寡之幾，即知『鮮』之爲義，非轉語也。」

世傳〔一〕老師前知。熙嘗舉問晴川先生，先生曰：「某侍教時不曾聞老師説起。」他日問近齋，近齋曰：「老師只是知幾。」

黄德良曾説：「老師學問，初亦未成片段。因從遊者衆，夾持起，歇不得，所以成就如此。」後舉問晴川先生，先生曰：「也是如此，朋友之益最大。」

予昔官國學，一日同鄉許虢田過訪。虢田者，函谷先生冢嗣也，謂我曰：「聞君講陽明之學。」予未有對。虢田曰：「陽明與先人在同年中最厚，且同志，後相别數年。及再會，先人舉舊學相證，陽明不言，但微笑，良久曰：『吾輩此時只説自家話罷，還翻那舊本子作甚？』蓋先人之學本六經，陽明則否。」予生也晚，不能獲及二老之門，但記虢田語如此。今三十餘年矣，繹思良

〔一〕八卷本「傳」字下有「陽明」二字。

知之訓，固本六經也，安得起號田爲先容，就正二老乎？

熙始見晴川師，問爲學之要。師曰：「在立誠。」近齋註云：「誠無可立，但勿自欺，則誠者固有者也。」

近齋解格物之『格』，與老師之説大指不殊，而字説稍異。予問：「曾就正老師否？」近齋嘆曰：「此終天之恨也，未及就正。」

近齋曰：「精粗一理，精上用工。」他日舉似，則曰：「本無精粗。」

訥谿説：「東廓先生講學京師，有一士人誚之曰：『今之講學者皆服堯舜之服，誦堯舜之言，行桀之行者也。』先生曰：『然。服堯之服，誦堯之言，行桀之行者，容有之。未聞服桀之服，誦桀之言，而行堯之行者也。如欲得行堯之行者，須於服堯之服，誦堯之言者求之。且不服堯之服，誦堯之言，又惡在其行堯之行也。』士人謝服。」

訥谿説：「先年本〔一〕朝因吴疎山奏，禁約天下來朝官與京官交贄往來，京師肅然。予聞之甚喜，晴川亦稱善，獨斛山不可。問之，曰：『是必使京師道路以目乃可耳，此非盛世事。凡賄賂多由公道不行，上下不通，然後賄賂興焉。或求顯榮，或求免罪謗耳。設使來朝之官員，朝廷

〔一〕「本」，八卷本作「大」。

不問大小，俱得不時召見，假以辭色，問民疾苦，使得盡所欲言；宰執部院不問官之大小，俱許不時請見，盡所欲言，問民疾苦。有可興革，即與施行，上下情通，洞然無疑，賄賂何爲？將不禁自息矣。夫人情孰無親識故舊？三年久闊，冀得一朝相見。今因時禁，一不相通，如在異域，如遇讎敵，不敢相認，此豈盛世事耶？且朝覲之本意謂何？不彼之建議，而此之禁約，抑末矣。』予與晴川俱嘆不及。」訥谿之言如此。方疎山建白時，熙官國子監，親識來朝者，果不相通，亦以爲善。既而聞之，要路交贄，先期暗通如往年不少減。方恨法令不密，常思所以禁絶之術而不得。今聞斛山語，豁然釋疑，始知先王之政與我國家朝覲之本意，有深可繹思者矣。

予一日訪何吉陽，王雲野及數友在坐。吉陽設飯，予因請益，諸友各有論説。予未契，曰：「諸兄言良有見，但於予心尚覺鶻突，不舒暢。」吉陽曰：「此是吾兄心中自不舒暢，不干諸兄事。」因謂雲野曰：「雲野歌詩。」雲野遂歌少陵、白沙七言律各一章，爲陽明先生調。予時忽覺身心洞然，真有萬物一體之意，向來問答，豁然無影響矣。乃知歌詩於學更是直截，不涉階級，愧未能緝熙耳。

楊柏崖爲大名府滑縣令。大名六屬，滑稱多訟焉。令不能理，多赴訴於守，守厭苦之，不能禁。柏崖之任，到府見守，稱新令。守曰：「汝滑縣新知縣耶？府豈無事，專爲滑縣理詞？觀汝亦好相貌，能使訟者不來擾我，即好知縣矣。」柏崖到縣，見寫狀人數十，案兩行，列衙前如市，召見，謂之曰：「縣設爲民，民有屈抑，應訴縣，不能自具狀，許〔一〕求汝代，此亦法所得爲。豈無處所？何得公然據案列衙前，不避官府耶？姑貸汝去，自擇方便，勿更列坐衙前。」乃出告示曰：「吾爲汝民父母，汝有屈抑，無問事小大，且勿赴上司，但來告我，爲汝分理。如未伏，再具狀述前由，再爲汝分理，不執前斷。又未伏，又具狀來，爲汝分理，如是三告三理，吾聰明已竭，心已盡。汝猶未伏，則聽汝赴訴於上司，吾亦不汝禁。但未來告我，未經屢斷，遽爾越訴，是妄民也，吾將罪汝。且好訟費財破家，汝其自擇」行之。一月，訟稍減息。他日有事，之府見守，守望見笑曰：「好知縣，好知縣。今月餘，滑民一無訟者，汝嚴禁之耶？有他道耶？」柏崖對曰：「某無他，只以民事爲己事，不敢不用心耳。」因述其故，守喟然嘆服，大稱善。

附八卷本所多之十二條

晴川先生説：「一日有數友在書院投壺，老師過，聞之，呼曰：『休離了根。』」

晴川先生説：「老師轉人輕快，嘗有一友自家鄉來，因舉與人争訟事，問是否。師曰：『待汝數日後心平氣和時來與汝説。』後數日，此友來見曰：『弟子此時心平氣和，願賜教。』師曰：『既是心平氣和了，又教什麽？』」

〔一〕「許」，八卷本作「須」。

訥谿周先生説：「老師一日早起看天，欲有所事，即自覺曰：『人方望雨，我乃欲天晴耶？』其自省如此。」

昔會郭三華，問陽明先生言動氣象，三華曰：「只是常人。」後舉問晴川先生，先生曰：「不是常人是甚麽？」

李脈全説：「與晴川先生在鈞州處同僚一年，未嘗見其急顔遽色。」

鄉人飲酒，有客行令，下座飲，上座唱曲。令到晴川先生，先生歌詩。

訥谿謂西林邵司訓曰：「先生憤士之不率教乎？譬諸津濟，遊人諠渡，則長年三老艤舟受直，擇可而載。若野岸舟横，客行不顧，則招招舟子，豈容自已？凡教倦即是學厭。」

王雲野説：「老師教人，只要良知出頭。」

一日與近齋先生夜坐，予曰：「由先生説，没有甚麽。」近齋曰：「没有甚麽呀？」

一日，尚論白沙先生，雲野説：「老師曾説，譬如這一椀飯，他人是不曾喫，白沙先生是曾喫來，只是不曾喫了。」

嘉靖初年，河南巡撫蔣公瑶移文河南府，舉晦菴劉相公父教諭公某暨靈寶許□毅公□同入祀鄉賢祠，且致書晦翁。翁謂來使曰：「爲代謝蔣先生，感承厚意□□念及先父。先父存日亦不敢爲惡，只此鄉賢祠裏有程、邵諸老□，先父如何敢坐？不可不可。此是朝廷公典。若許某，却入得。」公訖爲父辭，許獨得入祀。

此實録也。前輩質直，無别號，間有亦不稱，行輩相呼直以字，達事□稱名。劉翁名許，無惑也。予昔正德戊寅入府學爲諸生，同入者多無字，但稱名。近五七年，字號間行，今則遍地稱號矣。後生於長者前舉其行輩，亦稱號，甚或忘其姓名，可怪也。起於勝心，成於疑忌，相欺相媚，習以爲俗，豈不心勞？莫能自喻。然後知還淳返樸真對症之藥也。噫！

近齋云：「得之三年前悟知止爲徹底，爲聖功之準。近六月中，因病卧，忽覺前輩言『過』、『不及』與『中』，皆是汗漫之言，必須知分之所在，然後可以考其過、不及與中之所在，爲其分之所當爲。中也，無爲也。不當爲而爲者，便是過，便是有爲。至於當爲而不爲，便是不及，便是有爲。此三教宗師皆曰『無爲』，而『分』之一字未曾提出，是以後學取中處没巴鼻，而不免於過與不及，而多費辨析也。」

續録

「我非生而知之者，好古，敏以求之者也。」知，良知也，赤子之心，天聰明也。惟是良知，生天生地，莫爲之先，强名曰古，實吾性也。萬物皆備，不假外求。無失無復，是爲生知；失而後復，是爲學知。「民之秉彝，好是懿德」，復斯好矣。敏求者，省察克治，惟日孜孜，克此好，保此知。孔子自言：「我生未能無失，敢云生知？失而後復，常加敏求之功，庶幾不失赤子之初也。二三子亦是之敏求焉耳，豈以生知擬我，而謂吾有隱於爾乎？」

《周禮》「王日一舉」：「膳夫授祭」，思稼穡之艱難也；「品嘗食，王乃食」，禁褻味，防饕餮也；「以樂侑食」，化饕餮也。蓋和其未融之意，而啓其油然之心。予因聞王雲野之歌而悟此。〔一〕

「不得于言」，行有不得不合於人也。「勿求于心」，意見先定，以變俗爲心，必欲人之從己，不顧人情之合不合，土俗之宜不宜也。「不得於心」，隱之於心，不〔二〕安也。「勿求於氣」，意見先

〔一〕此條亦收於孟化鯉輯《擬學小記續録》，見後。

〔二〕八卷本「不」字上有「有」字。

定，以變化氣質爲解，不顧心之安不安，氣之順不順也。告子謂人性無〔一〕義，而謂義爲外。故如此見解，亦以戰國習俗日趨於惡，故爲是矯枉之論，如荀子性惡之説，欲學者善反之也。定本之誤，由於意見，成心不化，若不動然。然告子自是有根器，有力量，肯向學，非如後人之悠悠者，徒以學術不明，故有此弊。然其中心必有不帖然處，既聞孟子之言，後來改悔，亦未可知，惜無有記載之者。

「忠信」「修辭」二句，上是主意，下是工夫。修辭兼言行業者，性分之有事也，「居」猶居守之居，守而不移之意。「立誠」，主忠信也。君子食無求飽，居無求安，敏事慎言，就正有道，此謂修辭立誠，所以居業，固所以進德也。居業者進德之實地。

《易·繫》謂「包犧氏始作八卦，通神明之德，類萬物之情」，蓋聖人只是以不忍人之心，行不忍人之政。神明云者，即吾之良知，其德好生。通之也者，達之也。何以達之？類萬物之情而已。物各有情，各以其類，物各付物，則吾好生之德達於萬物矣。八卦所陳，萬物之大凡也。

自「惟辟玉食」之論興，而「禹無間然」之言廢。自傳食諸侯之風盛，而「賢哉回也」之道孤。自三代之禮，至周大備，出大儒手筆，而世儒至以《尚書》爲樸學，而謂夏商之禮爲未備，遂使中

〔一〕八卷本「無」字下有「仁」字。

正之名實混淆，而厭古樂俗者恒藉口以便己私。

與吕文川

衛涯語皆真切，蓋是着實用功者，非泛然口耳可到，讀之覺此心收斂，即衛涯可知矣。但似尚在奇特處計程責效，節次稍繁，覺工夫微苦耳。格物説本陽明老師，足藥外馳支離之病，然竊疑《大學》本義，只就人情淺近處説，此意自在其中。蓋道理無淺深，一真一切真也，着意精微，易生意見。向曾請教《格物臆説》及《格訓通解》，并《小記·大學》諸條，不知衛涯以爲何如？均請轉達裁正。

擬學小記續録

〔明〕尤時熙 撰　〔明〕孟化鯉 輯

明史本傳

孟化鯉，字叔龍，河南新安人。孟秋，字子成，茌平人。化鯉年十六，慨然以聖賢自期。而秋兒時受《詩》，至《桑中》諸篇輒棄去，不竟讀。化鯉舉萬曆八年進士，授户部主事。時相欲招致之，辭不往。榷税河西務，與諸生講學，河西人尸祝之。南畿、山東大饑，奉命往賑，全活多。改吏部，歷文選郎中，佐尚書孫鑨黜陟，名籍甚。時内閣權重，每銓除必先白，化鯉獨否，中官請託復不應，以故多不悦。都給事中張棟先以建言削籍，化鯉奏起之，忤旨，奪堂官俸，謫化鯉及員外郎項復宏、主事姜仲軾雜職。閣臣疏救，命以原品調外。頃之，言官復交章救，帝益怒，奪言官俸，斥化鯉等爲民。既歸，築書院川上，與學者講習不輟，四方從游者恒數百人。久之卒。

秋舉隆慶五年進士。爲昌黎知縣，有善政。遷大理評事，去之日，老稚載道泣留。以職方員外郎督視山海關。關政久弛，奸人出入自擅，秋禁之嚴，中流言，萬曆九年京察坐貶歸，塗與妻孥共駕一牛車，道旁觀者咸歎息。許孚遠嘗過張秋，造其廬，見茆屋數椽，書史狼籍其中，歎曰：「孟我疆風味，大江以南未有也。」我疆者，秋别號也。後起官刑部主事，歷尚寶丞、少卿，卒。秋既殁，廷臣爲請謚者章數十上。天啓初，賜謚清憲。

化鯉自貢入太學，即與秋道義相勗，後爲吏部郎，而秋官尚寶，比舍居，食飲起居無弗共者，時人稱「二孟」。化鯉之學得之洛陽尤時熙，而秋受業於邑人張後覺。時熙師曰劉魁，後覺則顔鑰、徐樾弟子也。

擬學小記續録引

吾師西川先生《擬學小記》，鯉自嘉靖乙丑晉謁初，即請而手鈔之，是後凡切磋於友朋，授受於門人者，隨得隨録，藏在私篋久矣。隆慶庚午，洛中諸君子遵先生擬約，作會城南。質問間得睹此書，慮手鈔不及也，相與捐分刻梓，爲卷凡八。又今所傳六卷，則表兄李伯生氏別爲編次，梁君可氏刻諸關中者也。據鯉私篋所藏先生稿尚多，兩刻僅得其半。曩欲合并爲全書，先生不可，鯉唯唯而退。鯉居常莊誦師訓，開我茅塞，砭我沈痼，中心感動，勃不可遏，真若一一爲鯉設者，無論長篇，即一二三言，讀之如洪鐘，鏗鏘閎遠，震撞我心，則長篇感動可知也。蓋先生一體之念懇切，有觸而發，皆懇切語。鯉所以讀之如洪鐘震撞然者，懇切之感也。

邇檢未刻稿，深惟散逸是懼，乃倣舊刻篇名，別爲一編，經疑、餘言、雜著、紀聞各一卷，質疑二卷，劉伯舉氏及鯉私録一卷附末，共七卷，僭題曰續録，用別關洛兩刻本云。萬曆乙亥上元日門人新安孟化鯉識。

卷一　經疑　十三條

「知止」即所止皆良知也，工夫、本體一而已矣。

「格物」之「格」義兼「通」、「則」、「正」、「至」，然字説正訓只是格式之義。後面「絜矩」，「矩」字即「格」字義，有天然之格式。格物之格，天則也，而「通」、「至」、「正」之義，亦在其中矣。

物各合其天則乃止。不合天則，心自不安，不安不止，只因逐物。致知者，行其所知也。良知萬物皆備，故行所知曰「致知」。致，至也，盡其全體之謂。良知自是天則，故行所知曰「格物」。格，則也。行必有事，故曰「物」，好惡是也。萬事不外人情，只是好惡，格物者，致知之實地。

孟子曰：「故有物必有則，民之秉彝也，故好是懿德。」又曰：「凡有四端于我者，知皆擴而充之矣。苟能充之，足以保四海。」此格物致知之訓疏也。

「舉而不能先，命也。」「命，命德也。「退而不能遠，過也。」過，疑「逐」字之誤，草書相似也。鮮能知味，只是冥行，故曰「道其不行矣夫」。

道曰「達道」，德曰「達德」，孝曰「達孝」，總是平常，故曰「中庸」。

述而不作，順天則，不敢作聰明也，古之人皆然。春秋之世，智巧成俗，信而好者鮮矣。當時克由此道者，惟老彭耳。此夫子所爲欲自附也，警世之意至矣。

志不終者如冉有，無爲有者如師、賜。

文之以禮樂者，禮主退讓，樂主和同。文之以禮樂，去其自恃，而和其意氣。相取相下，各盡其長，如手足耳目之相爲用。内以成德，外以成務，其非人之成者乎？矯其質而和之，故曰「文」，義理無窮，故曰「亦」。

學如不及，猶恐失之，况悠悠者乎？

「君子義以爲質」一章，類有子之言。

《周禮》「王日一舉」：「膳夫授祭」，思稼穡之艱難也；「品嘗食，王乃食」，禁褻味，防饕餮也；「以樂侑食」，化饕餮也。蓋和其未融之意，而啓其油然之心，予因聞王雲野之歌而悟此。「饕餮」贅言，饕，貪也，貪食曰餮，字皆從食。凡貪起於食，食貪則無不貪矣。禮以制貪，始諸飲食。孟子謂：「飲食之人則人賤之，爲其養小而失大也。」王者修己以敬，易事難悦，不忍以一飲一食忘心之疾。侍御僕從，罔非正人，亦不忍以一飲一食忘君之疾也。蓋養德養身，莫切于飲食，而古人之學特嚴於滋味。《記》謂：「食毋絮羹，飲不至醉。」堯尚藜羹，禹惡旨酒，孔變色于盛饌，顏樂志於簞瓢。古之聖賢靡不致儉致嚴，於是誠慮夫褻味之誘貪，懼口腹之害性也。意有未融，樂以和之，未融由于積習，和之以樂，所以化之也。至音入耳，積習頓消，身心洞然，萬物一體，飽乎仁義，不願膏粱矣。蓋口體之奉薄，則性靈之契深；民胞之仁重，自物與之愛切。邇之事父，遠之事君，始於家邦，終於海宇，行乎一時，關諸百世。節食故常足食，公愛斯能博愛，用恤人窮，用全物命，用復古始，用滋化元，此先王以樂化食之要道也。

卷二　餘言

按雲浦序云,「邇檢未刻稿,深惟散逸是懼,乃放舊刻篇目,别爲一編。經疑、餘言、雜著、紀聞各一卷,質疑二卷,劉伯舉氏及鯉私録一卷附末,共七卷。」兹據所録本較孟所續多二卷,乃後人附録成帙也,存之以備參考。

古人心不逐物,故臨事無遺,所過者化也。

千事萬事在面前,亦須了。一件過,了一件。差處只是精神不完,照不見只由心不在一處。

不獨自表暴爲好名。雖爲師友伸辨是非,亦是好名。若事有關涉,則不容默默。

讓古人是無志,不讓眼前人是好勝。

人有所長,己有所短。惟好學則時時見之。

「義理之怒不可無」,此言誤人,只有處置,不當動氣。

君子與人處只是直心,不逆詐,不億不信。嘗試與人交,每有逆詐億不信之心,又自以爲德,曰:「彼雖如是,吾盡吾心耳。」及再相見,彼初無意,皆是吾心渣滓,乃知「不逆」二句即是工夫。

道理是活的,古今是一片。古人是過去的我,我是見生的古人,只是一片,是無生死的。故古人動心之言，有裨於我。古人言語必有爲而發，雖無上事之言，亦有爲也。起念處必有故，不然則不言矣。今看古人之言，亦須吾心有故，而後相入。尋常海漫，讀過講過，只是閒話，此弊久矣。

爲學若無主意，易至詭隨，但須忘我。若有能解吾惑者，即舍己從之，人我一也。我見原非我有，他見即是我見，若能相解，舍我彼從，彼亦我矣。

凡看古今論學之語，意非言盡。如明鏡止水之喻儘親切，然鏡之與塵，水之與土，猶爲二物。人欲、天理本無二體。無形之道非有形者可况也，會其意可也。若執溺語言，反失其意。

人不己知，不必趨向之異。趨向雖同，意見稍疎，亦不相知。意見同矣，臨時對景，情事或異，猶不相知。古之君子，相信以道，相知以心，處己只是不愠，其於人也，不疑不億。

避嫌是好名之心，亦有當避嫌者，事重於避嫌故也。

己私思着去克，徒使憧憧往來。只在事上改，是實地。若在念動處一覺即改，是變化氣質之實功。

古時人人打坐，人人喫素。古人機智少，故事亦少。每日除仰事俯育外，大家只是閒坐。未嘗離根，不言歸根，機息氣静，少取給於飲食，故味薄食少以爲常。

《書》稱「艱食鮮食」，世傳茹毛飲血衣皮。竊意「艱食」者，草木暢茂，禽獸逼人，取給於草木則畏禽獸龍蛇，又不識草木之性，時或遇毒，故神農爲嘗百草，教之解毒。且野生草木多葉少實，又不知烹飪，故但鮮食之。後后稷出，始擇其可常食者，教民耕種耘穫，民始粒食。古人機静，不應日日食肉不病，且草木易取而禽獸難搏。水泉自可飲，何用飲血？書傳此類皆可疑。

人欲即是天理，過則惡。故謂惡爲過，不過則善。孔子之學，「從心所欲不踰矩」，不過也。聖人雖亦有名利色之心，但寂然不動，非其時、非其義不動，故雖動而未嘗動也。故能受謗毁，甘貧困，處孤獨，雖終身無憾，所性不存也。

爲學之方，或高或下，聖人都説了。猶有未能領會者，不得已指個方所，使有持循。又恐人錯認，乃寓之口授，非有秘惜也。後世遂有「泄天機之戒」種種謬妄焉。

修養本是變化氣質，却病延年乃其餘事。今所傳變幻出神等語，皆失古人之意，起於私己一念，只是世俗心。

物物相爲用，合宜則相益，過則相損。

養生者，不外飲食而有節。養性者，不黜聞見而不溺。

穢惡譬之毒藥，善祥譬之膏粱。

過峻之藥，可以治病，用多則耗氣傷生。過激之行，可以起懦，執之則害情滅性。淫聲美色，紛華奢縱，則蝮鴆之類耳。

後世之學，只是聞見，雖極近裏着己，只是意見，都屬放心。七情，聖人常人一般，只濃淡之間耳。常人紛然，君子淡然，聖人寂然。

古無立教之名，人人皆知學。於人物有所感觸起發，因而改過進德，即是教。教者無意無爲，我取之以自爲耳。後世嗜欲多，不肯學，門路漸差，須聖人立法以率之。

古教是人倫日用，只是教養。今教只記誦辭章，其用智巧。智巧成風，聖人不得已，取古人故事及言論來管束，培養人心。後世遂附益之，開義外之門。立格式，置品題，教人作僞。

聖人删述六經，是答應眼前人事立教然矣。「垂世」之云猶可疑，建立功業，學之餘事。以建立功業爲學，却是逐物。

據今所傳，孔門弟子雖從夫子，得夫子之意者亦少，皆着在事上，常有「不知吾」之嘆。故孔子以「知爾」啓之，惟曾點得夫子之意。故夫子嘆許之，警教三子者至矣。

子路終身着在事上，雖死亦然，故夫子以爲不知德。

不達於政，只爲心不和平。不通人事，任血氣，拘古法，皆逆人情，不可行。然今所謂通人事，乃是智巧，是名利心。

今所謂能幹事者，是會幹個名利。不幹事者，是幹不來，其心未忘。都是名利。

處處是學，仕亦學也。中人學問，須先立基。大學是終身事，終身只是學，只是存心養性。今教法久廢，故先賢教人静坐以補前缺，亦是立基之意。

心有所著即是放，孔子聞《韶》，三月不知肉味，亦是著在樂上。故自悔曰：「不圖爲樂之至於斯也」，與發憤忘食之意不同。

夫子創始講學，未有常師，徧歷迂曲，始即康坦，故七十始從心不踰矩。顔服孔教，驀直走去，故三十前後即見卓爾，「三月不違仁」。不違仁，已能過化了，使其不死，尚未可測。

祭祀變食遷坐，固是精專，亦是有事幹。宗廟之事，諸事雖各有司存，亦須主人在，方得虔恪，須别有處所，故曰遷坐。變食者，古人非燕饗不御酒肉，祭祀則停燕饗，故曰變食。

孔子初時雖在心上用功，尚或流於意見。故有終日終夜之思。後覺無益，乃曰不如學也。學只是復性，故其言曰：「天下何思何慮。」

孔門論學，專言求仁，是夫子始拈出，是知痛知癢之學。後世之學分理氣，以仁屬理，痛癢不相關矣。

孔門弟子問政，多是在其位故問，不然則於時事有所感觸而問也。若平居預先講求，即是出位之思，非孔門學問。諸子容有不在其位而謀其政者，夫子不欲直拒之，其告必歸重於治身。雖答在位者，亦只是治身，仕即學也。

心之官則思，思者提惺本心之謂，非有所思也。無思則心存，而常了了，是真思也。故曰「睿得者復其本來也」，此之謂「先立其大也」，而耳目之官，皆得其職矣，則天下無事。

夜以繼日之思，是去意見以復本原。三王之道，皆自本原發出，有所不合，多是意見。夜以繼日，勤且力也。契吾本原，故曰得之以爲至幸，喜而不寐也。周公好學可想矣。

中心爲忠，無思無爲，心之本體。如心爲恕，如其本體之心則爲恕。人雖在人欲中，其心必有所不安，這是「己所不欲」，這不欲即是本體之心。「勿施於人」，不見之於行也。行必有事，事必因人，雖一念之發，亦必有因。人者萬物之大分也，講學是人事，故以人總萬物，不以其所不欲者見之於行，則能如其心矣。仁在是，誠在是，樂在是，萬物備矣。終身可行，故曰一貫違道不遠。

「施諸己而不願，亦無施於人」，雖指人情是非利害言，實皆吾心性之發用。人情即是天理，是非利害，聖人見其精，常人見其粗。精則該粗，粗則遺精。若如常説，則是君子有所不欲不願矣，便是恕尤，豈得爲恕？

教衰學廢，天下之人資藉聞見，支吾彌逢以爲酬酢久矣。於義未精也，義精須自吾心慊處安身。

君子論事，亦或引古者，因人久溺聞見，欲其聽從，須有證據始得，非其見不足以自發明也。

佛老説世變件件是，只是其徒有翛然之意。聖人不忍，見有機微，便思宛轉之，隨俗處皆是不得已。今却在這上立脚，以爲當然，是隨俗流蕩也。

仁義至春秋戰國大壞，老、莊、列子直闢之。孔孟乃就其中指個真仁義出來。然流傳亦各有弊，不可以相非也。

天理上用功人，初念多是天理，少間即有人欲。世俗人在人欲中，初念多是人欲，然心中自不安，却是天理，是第二念，少間人欲復合。故曰：「再斯可矣。」三則私意起而反惑。

以聞見爲學，故每以言語得失輕重前人，而替所尊信者争門户。孔子曰「何思何慮」，曰「無知也」。然昏昧者亦曰無知，故於《大學》「致知」指其惺惺者言之。然又有以習心所知爲知者，故《孟子》云「良知」，良者，「何思何慮」之謂。皆因時救弊之言，會其意可矣。世所講求，多是習知。

未悉人言而輒伸己意，此學者痛病。此病在未悉輒伸之間，不在議論是否處。

「存心養性以事天」，此「天」字却是主中。主祀天之禮，皆其條件也。

孔子謂《武》未盡善，固是不滿《武》，然亦但以武王所處不如虞舜、文王耳，非謂其有私心也。至東坡著論，若謂武王有私意者。凡蘇子之所譏，蘇子之所不爲也。蘇子之所不爲，而謂武王爲之乎？意當時理勢必有不得不然者，文王而在，或另有處，然其止亂安民之心則一而已矣。

孔孟之論則同，其止亂之意則同。

前輩有謂：「武王克商，當立微子而輔之。」武王、周公之聖賢，豈不知此？顧天命去商歸周已久，武、周安得而强之？此即益、伊尹、周公不有天下之意。前輩之論，其意雖美，然而不可行也。

三仁、文、武，其道實同，皆止亂安民之意。不應夷齊之仁乃有異説，豈清者之見固如是耶？武王當事，夷齊不當其事耶？抑當時或有精微之義進説武王，如孔子所謂「未盡善者」而詭傳之耶？又或本無是事，而後世賢者寓言警世，如傳奇之類，傳久遂以爲真耶？學者但當究心陽明先生「規矩尺度」之誨，此類皆不必懸斷而預擬矣。

天道好生，征伐終非美事，聖人不得已而用之。故成湯有慚德，而周公作詩多稱文王。孔子雖不非湯、武，然不以爲美談也。

太極天也，是生兩儀。兩儀一也，今指輕清之象爲天，然天之諸象皆地之精曜也。謂輕清之象爲覆幬者，亦以其象言之耳。後人遂謂天爲團蓋，日月如磨蟻，若謂天有實體者，不知太虚無形，兩儀之輕清者特象耳，非有實體也。日月星宿，行度有遲速，無順逆。疾者先，遲者後，先若順，後若逆。後人特以星宿躔次推驗之，實未嘗見天也。謂天有實體者，由兩儀之説而失其意者也。

日紀晝夜，月紀晦朔，星紀四時。「星」字從日從生，日所□□不言月生，統於日也。

卷三　質疑上

上晴川劉師 庚戌

賜下東廓先生教語，讀之不逆於心，反之未有諸己。如病遇明醫，勃有生意，又如行者疑路，忽逢識路之人，豈惟不逆於心，蓋實敬之如神明矣。

自丁未辭師回家，曾因李三府省菴先生托張鷟山道長奉門下，後得李汲泉寄師教言。其時先姜母、王母相繼棄孤，兩月之内，迭遭大變，賤疾日進，遂不能出門。今惟以向日教言，并陽明老師文録，對越策勵。蓋我師之言，往日已盡，而不肖昔尚泥於所見，未能一一融會。近來展轉尋求，即心所安，乃悟師言不二。今者又承尊教，得睹東廓精微之論，并師序引，宗旨洞然，只是未能實有諸己，尚落虚見，自愧自懼。

聞師往赴諸公之會，不覺神馳心動。倘得親師取友，庶幾蓬生麻内，而病未能也。此中亦有一二朋友相講，以孤無寔得，葛藤纏繞，雖有興發，不甚精彩，仰思函丈，徒悵然耳。外録數條，畧述鄙見，不能條暢，且言辭直致，猶若自以爲是者，皆語拙之故。寔不敢以爲真是，萬望我師憐教，頂門一針，不敢辭痛苦也。

二 己未 未寄

向在京師，嘗述意見請教，蒙師逐條批示甚明。時訥谿周先生亦有教言，熙時泥於舊聞，意謂師與周先生之言大旨已備，中間因人用功處似有遺義，往回於中，不釋者數年。後雖漸覺其非，又以躬行不逮，回視向日所述，只成口耳，每每愧汗。以是雖時有意見，愧不敢筆出。心病身病，連歲相仍。病中覺得向來所見只是自私自利，心終不安，再誦師言，頗覺無滯。欲有請正，道阻且長，南望悵然而已。庚戌之春，漁浦項先生寄示師書，并東廓先生語，刻讀之，心益省發。嗣後遇有所觸即記之，思爲請益之具。憶師苦心極力之戒，欲作口頭語，反覺費力，欲爲長篇則語意止此，欲爲疑辭又覺不誠。不免直述臆見，稍次第其辭，取足達意。維師有教，即舍舊從新耳。

與近齋先生書

舊日講學，皆謂人之才力不可增益，學習但滿其本來稟受者而已。惟性則無彼此、無大小，故曰：「夫道一而已矣。」賢者之過，近於厚；愚者不及，失於薄，皆私也，皆性之蔽也。學問之道，去其蔽而已，蔽去則堯舜與塗人一也。今一過不及爲真情，而以制禮之弊使人作僞，又有取于「道德之薄而亂之首也」之説，與舊所聞稍異，而僕乃服之。或者古之講學取必真情乎？中間或有節文不同，情事少異，如子夏喪畢云云，子游喪畢云云，皆真情也。然必以三年爲期，則以同守先生之制，而又自以爲不敢過，不敢不及，此其情事已真而又不敢自以爲是，而必求學焉。其所以爲學，或亦只是檢點於日用事爲之間，以漸漸克治見有之私，若夫後之所至，則難於預必。蓋不可不以至聖自期，而其實下手處則但學我，即學聖人也。依吾本分，日日遇事克治，不問前途，以我驗書，則如之何？幸詳教。

二

向不知照自己分上做工夫，只看古人樣子，終了是假。自見教後，只照自己當下識見分量，不起知見，老實答應去，乃覺與舊格局不合者甚多。蓋有事爲天理而實非天理者，亦有是人欲而反爲天理者。一一求知，那有許多氣力？然不與人争是非，不自表暴，恂恂終日而反相安，或愛敬之，但其中有以義理相責望，溺於舊時格式者，則猶疑焉。惟素嘗留心此學者，乃能體悉，時或講求辨問之，又於其中究竟許多渣滓出來，而僕則樂與之接。然前兩項人，愛敬者，未必知，僕安之；而見疑者，僕雖不求其知，終不能相忘。此恐是私意，或猶是欲求知之心耳。望無惜盡言，不敢虚教也。

三

向得崑泉之便，附候起居，今又三年，始聞先生教言。方欲作報書，夜來夢入丈室見先生，問訊間，僕云：「先生以顔氏之學望我，我乃舉孟子立大之説。」言未終，忽醒。早起再取手教讀之，先生已命我矣。凡先生之教，僕皆不逆於心，只是乍合乍離，只在日至月至之間。所謂此志一真，百境難奪，尚愧斯言耳。

四

每念先覺零落，先生高年，熙亦衰頽。如此相見無時，學問無成，夙志云何？輒慟心含淚。孰意天再假緣，遇此機會，再領教言耶？雖未得相面，然神志已逢，通於千里之外矣，何幸何幸！

賜下種種高刻，明王霸之辨，示存神之旨，一一對病之藥，敢不盡飲，以求無負？讀《令壽録》，母儀政範可仰可法。仰見先生之學有自，而經歷患難如此。玉汝於成，先生實體之。讀《敬順録》及二室誌銘，見内助多賢。二録每讀即含淚，誠意之感也。教劄精確次第，語意整整，所云「身世兩忘，耿耿獨覺」云者，可謂得無所得矣。來教已數月，展讀玩味，迄今始能一過。敬具所疑如別紙，求解釋。外册《矇語》，昔年妄意所爲，久未請教，今已數年，視之如他人語。口耳之餘，悉當焚棄，今姑執此見病，附上求批抹，尊情惻怛，必有直示我也。老境通書，往復幾時？乃知昔人累言詳説非得已也。吾何求哉？期於有覺耳矣。先生念之，惟先生之言是聽也。

五

洙兒以先生餘教所及，亦不敢爲惡，但不肯一意此學。近稍稍肯向裏尋求，手先生書，誦先生言，頗不釋手，幾可與有言矣。有覺未就，一日而没，諸孫幼弱。喪未踰一月，姪湄亦病，一夕而没，止遺一男，才四歲。亡嫂喪猶未葬，三兩月間，骨肉之痛，變故相仍。兩門家事，深累病懷，違師離友，精神昏雜。雖在昏雜中，亦覺只有講學一事，但無師友，不清明耳。以是益思見先生，然何可得也！

六

前《矇語》請教，未蒙仰可，時不甚覺愧。及先生以爲近是，則自愧之甚。蓋吾説似是，而吾行未能常常如是也。思見師友之心益痛切，然不可得也，徒以言相通而已，然亦不敢作言語會，但念不能如覿面受益耳。治病必尋其根，論學在攻其敝。愚説有不協尊教處，必有病根，兹不敢隱，一一見出於逐條之下，望爲直指意見之蔽，非敢以爲成説也。外卷記先生并諸公語，俱失真，彷彿大畧，并鄙語數條，與前語本一册，向倩人寫録。寄書人去，忙録其半，後思不可有不盡於先生，令小兒録之。兒忽死，不盡録，兹倩人寫出，請批示，望教之切如前也。

「民可使由之」，愚意以良心真切爲知，唐虞之世，講説絶少，由即是知，如知饑則食，知渴則飲，無説可説，故曰其民淳淳。堯舜之病，病其不能由，非病其不能知也。或生意見，自是後世事。竊詳尊教是兩説，前説天下大勢不能遍使之知，此「知」字是正景之知；後説恐生意見，此「知」字意見之知。唐虞之世，未有意見，能由矣，何以不知？知將如何？此「知」字先生必有精指，敬俟教。

「仕優則學」節，竊謂古之仕者爲行其所學。若以仕爲順，不仕爲逆，疑非古人之意。竊又疑孟子「不仕則弔」之答疑與行道之意不切，與世俗何異？此與「禄在其中」意似相發。但彼答干禄，此只言仕耳，故疑之。先生必有精指，敬俟教。

《訟》上九，竊意當以先生之説爲正，愚説亦包在其中。以訟受服，過而知悔。若或錫之，而受錫從事，本亦可貴。以三褫，故云「不足貴」，亦充類至盡之意。若曰雖知自訟，非最初一念也，况三褫乎？欲學者不可自恕也。若以受錫爲受賞，豈有一朝之間三賞三褫之事？且三褫豈但不足敬乎？如此看，得先生之意否？

祭神如在，享於克誠，此交神明之矩式也。上下四旁，各得分願，無不通矣，亦上下四旁之矩式也，此非人爲所能損益也，故曰「天則」。未有通而不正，正而不通者也。通而不正，非天下之大本也；正而不通，非天下之達道也。通斯至矣，皆天則也。性分上欠真切，只緣心有所逐，所逐處重，本然處輕，非天則也，是知有不到而痛癢不切。格物云者，就所發而節之，使好惡一合天則，既無所逐，心常在此。知無不到，而痛癢自切，斯意能誠也，故曰「格物以致知」。然能格者固吾知也，所謂本明未息者也，故曰「致知以格物」。

愚意指一念無私説，自一念通於念念；先生似指萬物一體説，自一人通於人人，皆自一念通之。先生説似是率性分上事，愚説是修道分上事，各就自己分上見，疑於相通。竊詳老師之説本與先生同，而先生於《大學》文義條理比師説更詳明。但恐師門習説，借口向別處去。如所謂「以習慣自便之心爲良知」者，此則志謬，非師説之弊也。今只依先生「安分盡心」四字學之，不説良知而良知自在，不説格物，不説中和位育等，而諸説皆舉之矣。但恐吾輩却是口説，未誠諸身，則老師與先生之憂也。

擬作會只謾擬，未有人會，近始得三四後進，又相去數十里外，此只空擬耳。先生云：「會中有壯志强力者，訪求大道於四方，當不我棄。」先生老矣，一時便不得此人。某舊有病猶可支，近衰甚，行數十里即欲休歇，良久方蘇。今年子死孫幼，家事累身，尤不能出，誦此慨然長嘆而已。竊見古人相期，論生不論年，某精神夢寐俱在先生，其從游應不論古今死生也。惟願先生期頤，某再得苟延，有便相聞，猶侍側。諸條細書皆當服膺，與二三子共勉之，不敢負教也。

竊念聖愚只在通塞間。冥然悍然固是塞，若有所見，執之不能忘我亦塞也。先民有言，詢於芻蕘，是虚否？是通否？

七

前奉書，想像尊意，妄擬《格訓通解》，未知契否。然愚心以屢教，更不敢執著，倘未會，幸直示，再沈玩也。載覩先生與林艾陵書而愧發焉，然則不肖之悠悠不進者，無亦是病乎？所謂「説得一丈，行得一寸」者也。然從游一念，諒不以古今生死爲限，一隙之明，真信人生一世只有這件事耳。

近小婿李生根上京，得通老師公子龍陽公書，渠亦答書甚厚。又得老師年譜，此四十年前起初一念也。今通問老師公子，猶見老師也。而先生往日之教至是恰得稍契，蓋夙願亦少酬矣。地之相去，時之相後，緣何相見？緣何相聞？緣何相契？衆言混淆，緣何直取？於時若或啓之，豈非至幸至幸！第愧悠悠口耳，未能默而成之，有孤至教耳。衰病侵凌，歲深一歲，侍教何時，請益應不吝惜也。

八

竊疑《大學》之訓，羲皇已來的傳，其言格物，自一念以至家國天下，功宜無不備，義宜無所遺矣，而不及静坐。後世儒者教人，始有及静坐者。向嘗因疾，從事養生之説，亦嘗爲之。其時於世俗嗜好果然輕淡，然於日用間諸事學懶慢。後聞先生之教，又誦老師「循理爲静」之訓，而晴翁劉師亦云「皆不主形軀」。於是日用頗覺時時有見在功夫，而於世俗嗜好亦輕淡。因悟向來所見不出自私自利。

又静坐之云，孔孟講學以來，迄無明訓，《大學》通篇亦未及此，竊謂静坐是因紛擾而有此名。格致、正誠、修齊、治平，隨時隨事而静坐也。自吾知對身而言，則身亦物也，對家國天下而言，則身與天下家國皆物也。無事静坐而格吾之形體，則或如《剿語》所云，有事酬酢而格身之應用，則當隨事盡分，期於自慊。此或「動亦定，静亦定」之意。心無所逐，或者是真静乎？主心不主形軀，而身心皆舉之矣。近見羅念菴言此甚切，不知先生曾見否？今録其於人書數首，先生看其如何。

又嘗見唐荆川《中庸輯畧序》論儒釋之辨，以爲儒者於喜怒哀樂，常主於順而達之；釋氏之論，常主於逆而銷之。竊謂有紛擾乃有寂静，寂静是萬世對病之藥，逆而銷之，乃所以順而達之也，但不以方便爲究竟可也。

《臆説》首條誤認格物，蒙批抹并發明虚受之旨，餘條似蒙印可。然愚説大意，主於還淳返樸，以從先進，似是逆而銷之，先生之教似是順而達之。蓋上古聖人起初立教，原只順而達之，後世過動之極，逆而銷之，猶恐重不可反，而猶曰順曰達，是與假借曲説、恣情縱欲者開後門矣。今之假良知之説而身謗師門者，多借口是説，不知順乃所以爲逆，而達乃所以爲窒也。世情溺於嗜欲，任情流蕩；學者溺于聞見，執古違時。各銷其所偏重，因時損益，而後可通行無滯，是逆而銷之乃所以順而達之也。但不以方便爲究竟可矣。如此見解，于先生通物之旨有少分否？并前解，望批教，敬俟。

九

《續録》改正，大旨不疑。中間只有一二處，更欲就正，不敢妄度。然約不甚相違也，自省只是故吾，雖畧領會，尚落言詮，與默而成之、不言而信，猶是隔塵。蓋非寔有諸己，由聞見而入，則此領會只成知見耳。因省孔門之教，職分之外無説，故子貢有未聞性道之言，蓋是未嘗以爲言，因人請問，只談職分耳。今也談道理而畧職分，且其未嘗寔有諸己，而爲此虚見也，不幾於負尊教乎？此熙所以但願相從於無窮也。吾執翁左契矣，翁其不舍我乎？

惠賜藥方，内有三四味不識者，望示。欲修合服之，倘得收效桑榆，身病心病并承砭劑也。

與訥谿周先生 癸丑

天假良緣，得觀君子，乃不得久侍。懷仰積於累年，晤言限於數日，豈薄分固止此也？先兄欲見未能，奄然長逝。辱承賜弔賜奠，拳拳至情，幽明可徹，感不忍言。

別後日常思念，何時再面？張坤回時知僧病，將謂三兩日可好。億公已行，不謂尚爾濡滯。骨肉在念，知公歸心之切，然不能即遂，固有數也。維摩示病，作公魔障，吾丈學有定力，此等處必有方便，但恐難爲主人，未免苦心。聞主人甚賢，當不厭客也。兩度惠賜淳淳，誘掖接引，藹然一體之愛，戚然憂世之懷，捧讀感動，痌瘝自切，尊愛所屬，雖萬非其任，至率駑鈍子姪與二三友朋相勸勉，以歸依門下，誠不敢自諉，敢不勉圖，以求不負？

來教所謂「夾帶心」云者，真至樂也。天留道從，暫駐近邑，僕縱不能朝夕執侍，亦當更僕以候，乃不能，甚愧。茲專人奉訊起居。秋涼，善自珍攝，更勸僧耐心自調理，還須遲幾日乃可行。公必有道，不意必也。

二 己巳

見教。學只是誠，兩書切切，皆以淡泊爲日用，以巧言令色爲深戒。仰見日用間真有寡過未能之懷。蓋非真知耻者，不能存此心，非真知耻者，不能爲此言。誠知耻矣，何有於貳？何患不誠？此膏肓之劑也，敢不盡飲，以求脱愈？

附柬皆精詳，後柬尤精，讀《麗澤録》，與龍谿語似不逆。蓋龍谿之言與念菴詩旨，即先生意也。雙江翁却似以方便爲究竟，或者爲救時而發，意甚懇切。然龍谿之言，未嘗遺下學也，何爲不可訓也？又自愧徒以知識領畧，未能誠諸身也。柬内所述，諸先生或在或亡，無緣相聞相見，或寄興於冥冥，亦均有私淑焉，皆先生賜也。

昨年近齋朱先生相聞，頗悉其言，以安分盡心爲指，似與先生不背，亦深念先生。聞令弟先生榮任，何銜何處？令郎不妨爲學。令孫今幾歲？義方之訓，不出户庭，自得師友，皆欲相聞。豚孫三人，大者畢姻，二尚幼，雖駑拙，皆令讀書，以先生垂念，敢及之。新安丘生岳已没，乃父方山翁，年近八十，窮且益堅，幸有次子，可事朝夕。岳亦有一子在學，甚守規矩，不忝家則。即以尊意達之，使自勵也。

每教言至，即以示小婿及孟生化鯉、張生稽暨周氏昆弟，無不省發，第不肖不足爲其師友也。如清得先生成就，不枉從行，不知今在何處？故山猿鶴知常在念，即今士林歸依，職分所在，隨處盡心，當無意必也。齋扁惟先生所定，欲得親筆者，欲常目在之，如見先生，不專爲字畫也。李生人便，敬此奉候，且謝教。噫！奉違十有六年矣，得再通書，良亦不易，淳淳之惠，安能忘焉？李生歸時能附教言否乎？生企望，不盡不盡。

與竹川竇先生 丙午

令姪不來陪祭，且莫着急，姑待他，漫漫的教他。兄性嚴，家廷和氣爲主，禮法太拘，人不相安，況家人乎？兄所行多是文公家禮，時勢鄉俗不同，恐先祖亦不習此，不相安也。事死如事生，取足以盡吾追遠之心耳，何嫌於從俗耶？文公家禮亦是隨時損益的，今只依他大意，參以俗儀即可行。惟於十分鄙野褻瀆之儀省之而已，不必泥古。禮從宜，宜於人情也，使從俗，合乎土俗也。《中庸》「愚而好自用」一章可玩，是道理合如此。災其身者，害其道也，非以利害言也，而利害在其中矣。正大光明之士，未免有以善服人之病，即正大光明便有病。朋友相觀而善可矣，若至於出聲色，即已不是。責善以善相望也，非以言語譏切之也。故曰：「忠告而善道之，不可則止。」「責」字之意當玩。前書言兄似欠灑落，似稍執一，似太方，亦未有事實可指。只爲兄平日守禮，不能俯就人。如來書云朋友只論閒話，不談道理，便惱他，此類是也。且說閒話時，即以說閒話之道理處之，聖賢亦有談笑時，不如世俗人之放肆耳。如所謂「善戲謔兮，不爲虐兮」者也。兄必太方，此亦是君子隘處。吾非斯人之徒與而誰與？纔有所憎惡，即已失己，即是吾過，可徒責人？

良知者，虚靈知覺之本體也。不待安排算計，自能了了，故曰良知。《孟子》所謂乍見孺子入井皆有怵惕惻隱之心者也。乍見豈暇算計？豈不知覺？少間便生出商量計較利害得失之心，便有内交要譽，惡其聲之意，即私也。依著良知行去便是致知。

兄又稱弟德行正，好行良知事，然則是弟有良知，兄無良知耶？日用應酬、飲食、坐卧、言語諸事，誰實爲之？若無此知，則血肉耳。豈惟血肉？無知亦無血肉也。知者天地人物所同，天地人物無時可離，孰謂兄之不可行也？

兄又謂理字上認不真。義理無窮，且儘自家眼下識見力量，務求自盡，心下覺安則行之，覺不安則不行。雖於事理或有未盡，但時時不自欺，不離吾知，久之光大，識見力量當有不同。皆是吾精神凝聚浹洽所爲，非從外得也。若預先算定，立下格式，矯强求合，自謂便俗，不顧所安，恐時殊地異，終不相入，只成單板。是所爲理者，適爲非理而已。

義理無窮，雖聖人亦有所不能。故堯舜猶病，天地猶憾。吾輩爲學且就自己無私心處用功，不可躐等，不可自足，雖到聖人天地處，只是無私之至耳。

觀書史，從師友，只是培養此學好之心耳。開發知覺亦是培養之事，得魚忘筌可矣。若徒以資聞見，便不是學問。

道理無聲無臭，在人心悟。古人書籍只是形狀大畧，意在言外，譬如寫真傳神。然今寫真傳神者，多以染法淺深，向背相影，而後形貌宛然，形貌之似已在染法之外。然其精神言動則不能傳也，書籍於學何以異此？雖聖人之言到至處，亦只好八九分。蓋至此說不去也，在人心悟。宋以前解書只説大意，至宋訓詁始詳，後來舉業文字靠定一家，遂生忌諱，已非先儒之意。况吾輩已不爲舉業矣，何爲拘拘猶爾。老兄必不然，但恐習熟舊境，或不免耳，此亦私意，幸察之。

古人之學只是真誠，相安相養，自秦以來，天下之言學者，即從君臣父子處假了，增添許多虚心假意出來。試取秦以前孔孟之論，觀之可見。

人常言聖人憂天下、憂後世，故生許多假意懸空料想，無病呻吟。君子思不出其位，只是照管眼下，即天下後世一齊皆在。「仁者以天地萬物爲一體」，若不在修己改過作實功，只如此説，亦是假意。范文正公做秀才時常曰：「先天下之憂而憂，後天下之樂而樂。」只不私己便是。不識文正之意，鮮有不爲出位思者。

經權一也。經即權，權即經。權字不必聖人，事有重輕，酌而用之即是權，亦是經。不酌輕重，何以應事？「權謀術數」四字亦非不好的名色，君子用之則爲善，小人用之則爲惡。

大凡人只有德性用事與血氣用事兩路，便分君子與小人。古人學問之道只是變化氣質，静坐是搗其巢穴之法，掇根換過。

與方山丘先生 己酉

蒙賜書，云於失脚之中，自奮自勵，夙夜求慊於此心。此見老兄不自滿足，即此是學，是不肖不能及處。但以下愚微賤自愧，反似自視之輕，非老兄所宜然也。竊謂尊事失在始初訪問之不詳，而不在刁難賤惡之可愧。訪問不詳只錯誤耳，亦有何罪？至於刁難賤惡，亦是世情俗眼，於吾性曾何加損？以兄之高明堅確，此處但以不校處之，亦是磨鍊此心之地，不當以爲愧也。不然世情俗眼安能一一校計？是終無可出之時。且國家既有出身此途之制，將無一人應之，亦虛設矣。蓋自是人累時制，非時制累人也。惟兄念之。使人知此途出身者，亦有如吾兄，不惟足以重時制，抑亦可以激頽俗，其於世道亦非小補，惟兄念之。

孤自兄別後，賤病增劇，過冬畧輕，而綿連不已，恐成痼疾。疾中似覺稍悟往日之見，尚未爲是。蓋義理無窮，又安知今日之所見便爲是耶？何時與兄而論，兄但凡事耐心，毋意毋必，吾非斯人之徒與而誰與？此一體之義，兄其念之，勿以微賤爲愧，而以潔身爲是也。好名猶好利，乃學者之通病，願與兄共勉之。

二 辛酉

經年不面，每一動念即思吾方山。蓋僕之駑劣，須成德如吾方山者，朝夕夾持，或可不至墮落，然不可得也。仰之昨來，承惠教言，讀之令人感動。居閒無事，正可杖藜相訪，奈賤體久虚弱，不能行數十里外。計吾方山素養，或能一出，倘肯乘春移玉，敬當灑掃以俟，遣騎候迎，蔬盤菜羹，屈留旬月。時聞真切之論，警發怠惰，道聽塗説之語，亦欲獻於左右，互相取益。方山高年，僕亦早衰，相望甚切，願公留意。

三 丙寅

夏間因諸友談及格物，妄有論説，謹録請教。子騰能述鄙意，望公一一辨正，口授仰之寫示。此是學問頭腦處，於此未協，則一切處皆爲錯認矣，昔賢篤志力行，尚未免此，末學口耳敢妄議乎？固願長者之教我也。公老，僕亦老，何所校計而不傾倒乎？此聊以攄吾想慕之懷耳。惟公照之教之，倘能勉强一出，尚欲面領也。

四 丁卯

前月中旬，曾具小啓奉訊，想上達矣，猶以不得躬侍爲歉也。風和日煖，春遊之興，能終遂乎？願隨杖履，一領至言，切望切望。前《臆説》格物數條，未得面承。兹者再有所述，與《臆説》相發明，皆妄談也，并上請教。著令孫前誦一過，翁指其疵病，使筆之行間，便中擲示。或能出游，尚得聞面命也。翁老，僕亦老，此處若不明白，真成虚度，不得放過，不有益於翁，必有益於我也。《臆説》從《大學》古本，《集註》所謂舊本誤在者是也。若照今本讀，則不相協矣，惟翁留意。

五 戊辰八月

昨聞孟友子騰傳説尊體納福，頗慰。偶檢舊書，得汲泉寄我書，有翁二贊，感賢思舊，不覺下淚。因爲著數語，轉託周友奉上，付與令孫，藏之篋笥，以俟他日采者，或有取焉，庶亦足以備野史之萬一，非私於翁，爲風俗計耳。雖然，此特翁衆美之一節。翁知道者也，鄙語第引汲泉之贊，非敢以是槩翁生平也。

與李春野 乙丑五月

數年相別，音問雖通，會面希，聞教疏矣。尊眷回洛，備悉聲望洋溢。又聞異才之拔，憲台之擢，雖於賢者無所加，可以見公道在天下，未嘗泯也，爲世道幸。君久在宦途，涉世漸深，想此學於事上磨鍊，更覺有力。某多病衰年，近日小兒、舍姪去世，情事累身，雖曰無往非學，而師友遼闊，殊覺鹵莽，然亦不能外此學而他有所事也。

近日朱近齋先生寄書數種，於此學極有發明大要，安分盡心是其要語。原書未能遠致，何時相聚面質受益也？

答周尚時 戊午

忽傳老夫人訃音，驚怛之甚。育子方將成立，有厚德而不及享遐福，傷哉！傷哉！三位於此雖至痛，有老先生在，亦當忍節之，以安其心可也。

所詢家禮，乃區區居先母憂時隨筆所爲，尚未就正於知禮君子，亦欲畧節損益，令今可行，與前三禮并爲俗儀，懶散未能舉筆。今將原本奉去，但自觀之，且勿傳人，爲其不成書，且直畧節一二端耳。外孝服制度，似不必泥古，但勿失其意可也。鄙意欲如今直身之制，衣縫皆反，縫下邊不緝，胸前綴布一片爲衰，背後一片爲負版，肩上夾領，兩邊各一片爲適，如《家禮》《喪服》圖製，惟不爲上衣下裳以從俗，便似亦可通行。文公《家禮》縣中必有，請取觀之。大抵衣衾棺槨，情真事實是本，餘猶可緩也。惟安慰老先生最要留意，數日小兒去，再奉書相講。

示門人

舊病時發，曰輪迴，曰循環。工夫曰不貳過，曰出輪迴，意實相同。有紛擾則有寂靜。寂靜是萬世對證之藥，自恨未能寂靜耳。

答梁君可 戊辰

高中，不勝同志之喜，亦不能專書奉賀。然愚心每拳拳於帶川，猶帶川之拳拳於我也。遠承翰示，且聞當受官，當爲縣令。親民之職，昔人有恨不得爲者，爲其近民而得以行其心也。「樂只君子，民之父母」，「樂只」、「父母」四字可深長思也。聞帶川欲作不朽事業，此不朽事業地也。同志之幸，聞之喜慰。向帶川自河東回，留書兩册，兹奉還。正切此事，可深味之。榮任未知何處。倘得便道過家，聚談一夕，一以敘久闊之懷，一以效切磋之益，或能有所發明也。

二 丙子

久違，自安孤陋，近頗有味於恕之一言。蓋所惡勿施，孔門所謂一言而終身可行者也。帶川云，岐周士習醇樸，可與言善。言此而已。又云民質近悍，猶醇樸之餘也，以貧故易爲盜。舉世皆貧，當思所以致貧者，非耻貧之故與？哀矜勿喜，心誠求之，斯化導之術也。惴然亟圖，圖此而已。久道化成，非旦夕可究也。念之望之。

答伯生 丙寅七月

昨示欲與諸友會日約，甚喜。但須寬以居之，有和樂之意，莫太苦，恐難久也。舉業自不妨學，只得失之念相妨耳，勉袪之。鄙語有問，奉答再詳之。此後遇有疑，無憚屑屑，此不但爲諸友，亦令鄙懷得問難，更長一格也。更煩致意諸友，道不遠人，觸着磕着皆是。諸友已是道理中人矣，莫他求，莫自諉。

二 戊辰三月

朱虚谷處當有書，兹便寄一紙。昨與近翁書，即好託之也。《四書私存》是季彭山所著，甚有發明，親炙老師故。然而近翁更深遠矣。外書三種，曰《説理會編》，曰《孔孟圖譜》，曰《廟制考義》，想亦此公所作，《私存》中每舉之，可訪求否？帶川大廷之對，必然高第，未得專書致賀。子騰近回新安，居厚讀書有依。然思昔年書舍之聚，每一想即諸友羣在，今各分散矣，頗深衰老離索之感。老眼昏花，但看書即心氣虚懸，瞑默良久始蘇，却又貪看不舍，可笑也。何時相對，以舒此懷？

三

伯生云：「楊遜翁過孟津，惠《漳野先生集》一部，盛稱其學。論一貫云：一，天下之至神也；萬，天下之至化也，至神而能至化矣。一，天下之至精也；萬，天下之至當也，至精而能至當矣。」先生曰：「文章話頭語意誇張，孔曾却在平易中説，故不協。」

遜翁又曰：「尤老先生解『慎獨』『獨』字云：『只有此，更無他。』故曰獨似是獨尊之意。論道理亦是。若論工夫，慎字便是獨知，説不得，不涉知識根意。老師亦云『無聲無臭獨知時』，説獨知似不妨。」先生曰：「以慎字訓獨知，獨字如何訓？」又曰：「不涉知識却是善知識，正訓獨字。」又曰：「詩意自不妨，特非《學》、《庸》正訓。」又曰：「獨與知對，皆實字，俱指本體。若云獨知，却就發用言也。經文只言慎獨，不應落却知字，又不當作歇後語，必有精指。」

遜翁講顔子不遷怒，舉漳野先生語云：「如原有一分怒，其發見時止有一分模樣，再無一釐增加泛溢，是能制其自起之怒，止於是而不遷也。」又曰：「顔子之過是不覺其非幾之念，顔子之怒是不覺其非公之情。」先生曰：「原有便是病根，如何定他分數？此原思之所謂難，非顔子之不違仁也。《易·復》初爻云：『不遠復，無祇悔，元吉。』已復矣，故無祇悔，曰元吉。又《繫辭》

云：『有不善未嘗不知，知之未嘗復行也。』不復行矣，尚有非幾之念，非公之情乎？安在其不違仁也，以此擬顔恐非精義。」

寄示洙兒 丙午

世俗見人有過則争毁之，又從而粧綴以誣之；見人學好則争笑之，每加誹謗，此皆幸災嫉善之心。學者專於自治，常見自家神明澄湛在此，則於世俗此等病痛自不粘染，至聞毁譽加於吾身，皆當自省。譽則勉以副之，毁則自磨自勵。行有不得，反求諸己，自然譽無過情，毁不終熾。且能體悉世俗之見，非故欲作好作惡，乃是昔染所爲，使其稍肯自省，豈甘如此？

凡人有向善之心，而又使人怪者，多是自己勝心浮氣有以致之。且如講説事理或論文説書，少有所見即思壓人，或是挾知故問，人言未畢即伸己意，此等處雖善亦惡也。又或被人規警，不肯認過改悔，委曲輾轉，尋路出脱，則是彼有愛我之心，我反拒之，以此交人，人誰容乎？必須虚心平氣，謙己下人，求益不求勝，可也。

凡人不能念念集義，便不能受善，諺謂「火性不除」耳。若能奮然反治，火性自退。火性既退，心自虚，氣自平，養德養身，一以貫之矣。此是壽夭賢愚所關，不是小事，所宜猛省。有人説我，不論是不是，只是自我反責，强忍十分。至一切不如意事，無不忍耐，乃是自慊，此處打得過，便有頭緒矣。

《大學》曰「毋自欺」也，自欺之方甚微，常自覺察，而後日有所見。

爲學全在擇交。若無可交，寧是獨處在書册内，尚友古人可也。不可妄交，然亦不可因此却起憎惡之念，須是「汎愛衆而親仁」。

凡看書讀書，雖在勤敏，亦須從容涵泳。體之於心，自當有得。如或未瑩，不可使氣强求。蓋此心不放，常常在此，自然融會，日計不足，月計有餘，自能背記不忘。若如常心不在書，却於一時便求通記，不惟無得，亦且損氣，切記不可。至如作文寫字，亦復如是。不要算年數日，只要常常如是，自有長進也。

後生於前賢及前輩語言，有與我不合者，尤須下氣抑心，反復詳味，必不可從，然後斷之。尤須除去勝心，勿以一言得失，輕議前人，苟同之與立異，皆私心也，更學何事？道理本在吾心明覺處見，不在扭捏做模様也。古人言動，只與常人同，特其省察處與常人異耳。肯自省察，則過自寡而德日新，人之見之，不能不異，此皆非聲色笑貌之可爲。先輩云：「聖人之道，初不遠於人情，豈在做模様耶！」

廉静可以養心，語無累也。伊尹取予，可以爲法，蓋其主於道義耳。

讀書看書，是培養拘管此心，作文是發舒所得，積久而充，自然發舒。譬之説話一般，有此涵養體認，自然有此見識，有此見識，自然有此言語。文章特言語之成文者耳。日日讀誦古書，與之心口爲一，不覺道出，因體勢而成文格，因成語而爲文料。一時雖若難能，積久自然光大，此不放心，又不損氣。先儒所爲舉業德業、養德養身只是一事，今人多是欲速襲取，一火要成。及其虚日曠時，浪度歲月，却不算計，經月懶散，既昏惰其身心，一時心忙，又耗損其氣力。色欲喜怒，精神既已損傷；求異好奇，心思又爾勞瘁。況程度未必盡合，得失又自有命。一不如意，便思毁廢，此謂兩失，所宜深戒。但多積累，莫問功效，常使志氣歡悦舒展，即德業并收矣。此意與世俗之見只毫釐間，實體力行當自見耳。

二

汝得入庠，吾一則以喜，一則以懼。喜者喜其讀書有進步處，書香不斷，祖考積德有徵，奶奶撫摩，眼見長進。懼者懼汝年幼氣浮，既作秀才，便是成人之禮，諸事責備於身，不得以童子自恕。如今未受磨礱，致悔招尤不可不謹。前寄條約自謂已是，昨近齋先生見之云：「此言尚分人己，非一體之義。」忍耐二字，亦只是分人己，有個置人度外之意，不如改作忍恕，便有成己成物、惻怛慈愛之意。曾將原紙畧改數語，意思更益和平，汝留心觀之，務求自得可也。我初入庠，初中舉時，只隨時行事，多言妄爲，常惹人怪，其後自覺，尚未即改。近來只一味謙下，少説話，少發怒，漸漸人和。迨今交遊上下，益相和敬，只是謙和，中間儘有受用，汝勉之。今將學中要緊數端寄去，汝留念隨時斟酌。務循忍恕二字行之，庶可釋吾憂懼之心也。勉之勉之。

一事師：只是尊他，不問他的是不是，莫生怨笑，耐心耐心。凡公事預先早辦，不要臨時却忙，或致失誤惹怪。

一事齋長：其禮稍次於師，隅坐隨行，不問不敢説，不敢多説。今後進多慢長者，比數年前又不同，切戒之，勿隨俗。

一處朋友：少説話，少嘻笑，亦須和顔悦色，少論文，少論道，一味謙讓。雖於知己者講論，亦須言少意切，謹之又謹。第一是要言語上計較，多不如少，少不如無。

一書課：把官課官書編在私下書程内。如官書課多，不必又立書程。如官課題出遲，不妨問先生討取。月課等事須早到，勿隨俗抗違。

此數事亦只是忍己恕人之條件。中間言語，尚分人我，亦因汝病藥之。且依此行，隨時再斟酌，只是謹言要緊。

三 起居服食事宜

凡暑處、濕處、太寒處、當風處，皆不可坐卧，不可澡浴。窗隙門縫之風，尤宜避之。

饑飽不宜澡洗。

凡澡洗用中温水，勿令汗出。大熱水與涼水皆不宜用。

冷水不宜洗手臉。早起嗽口用熱水，嗽了嚥之。飯後嗽口亦然。

每飯食只好七八分，多即凝氣傷胃，孔子所以不多食也。夜飯只好止饑。

食後忌伸腰努力。飽後勿努力舉重物，作重事，稍待氣平纔可爲。凡作事不可過力。

飽後忌急行大叫。凡大跑大叫皆傷氣，雖不得已，亦須斟酌。遇渴，飲茶湯多而渴不解者，宜静思以消其燥熱，慎勿驟飲涼水。

暑天食瓜果，雖時所宜，亦不可過。

春時勿驟换裌衣，須以漸。

卧不可仰，或暫伸舒偃仰亦得，但不可久。

卧時於枕上耳旁以軟物支起，使耳得聞聲，則耳氣通。卧不可以被蒙頭，不可以被壅口鼻。

冬天卧處太煖亦傷人，但取平和可也。睡時宜收心安静，最忌亂想。雖當思者亦宜置之。古語云：「先睡心，後睡眼。」至言也。

津唾勿吐，宜嚥之。雖痰涎咳咯出喉，亦當以舌撥去濁者，用手接而棄之者，其餘仍悉嚥下，不可吐。無事當閉目静坐，令心歸一，但有雜念俱與覺破。坐法亦無一定，或高坐，或低坐，或盤坐，但取血脈通暢，四肢自在。然亦忌怠惰昏睡。

凡静坐須囑家人勿大叫，勿倉卒打門，雖雞犬之類亦須屏之。若能鬧中取静，近人更好。然初學須獨坐，乃有端緒。

已上事宜但能常惺惺，事事自覺，事事自有撙節。如《禮記》所載，莫不暗合，而斯言又爲贅矣。能以斯言爲贅，而後爲有得也。

四

書已寫，付劉子條智學捎書到。新進學自是新進，先生責之良是，乃以煩惱怨之，所學何事？學只是學個耐煩而已，只以耐煩之心處之，唯唯聽命，便是道理。張稽相會甚好，恐他父龍泉以我約爲太寬耳，果如此，失我意矣。大凡學只要長久，德業兩進，此須優遊厭飫，不間斷乃可能，不然則難久。且苦心記誦，不待自得，居之不安，亦屬放心，不如且從我約，易而可常也。若聰明力量元自有餘，又能長久，則不可限量汝矣。

不要因一兩事過失便放倒不顧，亦不可以一二事合理便自足。古人許人改過，戒人自足。

兩封書去，吾意已悉，大抵諸保養進修之畧，已於前者諸條書程起居事宜備言之。今雖再說，亦不出此。衣服厚薄，起居早晚，隨時自忖，度力量爲之。使心平身安，學業有進可矣，亦無定説也。學在不緊不漫之間，只此心常要學好，不隨外物牽引，日日習去，得寸則寸，得尺則尺，日計不足，月計有餘。前者諸條只是日用常事，除此之外皆是煩惱。汝試自思自驗，不如此，欲何爲乎？只得如此。但諸條一片，許多寫在紙上，似乎拘束難行。若能隨處忍耐，拗着自性做去，即一舉而衆善備矣。此亦非難非易，漫漫演習將去。至於作文看書等項，只是此中一事，只耐心不怠惰、不急迫，把書程内所定的書依著程限，不緊不漫讀去、講去、作去。至於得失成否，又自有命，不由强求，盡其在我而已，只變化氣質一事是十分要緊，此非一日可能。古人親師取友，方得有進，今無師無友，必亦不易。時常須看陽明文集，少要出門交朋友，恐言不及義，易放心也。切戒切戒。相去千里，日夜挂心。願汝時時警省勉勵，成好人而已。

義理無形，只於遇事，或聽人説話，聞人言行，或論古今人文字，有感動於心處，即是實地，存此而已。陽明文最動人，可常看。舉業註釋有定説，不可不遵守，但不同處亦於結尾處微見之，又不可以言語爲事。文苦作亦不能熟，須於動作中有自在意思方得熟，且不費心力。

五

書辭欠平和，未能得力故，如此須勉之。中間云「此是小事何足動心」，是良知覺處須從此提醒起來，安之受之可也。向寄條約，中間尚有未當者，爲其尚分人我，未是一體之意。其前後序跋又皆有恐人譏笑，欲汝及幼小時習之，此亦不是。蓋彼時我只想象作之，未誠諸身，故如此畏難。其言如此，一向頗著身心實體之。凡與人相處，只是自反，人人以爲是怪我者，亦來信敬，畧無相忤，那有指摘非笑？乃知致人非笑，皆是以正加人，或名過其實，致飾於外者也。君子只自責自修而已，汝今血氣未定，做主不過，亦不足怪。但不可自以所持爲是，而不思改悔也。「動心忍性」、「懲忿窒欲」是實工夫，此乃日用常行，不是另作一樣事也。勉之勉之。日用工夫只是改過，覺過便改過，不待人説，此是獨知之地，學問根基在此。

人之聰明力量各有分限，不可强者，只凡事儘吾見識應答之，勿生苟且心，勿動客氣，平平順應之。至於聰明力量所不及，則亦無可奈何。若求全責備，事事不可爲矣。

悔過則善心萌動。改了便罷，不必回頭又看，適足以累其改過之心而已，若放過不改則不是。

顔子「不貳過」，是一遭就改了，不再犯手。餘須有再犯三犯，此《易》所謂「頻復厲」也，聖人以「迷復」爲深戒。汝今所遭，縱不如意，亦是命合如此。只看意當如何，安義安命，便是許遠路程。不知汝心事如何？此獨知也，自酌之。此動心忍性之地，打過方好。

一人情數日不接人事，不出走，則懶出懶動。若連日出走接人事，則懶住坐，無事則覺悶。蓋人之血氣，動則不静，静則厭動，此常情也。善學者每不隨之，以志帥氣。

一好動不肯静坐，亦有一法，只故意不出門三二日即習定。蓋血氣向静也，曾驗過。汝今既在學，恐學中有公事，亦難拘定。在汝立志，除升堂及官事，則出門幹去。了事入門來，即往讀書處坐著，誓無事不出門浪走，如此數日即可習定也，在汝立志。

一好遊須有朋友相攜，不知朋友中多是言不及義，始因閒游，遂相引而爲非，損身壞德，都因尋朋友所致。向所以教汝自讀書，不必從人者，爲此也。遇有公事出門，直去直來，得獨行且獨行。如有同行者，公事了即回家。與人同行同坐，忌相譏戲。人來譏我戲我，笑而容之，亦不答他。有人約他往，即託故辭之，彼必固邀，只説家裏大的們打駡幾次了，定要回家，不要跟他。若在家裏有人來尋，只答應不在，千萬莫去尋朋友。爲今之朋友，非古之朋友也，無益有損，兒戒之、慎之，此是第一要緊處。待汝後日學業成片段了，立脚已定，然後可與人羣也。

一千言萬語只要懲忿窒欲。忿心只是好勝，學喫虧，甘没用，懲忿之功也。欲非一端，衣食男女，欲之大端也，此處有功，方是實地。

過河莫踏兩家船，休與船家争。到家少出遊走，休尋朋友講説。有人來尋，且答應不在也罷。起頭先置身於規矩之地，後來雖有走作時，亦自動不得，此是自防之一法。看書，先本領，臨考，念好文，調聲口，卷上字用心寫，考日早起先伺候，莫等人。考試高下，須喜怒不形。處人上下大小，只一味忍恕，至要至要。考了告假早來。

身壯則能讀書，讀書有成，其他特易易耳。勉之，勿失丁寧之義。聞提學公尚未出巡，汝去太早，我所慮爲汝不知好歹，不能懲忿窒欲，其害不可勝言。汝若曉理，雖在外猶對面耳，吾何慮乎？懲忿須不分是非，只一忍耐到了。窒欲須斬釘截鐵，非禮不動。讀書要强壯，若少年不愛，精力妄用了，如何讀書？是廢人也！慎之！戒之！

示孫居厚讀書孟津 乙丑

前輩云："「養德養身只是一事，曰慎言語、節飲食。」又云：「舉業德業只是一事，曰執事敬。」吾望汝學成好人，須是尊師敬友，飲食睡卧，行步坐立，不可苟且。凡事無求趁意，凡事讓人。朋友相處，言必及義。課業自有師程，吾不贅説。汝師壁上所示學規，足可遵守。問師辨友，誠心下意，不從空言可也。至親相依，日談道義。古人千里從學，經年不歸，卒成大儒，汝當效法，不必想家。吾雖年老，尚能强飯强步，無他疾，不必念我也。但只勤學守身，我心慰矣。勉之勉之。

又帖示云：「不知即問，有疑即問，蓄疑不問，豈成學問？」古之聖賢勤學好問，以魯得之。汝宜切問。

卷四　質疑下

與一菴唐先生

追思向諭狄梁公，謂其雖未學，然其誠一却是堯舜命脈，愚甚服以爲確論。近答一友書謂：「吾輩爲學，只忠信誠確，是吾本領，此外俱是世俗機穽。縱能引而伸之，只是意氣，不出人我之見。更引而伸之，亦只是意見，不出義襲，静言庸違不論也。」如此見解，不知與公立誠之旨有少分否？

邵西林剛明正大，不得同志，常有滿目荆棘之嘆。此老若得從王陽明先生游，當别有見。生同時，居同鄉，而不遊其門，真大憾事。僕生也晚，僻陋寡聞見，先生存日，已知向慕，不隨衆譏誚。然不知力學，且阻遠不能面覿，迄今追思，真成終古之恨。海内先覺，日聞凋謝，有相從一時者，有會一面者，有聞聲未得識者，逝者已矣，存者有緣，或幸再遇，是深願也。然不可必也。不備。

與李省菴

違教十餘年，懷德之私，無日敢忘。往年之教言猶在耳，愧未能誠諸身也。翁静養，又得貴鄉多賢之助，師友夾持，日躋高大，世態升沈，不足在念。不肖質本顓蒙，又無師友，十餘年來，骨肉親友之痛，懷抱鬱鬱，蒲柳之質，亦以衰矣。學問無成，夙志謂何？思欲聞教如昔，不可得也。老師没後，如荆川唐先生、一菴唐先生、近齋朱先生，各有著述，不知與師旨協否？先覺相繼凋喪，江南師友，今誰主盟？熙雖衰頹，不能親近，翁其示我，亦或可神交也。念菴先生未能具書，外柬致敬，請教之懷，猶事翁也。風便伏望教言。

與李汲泉姻家

惠柬知榮真信，甚喜。任大責重，以兄之才，處此有餘。大抵凡事惟誠信爲本，軍旅之事，當以活人爲主，此吾儒所以與世談兵者不同。蓋渠意在有功，吾意在活人也。活人有功，是真有功也。新得一書，皆史傳所載用兵舊跡，可備觀覽，謹奉看。兄胸中自有百萬甲兵，此亦或有裨益耳。陽明先生之學於兵頗詳，今其《全集》多載之，兄試時時取觀，當有裨益。

二 乙卯

別離兩年，靡日不思。吾兄當國重寄，節報有功。地方安則心安身安。骨肉至親，日夜所願望者，聞之喜慰。撫巡之道，古有格言：「開誠心、布公道、集衆思、廣忠益，善則稱人，過則稱己，斯能得人之死力。」雖用之軍旅可也。行師之法，雖關防不可不嚴，然尤以推心置腹爲要。至於方畧，則在當人隨時方便，此吾兄自有腹中百萬甲兵，非僕所能測也。優恤軍士，安定小民，尤今日所急，兄必能辨此，僕不慮也。

賜書二册，方病未能展讀。大抵古人言語，只是隨時方便，不爲典要則無弊，稍涉執著即有妨礙，不知此二書何如？先此及之。

三

兩年遠別，懸思懸懼，所恃者此理原無險夷。吾兄素藴，足對神明，視民如傷，舊所講習，以是有足憑據，可以自解。地方初靖，撫巡煦嫗之方爲，兄特紓懷抱，惟兄公廉明恕，必能辨此。寬一分則受一分之賜，此得爲而爲者，更致切切也。淑根新進，大爲主司賞鑑，愚心甚喜。兄於五福漸次全獲，惟益修素學，愈自節約。惜民惜福，務使出處進退，一切運用，悉由學問，又親厚同志之祝也。

上徐存齋相公 乙卯

熙少不知學，後乃稍知求友，得親炙左右，自謂得所依歸。作止語默，凡所聞見，無往非學。歸家後，師友違隔，舊遊惟李子天寵及二三後進相切磋。後李子起病出，歷任以來，事事相規切，不假借，鄉里間頗以不肖輩爲可與。或相勸勉，或以教其子弟，雖未知學聞道，而此志則不敢隳也。李子在浙中，據熙所聞，初無他故，若謂力小任重，不堪負荷則有之，至其心術行事，俱可質諸神明。在浙曾畫真容寄其子，其志向可知矣。其所自白皆實事，無一語僞。昨歸家，鄉里猶謂自回，不知其被黜也。及被逮，雖行道之人無不驚猜解體，人人嗟嘆，素履可知。學者爲學，只宜求所未至。熙不敢爲李子辨屈，然以李子所存，而令老先生有投杼之疑，竊不自安，故敢冒昧鳴於左右，亦以慰老先生望於後進之心，不令孤負耳。情隘詞迫，不知所擇，統恃教愛也。

與姜鳳阿

某無所知識，多病幽居，不知何以得見知於門下。始實畏見，既乃歡然，若猶以爲晚也。乃不意一朝別去，雲天杳闊，何勝仰止之思！賤體年來多病，自小兒舍姪没，老妻常病，兩孀在室，諸孤嚶嚶，百感叢之。衰年值此，尚可以世務責之耶？乃者省檄行下取生脚色，名曰待用。

不知何以得聞於當道，又不知是何事體。然病軀聞此，實是惶懼，病妻聞之懼甚，幾欲喪生。緣不肖衰病，近日特甚，行不數里即欲歇，不能强，困卧良久始蘇。稍遲汗出，即數日不能復，恐犬馬之軀委於道路，則病者、孀者、孤者何依也？此亦必門下之所念及也。

士恨不遇時耳。即令一人元良，三公鳴道，百僚師師，亨嘉之運，直接三代，豈不慶幸，冀於親見，而乃爲此言，寧不嫌於自私自利？且即此會遇，亦得以望見光霽，攄累歲之思，聞所未聞，冀於少進，不愈於閉門掃軌，安於孤陋乎？心非不欲，力不能强也。然道明於上，即政、即學、即言、即訓必有流傳，下邑沾被，田野或得與聞，固猶親炙也。千里私淑，竊幸神交，爲賜多矣。力疾作書，不覺任情，亦恃門下忘形忘分，直以骨肉體念，信此懇切，不以爲欺耳。

向蒙光重，鄉里稱之，間有信從者，不肖之身未爲不見用矣。瑣屑之情，敢私盡於門下，伏望凡百委曲調停，俾不肖得以少延殘喘以終餘年，保全孀孤，斯始終之愛也。國體嚴重，存翁雖舊知己，未敢通書，恐以不肖背恩義、自踈外爲憂。萬一言及，不知可致此情否？道義之感則同也，惟門下諒之。

與王龍陽 丁卯

熙少不知學，嘉靖癸未得老師《傳習録》讀之，雖未窺藴奥，然不覺其自相入也。是時儀型儼然尚在，而四方講學同異，議論方興，其于老師毁譽相半。熙也于師有緣，每聞頌言，不聞毁聲也。僻居孤陋，無師無友，雖切私淑，未能親炙。甲辰之歲，得事晴川劉先生於京師，因得會遇近齋朱先生，始得聞老師冢嗣有我龍陽先生。又聞老師多孫，私切慶幸，猶以未得親就爲歉也。何幸於小婿李生處，得自通於門下耶？只此道脈，夢寐四十餘年，乃今得相通問，若或啓之，若或相之，老師在天之靈應亦不見麾於冥莫矣。

熙家居於書齋中間設老師位，并親炙諸賢，亦有蔡氏世新所摹老師真像，獨欠手蹟。但得遺墨片紙，即當什襲珍藏，且欲常目在之也。側聞久菴先生有書曰《原古》，他處無有，門下倘或蓄有副本，亦乞推愛。趨庭之訓，久翁爲詳，固老師之正脈也，尤願與聞焉。晴川名魁，字焕吾，江西泰和人；近齋名得之，字本思，常州靖江人，皆老師門人。源流所自不敢忘，并附知。

二 丁卯

熙寤寐老師四十餘年，日者敬因小婿李生得通一念於門下。夫得通一念於門下，猶之得通一念於老師也，已爲至幸。旋蒙惠賜老師真容手蹟并書録巾扇，引之通家之末，神交千里之外，又何幸而有此知遇也！敢不自力，以求不負？伏惟順時珍重以永道脈，俾不肖遥遥一念，有所依歸。外具束香幅帨，致焚修之敬於師筵，尤愧瓊瑶之難報也。

與張弘山 壬申

昨年孟生化鯉暨小婿李生根歸自京師，得我疆孟先生，又知源流出我弘翁，聞之心動。衰病，不能遠去親就，恒切仰念。及今得聞《教言》於李生，且承垂念垂教，言意真切，天泉正脈，端在我翁。所云講學尋友常急，深令人感動。第衰病連年，今春轉劇，在洛之遊、衛源之約，徒寄興焉耳。妄語災木，出諸友意，萬萬無惜斥正，庶幾不誤蒙學。此一體之義，必相信。我翁邃養，對時應迹，凡夫切磋於朋友，授受於門人者，固同志也，所願聆聞也。朝露幾何？恐不及面侍，得及瞑目幸矣。如更有緣，得一二往復，又望外也。

答李漸菴 甲戌

近山先生回，再承兩書之惠，捧讀感動，如見顏色。竊窺尊意所屬，乃在《原教》一編。然妄意古無三教之名，乃是後人所立。夫道一而已矣，三教只一教也。因時相機，誘掖接引，所謂方便多門，良工心苦也。孔子告子貢以一言而終身可行，曰：「其恕乎！己所不欲，勿施於人。」豈非將心比心，便是佛心乎？然則《論語》固大乘禪也，流傳失真，言各有弊。寔心求益，自得師友。竊恐世人不肯將心比心，有愧斯言耳。不必分門户，争人我，斯大道之公也。如此見解，於翁宗旨有少分否？敬此請正。

與吕文川

衛涯語皆真切，蓋是着實用功者，非泛然口耳所到，讀之覺此心收斂，即衛涯可知矣。但似尚見在奇特處計程責效，節次稍煩，覺工微苦耳。格物説本老師，足藥外馳支離之病，然竊疑《大學》本義，只就人情淺近處説，此意自在其中。蓋道理無淺深，一真一切真也，着意精微，易生意見。向嘗請教《格物臆説》及《格訓通解》，并《小記·大學》諸條，不知衛涯以爲如何？均請裁正。

答曾確菴

滎陽使來，更承無隱之教，洞然衷曲，令人感發，敢不盡言求正？第道聽塗説之餘，師亡友隔，臆見茫然，安能有所發明？徒增愧懼耳。敬因來諭原柬，標識數言，奉復請正，不另謄，亦不敢示人，體尊意也。陽明之學平正通達，其言本自明暢，以先生識明志切，只取其全集，虚心久玩之，則此辨論處自將釋然矣。近見新刻《三山麗澤録》及《天泉一勺》兩書，發虚寂之義，蓋陽明宗旨也。據所聞只是無意必固我，而行其所無事之意。不知先生曾見否？且以爲何如？向在姑蘇曾扁公署客庭曰「耐煩」，蓋自病自藥也。今見楚侗教語亦揭此兩字，謂是千古至人秘傳丹方，且論引子甚詳，讀之一笑。有是哉！高人亦爲此論乎？然僕曾妄擬此方，未盡服也，今只故吾耳。先生倘會諸公，不知可相印正否？

答鄗仰蘧

熙無所知識，然聞古今人之嘉言善行，則心切慕向之，若饑渴焉。往聞我仰蘧先生於孟津李舉人根，乃不圖正在治教之末，公私限隔，道阻且長，不獲摳趨執侍。比旌節臨洛，又值村居卧病，失於攀候。荷公不遺，過蒙厚禮，重之教言，稱揚過情，徒增悚怍，久缺問候，於心不安，豈有仰賢懷德，遲遲四三年間，不一請教，可謂好學乎？多病少出，不逢人，便因循至此。又伏自念衰極臨年，恐微誠積抱，付之無何有，生平豐蔀，終於不撤，其何以仰副知己之望耶？前未病時，諸友作會城南，以齒敘謬引不肖，因出昔年妄語相印正。諸友以手録不及，謀鋟諸梓，志在廣求教益，非敢有成心也。敬具一帙，求批抹。寒薄無以爲禮，愧負實多。桑榆景翳，尚冀朝聞。仁人君子，教思無窮，應無擇於衰朽也。

答温一齋 甲戌

默識之訓，師門微言，何幸與聞？向會一友，道林先生及門士也，述其師説曰「默識，寂識也」，大意宗全翁。竊謂默識者，心識之，非口耳也，猶曰「默而成之，不言而信」云爾。訓默爲寂，恐流入異學。或問：「默而成之，不言而信，存乎德行，如何？」擬答之曰：「如好好色，如惡惡臭，此之謂自慊。默而成之，不言而信，存乎德性也。」如此見解，於翁與準翁之旨有少分否？雖然，翁所懼者，某業懼之矣。道愛之下，忘形忘分，亦以不肖桑榆景翳，病廢相尋。時不易值，既遇知己，不忍不傾倒就正也。

答李仁居

書中云云，知公善政，秩有端緒，賢者設施，自不尋常。且云細微處愧怍，非内省不疚者不及此，此即堯舜病諸之脈絡也。即政即學，先生實體之，足慰離索矣。第阻遠，不及親覿，且病未知如何，徒增悵惘耳。快覩道林先生諸刻，未論言説異同，只此真實一念，是千聖正脈，讀之起敬。孰非我師？全集倘便得賜，尤幸。

答王藩甫

書辭委悉，具見進修不懈，即政即學，啓予多矣。聚所辱序鄙語，所謂「畏聖人之言」一語盡之。吾輩但常常守此，即□内或多或少，取之左右逢其源矣。任所見爲之，無意必也。近孟子騰又收鄙語爲《續編》，是先年所記，中間多未穩處，昏耗不能商量也。中惟數條是近見，倘子騰寄到，煩宏宇正之。衰年會少，有言未悉。

答殷先生 名士望，京口人。戊寅

生邇來多病索居，不能求友於四方，何幸因兩川、廣吾二友得通於門下耶！捧讀來論，精深一貫，足藥外馳支離之病。往僕聞諸泰和劉晴川先師，亦若先生之言，是蓋陽明先生正脈也。今三十年餘矣，快覩教劄，又得印正一番，寧非衰遲至幸！佩服之餘，竊有請質焉。聞之先覺，此學是不識字的愚夫愚婦可知可能，只是將心比心，自覺萬物一體，只在淺明處體察，則深遠在其中矣。蓋道理無淺深，一真一切真也。着意精微，易生意見。陽明先生古本之復，大旨已自明白。又詳著格物，只爲學者爲名目所誤，或分内外，或分後先，甚至分知分行，不得已詳説反約，種種方便，非别有一法也。自反未盡，將心比心，有愧斯言耳。衰病健忘，語言昏雜，因明通蔽，長者之仁也。總合日暮獨醒，得非矇學所深願乎！攄誠千里，無任惓惓。

答化鯉 丙寅六月

「對時」是「對時育物」之意，不是不着心。愚夫愚婦，共知共行，原是聖人，但有機心耳，此亦自責不見人非者，乃有此見。王有道相，董見奇特。故陽明先生隨病藥之。吾鄉先哲是康節，見《擊壤集》。南嶽讓、青原思，皆南宗傳法弟子也，其地在江浙之間，通龍谿，與諸公常會此。《孟子》末章，爲規虛舟，却是吾人通病。方便是入門，究竟是到頭。因來問答大畧，更須面悉。思則得之。是望。

二 丁卯

學須自肯。自肯一念，便是良知全體。即此行去，是謂致知。行必有事，事必有物，意脈必相通，吾知乃順，遂生生。故格物爲致知之實，此通必到盡處，乃爲全體，故格物而後知乃至也。「民親而後德明，必在止於至善也」，近齋説是也。愚説尚滯「先後」字，是牽制文義。至論工夫，則一而已矣。

三 丁卯

《夏遊記》當以龍谿之言爲正，緒山語亦要善看，以意會之，可也。念菴指談學之弊，可爲藥石。然竊觀老師之學，一再傳便失真，君子所以貴親炙也。

四 丁卯

心之所安曰「義」，即乎心之所安，是曰「集義」。集義之功無分行住坐卧，此真静坐也。跏趺而坐，特一法耳，名曰「假打坐」。

五 戊辰

愚心尤望諸友作會相切磋，或有見，筆出時賜教，蓋彼此有進，會少音疎，恐成怠惰。《傳習録》中「近日諸友少疑問」一條可玩也。居厚不知能率教否？進德修業原非兩事，雖小子亦宜以此望之。

六 戊辰

奉去《遺言》等録四本，幸深味之。弦歌爲學，是不誑語。試取《論語》「興於詩」章圈外總註一觀，所謂「今皆無之，只粧門面」耳，可慨思也。吾輩將何以爲學哉？此在子騰自酌之。

七 戊辰

見示作會，如謬擬之約，聞之踴躍，恨即未能追隨也。鄙語只作草稿。義理無窮，先覺阻遠，不得已與諸公商榷，爲自省之伴。鄙見亦時有異同，亦足見義理之無窮也。謂敢執着乎？諒之。

八 戊辰

衰軀路遥，不能追隨諸友入會，不知諸友會時如何？會後如何？大抵須有歡欣鼓舞，不知手舞足蹈，乃爲佳處。有生意，世俗之樂自不能入。若拘促迫狹，粧點門面，則失其意矣。如是則凡所講求，只成知見，無益於得，非善會者也。古人弦歌爲學，即以爲政，今也不然，楚侗以是見迂，貢守以是見斥，又何言哉！是在吾輩之自立自學也。奉去書四册，試看近齋所謂「比擬成知識」及「語黏聞見」與「尚有氣質在」是如何，便中示知之。

九 辛未

翟應揚枉顧，備述麗澤之益，尤見學力不倦，足慰足慰。應揚有問，答以不可有夾帶心，蓋「毋自欺」句處處使着也。區區自省如此，未知是否？幸相與勉之。應揚多疾，慎疾即學。昨告子騰，念貴體清弱，方係時望，不免力疾赴之，恐不宜也。二君恰好以此相切磋，何如？

十 辛未

方山之没，鄉邦失耆舊，吾黨失法程，實可慟。念此翁生平行實，人所共仰，况不肖又在知己之後，恨不能表揚於人人，以爲師範。而衰病，精神不及，卒卒不能成文，乃孫遠來，可爲痛思。是在同志所不可辭者。惟吾子騰，志同行同，居近知悉，表一人以勸萬人，當不辭此責也。方欲祔翁於老師位旁，而厥孫適至，即登之再拜，焚香祝以安之，於心甚慊。其誌文必吾子騰爲之乃可耳，幸勿遜他人也。

十一 壬申

聞諸友興起，皆子騰學力所到，足以驗此學之不差矣，但須包荒乃可。蓋吾人學問，人皆我師，非我爲人師也，故常自見己過。此實理，非自謙也。聞諸友多欲枉顧，衰病不支，望體悉，尤幸。

十二 壬申

德高來傳示華劄高文，并揚友書，病不能作答，俟少愈圖之。且令此友將鄙語一一討論，有不協，即筆記示下，乃可相講也。薛王之辨明，則任與時之幾辨，又只在自觀，是愛人，是惡人，是教人，是求教也。病中語意紛錯，孤負相求之意，愧罪愧罪。

十三 癸酉

昨幸接朱友，兹又承三友枉顧，皆子騰道愛所及也。三友青年即知向上，四老高年亦來入會，皆前此所無，令人興起。至誠動物，於今驗之。黄友所處良是，有父兄在，自當爾，可以意會。

十四 癸酉

恭聞貴邑士民講求《聖諭六言》，令人興起。昔撲所曾向我言，百姓易感動，蓋謂此歟？《聖諭六言》即虞廷五教。唐虞邈矣，聖祖此諭，實統承之，日視遠爲故事。新安之政，稱首諸處，其在此歟？貴邑有撲所作興於上，子騰又與諸友暨士民講求於下，一則尊聖製，一則明學術，斯道大行，當自貴邑始矣。多病衰年，良心未泯，竊欲自附，故此云云。前月武伊陽遣人來印《聖諭衍》三十部，《擬學小記》三十部。後又印《聖諭衍》下卷二百本，散於里甲。蓋亦有志教化者切，與貴邑南北相望，斯道之興可冀矣。何幸如之。敬告君子，應同此懷耳。

十五 甲戌

聞與汝仁約甚善，只是名心輕，則道心純一。昏眊無他説，惟自省而已。又云日見機械之書，曰吾定不爲轉移，恐默化耳。念之。

辭黄太守送地書

日蒙尊愛，垂念寒薄，惠賜官地十七畝，民地四十六畝，并下帖二張，謹對使者稽首拜受。第不肖自省，不敢承當者數端：一者身病垂年，家無丁壯能知農事。二者小孫俱少，欲令讀書，一營南畝，旋即廢學。三者祖業百畝，近城可耕，兼治遠田，况經争奪，垂老無争，聞之愧慄。四者國有達尊，永承欽禄，自顧何人，敢於叨此？誠恐官地廢耕，鞠爲茂草，民地廢耕，税糧脱欠，謹將原給下帖二張完璧納上，伏願收回成命。原出深愛，願賜萬全，完名晚節，株守待終。諒愛人以德之懷，保終始曲成之惠，自當感刻於無窮矣。

卷五　雜著

新安縣創建函關書院記

新安古函谷關也。城東門内有山焉，屹然北峙。嘉靖間，鄉民建泰山神女祠於其上，莫之禁也。萬曆己亥秋八月，郡貳守潞安楊公遜菴署縣符，亟命撤塑像，斥巫覡，改爲函谷書院。適有訴里中淫祠者，并毁之，移其碑壇及山上祠屋，咸撤而一新焉。擇諸生有志向者儲其中，爲之置五經、《論》、《孟》及理學羣書。仍爲立進修條約，蓋遊息絃誦之規畧具，公乃介陳生應魁、高生鳳翔，以孟生鯉狀賫書幣致詞來請記。尋轉南户部員外郎，縣尹沔陽石渠張君相繼復完其所未備，而申前之請。

往予與遜菴論學洛水之濱，對時洗心，一言偶契，誤蒙印可，跋語授精，公署勒石以示，其亦今建立書院之意與？予無能有他説矣，夫亦風俗學術之辯已乎？方今風俗之弊在奢靡，學術之弊在意見。孔門之學以孝弟爲爲學之本，其論學也，曰「主忠信」，謂終身可行，曰「其恕乎」，平實簡易，無玄虚也。今之談學者異是矣！卜度成見，認爲實際，遠徵近譬，稽天驗人，豈不秩然成章哉？然於孝弟則無實，於忠信則罕稽，殆數他人寶耳，是口耳之餘，濫竽之靡也。其下者則逐世壟斷，希青紫、饕富貴而已。此孔門所以猶有取於狂狷也。若夫風俗之奢靡，其亦學術之謬，文勝滅質之所爲乎？《記》曰：「飲食男女，人之大欲存焉。」蓋生人之欲□□□□□□食，食味厚則志昏，德之所以不修也。食味厚則費廣，用之所以不足也。食味厚則男女之欲恣，而宮室妻妾次第而起，狎侮侵奪，亂之所由日生也。習俗移人，賢者不免，不爲禁止，且爲闢説焉。故奢靡之俗，始於流俗之多欲，而成於學術之多聞，無怪乎滿堂宴笑，而向隅之泣如不聞也。

嗚呼！天下厭苦繁文久矣，孰與藥之？其惟返樸還淳乎？然返樸之道良亦不易。夫必清心寡欲而後元氣息，必服粗茹淡而後衣食均。隆古之世，老者始衣帛食肉，黎民但不饑不寒，媵妾有數，宮室有制，内無怨女，外無曠夫，樸素之教通乎上下。故人民育，萬物遂，後世乃以肉食藿食分貴賤，庖有肥肉而野有餓殍。宮室之美，妻妾之奉，無不如意。而閭閻環堵，父母凍餓，兄弟妻子離散，謾不省憂。故水旱不時，民多疫癘，何則？用物過多，元氣衰竭故也。此樸之所以難返，而淳之所以未易還也，皆學術差謬之故也。諸生尊祖訓，繹鄉約，亦嘗究心於是乎？

愚也衰老無聞，閲世稍深，一念良心，斲喪未盡，每念斯民之困苦，輒爲之惻然慟心。謂斯民之困苦由風俗之奢靡，風俗之奢靡由食味之濃厚。習染既深，勢難卒挽，倡率化導，其責乃在士類。苟移其希青紫而希聖賢，則淡泊明志，忠信進德，日察日著，善類朋從，風俗可還淳樸，元氣由以滋息。豈獨類錫於一鄉，行將風動於四遠矣。謂非師友之一快也哉？予故因書院之建，敬述是説，以驗多士。若夫進爲之方，用力之地，則書院之規條與公署之刻石俱在，而《聖諭六言》朝夕所莊誦也，予無庸贅焉。

書雙壽詩後

愚讀雙壽之什而動隆古之思焉。往聞汾沁之間，風淳俗美，質樸勤儉，賢聖所鍾，載觀諸篇所咏，益信往牒足徵。若晉川公者，可謂躬際其盛矣。一堂二老，偕壽并榮。奕世流芳，禁苑馳譽。睠兹世德，作求親見。施於有政，廉勤公恕。洽於民心，被澤則悦。厥聲載路，諒慎終如始，即終身可行。將邁五登三，緊萬世永賴矣。此隆古之治，聖學之大成也。顧德福之日新，匪名言之可况。彌高彌卲，二老之壽考無疆。養志養體，我公之孝思不匱。迄遺澤普被於烝黎，暨餘慶克昌乎厥後，斯生人之至樂，士庶所同祝願者也，敢獻是以爲二老壽。

嵩嶽瞻雲後序

西川子曰：余觀瞻雲之什而動往日之悲也，蓋自愧此心之未誠云。夫君子之仕也，行其義也，非以爲禄也。士不能履畝力穡以養，迨值親老，而干禄以爲朝夕，亦甚悲矣。乃又以衰暮，艱出入，不克逢迎以侍几杖、覲晨昏，而徒撫時對景，感思紆懷。陟巍眺遠，悵親舍於雲中，憶懽顔於膝下，斯其爲情也，可以脱然釋然已乎！是故鬱於中，聲於言，叶於篇什。詠歌不足，嗟嘆興焉。斯古今之至感也。故予深有感於少村子之爲斯什也。少村以邃學洪才，師多士，其進往也，如日方昇焉。榮封厚禄，所以顯厥親者方未艾。誼同故情同，情同故聲同，同聲之聲，鑑若洪鐘，戛如鳴球，誠之不可掩也。余嘗以親故求仕求歸矣，誠之不至，吾愧焉，吾悲焉，不可追已。迹同情異，安測君子之所存乎？余不能不重有感於斯文。

賀懷龍陳姻家晉禮部儒士序 壬申

歲己巳，予因寡過之難，而歎離索之孤陋也，與二三友朋約會城南，相觀摩，求寡過也，而懷龍與焉。於是揭《聖諭六言》於上而疏附于其下方，曰：「學至乎禮而止，禮莫大於分也。」凡巨細舉措必稽焉，竊自謂不悖於憲章，庶免坐蠹於明時耳。乃壬申仲冬，懷龍晉禮部儒士。蓋國家之所最重者，莫大於是。而懷龍素講求者，固在是也。兹且試之矣，勉爲一言以賀，而竊有請質焉。

夫禮者，體也。良知之著見於四體，與其事爲也，是人情之所不容已也。世之談禮者竊惑焉，不求協於情之所安，而依憑意見以爲實際。高者索玄微，虚也，非禮也；卑者執形器，僞也，非禮也。故惟《聖諭六言》爲盡。夫六言者非他，禮莫大於分也，是人情之不容已也。惟出於不容已而後免於虚僞，惟當乎其分而後安，而後爲真禮。夫父母，我自出也，分也，曰孝曰順，人情能自已乎？長上，我所事也，曰尊曰敬，人情能自已乎？鄉里，我鄰并者，分所必讓，自不容已於和睦；子孫，我鍾情者，分所必愛，自不容已于教訓。然非各安生理，則不能盡道。其不盡道者，不盡於分也，皆非僞也，是皆人情所不容已也。是故各安生理，而後爲盡分，夫是之謂真禮，是良知之著見於四體，事爲之本然也。夫苟無以間之，未有不得其本真者。間之多端，更僕未悉慎察之已耳，此吾所謂寡過之難而離索之可懼也。懷龍念哉！相觀相摩，惟無負於初約乎！惟聖諭之六言，是憲是行乎！願相與共勉之。

祭李汲泉親家文

維嘉靖三十四年，歲次乙卯，閏十一月壬戌朔，越十九日庚辰，辱執友眷生尤時熙，謹以柔毛庶羞奠於亡友汲泉李親家之柩前，拊膺頓足，仰天而呼曰：

天乎！天乎！乃令汲泉死乎！冤乎！苦乎！汲泉之死乎！人誰無死？死於病、死於老、死於不虞，均死耳，不足爲冤！不足爲苦！積誠未孚，有志不遂，含憤蓄衷以死，此汲泉之所以爲冤苦也。

憶昔乙未之歲，予始識汲泉，獨能違群顧我，來即我謀。君有高才，捷步巍科，我但碌碌，仕貧儒素。君爲御史，我官監部，情投誼合，結爲婚姻。每有意見，便相切磋。規員矩方，君所秉持。事求人格，似少圓轉。聞予平平之語，即劄記不忘，今所獲怨，豈其未盡此意乎？事涉從俗，君必顧義。隨俗俯仰，君所耻爲。執拗之云，豈知君者？孰意竟以是階禍耶！吾嘗兩寄君書矣，每以老師之言相勉，君憶之乎？何爲至是？嗚呼已矣！嗟何及乎！

初君之被逮也，使謂我曰與君爲郊外之别，即知君以後事託我也。方食廢餐，予實痛心。郊外之屬言猶在耳，豈知生别之語，遂爲永訣之辭乎？嗚呼痛哉！真我之云，君記憶否？聞君臨命殊堅强不靡，所謂真我者，君已卓然矣！幽明界殊，於何問君？口耳聞見，於何質正？嗚呼痛哉！夫誠之未孚，誠之未至也。志之未遂，志固在我也。誠識真我，當無怨尤。君之精爽，容有結滯於陰幽者乎！聞斯義也，可以脱然天游矣。人神永隔，於何問君？嗚呼痛哉！

兩年之别，三朝之聚，寒温未悉，君也長逝。雲天邈闊，望望北征，行道嘆嗟，如何我心？清宵惺枕，白晝閉庭。昔也思君，今也痛君。登君之堂，不見君形，見君畫容，不聞君語，但聞哭聲，予心之痛，雖以自解，并以解君，而猶不能爲情。殽核在豆，我將我烹，酒醴在觴，我酤我傾。不能與君揖遜酬酢如平昔，而徒想象於冥冥。陳辭籲哀，言有盡而意無窮。嗚呼痛哉！

祭蘇文泉文

嗚呼！古人之道，不見於今日久矣。古人責己，今人責人；古人利人，今人利己。一體之學，日遠日晦，而忿欲騰熾，日染日深。自非豪傑之士，以古人自期待者，孰能脱習俗而復古道，表然爲後人之模範乎？於惟先生，資禀剛方，操持峻潔，一鄉之中，咸知畏憚。然先生性雖剛，而專於責己。横逆之來，輒杜門省愆，而不之校。守雖潔而樂於濟物，憫人之窮，恤人之災，殫力以濟之，無難色。以是一鄉之人服先生之量，感先生之德，翕然以仁人義士稱之，先生之名遂洋溢於河洛焉。

某自中年從事古人之學，口耳出入，未臻實際，里閈中得見先生，竊幸可與共學，而吾兒與令器同遊芹泮，遂締婚姻。絲蘿攀附，交好日密。先生謂某潛心深造，某謂先生篤志力行。古今學術之辨，物我一體之機，相訂相證，言雖未必盡合，然亦謂之心一道同者矣。兹者遠近良朋雲集舉會，某方將依老成得力如先生者，共相倡率。而先生倏爾病，病而不起，倉皇永訣，未遂相期之志，嗚呼痛哉！

雖然，先生於斯道亦既躬行，則夕死無憾矣。某所爲痛惜而不能已者，爲鄉邦間不復見古人之道，吾儒一體之學將泯滅而無聞焉耳。靈輀將駕，薄奠寫衷。言有盡而意無窮，嗚呼！

祭竹川竇先生文 丙子

維萬曆四年冬十月二十六日，洛陽友弟尤某揮涕頓首，致詞于亡友竹川先生竇兄之神曰：嗚呼！先生之没，宿草幾青矣。撫今傷往，有深慨焉。竊聞古豪傑之士，憂人之憂，急人患難，非其義也，一介不以取與於人，如其道也，一國非之而不顧，其我竹川先生之謂乎？相夫行義，教子義方，維夫人某克堪厥配焉。

某兄弟幸交於先生，先生視我兄弟不啻手足。追昔嘉靖甲午，某不幸有先人之喪，衰絰異鄉，千里扶柩，昏黑投宿逆旅，先生聞之，秉燭出弔，驚悼太息曰：「尊靈櫬在此耶！」呼役夫掖柩入，我兄弟泣辭不敢當。先生太息曰：「不見所學。二君，我客也，每此燕坐。尊翁，先祖父客也，乃不當在此安耶？所學何事？」竟掖入，厝中堂設奠焉，又欲同我守柩，教我製服，安我老母，飯我妻孥。窮途逆旅，没存受賜。服闋謁還，留宿致贐，脚力代步。先母之喪，寒冬遠道，弔祭躬臨。種種深衷，感心切骨。宿草十年，永思三紀，固知德厚難酬，豈謂恩崇未報？此其錫類之大端，區區之私感，而人所共見者也。至其以古人爲可師，謂隨俗爲深耻，絶公門之私謁，雖觸怒而不移，正同柩之□儀，犯俗忌而不恤，卒成立己之大節，力拯末俗之頹風，雖衆共欽仰，而學術淵源所自，或未之深知也。

某私淑有年，懷型感德，已曾潔案焚香，奉安神位，侍坐師席，鑒臨久矣。更欲追述歷履，用存國故。尚記教言有以陽明老師文録殉葬者，忘其姓名，此友卓識確志，亦宜附載。某年來沉潛師訓，更覺精微，幽明限之，無處告語。兹適有尊嫂老夫人之哀，感時序之遞遷，慟哲人之不作，緬想昔年之深愛，實惟内相之克承。警昧旦之雞鳴，懷親賢之雜佩，幸納交於夫子，仰淑範於代終，惟舊感與新哀，實觸心而隕涕。勉綴斯言，異時左券，折儀代奠，因風寄哀。二老有靈，尚其鑒此，永慕乎！

卷六　紀聞

某一日往見晴川先師，道經一曲巷，見餓者臥簷下泣號，與之數錢，一路惻然不懌。自念此是不忍之心，恨不常存耳。既見師請正，師曰：「所過不化，在存神上用工。」

予嘗謂李春野寫所見相切磋，春野答曰：「吾意到那裏説那説，不喜先説。」意在相諷。予曰：「孔孟當時講説，豈自以爲已到那裏耶！」春野無答，然予却以其言爲藥石。

近齋説，陽明老師年逾五十未立冢嗣，門人有爲師推算者。師喻之曰：「子繼我形，諸友有得我心者，是真子也。檕自兵興以來，未論陣亡，只經我手點名戮過者甚多。倘有一人冤枉，天須絶我後，我是以不以子之有無爲意。」至嘉靖丙戌，子正億生，後襲師封爵。近見年譜所載「對龍光語」云云，當以近齋所述爲正。蓋老師奉天征討，除逆定亂，功在社稷；良知垂訓，肇開群蒙，功在斯文，所謂「爲天地立心，爲生民立命，爲往聖繼絶學，爲萬世開太平」，陰騭斯民大矣。敬慎折獄，可知也，克開厥後，理有固然。年譜所云，似於事理未盡，竊恐疑誤後學，故特著其説。

卷七　私録

伯舉私録

九條，伯舉，劉鉞，新安人

人之一念合理，就是真種子。朋友講習與讀書，俱是培植灌溉，自然生惡可已。

道理只是綱常倫理，愚夫愚婦皆可能的，乃是家常飯。孔門弟子，顔子之外各有病痛，若無可觀，後世儒者著述立言，若反出於其上，然聖人與他做的是甚麽？正是在這實理上着力，各舉自己病痛，以求治於聖人。後世儒者便是立個門面，反失孔門務實之意。

這件事，利上輕的人做著不費力，若重利的人終是費力。

道理無窮。論大意一言可盡，若論工夫則無窮盡也。

講學不妨舉業，但學舉業便是要求得。若不得，心中必有不自在的意思，這就不是講學。

近時舉業文字太長，七篇足有常時十四篇。若果取的是好人，雖一篇也可。若取的不是好人，七篇何用？

《羅念菴文集》看着儘感動人，不知是那些子有未到，不如陽明先生。如曰「爲天地立心，爲生民立命」，便與無所爲而爲者殊科。蓋事雖爲天地立心，我只管盡其所當爲，不知是爲天地立心；事雖爲生民立命，我只管盡其所當爲，不知是爲生民立命。念菴似是以方便爲究竟，然其近裏着己，足矯虚浮之弊，真龜鑑也。

世俗尚奢靡，僭侈無忌，甚至有婚姻之家，因些禮物，將兒女疏薄。且古之人士執雉，庶人執鶩，禮也。假如庶人執雉，便犯禮犯法矣。古之犯禮也以爲羞，今之犯禮也以爲榮。無法守，由於無道揆。

孔彦私録 二十一條，孔彦，郭文士，洛陽人

先生心體瑩然，湛無一物。其親家韓魯埜誚之云：「我尤太翁胸中似冰洗的一般，不如我，倒有幾個字。」某舉以告，先生笑曰：「怕我不是恁樣第，愧未能耳。韓親家過稱過稱！」

陳仁泉麟以書來質，中有「淡是本體，濃是習性」二句，先生批云「淡非本體」，諸友遞觀疑焉。某因舉似先生云：「本體上亦着不得個淡字，淡字是對濃字，若無濃，并淡亦不説了。所以《小記》云：『雖五穀之美，不因饑渴，亦無所用。』」先生頷之云：「孔顔〔二〕會得恁易。」良久，更

〔二〕「孔顔」，疑爲「孔彦」之訛。

云：「非知之艱，行之惟艱。」某受教，不覺悚然。

有辨佛教説無真無妄，儒教説有真有妄，似於一義未協者。某曰：「子不讀《中庸》乎？既曰『不睹不聞』，又説甚真妄？」其人無對。某舉以告，先生曰：「二説皆是。」某請問，先生曰：「無真無妄是告上智，有真有妄爲初學者説。若初學，不教他存真去妄，却於何處下手？」以此知先生教人不執一方，便是善轉法華處。

先生德性寬容，不面斥人。嘗見學者有慳病，但微諷之曰：「是成家□麼？」聞之者亦自懔然知過。

先生懲末俗空談，不説静坐，教人惟就日用事實處指示。會病痢浹旬，弟文元、文秀省候回。某問有何教言，弟曰：「先生無多言，惟説静中得力。」

先生解「由誨女知之」，只是不欺。「不如某之好學」，是學復忠信。「大人者，不失其赤子之心」，「無爲其所不爲」，皆不用註疏。某覽之，忻然會心。因問：「從前解聖人無所不知不能，似在才力上。某嘗爲所苦，自揣以爲不能，依先生説，只在良心上學，此民所固有，有甚難？始信孟子『堯舜可爲』，非誑語也。」先生喜曰：「此間友朋久不問到此，孔彦初進便能領悟，可喜可喜。」

學憲衷公貞吉深重先生之學，嘗覽《小記》，嘆曰：「先生之學平實簡易，真兩程之後一人。」

移文禮獎，仍扁其門曰「程門繼美」。

僉憲鄒公德涵敬慕先生，自汴抵洛，兩次造謁，去之日，充然若有得也，與李伯生曰：「先生之學有諸己，了非空談者，吾儕當師事之。」

洛庠諭王先生一俞到任，即來叩謁。先生已病，不獲領益，請《小記》一部讀之。閱月，前語稍變，曰：「先生之學，是説過失。」踰歲又相見，懽然曰：「先生懲空談之弊，真是不肯道破，其實已道破了。」某曰：「何謂也？」曰：「學術差處，只爲認方便爲究竟，非本體而何？吾今得先生之心矣。」大嘆服。

黄府尊焯以逃户田若干畝，給帖送先生冢孫敦甫，爲養贍資，一庠友争之，自言某購此地，賄里書，曾用過前三千。有勸敦甫辦錢償之，可得地爲世業者，敦甫以告，先生即令□帖。當時諸友頗訝其不善治生，某亦疑之。近來看先生天分定矣，於感遇得喪，真太空浮雲。諸友猶是不脱愛憎取舍，於先生所見，霄壤懸絶。

蘇文泉磐居官數載，點塵不染，先生雅敬之，惟不喜著作。某舉以問，先生稱之不已。某問：「何不著述？」先生曰：「不在此。心同了罷。」吕文川孔良書舍起會，論及李春埜士元，先生曰：「此友是個美器，平生操行不苟，作官諳練，居常一個菜畦亦有條理，惟享壽不永，未至竟究此學，可惜。」

李伯生說梁君可一日問先生「不宜崇尚二氏」，先生曰：「説崇尚便過了，只是取善。」

先生心中活潑潑地，作《贅言》時，伯生曾請易數字，先生便忻然稱善，無難色。

先生教人含蓄，每令自悟。一日王約真以悟説：「一友舉問：『白沙先生詩教歷歷。某繙閲一遍，何不見有一字言及經世意，莫偏些否？』先生曰：『不敢妄擬。』因笑曰：「先生只如此便答了，非秘之也。蓋欲人深省自得之耳。」其善誘如此。

孟叔龍化鯉在門下最久，操守素定，一步不苟，見之者無貴賤愚賢，皆知敬之。故凡來者，先生必叩曰：「曾會子騰否？」良久曰：「近日就來，諸公都會一會。」

一日聚講，先生命叔龍歌詩，自齊和之。王子敬齋、朱子桂□、傅子心虞、王子見朋、蘇子嵩陽皆侍坐，一時甚興起。予目其氣貌皆異常時，皆有個坐春風意，以是知朋友之益最大。

庚午某月，月食。次日休寧程天津至，問先生：「昨宵何以舉禮？」先生曰：「某病不能出户，家人候食時報知，惟整襟正坐省愆内訟而已。」天津曰：「何不救護？」先生曰：「修省，弭變之實。某難於拜跪，恁樣便是救護。」天津子悦。

先生親家龍氏夫婦老而無子，先生延至家，别處一室贍養，以盡餘年。

先生居官數載，一塵不染。乞養歸洛，惟雇騾載書衣兩篋而已，無長物也。姑蘇陳莪齋餞之郊，贈以詩云：「盡省仙郎握利權，飯疏飲水似枯禪。隨身一篋輕來往，自有關譏無此賢。」

「涅不淄兮磨不磷，工夫到此世何人。看君屋漏操持此，始信人中有鳳麟。」洛士夫家居，府縣例餽青衣夫馬，習以爲常。先生力却不受，因有一二家化之，至今駸駸還淳返樸，先生之力也。

化鯉私録

鯉問：「今自己心中多未能静，且如瞑目坐時便有許多思想，便是私意，却不能禁止，如何？」先生曰：「人心不能無思，若思得皆是天理，即是學問。但我們念頭多是私意，只是静坐纔好。」

先生曰：「獨居亦要自在，不可太拘。太拘則不能久，如曰『居處恭』只是不放肆，『執事敬』只是不苟。學問只是常行道理，人若於飲食男女之際皆不苟，就是學問。」

人多有怨尤心，不得於人則尤人，有不遂者則曰命合如此，亦是怨天。惟正己而不求於人，則無怨。

人多有忿欲，不是忿便是欲。《易》以懲忿窒欲爲「損」，説得最好，至「益」則曰「見善則遷，有過則改」，一則在形氣上有制，一則在德性上興起。

人須是淡得世情方可言學。世情榮美，人多歆羨，雖來講學，心中猶有這一念放不下。除此病須是静坐，一切好樂方能丢下，前輩俱用過此功。我昔在北雍時亦畧静坐，真個凡事不愛，世間無可好者，今日亦得當時静坐力，自愧未能究竟耳。

先生因舉「夢寐即白晝」語謂鯉曰：「人夢寐中果如白晝所爲，此心方是真實，方爲廓清。若白晝如此説，如此行，夢寐中却不如此，還是心中未真實，猶有世情意，須是静坐。」他日鯉復舉似，先生曰：「隨宜用工，静坐亦一法也。」

静坐亦只爲紛擾，人情多是紛紛擾擾，静坐恰是對證之藥。陽明先生云：「覺紛擾則且静坐。」觀「覺」字「且」字可見。又曰：「還須責志，方是動静皆有事。」

因舉《大學》「興仁」、「興讓」語，先生嘆曰：「大家果能讓，則天下平，又消説甚麽？」

《大學》一書，終於理財，人能讓則不争。這「讓」字在財上又要緊，觀下文「一人貪戾一國作亂」，「貪」字恰好對這「讓」字。

《大學》誠意章，是細説學之工夫，然只終於無訟，可見無訟則天下平，能讓則無訟。

孔門若參之魯，敢望賜之穎悟？然卒得其傳，只是他樸實頭做去，倒是實學。

孟子之言振發，然却着實感動人。

先生嘗語門人曰：「輕得利便入得門，輕得色便入得堂，輕得名便入得室。」

凡人用智巧者，還是不知命。

鯉問：「近齋先生謂陽明先生爲知幾，又謂孔子『知及之』章爲知幾，其旨何如？」先生曰：「幾者動之微，聖人心常存，故當知幾。諸語皆然，不但『知及』一章。若不知幾，是義外也，非孔門之旨矣。」

鯉問：「近齋先生論虚心受益，通篇皆是論其成功。」先生曰：「亦言用工，所謂接上根也，然學問亦真有此一路。」

鯉問：「意之所滯，拂之而已，不知將何以拂之？果臨事自有方便乎？」先生曰：「有計功心即不虚也。」

近齋批《格物説》尾跋甚精，所謂盡滌云云，又不在文義間矣。君得空外音乎？

鯉問：「先生以好惡訓物，好惡合則爲格物，工夫當如此。近翁説『物』字正與上文相貫，然其用工，亦曰所惡毋使，其實一而已矣。是否？」曰：「是。程子亦云『約其情使合於中』，良知不慮而知，何處着工？便及行事。二解工夫實同，近翁説更明順。」〔一〕

鯉問：「先生訓物爲好惡，竊觀後面『絜矩』字正是格物，故近翁亦云然，絜矩義只所惡毋使，是好惡合則，物可通矣。以好惡訓物，甚有據，是否？」先生曰：「好惡必有所因，無所因斯

〔一〕「程子亦云」以下原另爲一條，觀其語義實與上文相貫，故合并爲一條。以下此類情況不再出校。

無好惡矣。是所因物也，好惡非物也，情也。通物必於其情，但曰『通物』則語意明顯，若曰『通好惡』，則語意隔越矣。」

鯉問：「夜氣就常人説，謂常人於晝間，耳目精神都逐在外面，至夕猶未放下。到得中夜時，良心有萌動者，特不能常翕聚耳，故孟子又有操存養長之説。」先生曰：「日亦有息存乎！其人平旦之氣，本體也，日夜之所息也。養此存此而已。知學則知息。孟子是就氣説，不立意見。」又曰：「知是氣之靈處。」

鯉問「精一」。先生曰：「精之，所以一之也。」

鯉問：「蓍固是《易》，龜亦是《易》。見龜〔一〕非專爲書也，是否？」先生曰：「醇風所鍾，醇心所通，隨時變易，以從此也。蓍龜也，書也，皆《易》也。筮卜問天，求學於天也。神謀鬼謀，百姓與能。」

鯉問：「良知是習知之合則，習知是良知之偏向否？」先生曰：「合則不爲習，偏向則不爲良，毫釐千里。習知是習染之知，其來遠矣。」

鯉問作樂秬黍之説，先生曰：「昔人累黍定尺寸，試竹管之廣狹長短以準聲音之高下，亦是

〔一〕「龜」，疑爲「易」之誤。

一法。然元聲卒不可定，則心領神會之失所也，是倒做，是枝葉上求來。」

鯉問「義理之怒不可無」句，先生曰：「纔動氣，便逐物。」

鯉問：「點檢己過是爲己實功，恐於朋友切磋處放過。」先生曰：「忠告善道，亦是爲己。」

鯉問：「據《禮記》所載，三代皆有小學以養老。」先生曰：「養老是學中一事，教則備五倫。」

鯉問：「《記》言『小學在公宫南之左』，或是爲小子所居而名，如今之所謂社學者。」先生曰：「後人乃有此名，社學之教宜如鄉約，合少長講會，今失其義矣。」

鯉問：「先儒所集《小學》，今讀其書，非不惕然感動。然其文義雖成人尚思索而後通，豈小子所能知？」先生曰：「中間亦有蔽于意見處，須致吾良知乃知之。」

鯉問：「志仁即仁，原不限於才力，人人可能者。若曰才力有能否，然則性其外鑠我乎？人患無志耳，是否？」先生曰：「是。才力自不齊，故不取必。」

鯉問：「近齋先生云『懷土懷惠，只是爲形體』，是對不懷德失心志而言否？」先生曰：「學由心志則形體在其中。」

先生謂鯉曰：「看書俱當活看，只在道理可通。」

鯉問：「好惡不逐物，雖應感，不失虛靈之體，是否？」先生曰：「應感即虛靈之有事也，何失之有？」

先生謂鯉曰：「今人言延年口訣，多説是老子所傳。然孔子當時親見老子，苟有可以延年者，何不傳之孔子，豈孔子不可傳乎？顏子在聖門是第一個弟子，乃三十二而卒。孔子但曰『不幸短命死矣』。至於伯牛有疾，亦止嘆曰『亡之命矣夫』。今之言養生者，舍當爲而不爲，乃務爲孔子之所不爲，此是異學。」

王近山在洛謁先生，既過新安，謂鯉曰：「昨見尤老先生高年，欲以所聞一訣奉告延年，使同志者有所瞻仰。老先生意思不用此，予未敢言。」後數十日，鯉見先生，因述近山言，先生曰：「連近山這意思也要一筆勾了。」

夜與近山同寢時，近山問鯉曰：「夜間如何便睡着，又如何便醒了？」鯉無以應，近山曰：「此個道理也要理會得。睡時若神歸於肝，潛得淺，少頃便醒；歸於腎，潛得深，便會久睡。」鯉以質於先生，先生曰：「只當爲而爲，不當爲而不爲，便是學問。至於睡呀醒呀，任他去，不須理會。」又曰：「睡時若果胡思亂想，便與除去。此是睡時的工夫，若説有個睡的法子，也不用此。」

先生教人，只是要盡見在職分。嘗曰：「九天之上，天也，眼前亦天也。九地之下，地也，脚下亦地也。如今只管眼前脚下實實行去，不論九天之上九地之下，然眼前之天，脚下之地，即九天之天，九地之地也。」

曾確菴致書詢先生生平，先生答云：「少多過，老知悔，是僕之生平。安淡泊，守規矩，是僕之願學。」

論陽明先生答童克剛「分兩」語。先生云：「此擬成知識，令心不虚。此葛藤亦是老師引起，當時只說聖人猶萬鎰，學者猶一金，只要鍛鍊足色，不在分兩，豈不明白易簡？罪我之悲，師應不免。」

又云：「克剛不鍊自金而替他人争分兩，即使無疑，只成知識，非老師喻金本意，吾且鍊吾金，不暇他及也。」

登高不喘，歌詩如常，此是陽明先生學力所到，亦無行不與之意，未到彼，不敢議。陽明云：「我登山不論幾許高，只登一步。」但守此訓可也。灌溉二字有深意，真種子却是自家良知。

嗜欲易深，天機易淺。

知病即藥。

論人詳，治己便疎，在須臾間，不可影過。

覺勝心，即夜氣已復矣。

問病便是知病，不言而喻。

嚴者有條理之謂，今人家所謂嚴者多是暴。

以上十條答唯菴。

春野云：「『至善』乃『繼之者善』之善，未落于氣質，未判于人物。真性本原，所謂易有太極是也。」先生曰：「此意先識得乎？後悟得乎？莫成意見。」

春野云：「『明』、『親』乃成之者後事，『至善』乃未落于氣質之時，輕清渾淪之際，物我從出之原，須要先識得。」先生曰：「此是説光景。」又曰：「自一陰一陽以下細細分節，莫成取次否？與『不識不知』之味不同。」又曰：「道理不當説起處，若説起處，便説從何處起，便生玄虚意見。」又曰：「何以能先識得？」又曰：「舍却□在職分，只管推原道理起處，此晚宋談學之弊也。或先□得，或後悟得，總屬意見，却是放心。」

春野云：「近齋先生以格訓通，爲通乎物情，然細思與本章恐有毫釐之異。自天下説到致知格物，一步緊一步。蓋人心孰不有知？爲物障蔽，便不能空空。格去物，則光光浄浄，渾然太虚，意必固我，何從而生？以之誠正修齊治平，一了百當。吾心之知，明鏡也，物即斑點也，情之所通即光之所燭也。去了斑則能照，未有不去物而可以通人情也。格即『格其非心』之格，物即『物交物』之物。」先生曰：「《臆説》亦與此同，但不以物爲物欲耳。如以物爲物欲，本章『物有本末』如何解?」又曰:「格不訓去」。又曰:「格物訓去物不得,或訓正物,或訓則物。只爲尚存意見。」又曰:「通人情正是去斑點,非去斑點了而後通人情也。離了人情何處用工?」又曰:「物交物,此物非原物,故不通。格物之物,原物也。」又曰:「此條是肯綮處,須面談。」

春野云:「工夫本自易簡,一舉就到,一提便省。日用本自活潑,但不可輕輕放過,常在師友發明。」先生曰:「不輕放過,如何用工?」又曰:「如何發明?」春野云:「惻隱等時時見,但不可差過,就是工夫。提省本來,就是發明工夫。」先生曰:「不使差過,只空空懸想乎?抑須有事實乎?」又曰:「昔年亦有提省本原之説,亦云一了百當。後覺玄虛,故從今説。」

春野云:「孔子之言約而平,會其欲無言處;戰國而下,詳而大,會其欲有言處。」先生曰:「『無言亦是藥。』又曰:『戰國而下有知學者乎?』」又曰:「詳得個甚?」又曰:「『大』字、『會』字更詳之,但謂其逐於有言,可也。」春野云:「戰國而下有心立言者,有心便是利。詳而大者如何下手?如何工夫次第?如何效驗道理?那有許多頭緒?」先生曰:「戰國而下未論。頭緒多,只是大意差謬,爲其先功利也。」

春野云:「大抵良知本無所知,有心求知便是非良。」先生曰:「無知亦是藥。」

春野云:「大抵講學本以求損,以爲學益,將何所益?」先生曰:「將何所損?」又曰:「有無損益是對證之藥。」又曰:「聰明人多能,所能多最妨學。」春野云:「將何所損?損其多以歸于易簡，還其本體耳。」先生曰：「還其本體非益乎？」

春野云：「大抵元近來愈厭勞擾，只求無知，便覺身心有益，與陰衛涯書亦是不得已。但以近日所見，復彼中所云者耳。」先生曰：「愈厭勞擾厭煩，即非無知。欲求無知，須是耐煩。」又曰：「前云惻隱時見，此云與衛涯書是不得已。若是惻隱真切，却是自不容已。切念人物失所，只因人心陷溺。人心陷溺，只因此學不明。有衛涯者肯來出頭講求，遠遠致書通問，若是惻隱真切，自當應答如響，乃云不得已乎？豈以輕清渾淪，繫其意見，而於世界□無交涉乎？此是學術差別處，慎思之，明辨之。」

昔年在東寺時，春野曾寫數條，只泛泛。昨者見教，尚雜取春秋戰國人議論。今此數節，方才着己，又却落在自私窠臼。確乎自信，閉關據隘，無間可入，只有「厭勞擾」三字是頂門一竅，不曾遮備，試下耐煩一針。若受此針，通身汗下，諸竅盡開，不勝慶幸。某老矣病矣，衰極矣，舉筆健忘，率爾相正，亦不容已之心也。春野念之！念之！

以上春野録。

楊遜菴云：「此個道理要識得，識得了須放下；亦要悟得，悟得了須放下。斯不成意見矣。」先生曰：「如何能識得，如何能悟得，如何能放下？」

遜菴云：「不思損之，將欲益之乎？此白沙之言，謂聰明多能者言也。損之又損，外家之言，謂多嗜欲者言也，是故黜聰去智爲對證藥也。今云講學本以求損，不知損個甚麽？」先生曰：「只作對證藥，則損益更不着迹。」

遜菴云：「《易》：『復，其見天地之心乎。』邵子云『一陽初動處』。所謂復，所謂動，即起處也。天人不殊。察見此理，隨動隨静，隨事隨時，無少間隔，即是見在職分，即不落玄虚矣。」先生曰：「此理如何察見？金屑雖貴，入眼成翳。」又曰：「不落玄虚，恐成意見。」

遜菴云：「惻隱等隨人資禀學力，隨感而見，若見孺子而怵惕惻隱之形，則無賢愚彼此之分，就其至真切處言也。察識而擴充之，方爲實功，今言提省，似落玄虚。」先生曰：「察識擴充正是提省。」

先生四歲，夜坐牀上，聞父潛齋翁講朱壽昌故事，輒泣下哽咽不能休。

先生癸未遇杞縣劉新齋東于京師，語先生以養生之説，然先生業已從事而知其非也，因述所學以示劉，劉不肯從。

先生在滸墅公署中有隙地一區，因疾欲栽花木以自娱，召花園子計之。花園子具言植花若干，牆面則用數株小柏樹編架。戒次日早來。詰朝，花園子見，先生曰：「我如今不栽那花木了。夜間睡時我要伸就伸，要屈就屈。因思我一身要自在，却將那花木紐捏，使他不自在，於心不忍。」遂寢其事。

先生往在宦途，曾有故舊送一星士，其人索年庚。先生曰：「君説我好，起我安心，説我不好，起我疑心。且凡欲推算者，求先知也。余不求先知耳。」其人嘆謝而去。

戴仁村《字學歎》末二句云：「更有一般真究賊，毀經謗傳笑文林。」先生曰：「戾經而傳，是曰毀經；戾理而議，是曰謗傳。傳不戾經，經之孝子也。議不戾理，傳之忠臣也。痛癢心切，遑恤非笑哉？」

訥谿周先生怡説：「諸君子相繼淪落，海宇幾空。」先生云：「海宇幾空，訥谿之感深矣，然予不敢以此必天下也。宋屏山劉先生有言：『韓子謂軻死不得其傳，言何峻哉？蓽門圭竇，密契聖心，默相授受，政恐無世無之。孤聖人之道，絶學者之志，韓子之言哉？』予於是重有感矣。」

先生曰：「賈太傅痛哭流涕等語，緣是不忍心切，乃有此説話。後儒不識他一點真心，反説他少年輕率，殊未然。」因謂伯生曰：「今日講學只要辨這一點心何如。」

嘉靖癸丑，訥谿周先生怡自登封寓書新安丘仰之曰：「吾人於書册中見古聖賢，常恨生不同時，不得親炙。若西川先生，今之聖賢也。執事與之同鄉世交，何可放過？」

訥谿與吉水李省菴輻書云：「吾丈幸仕二程夫子之鄉，覩河洛，仰高山，足慰平生。西川先生雖未識面，其篤志力學，已深信其尚友者也。前修時範，視民不恌，又愈于武城之遇矣，願時相切磋，直諒取益。」

訥谿與先生書云：「癸丑夏秋兩侍道範，誠心睟容，不俟言論而默淑吾大矣。即有言也，罔非德言，有所論也，罔非道論。動静默語，皆我師也。吾安能忘也！以此告念菴諸君子，念菴恨不即縮地取晤，今齎恨歿矣。」又書云：「我西川公誠河南夫子，支撑天地柱石也。小子不才，得承教于先生，每一想及儀型嚴肅，非心自格。」又書云：「天地之道，其爲物不貳。無貳爾心，昭事上帝。吾丈無貳心者，安得日侍其側，供灑掃之役以儀型之乎！」

訥谿爲南雍司業，謂晴川先生子年云：「西川先生以泰山喬嶽，鬱起中都，爲海内宗師，人咸稱爲尤夫子云。」

晴川冢嗣上先生書云：「年自童時，先君子虞部寄音，謂洛中有夫子出焉。二程傳心之妙，將焕然復明于世者，其尤西川乎！以剛毅正直之資，篤念聖賢之學，其道德已足乎己，其名望已著於時，然猶不耻下問，欿然無自足之心，誠古之所謂豪傑也。求之天下，一人而已。」

朱近齋得之與趙麟陽錦書云：「天地真機，周孔心竅，是先師一口發露。諦觀及門之士最久而最親者，莫不挾帶攙和以爲妙用，固如此，吾誰欺乎！不肖極目長天，以爲世之豪傑，惟執事與洛陽西川、吉水羅念菴，可繼先師之志。三兄之外，豈謂遂無其人？但不肖未之見耳。」見

《參元長語》第四卷。近齋，常州靖江人。

近齋與先生書畧云：「兩接手翰，益感誠愛出於肺肝，日新之勇直取心君，不作三代以下搯數。故爾實疑實悟，非聞見所能滯也。」又云：「竊以洛陽天地之中，古風淳俗，得□□如盛德者，運根本而不息，則所趨宜不在尚辭之區也。」又云：「四月中在白下聞周都峯即訥谿。名怡者，深服師長之真切，想曾相扣故也。」近齋遊太學，先生時爲館師，故書中稱師長。

輝縣鄉進士郭樸菴野，目已盲，獨心慕先生，一得《小記》，命其子讀而聽之，而悦之。

查毅齋鐸與化鯉書云：「西川先生語録，條條皆從實體中來。見公之質問皆入微，初以爲應酬不切學問者，或可删一二。細閲之皆於日用有關係，真人事皆天則也。已付與李滄浪悉刻之。」

杜静野偉與尤敦甫書云：「企慕令祖老先生，道德純明，師表河洛。生未能躬造聽教，已聞梁木其壞，將安仰耶！謹以香帛附信陽李儒師轉上靈筵。他日遊洛，當遂拜墓之誠。」

門人鄭重上先生書云：「重之大過也，求教既已不誠，及蒙與進也，遽爾告歸。致動我師至誠惻怛，淚別揮毫，令人感入骨髮，神明可鑒。」重僭云：「凡得老師之精神命脈者，皆其子也。重雖未能盡子道者，敢不於斯而求勉萬一也。」重，雲南永昌人。

元氏門人王璦上先生書云：「璦自蚤歲幸遇吾師，闡明正學，發揮至道，叨被陶鎔之力殊多。第資質庸下，志弗克立，其有愧於吾師多矣。前歲敝邑白少玉獲謁函丈，知吾師道體元吉，聖功純粹，已臻于窮神知化之域。」

臨川羅近溪汝芳來書云：「芳思親炙德輝者二十年于兹矣。幾緣不偶，竟負夙心。昨獲讀新刻講學緒編，平實中正，潤益身心，大不易言。盡其時馳戀，鄙忱似稍稍浣慰于萬一也。」

查毅齋貤先生書云：「仰先生盛名山斗，積懷已久，無由親炙領教。今年春候補寓京，得接高徒孟君，見其徒已知其師，及讀《擬學小記》與《續録》，乃知先生之學，蓋得王文成之正脈。且精凝神定，心虛氣和。凡答問處，不費詞而微意自透。凡酬應處，不修詞而真誠自見。深造自得之意溢於言外，讀之真令人興起。」

安福鄒聚所德涵謂化鯉云：「過洛復面西川先生，見其惻然仁體，藹然虛懷，非《小記》所能盡載，因脈脈自奮矣。」

附録　上卷[一]

河南西川尤先生墓誌銘

嗚呼！此河南西川尤先生之墓。先生嘗仕於朝，爲户部主事矣。而其鄉之人被服於先生之教最久，故其稱爲西川先生，而不以其官。於其殁也，亦以此題其墓，其鄉人意也。予不識先生，而識其門人孟進士叔龍，聞先生之教最詳。先生殁而屬予銘其墓，此孟君意也。嗚呼！予銘先生有不勝其悲者。

自予居京師，得與四方之賢士爲友，於山東得孟子成，而又得聞其師，所謂弘山張先生焉；於河南得孟叔龍，而又得聞先生。是予幸而得兩友，又得兩師也。前年弘山殁，予爲表其墓，乃今先生又殁，而兩孟君一以憎去，一以憂歸。予悼夫老成之日以凋落也，良朋之日散而之四方也。嗚呼！予銘先生能無悲哉！

[一] 據曹肅孫爲《擬學小記合編》所作跋語，此部分與後面的「附録下卷」均非孟氏原書所有，而係後人增補。

先生諱時熙，字季美，其先本吴人。高祖父亮，始從軍，隸河南衛。父錦，贈户部主事，母姜氏封太安人，其生母蓋王氏云。先生生而警敏不羣，稍長，爲諸生輒有聲，弱冠舉於鄉，是爲嘉靖壬午。時王文成公《傳習録》始出，士大夫泥於舊聞，競駭而排之。先生計偕入京師，一見輒有省，晝夜讀之不休，則嘆曰：「道不在是耶？嚮吾役志於詞章，抑末矣！」已而以疾稍從事養生家，則又嘆曰：「文成公致良知之旨，所謂養生主者非歟？何以他爲？」自是深信而潛體之，毅然以聖賢爲己任。壬辰，授元氏學諭。甲午，丁外艱。服除，再諭章丘。其教兩邑士，一以文成宗旨，委曲開導之，兩邑士始知有聖人之學。庚子，遷國子學正，時祭酒爲華亭少師徐公，最重先生，每令他館師弟子咸取法焉。壬寅，先生年四十，因念古人道明德立語，忽淚下。居常以不及師事文成爲恨，且曰學無師終不能有成，於是以弟子禮見文成之門人晴川劉先生，師事之甚謹。劉先生以言事下詔獄，則書所疑契，時時從犴狴中質辨，不少輟。甲辰，遷户部主事，権滸墅税。先是，司榷者務以苛斂溢歲額爲能，甚且牟其羡以自肥。先生至則一意便民，僅僅足常税而止，纖介不以自汙。所居肅然，亡異於學宫也。常州令某負氣與部使者抗，先生廉其人實賢者，初不與較。他日代榷者至，問吴中令孰賢，先生首稱常州。代者曰：「此非抗君者耶？」先生曰：「吾儕論人惟其賢，豈當以細故雌黄其間耶？」

丁未，年四十有五，以母老乞終養，歸三十餘年，日以修德明道爲事，足未嘗一涉公庭。所居環堵，諷詠自若。郡守或以官地遺之，謝不受。不妄與人交，然於後進有向學而來者，輒喜動眉宇，與之言，終日不倦。其所問答隨人深淺，而要歸於提撕其本心，令聞者各有所省，其大指率祖文成，而得於體驗者爲多。蓋自一見《傳習録》，寖讀寖入，寖入寖透。齋中設文成位，晨起必焚香拜，來學者必令展謁。其尊信若此。迨其晚年，病世之學者崇虛見而忽躬行，甚且誤認不良之知，而越繩墨以自恣，先生歎曰：「孔門教人，必以孝悌爲先，忠信爲本，其慮深也。」故其論議，必依乎《中庸》，切於日用，而不爲玄虛隱怪之談。其善學文成而捄其末流之弊者又如此。陝洛間士聞其風，擔簦笈而至者百數十人。士大夫道洛者咸以得一觀顔色爲快。嗚呼！河南自兩程子歿，寥寥數百年，其間策名砥行之士豈少乎？而知學者鮮矣！予曩聞沔水有曹先生，問嘗閲其書，論其世，蓋篤行君子也，視先生見大而識融，有徑庭焉。叔龍謂先生「二程之後一人」，豈溢美乎哉！

先生卒以萬曆庚辰九月二十七日，享年七十有八。卒之日，門人十數輩在側，相向哭，皆失聲，爲之經紀其後事。葬以是年仲冬十有八日。墓在洛西澗之陽。配解氏與子郡庠生洙，皆先先生卒。女二，適訓導李君柔、學正李君根。孫三，居厚、居默、居樸，曾孫學顔、學曾、學思，而厚與默皆郡庠生，能世其學。所著有《擬學小記》、《聖諭衍》，諸門人方梓而行之。予又聞先生歿時手自爲誌，僅紀里氏歲月，不欲爲身後名。然則叔龍又何以銘爲請哉？雖然，凡古之聖賢，皆非有意於名，然而門弟子不可使其師泯没而不傳，則叔龍之請爲宜。予於是摭次其狀而爲之銘。銘曰：

瞻彼伊洛，其流涓涓。真儒迭興，如流有源。孰開其源，卓彼二程。孰溯其流，庶幾先生。先生之傳，文成〔一〕是啓。仰讀俯思，無言不唯。匪唯以言，允蹈以身。出以範士，處以淑人。道尊而壽，有孫繩繩。吁嗟先生，生順殁寧。西川之濵，西澗之陽。以棲以藏，源遠流長。

賜進士及第翰林院修撰儒林郎山陰張元忭撰。

祭尤西川先生文　河南府知府趙于敏

乾坤正氣，河洛真儒。德隆孝友，學貫天人。巍科蚤奮，宦業日新。清修持己，忠愛輸君。有勳於國，有澤於民。功成不居，志慕鱸蓴。爰歸緑野，養重山林。周程言動，巢許胸襟。忘情名利，絶跡公門。搢紳景仰，後學師尊。性安恬退，道講身心。理學山斗，媲古式今。高騫峻節，朝野昭聞。道脈續統，舍公孰云？年登耄域，載冀莊椿。兩楹夢斷，喪我斯文。某等叨官錦里，仰佩殊深。溘聞變訃，哀悼諄諄。嗚呼！惟嵩峩峩，惟洛混混。惟公之風，萬古同春。佳

〔一〕「文成」，原誤作「文武」，據張元忭《不二齋稿》（浙江圖書館藏萬曆二十一年刻本）卷十一所收此文改。

城鬱鬱，卜葬期臨。生芻一束，絮酒一樽。少伸芹獻，公其留神。

又 鄉士夫温如春

自有宋諸儒，但明理學，厥後微言寖以放失，而世之談道學者，率流於支離影響之習。乃陽明王先生崛起南服，講明正宗，發良知之旨，紹濂洛之緒，一時章縫之士翕然趨之。然間有悖其師説，飾怪談空，獵取聲華，往往自軼於繩墨。嗟乎！道之不明，豈非賢者之過與？

於惟我公，天與純粹，氣鍾完和，自少好古，以忠信爲主，以聖賢自期。雖未面陽明，遊其門牆，而慨然仰止，獨講其學，神交心會。其議論著述，悉契宗旨。且居家孝友，淡泊無求，與之交者，如坐春風。爲國子，以聖學授生徒。爲户部，榷滸墅，一介不苟取。今其家蕭然，雖短褐脱粟，晏如也。屣脱簪組，埃濯江湖，遵玄風而遠引，抱昭質以無虧，是豈可與浮沉軒冕者倫哉？蓋毓河嵩之靈，而爲道德中之偉人矣。蓋棺論定，存順没寧。異日釆而從祀廟庭，無愧尸祝也。某等里中末學，聞教有年，念哲人之萎，惘典刑之湮，酹之酒而侑之文，非徒鄉曲之私也，而深爲吾道悲。

又 洛舉人李之在

惟河洛當天地中和之萃，爲圖書苞符之邦。斯文伊始，聖哲代作。應期誕命，闡道淑人。

兩儀賴以不墜，人心託以不死。統承紀分，更僕未易枚舉也。乃宋熙寧間，程伯仲先生一門并起，千載絶學，直接鄒魯，圖書之秘，衍而新之。又五百年得姚江陽明，不由師傳，直契道妙，良知覺人，格知造士。門牆之傳，雖半天下，而躬行實踐，孰有如我西川先生？

先生應河洛五百之期，當程學如綫之後，得姚江之正鉢，會精一之微旨。蓋明德休隆，中和之氣毖於人文，當圖書再見，故篤生先生，乃其充養完粹，造詣醇明，固非後學小子所可蠡測然。有伊川之嚴，而又樂易如明道，講姚江之學，而温良恭儉讓，宛如尼山。今《擬學記》，昔《定性書》，如出一口，蓋持議立論，印之姚江不爽也。至於奉親之孝，周旋百順，榷務既竣，圖書半篋，則又昭昭人之耳目。環堵敝廬，四十餘禩，杜門著書，安貧樂道，不談官政，不通貴顯，獨引進後生，提撕良知，喜而忘倦，老且彌篤，此先生之志也。

某等生先生之里，顧先生不鄙，數奉教於先生，得窺道要，厚幸矣！厚幸矣！依歸景行，終身在兹，奈何天喪斯文，山頽梁壞。某等能讀先生之書，而不能得先生之心，兹摳趨先生之堂，而不復儀先生之範，傷哉！

嗚呼！河圖洛書，代有嫡傳，程氏之後，屬之先生。則先生既没，必有承其統者，某等非其人也，祇恐光岳氣漓，龍潛豹隱，鰌鯉號舞，重爲斯道障也，惟先生之靈，其陰牖之。

又

愚小子遠來而哭之者，非哭先生之生死，乃哭千載絶續之道；非哭先生之道，乃哭小子垂老之日忽失師承，將抱恨九泉也。夫三光非道不立，九法非道不行，家非此不可以爲家，國非此不可以爲國。寥寥海宇，須人主張，惟我西川先生篤生中州，學先職分，以心爲學問之本，以静爲進修之宗。雖謗議沸騰而不移其節，雖窮困跼蹐而愈舒其志，力行守己之君子鮮有及者。方今海内，如嚴霜之慘，蘭蕙枯矣而蕭艾生；如渾陰之夜，梟鳥鳴矣而鸞鳳潛，懵懵然人迷所歸，豈天不欲吾道章顯於厄運之時也，何奪我中州老成標的，不使典型四方耶？嗚呼悲哉！

愚幼時隨先大夫到江西，聞陽明講學，雖是蒙童，亦知向慕。壯求其書而讀之，盡棄舉業而專求心學。屢經患難，畧不少挫，以此自慶，似有受教之地。側聞先生以易簡教人，不辭老憊，遠趨教下，先生亦忘其愚不肖而誨之，如憐遊蕩之子，授其家籍，指其歸路。今上龍飛，詔求直言，愚纂聖賢餘緒，欲滌千載宿弊。萬曆二年復至洛，卜去就，先生曰：「此世界不可無此議論也。」因赴闕上書。又復離索，意以薄田可貨，裹糧而來，再侍言笑未晚也。豈意先生遽舍我而逝乎？嗚呼！天不欲吾道章顯，以昭明宇宙，而奪我翁，是天不欲小子昭明此道於吾心，以羽翼世教也。

先生堅確踰金石，可謂强矣，真誠動鬼神，可謂剛矣。今剛强者天不少留，而小子今年歲七十有三矣，猶之酒醉之人，行於崎路，纔起於東，復蹶於西；猶之沈疴之久，自治方藥，既安一臟，復損一臟。萎弱如此，而復失師承，胡能已呼天而悲耶！　龍門月繞，邙閣風悲。哲人萎矣，喬嶽峯摧！　嗚呼悲哉！

又　門人陳麟

嗚呼！　古人云：「感德不易，知己尤難。」麟於先生所以痛悼而不能自已者，非徒知恩，爲重知己之難也。　蓋麟自斥歸，杜門謝客十餘載，亦知先生堅卧不出，曾未一謁，安知所謂講學論道，汩没習染，幾成癡癖。　隆慶改元，忽承先生手約，有事于招提精舍，每小車日一二次入吾廬，止謂偕行，以襄國事，不知默察予之動定，欲轉予以聖學也，因書悔過幾段，蒙批示云，讀之感動泣下。　抵冬，同志帖來，告先生有郭外荒圃之行。　至則先生果來，搢紳諸儒雲集，先生首命予歌詩，隨見和焉，此一時也，其無懷氏太樸之風歟？　揭約爲會，予乃摳衣而師事之，兹非知己者耶？

於乎！　聖學不明久矣。　予不自量，日侍先生之側，先生亦憫予之騃魯，樂育不倦者不一。　麟兩罹窘辱，人謂可暴其事，先生亟止之曰：「反己無愧怍耳。」每嗜相術、陰陽家等書，先生曰：「曲學也！」嘗舉子、史、宋儒議論以求印證，先生曰：「此皆數他人寶耳。」予有厭世心也，教之以耐煩；有競尤心也，教之以喫虧；有忿厲心也，教之以容忍；有侈靡心也，教之以淡泊。舉天壤間，罔不諄諄，破我胸中之迷藏。白首握手，終日語心，真視予猶子也，得非恩之罔極耶！

兹者天不我憫，山頽梁壞。我有疑貳，誰其解之？我有逆意，誰其釋之？我有隱微，誰其剖之？古今公案，誰其傳之？《傳》曰「無德不報」，又曰「爲知己者死」，果何以酬先生哉？或者日有就，月有將，努力黽勉，求無負知己之遇乎？抑尊所聞，行所知，繹罔極之恩，而踐先生之教乎？奈儀型之既遠，愧駑鈍之不逮，終血肉之爲累，徒老大之傷殘，悠悠虛度五十六矣。年與時馳，意與歲去，雖稍知刻勵，竟成辜負，安能報先生之萬一？

音容永隔，卒受無門，墜業茫茫，孰知我心？率衆同門，伏柩一哀，非獨爲先生哀，爲世道哀，爲鄉邦哀，爲吾黨哀！安能起先生於九泉，再置我於熙熙之春臺？噫！言有盡而痛無窮也。

元氏縣入名宦告文 真定

惟公淵源伊洛，契悟文成。昌明理學，羽翼聖經。乞休養志，歷官著聲。元庠師法，首稱先生。某等忝帥一方，仰作人之懿範，申呈當道，協好德之輿情。俎豆大賢之列，表儀先後之英。

茲卜仲春之吉，率儒學師生請主入祠，謹以牲帛庶羞，用申奠獻。并告合祠名宦之神，來歆來格，以妥尊靈。尚饗！

挽西川先生説 洛陽王職

嗚呼！生順没寧，先生以之，兹於先生奚悲哉？悲之云者，不有先覺，孰開我人？殆爲斯人斯世慟，而非以哭吾私也。人謂先生不索隱，不行怪，不談空，不語寂，居家孝弟，居鄉誠信，居官忠廉，厭紛華，甘淡泊，喜爲陽明之説，從之遊者如坐春風中，宛然程伯子之純粹也。愚以隱怪空寂，賢者之過也，先生所無也；孝弟誠信忠廉，庸德之行也，先生所有也。厭紛華，甘淡泊，先生性之也，非勉也。勉則一時可能，難乎終身不變也。至所著陽明之説，夫固憂爲之也，非喜爲之也。

陽明之説，致其良知而已。良知二字，出自孟子，所謂親親之仁，敬長之義，達之天下者是也。夫愛親敬長，孩提之童無不知之，奚取先生爲之説？嗚呼！先生於此蓋有隱憂焉。假使人人親其親、長其長，家國齊治而天下平，先生之心樂乎？忘言之天矣！奈何不愛其親而愛他人者有之，不敬其兄而敬他人者有之，推之君臣夫婦明友之間，率多私智僞爲，失其孩提之本心，而良知之旨不復明。先生以爲己憂焉，惟其憂之也深，故其言之也切。惟其慮之也遠，故其言之也詳。孟子云：「予豈好辯哉？予不得已也。」

愚小子非能知道者，獨以爲孟子之不得已也，陽明知之，陽明之後先生知之。先生不可復起矣，而今而後欲聞仁義之説，又孰從而言之哉？何者？海内之士能爲良知之説者固多，未若先生之誠心實意，力踐躬行，其言藹如也。嗚呼！天不生仲尼，萬古如長夜。先生之爲是説也，其亦有慨於中乎？後學王職頓首拜具。

附録　下卷

刻擬學小記引

陽明先生以致良知倡明一代正學，而海内嚮風，至稱其功不在孟子下。贇自始學即知苦習氣，却株守章句，以求向方。曰：「魯鄒濂洛公案臚列矣，奚必陽明又良知哉？」且駁難者雜至，則又曰：「陽明紹象山之傳者，作異晦菴，徒標門户耳。」遂并其書置而不顧，以兹悠悠者三十餘年，自謂有聞，而不知已爲習氣所勝矣。深念吾鄉西川尤先生，粹養有日，向實未能飫有聽聆，只以恬退解脱世味高先生。其自謂知者，又疑先生以静攝學長生之途。顧耻以抗塵走俗，不能摳衣於蚤。

去年己巳冬，遵先生所爲社條，以共有城南會之約，師事先生，而日有請益，則多宗旨於陽明之説。贇魯鈍，初甚不能脱去舊聞，爲朱傳作身質。先生但曰：「試觀之。」又云：「虚其心觀之。」已而方取其書誦習之，累朝夕似恍然悟入。乃知魯鄒濂洛其嫡傳在是，而向爲習氣所拒也。又翌日，先生纔出所手録《擬學小記》一卷，曰：「相與印證之。」雜就經傳語録中所發明而自得者也。其旨要不出良知爲心印，不出庸衆人而見聖人，不離日用食息間而見聖人之道。其言直捷而粹然一麗於正，其下手至易簡，而其究廣大，與陽明諸集互相發。夫自格致之説向外，其弊易溺於詞章，詞章之習易就於聲利，二習相襲，其弊不可勝言矣。自陽明之説撥棹向裏，大證心印，直以不沿朱説，而駁之爲異學，亦習心之便耳。今里塾中有業其徒以佔誦時文者而便之，一旦從旁更端以撰義，則色怫然矣，况日所誦法者哉？夫習心者，公虚之反也。公虚之道惟其是，不惟其異與同。比之方技者流，方不驗症，即和、扁奚貴？苟驗症矣，而又思共之，即爲今之扁、今之和，何不可耶？至謂方書俱在，奚必又爲作者？一遇病，坐守耳，是得謂公虚之論乎？觀文公晚年所自爲定論，其心未嘗不虚而公也，而後之學者徒亦譊譊矣。

兹編出先生數十年所潛心，曾私淑於泰和晴川，編成，又質正於靖江朱近齋、太平周訥溪。三公者，皆陽明的傳也，其學宜有淵源，其用心亦公而虚矣。其心公，其言自醇，其心虚，其學自正。鄉有正學而尊信之晚，無惑乎？以陽明爲異學，又無惑乎？數十年之悠悠，而自謂有聞也。人有諱饑渴者，夢糗而飽，夢液而沾，覺而見飲食則佯棄之，爲飽沾也。其家人竊誚之矣。學不師心，而誦數是力，纂組是誇，只夢飽沾耳，真聞乎哉？是編既出，一時同志手鈔不給，又講求者方未已，遂相與鋟梓，欲與同有是心者共。先生方謙退而未遑也。夫學術明則士習正，不明則士習詖，士習者世道之大機也。彼方技者流驗一方，應一症則思共之矣。矧詞章聲利之習，病入膏肓者，是編而信，得非今日之良砭耶？刻而共之，又奚獨同遊者一時之幸矣乎？洛陽門人劉贄撰。

擬學小記跋

《擬學小記》者，吾師西川先生力學手録也。而曰「擬」曰「小」云者，固先生自遜之意，亦先生真見夫道無窮，學無息，而不敢以大學鳴也。先生早歲即知向學，薄詞章之習，而一以敦務本實爲志。見友人方伊東家藏陽明先生《傳習録》，取而閲之，有契於心，遂攜以歸，蓋欲師資其人而不可得也。及弱冠，舉於鄉，官太學，友天下士。聞泰和有劉晴川氏、靖江有朱近齋氏、太平有周訥谿氏，皆陽明正傳也。先生求與之識而私淑之，以正此學，是數先生者，亦知先生真切士也，相與定交而切劘砥礪，先生之學自是而益邃矣。故是編之集，皆先生所得實録也，訓詁云乎哉？

先生乞養歸三十餘年，日研此學。洛之人士，無有不知先生者。己巳冬，良侍先生教，問及成己成物，合内外之道，先生慨然有接引後學意。乃約純甫温子、子禮劉子、伯仁昌子、子仁李子，同邀先生會於陳子祥城南書舍，斯以請益。一時同志者如梁子子福、王子復性、王子季才、方子敏之、劉子子密、董子汝正、劉子從喻，并士華、伯準、陳氏二子及鄰邑諸子，咸翕然宗之，以爲依歸。先生因出是編商榷之，僉欲壽諸梓以溥其傳。先生曰：「夫道廣矣大矣，終身由之而不能盡也，學豈止於是耶？此編之録，聊以備吾遺忘爾，恐不可示之人人也。」僉曰：「此學不明久矣，自陽明先生倡之，海内論學者多馳騖於虛遠。今先生獨求之於平易，故此編之旨，皆發明良知之藴，隨病立方，足以爲吾人藥石，可秘而不傳乎？」遂捐金命工梓之。良不揣愚陋，因跋之於簡後。吾黨之士果能於先生之學體之於身心性情之間，不求之於言語章句之末，則是編不爲徒刻也。不然入耳出口，視爲文焉耳矣，非先生與進意也。不知僉以吾言爲然乎否？敢忠告之。隆慶庚午夏六月，洛陽門人吕孔良頓首撰。

擬學小記録粹序

西川尤先生受業於文成公之門人，獲聞良知之學，鋭然有作聖之志，明道統之心。方官户曹，即以終養引去，退居伊洛間，心悟力踐，游神六籍，潛究孔孟宗旨。充養四十餘年，學博而道明，詣深而理邃，尤切於樂育善類，謙虛之懷，冲和之度，睟然可掬。凡來學者，循循善誘，不强其所未至，聆其言，觀其儀，若坐春風而聽簫韶。先生之養，何其盛耶！此習聞於門人孟叔龍者然也。一日聚京邸，出所紀《擬學小記》示余，余受而讀之，謂叔龍曰：「紀載浩博，歷覽爲難，盍少選焉？俾觀者一披卷，而精義要旨昭如也。」叔龍肯之。於是相與校正，摘其粹然純雅，有闕於心法之傳、孔孟之旨者録之，居三月而卒業。余喟然嘆曰：「聖遠言湮，此學不明久矣。幸而文成公啓其源，諸弟子衍其流，而尤先生真承其緒而闡其微者乎？不然何見之徹而語之詳耶！」

備閲《記》中尤有先儒所未發者，孔門之學，惟顔曾得其宗，而先生則善發其藴。其論仁曰：「仁者以天地萬物爲一體，無我也。以天地萬物爲一體，真我也。」又曰：「志仁無惡者，心無二用。志仁便無惡，欲仁即仁也。此孔子學脈作聖心法也。」顔子者，志仁無惡者也，而或曰克去己私，復還天理。其誣顔子久矣。先生是以有克己復禮之説、不遷不貳之辨。曾子三省，非忠恕事乎？或乃曰未知其禮之一，是未深知曾子者。先生是以有一貫之解。他如論格致、論良知、論知行合一，言言悉透玄解，而學者猶曰「致良知」三字非《大學》宗旨。獨不思乾以易知，坤以簡能，豈易知不足以盡天，而乾元獨缺夫簡能乎？無亦未之思乎？吾故曰先生善發孔門之藴者也。夫先生由文成之學，上追孔門之脈，溯流窮源，繼往開來，爲一代真儒，所謂百世之師，非耶？叔龍從之遊而克繼其志，道統之傳，其在斯乎？非徒文焉已也。

録既就，洛陽李君，雅志好學者，見而悦之曰：「美哉，吾志也。」遂攜以梓。噫！是記也，於兹蓋三刻矣。周元公曰：「美則愛，愛則傳。」先生之《記》，當與《伊洛淵源》并傳矣。因敘其義，願與叔龍君期無負於先生之教云。後學荏平孟秋謹識。

山東刻擬學小記序 吕坤

六經言道而不辯，辯自孟子始，以衛道也。漢人解經而不論，論自宋儒始，以明道也。宋儒尊聖而不僭，僭自世儒始。自有世儒而亂真之病始入，吾道膏肓矣。夫堯舜傳心，僅僅四字耳，曰：「允執厥中。」執中要訣亦僅僅四字耳，曰：「惟精惟一。」此仲尼所祖述，而不敢生一毫意見者也。爲世儒者之説，曰：「心一耳，何人何道？」又曰：「一矣，何精？」言精，駢拇也。」其教廣博而易從，其言徑頓而可喜，甚謂思孟支離，六經糟粕。天下士駸駸向之，如飲醇醪，謹畏者猶挾吾道以自文，清虛高遠，士且立門户於勳華之上游矣。

噫！擬經僭也，而不非聖，非聖矣，奚啻僭哉？約其宗旨，在言一不言萬，語行不語知。夫聖人以一君萬，不和萬爲一。《易》言探賾，言多識，孔言博學，言多聞多見，未嘗教人廢萬也。至於知行兩字對舉互發，千聖無異辭，萬語無偏重。彼其典稱不刊，必非漫爲此語矣。夫佛老莊列，與吾道判蒼素，而自成一家，人人能辯之，此疆圉之患也。世儒雜儒釋而自侈靈響，蓋辯者莫窮其端，此腹心之患也，此衛道、明道者之所憂也。洛邑尤西川先生，樂堯舜之道而孔孟是尊。嘗爲《擬學小記》，意曰：「吾不敢擬道，以立高論而僭聖經，吾記吾學耳。」往歲孟司符子成曾以見遺。余得之，一一讀則一一喜也，如論心則曰：「衆人之蔽在利欲，賢人之蔽在意見。」論道術則曰：「虚心切己，共求精一。」論教人則曰：「孔孟教人，每説向近易處。今人多往難處解，所以不得聖人之意。」論爲學則曰：「人苟實心求益，則耳目見聞無往非師。」論天德王道則曰：「篤恭者，戒謹不覩、恐懼不聞之深功也。」到平常之地則曰：「饑之於食、渴之於飲、孩提之慕親、父母之愛子，篤之至也。無説可説，故曰不顯，又曰無聲無臭。」諸所論述，高則探索性命而不入於玄僻，近者簡確，使下學有所持循。蓋河南自二程後，澠池曹月川先生其續響也，兹又有西川云。

是書也，其門人李君伯生、孟君叔龍既刊布之矣。中丞廪延李公崇正學以撫東人，曰：「是孔孟鄉也。西川言言孔孟，宜刊諸此鄉。」而以序命余。余不及見先生，而李君、孟君舊余僚儕也。兩人者以正學鳴，不作僭道語，所從來可知已。

書擬學小記續録後

麟自歸來杜門，未知摳趨尤師門牆，因循汩没者十餘年。隆慶改元，方獲側侍。己巳冬，遂有城南荒圃會約，士大夫翕然皆宗仰之。於是始知所依歸，而師事之矣。光陰迅速，迄今又十餘年，雖日聞提誨，實緣久陷迷途，竟弗領悟。蒙師一日垂憫，出孟友子騰所編《續録》一帙示之，麟即捧歸潛玩。見所拈出者曰「飲食男女」，曰「耐煩喫虧」，曰「守拙」，曰「淡泊」，曰「節儉」，其言雖不一，而獨拳拳於「食」「恕」兩字。意以食乃人之日用，食不淡則貪，貪則不奪不厭，而損人利己所不免。恕爲人之本心，心不恕則好勝，好勝則惟知有我，而欺天罔人所必至。其言若簡易，自古聖賢皆在這裏做工夫，真學術之要也。嘗曰：「此學擔柴漢可能，但人自昧其良心，爲所不當爲，安於暴棄耳。」痛哉！斯語切中麟之沈疴，終身所當服膺也，遂跋諸末簡以告吾黨。門生陳麟頓首謹書。

尤先生要語序

洛之陽有西川先生者，受學於文成之門人劉晴川氏，其學尊信良知之説，其談學平易切實，不爲高遠玄虚之論。其爲人温純和粹，有明道、和靖之風。其所造詣駸駸乎由文成之教，而上探孔孟之旨，伊洛淵源，先生志之矣。余同年友雲浦孟君從先生游有年，凡先生一言一行，莫不紀録而師資焉，其用心亦殷矣。一日持語録數卷示余，余歷覽之，謂孟君曰：「言貴精不貴多。孔子自少至老，日與三千之徒講道論學，不可勝紀。游、夏諸賢但提其要者，爲《論語》二册，何其簡而精也。」孟君欣然，遂録先生之言要者百條。余潛玩之，言約而道大，語平而義精，微言奥旨具備，真可以爲後學範矣。孟君篤信師傳而怡然有得，故其所稱述如此。余雖未親炙先生，而私淑其教，遂忘固陋，僭言簡端，欲同志知所誦法云。山東茌平後學孟秋頓首謹序。

西川先生要語引

王子藩甫觀夏官政，雅善予。一日過予問曰：「讀書可以爲學乎？」曰：「不可。」無何，曰：「讀書不可以爲學乎？」曰：「奚爲其不可？」曰：「何居？」曰：「工辭章，謀利禄，不以其言爲必可行，其記誦日博，其心日蔽，是謂侮聖人之言。子謂侮聖人之言者，果可以爲學矣乎？」曰：「不可。」「讀其書惻然而悲，戚然而痛，憤然而起，沛然若決江河。不力踐諸身不已，其記誦日博，其心日啓，是謂畏聖人之言。子謂畏聖人之言者，果不可以爲學矣乎？」曰：「奚爲其不可？」曰：「子可以讀書也已。」王子曰：「吾師尤西川先生學陽明王公之學，洛中學者翕然宗之。先生所著《擬學小記》足羽翼陽明之傳，吾欲梓示學者，子盍爲摘其要，且敘先生之大者，以視四方，可乎？」予惟先生之學，載《小記》中，可無敘。第恐讀先生之書者，不踐諸身，則此帙亦贅已。予觀先生與人書有云：「執事讀陽明書，果惻然乎？憤然沛然乎？若是乃爲知痛癢，不至謾讀也。」嗟乎！若先生者，所謂君子畏聖人言，非耶？因録此，復王子曰：「是可以讀先人之書矣。」萬曆三年春，江右後學鄒德涵撰。

刻聖諭衍跋

右書三卷，乃河南西川尤先生講學於洛而作者也。首列《聖諭六言》，尊王也，次篇提醒人心，次篇挽回風俗，天德立，王道昭矣。蓋衍振鐸之教，因以名篇云。噫！讀是書者，其知先王任道覺人之深意哉！後學江西陳九德頓首跋梓。

陝州創建尤先生祠記 東昌茌平孟秋

陝庠之英王以悟從學於洛陽西川先生。先生没，以悟述其教，服膺益篤，鄉人化之。其庠生張騰霄、趙一麟及里姓四十餘人追慕先生，捐數十金，即所居建祠祀之，且游息焉。祠凡三楹，周繚以垣。時萬曆己酉，蓋先生没之六年也。

先生諱時熙，天性醇懿，幼聰慧，長游鄉校，忠信篤敬，温其如玉，閭閈雅重之。舉鄉進士，受學於王文成公之門人晴川劉氏，自是學益進，道益明。由教諭入爲國子博士，以道率人，士子悦從。轉户曹郎，課滸墅税，廉平仁恕，識者賢之。事竣，乞終養歸，居洛陽三十有餘年，跡不入公門，事不干公議。安貧樂道，日與洛之士大夫講學修業，聞風而薰德者遍中土。

余嘗以年友孟君而私其訓，其論一貫曰：「忠恕，只是一。若謂一以貫萬，是以此貫彼，是二也。道一而已，萬即一之萬也。」論克復曰：「能自復禮，求仁之方也。」論動靜曰：「學只是主靜，主靜只是慎動。」論知行曰：「知即是行，行即是知，只是一個，原非有分合也。」論諸子曰：「諸子是摹倣孔子，顔子是學自家立論。」千言萬言，言言皆心得，真切簡易，不襲舊聞，誠深造有道者。諸《小記》可考矣。夫伊洛瀍澗之間有兩程子、邵堯夫諸賢，皆以德行文學名天下。千載之下，有耿光焉。先生繼道學之傳，虚懷樂善，飲人以和，循循然善誘，若春陽之煦，若膏澤之潤。無論遠邇智愚，皆悦其化，及門之徒若李君根、孟君化鯉輩，皆紀其言行，淑其身教，歷宦途彬彬然與古人同風，皆先生之教澤也。余昔守山海，孟君過余，王君與之偕，宏識雅度，默志於道。余器之，因與講慎獨之學，知其必有成也。

祠在陝之張茅鎮，距洛陽二百里許。昔伊川没，門人各以其學顯而教分。王君獨遵師説，易世而俎豆之，非篤志力行不能。彼夫風教遼闊，率數十人翕然趨之如響，是足以觀真機之無間矣。孟君喜其事，屬余爲之記。

西川尤先生祠記

西川先生倡道中原，振響伊洛，蓋粹然理學醇儒云。萬曆庚辰秋，先生没，門弟子固嘗即其家而祠之矣。已而按臺臨川懷魯周公孔教謁先生祠，曰：「先生天下士也，宜從祀。」疏奏，不報。然先生之道久而彌光，門弟子復相議曰：「昔孔子之道經累代推尊而有今日，先生從祀，宜有待矣。盍祀於鄉，以姑慰通國禮拜之意乎？」遂白其事於當事者，時署學憲燕臺洪岳王公嘉謨可其議，復極力請於按臺南昌鏡源涂公宗濬，按臺韙之。無何，督學邯鄲涵月張公我續至，復贊其成而建祠之議定。三公皆吾道中人，而一時偶聚，成先生百世之典，豈非先生之道之在人心，有不可磨滅者與？

祠卜於洛城西關某里，坐坎向離。蓋郡守古滕雲洲張公中鴻，貳守韓城張君邦敬，別駕階州卯君在東、武功康君塤，節推陝華亭賈君師謙，洛尹富順錢君夢皋以官田易某氏宅而爲之者。祠門凡七楹，中三楹爲正門，進而爲儀門、爲甬道、爲月臺，臺之上爲先生祠，凡三楹，左右翼室如其數，祠後爲講堂七楹，曰以需先生門人及諸來學者之會講於斯云。祠之工費，捐自郡邑及四方同志者。而率作布置，補所不足，則洛西塘劉公贄、孟津育吾李公根也。工肇於萬曆丙申夏某月日，至某月日竣事。規模宏敞壯麗，西與周元聖、宋二程祠儼然并列，其稍稍增吾道之光乎？

余時有關中之遊，過洛謁祠，而西塘、育吾暨余年友新安孟化鯉諸同志遂屬余爲記。余私淑先生久矣，弗敢以不文辭。余惟聖人之道，猶樹木然，不培其根，無以達枝。根既培矣，枝從而茂。枝有不達，未覩根之能培也。蓋合内外，徹顯微，物理爲然，而聖學猶是。自姚江開良知之傳，令天下學者知吾心之靈明即道，無事外求，此培根之説也。世儒失其意旨，遂重頓悟，忽漸修，動談奧妙，而踐履實疎，借口融通而幾乎無所忌憚。指其事而責之，則曰：「吾和其光同其塵焉耳，吾之良知固炯然不寐也。」嗟乎！以是爲道，是所謂枝葉瘁而本實先撥者也，豈非學問之大蠹歟？

先生學本良知，而不敢信心而遺行。以徹悟則洞晰乎天人性命之精，以躬行則致謹於視聽言動之際。晚年充養完粹，渣滓消融，宛然有明道氣象，而進乎恭安之境，先生其内外合而顯微一者歟？故其著爲語録，言近而指遠，辭平而道大。學者讀先生書，莫不心悦誠服，則先生之於道可知矣。故論先生於往聖，則爲宗子之正傳；論先生於時賢，則爲對證之藥石。此即如侍御公從祀之請，大足增輝俎豆，而區區一祠，惡足以盡先生哉？抑余猶有説焉。凡營建者，紀歲時，列顛末，詳規制，俾後人有所考據，不至湮没，此作記本意也。然堯舜周孔之所以不朽者，其在記乎？抑有出於記之外乎？是故建祠以崇祀，而祠有時圮；作記以永祠，而記有時湮。其惟紹先生之心法，世守勿失。斯其爲祠也，不依形而立；其爲記也，不賴言而永矣。敢以是爲同志者望！

萬曆丙申陽月甲申虞城楊東明謹識。

祝文

唯公性秉純粹，學有淵源。昭代醇儒，伊洛嫡傳。如鐸鳴世，如日中天。往聖羽翼，後學斗山。時維公論，人無間言。惟兹仲春秋，敬飭豆籩。百世不没，宜鑒衷虔。尚饗！

西川尤先生像贊

嗚呼！此西川先生像也。先生弱冠有悟，終身修德明道，以聖學爲己任。接人則和睟之容可掬，而心體澄清，一滓不染，《擬學小記》足發孔孟之精微。從游者百數十人，鯉愚下，誠莫窺涯涘。然竊謂程子以來，一人而已。乃者瞻像追思，竊擬短贊，非敢云足以槩先生也。嵩河間氣，鄒魯的傳。道德純備，規矩方圓。秋月冰壺，春風時雨。趙宋伯淳，儼然其位。

洛陽祠堂匾額

一代真儒門人孟化鯉敬題

程門繼美學憲衷貞吉敬題

《擬學小記》者，洛陽西川尤子擬學之書也，舊有關、洛兩刻本。前明隆慶庚午，洛中諸君子遵西川擬約，作會城南，相與捐分刻梓，爲卷凡八。門人李伯生氏又别爲編次，約爲六卷，梁君可氏刻諸關中。初未嘗有《續録》也。《續録》七卷，門人孟雲浦氏萬曆己亥倣舊刻篇名，彙爲一編，以别於關、洛兩刻本也。肅生也晚，不獲親炙先生，猶幸得近先生之居，年逾五十，乃克於先生遺書三致意焉。咸豐壬子，家居課讀，手輯《河洛五子精華録》廿八卷。録畢，因謹訂先生正續二集，釐爲元亨利貞四册，藏諸私篋，删其重複，加以圈點。遠承雲浦合并全書之意，用慰後學私淑之心云爾。洛刻本八卷失傳，所録正集六卷即關中刻本。附續録一卷，多與雲浦續録重而未敢擅自删去者，存原書之舊也。《續録》後《附録》上、下二卷，亦後人增入者，仍鈔以備參考。

邑後學曹肅孫沐手謹跋。

孟雲浦先生集

［明］孟化鯉 撰

刻孟雲浦先生集叙

余鄉孟雲浦先生，潛心理學君子也。丱髮師西川尤公，性靈超悟，一禀王文成良知之指。及成進士，擢天曹，以用人忤當宁，遂投劾歸里，愉愉片氈，譚説聖真，鑪錘後學。四方負笈裹糧，每輕千里，户外屨常滿。居無何，欻焉捐館舍。哲人萎矣，豈天之將喪斯文耶！余匍匐哭木前，檢先生書篚，得其集，以質關内馮仲好氏。馮、孟夙稱莫逆已，詒余書曰：「雲浦平生苦心盡是矣。盍傳諸？」余因命副墨，用公同志。嗚呼！志士固自有合耳！

余與雲浦自入洛遊梁已來，肩從齒序，氣味相洽，歷三十餘禩如一日也。向從燕邸，促席請益，以吾輩誠心學道，只重力行，而奚以空言爲？雲浦頤輒解曰：「昔文成謂惟精是惟一工夫。譬之治米，舂簸篩揀，以到純然潔白，無二説也。」嗟嗟！雲浦往矣，言猶泠泠耳根也。嘗溯「精一」二字，自虞廷始，伊尹演爲「克一」，仲尼闡爲「一貫」，至宋周子開關啓鑰，惟曰：「聖可學乎？一爲要。」即伊洛諸儒所以上接孔門命脈者，只是道爾。余載卒業雲浦著述，其言詳畧淺深不同，直證本心，爲力行根柢，悉從文成，良知冥會，推衍到此，洵由精以進於一者。集中藝文并勒，雖其一斑哉，亦皆意寄神行，而非於道術無當也。奈何輓近以良知爲嚆矢，認本體爲工夫，遂謂一切現成，無須磨汰。獨不思文成之居夷處困，至蓋棺畢念者何物？不冥力於精，冒謂吾之已一，此良知之學所以裂，而去道爲愈遠也矣。且不能逃識者揶揄，詎可令雲浦知邪？

雲浦一生，尺步繩趨，擇言毅行，未嘗矜神解，畧躬修，真得文成心印，而爲西川之速肖者。假令後死，表竪中外，道盛業隆，曷可涯涘？乃踰艾而藏舟於壑，惜哉！雖然，猶幸有殺青在焉。凡慕雲浦者，不獲覩其眉宇，儻手其遺編，以自淑艾，亦庶幾哉不至沉芬埋影，如所謂人琴兩亡者。雲浦夜臺有知，其以余言爲然否？

萬曆丁酉嘉平月年友弟汝上張維新頓首書。

重刻雲浦孟先生集序

先曾祖銓部公嘗受業於姚江之高弟曰龍溪先生，則與雲浦公蓋在師友淵源之列者也。而其家孫孝廉君出其全集見示，余爲之卒業而歎曰：「公誠善學姚江者也。」蓋姚江之學，足以上接洙泗，而下衍濂洛之傳。世儒徒見「致良知」三字，疑其標指之獨殊，而不溯其心源之至一，遂欲以異學而議之。嗟夫！姚江之學本自無過，而或流于異學者，則皆學姚江之學而過焉者也。如今人習紫陽諸書，而僅爲帖括先資者，豈亦紫陽之過乎？

公生平持論，以明理爲宗，以躬行實踐爲要，而未嘗馳心於玄虛空寂之表，使姚江之學不致再傳而失其真，公誠善學姚江者也。公官天官尚書郎，以失當世意，拂衣歸卧，聚徒講學，歌聲環瀍洛間。至今誦其語録及答問諸書，猶謦咳如接，令人有不得同時之慨。余生也晚，於斯道茫乎不知其畔岸。然幼嘗閲先銓部公遺集，見其于致良知之説多所發明。迨乙未寇焚以後，而微言緒論俱委之煙燼，所存者止選君傳及秉銓時觸政府告歸所作《丈夫歌》數則而已。今年春，家大人命重梓之鄴署。甫竣事，而孝廉之刻斯集適成，且欲乞言爲序。余末學言何足以序公哉？獨念先曾祖與雲浦公得統于姚江同，官銓曹而忤時以歸同，及殁之數十年，而余與孝廉君梓其遺文，又不謀而先後皆同。斯豈偶然之事歟？但孝廉君能彙其全集行世，而余不能掇拾一二於煙燼之餘，未嘗不掩卷雪涕也。雖然，聖賢之學無不同，而況出於一先生之言，其爲淵源，尤爲無異。則余惟日沐浴於雲浦公之書，而先曾祖之微言緒論，委之煙燼而不傳者，亦將謦欬如接也。余末學又滋慰矣。

康熙癸卯仲春嚴江後學毛際可拜書。

卷一

尊聞録

嘉靖乙丑入洛，録西川先生語

先生謂天下、國、家、身、心、意、知、物，只是一事。説無節次，却有節次。説有節次，實無節次。譬之瓜本一物，其瓣不一。方物本一，其棱不一。然瓣雖多，總是一瓜；棱雖不一，總是一個方物，分析不得。學者用功，只是一事，初無節次。

化鯉問：「知與物對，則知是虚靈，屬内。物是感應，屬外。然亦只分别知與物耳，實無内外也。」先生曰：「是。」

化鯉問：「單言物，則身與家、國、天下總是物。知、意、心亦物也。故致、誠、正、修、齊、治、平，總是格物。」先生曰：「是。」

化鯉問：「堯能孔能，即許、顔能矣。不必自能，此付之以心也。付九官十二牧，則事事有能，即舜之能矣。至於宗子家相，皆我之所付。宗子家相之能，皆我能也，皆無我也。覺有我，非一體。覺無我，亦非無我。觀諸淳悶之世，可知也。學者只是隨分盡心而已。苟隨分盡心，則孔顔之學，堯舜之事業也。；堯舜事業，孔顔之學也。故曰：『易地則皆然。』」先生曰：「是。」

化鯉問：「隨分盡心，無一毫欺僞，則物格、知至、意誠。不問窮達，皆位育事業。」先生曰：「是。」

化鯉問：「好惡不逐物，雖應感不失虛靈之體，是否？」先生曰：「應感即虛靈之有事也，何失之有？」

化鯉問：「良知是習知之合則，習知是良知之偏向否？」先生曰：「合則則不爲習，偏向則不爲良，毫釐千里。習知是習染之知，其來遠矣。」

化鯉問：「夜氣就常人説，謂晝間耳目精神都逐在外面，至夕猶未放下。到得中夜，良心必有萌動者，特不肯常翕聚耳。故孟子又有操存養長之説。」先生曰：「日亦有息存乎？其人平旦之氣，本體也，日夜之所息也，養此存此而已。」又曰：「知學則知息。」又曰：「孟子是就氣説，不立意見。」又曰：「知是氣之靈處。」

化鯉問精一。先生曰：「精之，所以一之也。」

鯉舉《大學》「興仁」、「興讓」語。先生歎曰：「果然能讓，則天下平，消説甚麽！」仁、讓字亦相承説，仁即能讓，讓即是仁。未有仁而不讓者。

《大學》一書，終於理財。人能讓，則不争。這讓字在財上，又要緊觀。下文云：「一人貪戾，一國作亂。」貪字恰好對這讓字。

化鯉問：「據《禮記》所載，三代皆有小學，以養老。」先生曰：「養老是學中一事，教則備五倫。」

化鯉問：「志仁即仁，原不限於才力。若曰才力有能否，然則性其外鑠我乎？人患無志耳。」先生曰：「是。才力自不齊，故不取必。」

化鯉問：「才不副志，才是力否？」先生曰：「能幹事者，才力也。」

化鯉問：「志仁無惡，此是理欲分關處，所謂幾也。其幾如此，學者可以警勵。若要諸久則安仁矣。今日小子志仁之幾或亦有之，但不能久耳。近齋云『非要於久也』，是指孔子立論説，非與學者言也。」先生曰：「亦是警勵學者，罔念作狂，克念作聖。」

化鯉問：「顔子『請事斯語』，欲仁即仁矣。是否？」先生曰：「是。」

化鯉問：「近齋謂陽明先生爲知幾，又謂孔子『知及』之章爲知幾，何如？」先生曰：「幾者動之微。聖人心存，故常知幾。諸語皆然，不但『知及』一章。若不知幾，是義外也，非孔門之旨矣。」

孔門若參之魯，敢望賜之穎悟？然卒得其傳，只是他樸實頭做去，到是實學。

先生謂鯉曰：「看書俱當活看，只在道理可通。」

先生與鯉言并答問，鯉又質《小記》中意義。先生歎曰：「真個是學然後知不足，教然後知困。」

化鯉問：「義理之怒不可無。」先生曰：「纔動氣，便逐物。」

化鯉問：「點檢己過，是爲己實功，恐于友朋切磋處放過。」先生曰：「忠告善道，亦是爲己。」

化鯉問：「與人切磋，當先虛己。」先生曰：「虛己就是學問工夫。」

先生嘗語門人曰：「輕得利便入得門，輕得色便升得堂，輕得名便入得室。」

凡人用智巧者，還是不知命。

嚴者，有條理之謂。今人家所謂嚴，多是暴。

化鯉問：「平日未嘗有事，是未託始，如何？」先生曰：「未曾發軔，安問程途？」

只名利心輕，則道心純一。

化鯉問：「心中多未能静。且如瞑目坐時，便有許多思想，却又不能禁止。如何？」先生曰：「人心不能無思。若思得皆是天理，即是學。但我們念頭私意較多，須是學。」

人須淡得世情，方可言學。世情榮美，人多欣羡。雖來講學，猶有這一念放不下。除此病須是静坐，一切好樂方能丢下。前輩俱用過此功。我昔在北雍時，亦畧静坐，真個凡事不愛，世間無可好者。今日亦得當時静坐力，自愧未能究竟耳。

先生因舉「夢寐即白晝」語謂鯉曰：「人夢寐果如白晝所爲，此心方是真實，方爲廓清。若白晝如此説，如此行，夢寐却不如此，還未真實，猶有世情意，須是静坐。」他日，鯉復舉似。先生曰：「隨宜用功，静坐亦一法也。」

静坐只爲紛擾。今人多紛擾，静坐恰好是對症之藥。陽明先生云：「覺紛擾則且静坐。」觀「覺」字、「且」字可見。

又曰：「還須責志，方是動静皆有事。」

心之所安曰「義」，即乎心之所安，是曰集義。集義之功，無分行住坐卧，此真静坐也。跏趺而坐，特一法耳。

化鯉問：「陽明先生答原静云：『徒知静養而不用克己工夫。』又曰：『須在事上磨。』竊謂己私多於應酬時見之。隨事隨覺，隨覺隨治。若静時有念，即動也。覺是私即遏之使不發，亦事上磨也。」先生曰：「是。」

化鯉問：「王汝止、董蘿石謂滿街都是聖人。陽明先生答之不同，何也？」先生曰：「愚夫愚婦，共知共行，原是聖人，但有機心耳，此亦自責不見人非者，乃有此見。王有道相，董見奇特，故陽明先生因病藥之。」

《夏遊記》當以龍溪之言爲正，緒山語亦要善看，以意會之，可也。念菴似尚錯會，然其指談學之弊，可爲藥石。竊觀陽明先生之學，一再傳便失真。君子所以貴親炙也。

先生曰：「獨居亦要自在，不可太拘，太拘則不能久。如曰『居處恭』，只是不放肆；『執事敬』，只是不苟。此道元是庸行的。人於飲食男女間皆不苟，就是學問。」

人多怨尤心。不得于人則尤人，有不遂則曰命合如此，亦是怨天。惟正己而不求於人則無怨。

人多有忿欲，不是忿，便是欲。《易》以「懲忿窒欲」爲「損」，説得最好。至「益」則曰：「見善則遷，有過則改。」一則在形氣上有制，一則在德性上興起。

先生謂化鯉曰：「昨翟應揚有問，答以『不可有夾帶心』。蓋『毋自欺』一句，處處使著也。」

新安會友雲集，先生曰：「聞諸友興起，皆子學力所到，足以驗此學之不差矣。但須包荒乃可。蓋吾人學問，人皆我師，非我爲人師也。故嘗自見己過，此實理，非自謙也。」

化鯉録《小記》，先生曰：「鄙語只作草稿。義理無窮，先覺阻遠，不得已與諸友商榷，爲自省之伴。鄙見亦時有異同，亦足見義理之無窮也。敢執著乎？」

先生曰：「賈太傅痛哭流涕等，緣是不忍心切，乃有此説話。後儒不識他一點真心，反説他少年輕率，殊未然。」

謂李伯生：「今日講學，只要辯這一點心如何。」

先生教人，只要盡見在職分。嘗曰：「九天之上，天也，眼前亦天也。九地之下，地也，脚下亦地也。如今只管眼前脚下，實實行去，不論九天之上、九地之下。然眼前之天、脚下之地，即九天之天、九地之地也。」

又曰：「譬之水，寒潭之下，水也，水面上亦水也。汲水者只從水面上，决無人寒潭下汲之之理。然面上水與寒潭水一也。」

夜與近山同寢。醒時，近山問曰：「夜間如何便睡着？又如何便醒了？」鯉無以應。近山曰：「此個道理也要理會。睡時神歸於肝，潛得淺，少頃便醒。歸於腎，潛得深，便會久睡。」鯉以質于先生。先生曰：「只當爲而爲，不當爲而不爲，便是學問。至於睡耶醒耶，任他去，不須理會。」

睡時胡思亂想，便與除去，此是睡時的工夫。若説有個睡的法子，也不須用他。

先生謂化鯉曰：「今人言延年口訣，多説是老子所傳。然孔子親見老子，苟有可以延年者，何不傳之？豈孔子不可傳乎？顔子在孔門是第一個弟子，乃三十二而卒。孔子但曰：『不幸短命死矣。』至於伯牛有疾，亦止歎曰：『亡之，命矣夫。』今養生者，舍當爲不爲，乃務爲孔子所不爲，此是異學。」

先生在滸墅，轄吴、長二縣。長洲知縣趙姓者欲抗禮，先生不少假，亦不與校。後蔣虹泉宗魯來代，問吴中守令誰賢。先生首稱長洲。蔣曰：「匪抗君者耶？」先生曰：「彼固抗我，然吴郡多官，清謹獨此人耳。吾輩當爲天下惜才。」

先生往在宦途，曾有故人送一星士，索先生年庚，欲推之。先生曰：「君説我好，起我妄心。説我不好，起我疑心。且人所以推算者，求先知也。吾不欲先知耳。」其人歎謝。

訥溪周先生怡説：「諸君子相繼淪落，海宇幾空。」先生云：「海宇幾空，先生之感深矣。然予不敢以此必天下士也。宋屏山劉先生有言：『韓子謂軻死不得其傳。言何峻哉！蓽門圭竇，密契聖心，嘿相授受，正恐無世無之。孤聖人之道，絶學者之志，韓子之言哉！』予於是重有感矣。」

太守黄公焯送官地十七畝、民地四十六畝，給帖二張。先生辭之曰：「不肖自省，不敢承當者數端：一者身病垂年，家無丁壯能知農事。二者小孫俱少，欲令讀書，一營南畝，旋即廢學。三者祖業百畝，近城可耕。兼治遠地，况經争奪，垂老無争，聞之愧慄。四者國有閒田，優賢逸老，自顧何人，敢於叨此。誠恐官地廢耕，鞠爲茂草；民地廢耕，税糧脱欠。謹將原給下帖二張完璧，伏願收回成命，别付相應人員，隨宜管領。庶使情法兩得，公私俱便。原出深愛，願賜萬全，完名晚節，株守待終。諒愛人以德之懷，保始終曲成之惠，自當感刻於無窮矣。」

或詢先生生平。先生曰：「少多過，老知悔，是僕之平生。安淡泊，守規矩，是僕之願學。」

契陽明之意，則薛、胡之言可識矣。

論人詳，治己便疏，在須臾間，不可影過。

李春野曰：「至善乃『繼之者善』之善。未落氣質，未判人物，真性本原，所謂『易有太極』是也。」先生曰：「此意先識得乎？後悟得乎？莫成意見。」曰：「『明』、『親』乃成之者後事，至善乃未落于氣質之時，輕清渾淪之際，物我從出之，原須要先識得。」先生曰：「此是說光景。自一陰一陽以下，細細分節，莫取成次否？與不識不知之味不同。又道理不當說起處，若說起處，便說從何處起，便生玄虛意見，且何以能先識得？舍却見在職分，只管推原道理起處，此晚宋談學之弊也。或先識得，或後悟得，總屬意見，却是放心。」

春野曰：「工夫本自易簡，日用本自活潑。但不可輕輕放過，常在師友發明。」先生曰：「不輕放過，如何用功？且如何發明？」

春野曰：「惻隱等時時見，但不可使差過，就是工夫。提醒本來，就是發明工夫。」先生曰：「不使差過，只空空懸想乎？抑須有事實乎？某昔年亦有提省本原之說，亦云一了百當，後覺玄虛，故從今說。」

春野曰：「良知本無所知，有心求知，便非良。」先生曰：「無知亦是藥。」

春野曰：「講學本以求損，以爲學益，將何所益？」先生曰：「將何所損？有無損益，只是對症之藥。且聰明人多能所，能所最妨學。」曰：「損其多以歸於易簡，還其本體耳。」先生曰：「還其本體，非益乎？」

春野曰：「元近來愈厭勞擾，止求無知，便覺身心有益。與陰衛涯書，亦是不得已。」先生曰：「愈厭勞擾厭煩，即非無知。欲求無知，須是耐煩。前云惻隱時見，此云與衛涯書是不得已。若是惻隱真切，却是自不容已。切念人物失所，只因人心陷溺，只因此學不明。有衛涯者，肯來出頭講求，遠遠致書通問，若是惻隱真切，自當應答如響，乃云不得已乎？豈以輕清渾淪繫其意見，而於世界冷無交涉乎？此是學術差別處，慎思之，明辨之。」

昔年在東寺，春野曾寫數條，只泛泛。昨者見教，尚雜取春秋戰國人議論。今此數節，方纔着己，又却落在自私窠臼，確乎自信，閉關據隘，無間可入。只有『厭勞擾』三字，是頂門一竅，不曾遮閉。試下耐煩一針，若受此針，通身汗下，諸竅盡開，不勝慶幸。某老矣，病矣，衰極矣。率爾相正，亦不容已之心也。春野念之，念之。

楊遜菴云：「此個道理要識得，識得了，須放下。亦要悟得，悟得了，須放下。斯不成意見矣。」先生曰：「如何能識得？如何能悟得？如何能放下？」

遜菴云：「不思損之，將欲益之乎？此白沙之言，謂聰明多能所者言也。損之又損，外家之言，謂多嗜欲者言也。是故黜聰去智，爲對症之藥也。今云講學本以求損，不知損個甚麽？」先生曰：「只作對症之藥，則損益更不着迹。」

遜菴云：「《易》云：『復其見天地之心。』邵子云：『一陽初動處。』所謂復，所謂動，即起處也。天人不殊，察見此理，隨動隨静，隨事隨時，無少間隔，即是見在職分，即不落玄虚矣。」先生曰：「此理如何察見？金屑雖貴，入眼成翳。其曰不落玄虚，恐成意見耳。」

遜菴講顔子不遷怒云：「如原有一分，其發見止有一分，再無一釐增益，是能制其自起之怒，止於是而不遷也。」先生曰：「原有便是病根，如何定他分數？且制怒是原思之所謂難，非顔子之不違仁也。」

遜菴云：「顔子之過，是不覺其非幾之念，怒是不覺其非公之情，如何？」先生曰：「《易·復》初爻云：『不遠復，無祇悔，元吉。』已復矣，故曰『無祇悔』，曰『元吉』。又《繫辭》云：『有不善未嘗不知，知之未嘗復行也。』不復行矣，尚有非幾之念、非公之情乎？安在其不違仁也？以此擬顔，恐非精義。」

附録 九條

周訥谿謂晴川先生子年云：「西川先生以泰山喬嶽，鬱起中都，爲海内宗師，人咸稱爲尤夫子。」

朱近齋謂趙麟陽云：「天地真機，周孔心竅，是先師一口發露。諦觀及門之士，最久而最親者，莫不挾帶攙和，以爲妙用。固如此，吾誰欺乎？不肖極目長天，以爲世之豪傑，惟執事與洛陽尤西川、吉水羅念菴，可繼先師之志。三兄之外，豈謂遂無其人？但不肖未之見耳。」

輝縣鄉進士郭野號樸菴，目已盲，獨心慕先生。一得《小記》，命其子讀而聽之，而悦之。

查毅齋鐸謂化鯉云：「西川先師語録，條條皆從實體中來，皆於日用有關係，真人事皆天則也。」

安福鄒聚所德涵謂化鯉云：「過洛，復面先生。見其惻然仁體，藹然虚懷，非《小記》所能盡載，因脈脈自奮矣。」

訥溪與先生書云：「癸丑夏秋，兩侍道範，誠心睟容，不俟言論而默淑吾大矣；即有言也，罔非德言，有所論也，罔非道論。動静語默，皆我師也。吾安能忘也。以此告念菴諸君子，念菴恨不即縮地取晤，今齎恨歿矣。」

近齋與先生書畧云：「兩接手翰，益感誠愛出於肺肝。日新之勇直取心君，不作三代以下摺數，故爾實疑實悟，非聞見所能滯也。」

臨川羅近溪來書云：「某思親炙德輝者，二十年於此矣。機緣不偶，竟負夙心。昨獲讀新刻講學諸書，平實中正，潤益身心，大不易言。盡其時馳戀，鄙忱似稍稍浣慰于萬一也。」

查毅齋貤先生書云：「仰先生盛名山斗，積懷已久，無由親炙領教。今年候補寓京，得接高徒孟君。見其徒，已知其師。及讀《擬學小記》與《續録》，乃知先生之學，蓋得文成公正脈，且精凝神定，心虛氣和。凡答問處，不費辭而微意自透。凡酬應處，不修詞而真誠自見。深造自得之學，溢於言外，讀之真令人興起。」

卷二

書

與孟我疆

側聞門下在貴鄉無相從者，雖家居自修自證，不假於人，然不免形影相吊。尼父倡道於洙泗之上，海内士從者固多，如顔、曾大賢，率在密邇之邦。其有教無類，即互鄉闕黨童子，亦不遺於所受。奈何貴鎮獨無人也？豈其道高而人不敢就邪？抑亦有所擇而後與邪？子曰：「鳥獸不可與同群，吾非斯人之徒與而誰與！」斯聖人之所以爲大也。且吾人一生居鄉時多，宦遊日少。十室之邑，必有忠信。矧貴鎮非十室比，顧獨無可進之資乎！所願加意接引，不但成物，正所以成己。不但善吾鄉，正可以驗吾學，高明以爲何如？

又

陽和逝而會漸解，則前此來會，豈真向學哉？今之解也，又何足怪乎！道駕寓京，同志無不依歸。今復所、泓陽二公以公事出，邸中當益落莫。想所與常往來者，晉菴丈耳。晉菴志氣真切，任道之資也。即學術未透，然大端已好。隨時相機，誘掖接引，俾之駸駸明乎大道，在丈自有轉移良法，豈孤所能測識？若不量其淺深，不問其虚實，不視其信否，而遽欲棄舊見而從吾説，吾恐求之愈篤，執之愈固，非所以爲善誘也。如何？

又

《大學》言心不言性，非遺性也，心即性也。若以其言心而遂目《大學》非盡性之書，可乎？《中庸》言性不言心，非遺心也，性即心也。若以其言性而遂目《中庸》非傳心之書，可乎？推之《論》、《孟》、《五經》，或單言，或并言，詞有攸當，理非二致。由是觀之，心性之一彰彰矣，夫何疑？

又

《經翼》之重刻也，視初選甚精，大有裨於斯道。《大學》古本「皆自明也」下，明公釋云：

「自明不已，即所以爲親民。」「不已」二字似支離。若曰「此皆自明，而親民在其中矣」，便無病。蓋明明德於天下，然後謂之自明。離却親民，將何所明明德？是禪定之學，非吾儒之學也。後面問「知止」條：「此『止』不由言詮」，「詮」字誤作「銓」字，宜更正。張湫《講義》論爲仁之功、心性之旨明透，無復可疑。獨盡心三節，分知、仁、勇，似欠精一。以意逆之，未爲不通。但不若不分三者之爲渾然也。原册僭加圈點，更綴數字於行間并尾末，是否？祈詳教之。

又

細閲近稿，直透道脈。第言詞稍繁，中間亦有與前稿大同處。不若盡脱舊語，斬絶葛藤，因人誘掖，各中其宜，變化無端，言簡理透，令讀者入眼豁然，更長一格之爲尤佳也。蓋道理元無二致，而所見所言未可執一。堯言「執中」，舜云「精一」，禹、湯、文所言亦各不同。孔云「一貫」，曾曰「忠恕」。孔云「求仁」，孟曰「集義」。周曰「無欲」，明道却説「定性」。程曰「識仁體」，陽明却説「致良知」。不獨此也，孔子答門弟子問仁，無慮十數章，其言皆不相襲。又樊遲一人也，三答問而語三變。夫仁豈其有如是之多端哉？良以因人因病，因病因藥，因藥因時，不得不然，而道實未嘗有異。向使再答十數輩，定亦未必雷同，而其爲仁則一。此聖人之學無方，體無窮盡，所以爲大乎！若今日如此説，明日亦如此説；今年如此説，明年亦如此説；遇上智如此説，遇初學亦如此説，則只可纂一篇，觀於人足矣，何以嘵嘵爲？是否？惟裁教。

又

羅近翁集大要以孔門求仁爲宗旨，以聯屬天地萬物爲體段，以不學不慮、赤子之心爲根源，以孝弟慈爲日用。貫串古今，心開目明，見宏而識透，蓋近世學者未之或先。獨意氣稍類粗豪，言詞不無播弄，豈其道廣，宜如斯耶？中間有數處可商量者，俱筆原册行間，幸惟教之。

又

《衡齊》一書，發揮道理甚透，第有一二可商量者。「不遷怒」是無怒，蓋怒而未嘗怒也，非猶有小怒也。「志仁」即無惡，「不貳過」即無過。若曰猶有小蔽，猶小未盡善，是猶有過有惡，孔子何以稱爲好學？何以曰不違仁？顔子之學不如是也。小蔽即全蔽，小未盡善即全未善，又可以小大論邪？獨即知，知即獨。説獨更不須加知，若獨必加知而後全，是孔言爲歇後矣！「性之欲也」之欲，即從心不踰之欲，非私欲也。欲而曰性，又何疑哉？有物有則，不誠無物。若謂在物爲理爲非，而曰理不在物，不亦二之邪？《博辨篇》逞博，《談言篇》逐言。大都六經、《論語》，其言簡實，其氣和平深沉，不文之文，不以文稱。此書洸洋閃爍，不免文人氣習。丈謂之何？

上西川尤老師

昨蒙批教，鯉披讀悦心。始具稿時，自謂舊聞汩没，或未能便達。及得教爲近是，緣是潛思，益見道本至近至易，而義理無窮，又不敢以所見自止也。乘此感動，知其是即奮然力行，知其非是即截然以止，斯合則而毋自欺之功乎？如何？乞賜教。

又

近得兩程先生書，乃是摘取分類，如性理、天文、地理、心性等例。楊遜翁曾託校讎，但未慊鯉意。遜翁亦言編次欠當，然却欲以性命類列於前，尚不出新刻之見。鯉欲將《定性》、《識仁》等篇及切於學問者作上册，餘爲下册，遜翁首肯之。伏望口授江、趙二生大意，庶開卷即見學要，於後學不無裨益，而此刻始不徒矣。敬俟教。

又

慎獨之功，不論動静。真心自運，隨感隨應，無一毫夾雜，無一息間斷。只此而已，何慎如之。是否？乞賜教。

又

未發之中，已發之和，聖賢言語不得不如此，其實非二也。人有此心，便無有未發時，雖寐亦未嘗不發。發而中節，就是未發之中。蓋物來順應，廓然大公，本體毫無所馳逐故也。故曰「中節者中也」，是謂發猶未發。如此看，是否？乞賜教。

與王幼真

舉業固在多讀多作，然此心養得潭渟月圓，自有活潑潑地義理。由此入圍，信筆掃去，却與口耳剽竊、徒逞浮詞者星淵。必有具隻眼者，正不徒在區區呻吟占畢、操筆伸紙間也。只此心得養，是其要耳。朱丈言仁里先師祠址高而規閎，且得一道人守之。又言里中閒静，宵無閧聲，二三同志，雍雍和敬。咸曰斯幼真子之化乎？今而後君之心得養可知也。然孤相信也久，亦安俟今日，願更勉旃。以後往來書，半束可也。如無多字，即單裁更好。

又

諦觀近日來書，孜孜舉業而鬱伊頗深，似與夙昔所學稍異。明道謂：「受學周茂叔，每令尋仲尼、顔子樂處，所樂何事。」孟子曰：「君子有三樂，而王天下不與存焉。」夫王天下，非小事也，且不與存，况其它乎？今之孜孜，於孔、顔、孟所樂同乎？否乎？試一反觀，而鬱伊有不劃然解者，否也，而後可以不失吾夙昔之學。

又

學問工夫無頃刻可離。《中庸》曰：「道也者，不可須臾離也。可離非道也。」此道原是日用常行，即愚夫愚婦所知能，但彼日用而不知耳。學者須是常知常覺，自作主宰，不肯少違。孔子曰：「君子無終食之間違仁，造次必於是，顛沛必於是。」告樊遲曰：「居處恭，執事敬，與人忠，雖之夷狄，不可棄也。」必如是，而後可以語學。不然，悠悠度日，作輟相乘，其不枉過一生也者幾希。

又

先師云：「古之聖賢，勤學好問。故舜好問察，終稱大智。孔學不厭，卒成至聖。吾人視舜孔如何，其學不學，勤不勤，問不問，好不好，皆可自鏡也。」幼真躬行，興起者多。既已出頭承當，人皆仰之。所貴緝熙，毋令間斷耳。緝熙如何？勤學好問而已。曩見勉令侄輩文甚佳，意念勤渠。是後數年未見製作，亦未嘗有一言疑問。豈製作有害於學，而胸中了了，不待疑難乎？幸熟思之。

又

眼前葛藤，何日是了？昔人云以不了了之，此最可爲存心省事之方。昨年七月，幼真家間有不了事。適督學取入書院，雖盤桓累旬，然終不往。亦以可以往可以無往也。設使當是時即科舉進場之期，吾知雖有不了事，決亦往矣。

又

吾人學問，患在間斷。今惟時時省察，果無間斷乎？抑間斷乎？落第歸來，加以失耦，此中曾間斷否？當此迫切時，曾用工否？有得力處否？使中筆示。

又

日用感觸，能無妙契處？亦能無疑惑處？此等處曾筆記否？有之，幸見示。如其無也，須自今以往隨時筆之。夫人雖至愚，未始無妙契。雖甚上智，亦未始無疑惑。蓋極其至，聖人有所不知，而理義悅心，人人所同也。故小疑小進，大疑大進，不疑則不進而退。孔子韋編三絕，删述《六經》，尚矣。其次，若隨所妙契，中夜燃燭以書，而其書亦到今與《通書》、《定性》并顯。左太沖之賦《三都》也，枕席藩溷，率置筆研，此雖文士無足多，然彼其所以用工之方，則有可愧吾儕者。噫！世有悠悠而能成德業者乎？吾儕期共此學十餘年矣。君已逾壯，而愚年亦忽忽介彊艾之間。語云：「日月逝矣，歲不我與。」願與君亟圖焉。

又

吾輩往時相許，終身切磋以成德。今各有家務，即十年之約不能踐，不知何時得暇？緬想孔孟，周流歷聘，獨無家務耶？胡不顧家也？大率人之志真切懇篤，則一切外物自輕。巨商大賈，經年在外，彼其心固欲以營利積富也，則積學可知也。夫苟爲學之意少怠，祇見家務爲重，且能立許多議論，足以自解而自誑，此恒情也，當以爲戒。吾輩斯時縱不能相聚，然音耗亦須常通，庶此中警惕，不至大頹敗耳。君有三郎，長者當入大學之時。人生萬事，以何者爲足？此雖俗論，可以解縛。

又

陽明先生集常目在之否？其中精微可得而拈示之乎？抑有未盡善處可商量者乎？讀先師

《小記》止入其門乎？抑入堂奥乎？亦方在宫牆之望乎？可自考也。賤體常病，邇日思見幼真甚切，倘肯撥冗東行〔二〕，無窮之益也。

又

兩接手書，冗沓中精明如此，果學問得力。人事皆天則乎？抑尚有擬議在乎？所云他年結果，酬我惓惓，抑何幸也！夫他年結果，即在今日。若今日未能潔凈斬截，勇往直前，却欲總計於他年，則他年所結，亦可知已。我以振古豪傑望幼真，所欲者奢矣，慎毋以所持者狹酬我哉。安良弼暫遣門徒，一二日内過我，商證此學。意氣真切，直是不肯作三代以下人物。其豪傑士乎！愚爲之悚然起敬。我疆先生正月寄我書方到，又著《讀書管見》二册。此老勤學，真有一息尚存此志不容少懈者。讀之感激，不覺泣下。從此後欲再聞此言，得乎？恨不得與幼真促席一譚之。家事稍有端緒，即當束裝而東，無謂我言爲迂，斯它年之地也。

人須是於人所難抽身處抽得身，方有力量，方是學。看每日能昧爽即興否？此最可驗精神，亦賢愚壽夭所關也。毋作不緊要，漫浪過去。

〔二〕「倘肯撥冗東」以下至下篇「此老勤」，底本原缺一葉，據《原國立北平圖書館甲庫善本叢書》845册影印明萬曆本補。

人常言人事不當却，此言最誤人。孔子周流四方，韋編三絶，如此好學，所以爲萬世斯文宗主。

又

學須遠塵囂，謝冗務。日夜存養此心，證諸《六經》，方有端緒。若擾擾悠悠，作輟鹵莽，而欲希辦此事，是猶蒙釜而望天也。且此時既不得不陪奉鄉鄰，將來又不得不陪奉仕宦。日復一日，年復一年，《六經》決不能參究，此心決不能融徹。其爲虛度，不亦審乎？慎思哉！慎思哉！

《易》曰：「繫小子，失丈夫。」予每玩此爻，便惕然有省。凡人志興起時，便有令名榮親。及稍怠則多用親爲辭，是貽親以不令名也。精神須打并歸一，則心專而德業修。蓋二三其德，凡人皆知其不可。學弈，小技，亦非一心鴻鵠者所可得。《書》有之：「念兹在兹，釋兹在兹。名言兹在兹，允出兹在兹。」

又

田使回，得手書，極慰。從古有志之士，弗底于成者，心不歸一，弗講於《中庸》淡簡之道也。來書云：「歸一者，一之也。」且根究其害，曰名、利、色，而深有取於「淡而不厭」之一言，豈非旨於道耶？蓋君子爲己，莫先於淡，是入德之基也。吾人淡不下，忽不覺入於醲艷，只緣名、利、色三者爲祟。非三者之能爲祟，人自作祟耳。

誠使内省無疚，屋漏無愧，真見己之所以爲己者何在。一切日用，慊心而行，不貳不問，惟德不顯，是之謂淡，是之謂歸一。是故非一則不能以淡，非淡則不能以一。一，天下之大本也；淡，天下之達道也。以平天下，以通天載，而何名利色之足爲祟哉！此爲己之真切，入德之至要至要者也。讀來書，亟爲吾道慶，勉成斯志，以副群情。

又

吾人學問，全在益友。不求益友、不遠損友而能成就者，否矣。昨僕所論，記得幼真云：「先生恐我變轉。」斯言也，蓋自度不受變於人，雖見損友，聞非僻言，亦自無害。此是柳士師以上事。在幼真所持，未爲不可。然愚意且學魯男子也。乘便再此一言，萬萬勿忽。

又

别後念吾幼真甚切。以僕慵愚，須藉温恭之友。而幼真寡伴，又僕所惓惓也。頃友人戲謔，意蓋成人之惡。僕見幼真損友之戒大書袖上，非至勇不及此。竊念吾人爲學，只在自肯。

自肯一念果切，任他邪魔鬼怪，觸之而碎，况能干之乎？而又何慮乎浮言舊習也？袖上字可濯去，無令人見，恐大駭人，如何？

與李對泉

前經肥城，至徐方一帶，饑民扶老攜幼，驅車挑擔，在在而是。問之，不曰堂邑，則曰夏津。至於茌、博、高、聊爲尤多，皆流移就食於它方。則是東昌饑饉視它郡更甚，第不知足所未至者何狀也。憶昨諭春初駕臨東昌，計此時各郡邑皆散賑，若東昌者不宜尤加意乎？煮粥事不可不一舉，門下自有石畫，非愚所能測識也。淮陽應賑止十五州縣，饑民二十八萬有奇，新正三日開賑。生三二日内將歷揚、鳳，仍返淮陰竣事，事竣即候命矣。

答耿寶應

得書見足下愛民心切，災黎可恃以無虞。顧維揚賑金，尚未遣官來領。又此中米價翔貴，民難聊生。連日方具疏留漕糧平糶，坐是不能即去。且貴治有足下在，就使饑民洶洶，諒自有妙用，坐令安輯，寧需區區。賑銀至日，東鄉災重者作一等，極貧須二錢以上，次貧者須一錢五分。西鄉輕者作一等，極貧一錢五分，次貧一錢。縱不能恰好，亦須裒益，無得以厘稱令吏胥爲奸也。山陽君甚留心，雪天寒夜，沿鄉給散，頗爲得法，民嘖嘖頌之。足下自妥當，聊此相告耳。

與張仲素茂才 名兆芳，山陽人

日辱遠送，燒燭論文，幾忘去路。逮渡河，漏下報三鼓矣。可笑也！清浦樓前分岐數語，當無忘知己之屬。計良晤在丑歲耳。嚮録奉五先生語，足下重之，情見乎辭。此中長得精思力踐，德業自有可觀。均惟努力。吾輩讀古人書，常有生不同時，不得一見之憾。貴郡若梁勝陽、丘震岡二先生，今之古人也，足下且與之同里，安可放過？僕宿司五鎮，一箋陳悃未既，所云冀足下亮之。

答張陽和

祝南山入都，得拜手書。公之望鯉厚矣！嚮承闡發尤先生潛德，見者知慕。尤先生業祀郡庠，門弟子并遠邇聞風者，翕然共建專祀。而分守王中宇公特樹真儒坊，興起益衆。尤先生之學，大振陜洛，洋溢寰宇。微雄文表章，未必遽能若是，感佩蓋不獨鯉也。黄兩川獨行樂善，没且三年，墓有宿草矣。宜不可泯泯，别具行畧，倘亦可備收齒乎！我疆兄起家爽鳩，今往來切磋不絶，獨未卜與公面質在何日耳？新刻二十册附覽。

又

承翰教，兼拜腆儀，感佩可勝？曩叨役河西，勉遵夙誨，時值我疆丈道關滸，諸所釐革，俱經商確。獨遠門下，未及就正。入都以來，聯會觀摩，舊與惟我疆往來最密。此兄造益精純，才可經濟，非直廉謹之士。第年長矣，而在下寮，然歸念亦浡浡興也。不審當軸者何以處之？貴鄉有文成公倡於前，我公繼之，諸青衿且鼓舞其間。而絀虛談，務實踐，又今日固本回生要劑也。斯文之興，不在兹乎？聞之感動，屬朱雲樓人便，虔此奉復，不宣。

答楊晉菴

承諭，學問要立定脚跟。德念深矣，敢不勉佩？慨自頓悟超識不由階級之説興，而世依馮虛見爲實際，忽於躬行多矣。甚者大戾典刑，使天下目聖學爲贅疣，此豈聖學使然？良由其人原無真爲聖人之志，直假以濟其私爾。展禽覆寒女，聖者如是；魯男子閉門，君子則予其善學。此希聖者之律令也。學者正不宜藉口圓融，以干有道之誅。只宜隨吾職之所及，分之所在，利害死生以之。如此，然後謂之立得脚跟定。昔者孔子自敍爲學，十五而立志，三十而始立，而四十、五十、六十又各有所進，而後至於從心不踰。其示學者則曰：「可與共學，未可與適道。可與適道，未可與立。可與立，未可與權。」孟子論聖、神，雖非有加於善、信，然亦必由善、信而美、大，而後馴至於化，而至於不可知。其序如此。豈如今尚無真志、尚未可立、尚未實有諸己，乃遽把聖人權來做，一蹴就到從心、聖、神境界？夷考其行，乃有名節掃地不足齒數者。此鄙夫之尤，宣尼所不與事君也，可謂之學問哉？江門不云乎：「名節者，衛道之藩籬，藩籬不固，其中未有存者。」語若分析，正今日對症之藥。雖然，始學便須學聖人，方不歇脚於一隅，而不酌重輕，何以應事？權亦不獨聖人始用，顧學者立志如何，乃又可因噎廢食，安于一善成名耶？如此見解，不審于丈旨符否？便中幸飛一字以示。

又

承示心論，大要指腔子中血肉塊然具靈明者，闢諸公「心者，神也，神無不在」之言，具執凝菴説爲左券。年兄于此思之審矣，弟何所言？然嘗思之，敢以就正。

夫心豈易言？《大禹謨》曰：「人心惟危，道心惟微，惟精惟一，允執厥中。」此心學之源也。嗣是成湯制心以禮，文王翼翼小心，孔尚操存，孟言擴充，古聖賢率重工夫，不言心之所在，如此豈智不若吾曹哉？必有道矣。《易》論天地，只曰「大生」「廣生」；論天地之心，只曰「復」，蓋天地大德曰生，復即生也。言生言復，而心見矣。若天之所以高，地之所以厚，天地之心之寓何方所，未之言也。吾人職分，自有見在日可用力之地。釋此而懸空揣摩，就使逼真，亦屬知識意見，無裨日用，祇開玄虛之竇，啓世之玩弄而芻狗之也。故曰：「所惡于智者，爲其鑿也。」不然，彼聖賢但言工夫，夫豈無見而云然？

「心安在腔子裏」，非兄取以爲證者乎？然明道之言，即孟氏所謂「求放心」，言用工也。孔子言仁多矣，言性命天道者亦有之，記者則謂「罕言命與仁」，而子貢亦有「性與天道不可得聞」之歎。何也？蓋聖人只言工夫，未嘗輕談道體。考諸《論語》，不曰孝弟，則曰忠信；不曰謹言慎行，則曰忠君愛民。何莫非仁？何莫非性命天道？亦何莫非心乎？固未嘗曰心何形、寓何方所也。若心無不在，却嘗言之，曰「出入無時，莫知其鄉」，又曰「神無方而易無體」，亦未嘗曰心何形、寓何方所也。孔子所不言，吾曹亦不言可也。大抵人之爲學，只宜立有必爲聖人之志，安分盡心，不落知識，不崇意見，令此心洞然泰然，生生無窮，與天地合德，堯、舜、湯、文、孔、孟所云，皆可不悖，如此然後可以論心，不然亦對塔説相輪耳。程子云：「君子之學，莫若廓然而大公，物來而順應。」又云：「德者，得也。須是實到這裏始得。」意盡之矣。如曰是腔子中血肉靈明耶？是神也，無不在耶？姑俟明者。心豈易言？弟措詞鈍拙，不足以宣鄙心，惟兄教之。

又

頃得邸報，知年丈榮拜諫垣。夫以年兄忠厚正直，而又懇懇勤勤，從事於學，皂囊大議，關係定不尋常。昔人謂上不負天子，下不負所學，端在今兹，知不徒照耀勾陳、豹尾間也。審如是，昌黎可不論諍臣，范司諫無因得永叔書矣！年兄其將以弟爲不知言乎？客春之莫，歲非龍蛇，而我疆奄有易簀之虞。同志方興，宗盟遽隕，此其痛不獨知己一人之私也。弟抱痾廬處，忽忽兩年。追憶二親音容，邈不可即，而弟年亦將望蘧大夫之知非。俯仰憂悲，深非他人所可同。知年兄必不忍聞，聞之爲我酸鼻無疑也。流光難再，德業宜修，年來杜門，惟學問一事在念。里閈亦有向上士，可與共此舟者。中心恍惚，似有一隙之明，視曩昔稍切，且頗知過。又此學全要師友自然，不扶而挺，否則欲免東倒西歪難矣！幸年兄教之。

答秦春暉

再荷手書，辨晰周程論性。懇懇下詢，豈古問不能與寡之懷乎！夫性善闡諸孔孟，而吉之先見《易大傳》，則嘗言幾矣。幾即性之動也，語微也。離幾言性，非性之用。兼惡言幾，非幾之體。蓋性有善無惡，則幾亦有善無惡。而「惡不可不謂之性」，與「天下善惡皆天理」之言，委非孔孟宗指。或者如來諭，世儒假託惑世之教乎？不然，則後人相傳訛也。不然，則當時門人筆記失真者也。不然，豈有直接千五百餘年道脈大儒出斯語乎？來諭可謂曠見。此語明，則我疆兄所謂程子善惡論性爲受之濂溪，可無辨已。

夫茂叔圖書，關學脈矣。「幾善惡」一言，似與大《易》精旨相戾。蓋感動作用，皆本然之性。非本然之性，則感動與性相薊越，何以言「體用一源，顯微無間」？不然，本然之性祇可静而不能通諸動，一動便有惡，是性果不可以言善矣。若以動有善惡，無與於性，則性自性，動自動，性爲内，動爲外，是岐而二之也。若以人動有善惡，是執常情以槩聖學，不可謂論性之精也。且「吾學有所受」，非伯淳語乎？濂洛相傳，焉可誣？夫學須虚心切己，務求精一，固不得作異，立論玄奇，亦不得苟同，隨人悲笑。如二録一覽，則本性畢呈，自當了然。此係道脈要關，而又出自大儒口吻，轉相皇惑，敢兹請正。

答李

辱教陽明先生四段，析義甚精，受益多矣。鄙見敢具以請。輪回變現，爲答歐陽崇一。安人禽獸，悖逆淫浪，正足從更學子，其仍輪回云云，猶孟子謂伊尹以堯舜之道要湯也。夫尹何嘗有心用堯舜之道要湯哉？借萬章氏「要」字以反，蓋水中月耳。至如妄人禽獸等云，亦非過論。蓋吾良知一時昏昧，真真落到此地，真可悲省。不爲他日輪回張本，簸弄精神，以釋氏用怖令懼人于善，意非不美，第不若孔孟之言平正切實，實萬世垂憲也。

《易》言「何思何慮」，即《詩》「不識不知，順帝之則」之旨。當時周道通原舉上蔡、伊川「何思何慮」，故以此答之。假令舉「不識不知」爲言，寧不援《詩》爲證耶？「擾擾夢周，未及陋巷惺惺」之句，鄙意謂先生秋夜獨坐，胸中光潔，灑灑無物，此時見得本體澄湛光徹，遂發此言，豈謂孔夢爲真擾擾，而顏子顧過之耶？此似當索諸言詞之表，求之興致之妙，始爲得之。「妄心亦照」，當時原静已有「在妄心可謂之照，則在照心亦可謂之妄矣」之問，而先生答曰：「妄心亦照者，以其本體明覺之自然者，未嘗不在於其中，但有所動耳。」即如今人，一切用智自私，雖不免爲妄，然何嘗無照？其本心亦何嘗息得？只是所見者私，非天理也。《易》言「繼明照」，又云「久照」，《詩》、《書》皆言「照臨」，「先覺」、「後覺」見於《論》、《孟》，則覺照豈得獨讓之空門輩耶？

大凡看古人語，要在虚心求益。虚心則凡有所言皆爲我設。不論横説竪説，皆可通達無礙，皆足取益，自然言言警動而氣質且因以變化。舍是不免牽制文義，正恐落入見聞言詮窠臼中矣。先生老成見道，當有精旨，敬此奉復，惟慨然嘉惠而教之。

答丘汝芹

學問不外求仁，來書所謂「仁者以天地萬物爲一體」是已。聖人所以能如是者，無欲也，學不厭也。吾人所以不如是者，多欲也。多欲皆緣不學，歆羡怨尤，蠹心損氣，去聖益遠矣。子曰：「學而時習之，不亦悦乎？」悦者心之本體，七情皆悦也。來書云「歸家心悦，視身外事若輕」，蓋心體呈露，仁也，固悦也。又云「有時感傷酸鼻，不自知其何心」，蓋惻隱之心，仁也，亦悦也。何則？得其心之本然也。故忘食忘憂，聖人所以爲悦；無所不悦，顔子所以亞聖。學則悦，悦則學，不學不悦，不悦不可以爲學。且感傷必有所因，非因既壯始學，則因既往觸心。只此便是天地萬物一體根基，所云學問要立根基，在此也。不然學無頭腦，東生西滅，欲求聖人之道，奚繇哉？孟子曰：「養心莫善於寡欲。」寡欲，無欲也，「寡」字蓋用功之詞。味來書尚似以寡爲寡少，審如是，心體猶在多欲，豈善養心者乎？明道云：「凡人纔學，便須知着力處。既學，便須知得力處。」伊川云：「言學便以道爲志，言人便以聖爲志。」願相與勉之。

答黄兩川

承示我疆丈爲都門同志依歸，脱非丈挽留，諒亦不能久居燕山也，可以仰見爲道之懷矣！來諭云：「日愧一日，愈覺此志未定，學力未勤，胸中不如我疆光潔。」此非誠立志者不能爲此言，非誠有學力者不肯爲此言。即此一愧一覺，便是志定，便是勤學。何幸得與聞此耶！吾丈有勇力者，願更驅馳，弟當趨步。

與沈樂菴

樂菴淵默沉重，從師問學，雖酷暑不憚，視世俗庸瑣之見，奚啻千里？僕竊敬焉。頃與幼真論遠損友、勇改過，尤惓惓「真」之一字。蓋問學不進，只緣少一真耳。曾書古人語數句，有云「學要鞭辟近裏着己」、「毋友不如己者」、「勿求同俗，而求同理」、「衆方囂然，我獨淵然」，爲此數句，僕每讀驚動，因書與幼真相勖，未審曾見否？僕偕幼真將遊燕趙，遂遠別矣。敬書請正。

與趙瀚臣

學以虚心受善爲先，而善無定在。凡有裨於我，皆善也；凡責備於我，皆善也。至於人之志量，有謹守者，有闊大者。闊大者未必盡掩其言，謹守者未必能宏其度。要之，我能虚心，則不必絜長較短，皆足取益。故學者必有此心，而後可以入門。若見人有大志，或規正我而輒拒焉，疾之若無所容焉，此豈能病人乎？直自塞其遷善之塗耳。吾讀《論》、《孟》，賢哉子路之樂善也。夫貧富相形，鮮不忮求矣。車馬輕裘，借而敝，敝而不憾，幾人哉？有過則文，責過則怒，恒情也。誰則聞而喜？而子路於斯二者，皆超出常情。此孔子稱爲升堂，孟子繼諸舜禹，而程子與其爲百世師歟？瀚臣有志於學，切實而不浮。頃見其敬兄愛侄，顧禮丘嫂，問疾求藥，皇皇汲汲，此其敦篤倫常，不徒講矣。余既敬之，而尤望之以虚心，期之以樂善。然則瀚臣肯以今所已能自足乎？其進於善也，孰禦乎？

答趙德炎

讀所書三條，爲之心動。夫「欲爲聖賢，不爲俗人」、夫「忻慕善言善行」、夫「思制性氣且知其難，而日夕兢兢不自安」，眼前朋友，孰有若汝之真切者？今欲心之安也，先須發真心，以必不肯做俗人厲其志。此志一興，義理油然不容遏，而又時親良師友以資夾持，日磨月化，强勉無息。言行不期善，性氣不期平，庶幾日進乎聖賢之域。不然，欲免俗人，得乎？不爲聖賢，必是俗人，中間豈有安脚處？

答張養初、郭勉學

聞二君試畢入監，皆得賢師。幼真舊會，想自不寒。又來書云：「一意静坐，協力進修。」昔程子見人静坐，便歎善學。《易》贊天德，「進修」二字其最要者。且二君協力，是爲之而又有翼之者。即有難爲之事，且無弗成，矧易簡學乎？山中諸友，日有進益，恨不及與二君共之。雖然，修爲苟懈，即覿面徒形交耳。誠交相淬礪，無愧獨知，謂之千里同室可矣。古云：「人豈鹿豕也哉，而常群聚乎？」切磋之，提撕之，毋令頹墮，斯兩地當共勑也。諸惟亮之。

與丘南谿

令弟汝芹，鯉素以兄事而讓德者。昨一旦率汝義橋梓及令器子典柱從，情詞懇篤，不許鯉辭讓，而强拜焉。雖子弟爲尸，無妨於尊者之敬事，而菲劣如鯉，其不敢代庖也審矣。昔呂原明與伊川友，乃師事伊川；近代董蘿石齒長於王文成，乃執弟子禮，是固今昔美談，傳爲盛事者。汝芹欲爲原明、爲蘿石，無所不可，如鯉不肖何？兄老成見道，必有確論，豈以鯉言爲非是邪？虔此請教。

答趙南淵

門下以其伊鬱未信之懿，付沖虛丈，而沖虛又以長袖善舞纘之。理衡疲之邑，建議多方，無非憂國澤民。即格于當路，而民且受賜閎矣。宋儒有言：「苟存心於愛物，於人必有所濟。」當路可格其議，而吾蒸蒸愛濟之心，昕夕勤渠，得爲而爲之者，可能格乎？此亦必門下與沖虛可自信者也。某君謙抑，胸中不蓄鱗甲者，想局於予告，例則有之，斷無它意。鯉鹿鹿宅憂，禫期在即，以念存漫及之，附謝不盡。

答李修吾

鯉曩從計部得習門下風猷，私願登龍，如饑如渴，誠不自意獲叨治教之下，可愜夙願，而却以煢疚問之，徒抱咫尺念爾。讀門下書，見門下心。高賢識度，故自脱俗。三復周環，益增其念。河洛斯文之源，濬自兩程子，又五百年而得先師尤先生溯其流。先生故貧，乃孫貧愈甚。前年撫臺洪溪衷公廉得其狀，憐之曰：「是大賢之裔也。」令洛陽給之官田。顧乃孫書生，不會耕芸，除公賦及租户，所獲猶不足具饘粥，鯉又力不足以賑之。每誦崔立之内子之言，是用皇恐。承門下委囑，且荷凝菴先生遠存與前衷翁三公者，同一道義殷隆，是渠得免於枯魚之索之秋也。而興起斯文，亦此焉繫，願門下留意焉。尤先生所著有《擬學小記》，不審曾徹覽否？今其書與其孫見在洛中，門下試一垂問可得也。鯉愁痛蓬鬱，無所請益，辱問敢以奉復。

答諸敬陽

曩燕市幸獲荆班，而方晤遽别。江山阻絶，流想可知已。門下物望隆重，起家湞陽，彼都人士，何緣得炙？人師匪適執經，稟學有指南也。先輩論學，多言安分盡心是脚踏實地工夫。諦觀來柬，如云「不敢漫謂散冗」，又云「欲求適於中庸之途」，此望道虚懷而安分盡心之實學，豈與戔戔者挈眼前過人一事，便向塵土人面，揚揚意滿，畧無省究者同乎？同志之幸也。願益崇明德，以副群仰。

答鄒大澤

別久，不克時諧覿德願也，徒抱咫尺心耳。忽得教言，仰見乾乾一念，如錘如鉗，頃刻不肯放手。如云「虛度光陰，了無長益」，又云「他日視今，猶今視昔」，而歉然愧悚之意更溢詞表。此君子不自滿足、望道未見之虛襟也，長益孰大焉？躬行君子，宣尼自謂未得，又云「我未能一」，蓋指道四、道三。若此者，果聖人所不能，即何以爲孔子也？夫惟不以爲能，所以無不能，而天下後世卒無及之者，海之所以爲百谷王也。彼談地論天，遠稽近譬，若自謂能矣，其於學如何哉？則益服丈之虛心，與戔戔者不可同日論矣。弟本愚鈍，習陋又深，録録度日，真無長益。吾丈盍亦示鞭影乎？諸敬陽故自有意氣，非從人悲笑者。年來磨礲，想更精微。同志悠闊，今昔共憾，不知何日合并也？念之惘然。

答王叔善

一向抱病杜門，於吾友甚覺契闊。静中愈見得人生只有此學，舍是皆爲煩惱。先師辛亥上晴川書可玩也。吾人元氣，宜養不宜耗。時義當然，君子且有斟酌。若其它技能嗜好，聲色貨利之間，棘芒稍透，元氣全奔，而況不止於棘芒乎？瑜璞散於五圭之雕，混沌漓於七竅之鑿，甚且相忘於煩惱場中，迷而莫覺，殊爲可惜。古人獵心或萌於十載，矜字未祛於一年，蓋心之不可不存，而又未易以存若此，吾儕可不省乎？敝邑安良弼、弘農王幼真，日處寒廬，切磋進修，愈非昔比。復有數友，志向不凡，此學不謂無人。敢告吾友，應爲一快。序臨登穀，千萬勉旃。

答魏見泉

承示賢不肖極者，深感注意。至見諭虚望實勞之辨，及諮訪宜求大槩，尤爲切務。忻、嵐數郡邑頃推陞，業稍稍就中擇優者補之，未審異時各官能稱任使否？竊嘗因是妄有臆見。謂君子當以成就人才、安養生民爲心，於屬官隨時隨事誨諭之，俾知自新，斯百姓始得安業。常見上司知其屬有過也，包容之，不一言戒諭，惟俟其既著，方行劾斥。此於不肖當其辜，然如地方日受其殃何？知鄙見與門下符也，敢以請正。

答石楚陽

見教世路清夷，勉我嗜學。喻及鍊心鍊火，德念深矣。竊謂學要安分盡心，心誠安分，即搬柴運水，莫非實學，況錢穀乎？其不者，即從事講習，非玄虚則粗鄙，況錢穀乎？宣尼所以與點，《易》象所以戒出位也。丈閎材邃抱，即事即學。弟密邇行署，即不能朝夕請益，一切迷盭可馳刺而奉石畫。儻不金玉爾音，則厚幸矣。邇俗益奢靡，挽而復之古也，責在賢者。來教云云，於我心有豁然焉。世道賴丈鉅矣，然寧獨此也？新補西曹我疆孟丈，深于學者也，春仲北上，道天津，幸細叩之。

又

丈清標挺樹，敻邁時流，海内莫不知聞。鹾司藉重，尊以憲秩，而又異時躐陟，業有成議，廟堂於丈不薄矣。委吏、乘田，尼父不鄙。今縱不如吾意，視尼父所遇何如？而來諭辭氣若大有不平，弟竊惑之。弟與丈夙所期許，蘄於盡職，不論乎官，不論乎衙門，亦不論乎人之所以處我若何。今若此，惡乎不惑？且弟見世之負官者多矣，官固未始負人；見人之爲官重者多矣，官不足爲人重也。斯語似未體悉，然要之事理，自是如此。來諭不敢不盡愚心，然弟切願於丈者，尤在前所云云。祈丈超然遠覽，素位而行，令天下後世知官不足累人。而或者又謂官從此起，此亦事理必然。然鄙意則亦惟聽其所至而至，聽其所止而止，而我無心焉。官之起不起，不論也。丈謂之何？若曰「爾處順，我處逆」，則弟不敢知之矣。惟高明財擇。

答李月峰

辱手教，嗜學勤惓，讀之感奮。竊念世之學者，陷溺因循，日遠聖賢之域者，皆由未知從事於學。其弗從事，豈以此學之爲非？良亦無其志耳。丈質直高明，志又若此，其進庸可量乎！此志一立，即謂之持守定，非立志外又有所謂持守也。吾患吾志之不立，而何憂乎持守，又何畏乎紛華之見？弟庸愚無足比數，獨一隙之明，稍知向學，然全藉師友。近與良弼處受益更多，良弼亦且日異而月不同，誠如丈言。良弼常稱服吾丈，而丈又謙虛推讓，即丈之進修可想已。祇此附復，願各勉旃。

答楊德潤

書來，知弘宇丈動定爲慰，且聞兩尊人亳中福履，及獲上下芳聲，又慰。其尤足慰，則更在君聯社攻藝，就正弘宇，彬彬興起也。僕嘗深惟進修之事，鄒魯濂洛時，士之學係於人，何則？親師取友，陶鑄薰染，自足上達，而氣禀崇薄，不能爲之累。鄒魯濂洛後，士之學係於天，何則？自是自賢，逡巡怠棄，不免下達，而人品制行，緣乎氣習，鮮能透脱而挺拔。迨於今時，日益衰颯。即舉業一節，亦多待命於天，而人事未之殫矣。來書及此，可知進修之厲。然愚猶有望於前所云云也，惟不以爲妄而槩置之，則幸甚。

與李伯興

伯興行後，聞其僑寓盧邑南村耳。章汝志來，始知寓義昌，得賢東，又有子弟相從。且聞伯興志意甚厲，進修有賴，良慰。然伯興此時所處，亦不可不謂患難。其所自勵，須比家居百倍其功，人方敬重，而自己學問始有進益。凡世俗所云博弈之類，必須深惡痛絶。其東道井鎮中一切酒燕，必不肯與。如此功夫始有端緒。「君子無終食之間違仁，造次必於是，顛沛必於是。」不可不熟思也。乘便附此，惟勿忽。

答朱藩室

我疆先生昭代大儒也，不幸捐館，朝野悲傷，非獨知己之痛矣！此繫貴治仁賢，昔人謂鄉先生没而可祀於社，宜莫如我疆。讀來諭，先得我心。此老著述甚多，生嚮在京邸，曾與鄒南皋丈相謀鋟梓。時值南皋得告，而生亦有東土淮南之役，既返於京，未幾復有老母之變，因循到今。兹寫完方欲付梓，得諭敬附門下，幸擇良工以鍥。計門下重道，非私一人，生亦不敢爲私感。外銀二兩，少充工費書儀，希致之孟公子。公子三人，賢者之後，尤祈垂盼焉。

與孟生昆玉

尊翁當代大儒也。識者以存没卜氣運盛衰，不獨一人一家之慟。聞其没在三月五日，以四月十二日出京還里。愚與尊翁二十年道誼之交，聞之曷已失聲。端陽日是其誕辰，曾爲位哭奠。獨煢疚不克即走去憑棺一哭，且以觀成禮爲歉。此時計已抵家，薄奠托貴邑朱公轉達，誄文容續寄。鄉賢并刊稿二事，已懇囑此公，想能留心矣。三位賢者之後，所樹立當百倍勉强，毋貽先公憂。其第一要緊，尤在孝事尊堂也。恃道誼不覺直情，更惟節抑，以襄大事。

卷三

書

答許敬菴先生

曩幸即温聽厲，雖言念型範，無頃刻不延佇，然竿牘請益闕如矣。門下學印正宗，才優名世，海内誰不傾跂？陪京暫借階耳，聖明側席，鈞軸待資政，恐京兆之席弗得暖也。書來，知已抵金陵視事。夫留都素稱講學隩區，今得門下爲主盟，吾道中興，不在斯乎？鯉濫竽新調，惴焉主臣。夫銓司門下過化所也，發其覆而督策之，俾不致大盭周行，竊有厚望焉。承惠嘉稿，捧讀感激。《大學》宗旨，解者紛紛，得教庶幾有定論哉？至如諸作，隨事闡道，鯉誠愚下，讀之覺無逆於心，感發蒙之德不淺也，虔此謝教。

答馬子厚

鄉所訂兩先生稱謂、位次洎《會約引》，辱過許。且問及孟子所論浩然之氣塞乎天地之間，竊意子厚必以天地間如許其廣大也，人於其中藐乎小耳，胡能便以是氣塞之？然此理易簡，實無可疑。夫人者天地之心，而人之心則即浩然之氣。浩然云者，感而遂通，不學不慮，真心之所溢而流也。吾之心正則天地之心正，吾之氣順則天地之氣順。是故愛親敬長，達之天下；怵惕惻隱，保乎四海。愚不肖夫婦之與知與能，察乎天地者以此。君子居室，言行之加民見遠，動乎天地者以此。其功在於必有事，其幾在於集義。集義者，即乎心之所安，不學不慮，感而遂通者也。時時即心所安，是謂時時集義。時時集義，是謂時時有事。時時有事，是謂時時浩然。時時浩然，是謂時時爲天地立心，是謂時時塞天地。緣天地間本如是其廣大，亦本如是其易簡，夫豈無是理而孟子故爲是强合而侈論哉！子思作《中庸》，論配天配地不外至誠，論盡性必曰與天地參。以至孔子翼《易》，所云「廣大配天地」與「夫易簡而天下之理得，天下之理得，而成位乎其中」之言，皆是物也。其它千經萬典，無非此意。孟子受業子思，而願學孔子者也。浩然之氣塞乎天地之間之論，正與《易》翼、《中庸》之指相發明。乃或者知氣塞天地而不求諸心，知求諸心而不本諸集義，心非真心，氣非浩然，欲希天地我塞，難矣。上官體艮言旋，敬此奉復，是否？惟筆示。

答吕新吾

敬菴丈還，得拜翰教及佳刻種種。讀二圖，砭我膏肓，感泣欲奮。鄉甲緯畫詳明，此法行，不獨善三晉矣。門下兩河淑氣，一代真儒，鯉嘗幸聆欬韻，悦服寔深。乃先德巋然，典刑在望，又從新書見之，然後知仲晦之有韋齋，伯淳之有大中，發祥濬源，良不無自哉？鯉猥荷命提，且期以遠大，自非草木，能不知興？然蒿樊之駑，汋谷之蠅，其胡以摶扶摇，陵滄海？恐卒不免貽長者憂。我疆、陽和二先生相繼淪化，斯文斯世之傷，可言盡乎？吾道故在門下。緬想齊晉兩地，即政即學，即言即訓，流傳下邑，風草可知。退食之暇，著述當更富也。何時得盡讀之，開我蒙蔀耶？虔兹布謝。

又

鯉得罪草棲，愛讀書而不能記。亦有友朋相與譚學，門外事不敢聞。忽育吾兄伻至，獲拜翰貺，真如匡廬之瀑，從天而下。所辱引譽，又如斥鷃叢棲，威鳳摶風過之，假之以好音，知感知奮，瓊瑶之報尚闕也。門下大展孔孟之學，懋建臯夔之業，鯉也跧伏田野，歌咏太平，有厚幸矣。

晉菴兄建明，大副群仰。符卿潘雪松者，涵養甚深，且負人倫鑒。門下諒知其人，敢及之。

答顧涇陽

見教欲根難除，客氣易動，此丈之謙德也。然吾輩學未得力，此等病痛要自難免。不得力，亦緣爲學之念欠懇切耳。今人好高，只不安分。如佳製《愧軒記》中所引「素其位而行，不願乎其外」語，是學問日可見在之功，聖賢出處妙訣，而安分之旨也。中又有云「歸而求之」，又云「輒復自念」，凡皆近裏密證，豈往日大疏所指自反之説乎？丈於此可謂懇切。即有欲根，斷亦盡拔，客氣亦何緣而動？將由定山而上之，柳州、眉山且不敢望藩籬，區區泌陽何足煩齒頰，而又何慮出處之難？篇中寫盡性真，非適文詞工也，弟受教多矣。諸敬陽丈往魯，縉帶燕山，其意氣久爲弟所傾重。丈云質慤，洵爲確論。以教言，敢不勉相淬礪。江山悠闊，合并何時？願各努力。

與彭魯軒

相睽幾載，無日不思。癸巳冬來，音郵遂絶。惟老年丈之按全浙也，繡斧所指，吏畏氓懷，天下莫不仰真御史。而奈何以貪鄙者自作之孽，累及代天子之惠文，至且徵詣爽鳩，至且暫還泉石，天下又莫不憤惜扼腕，何况鯉弟！夫混俗者易，直道者難。此一返初服也，門下之所以爲九鼎大吕也。達觀齊物，可以瞀然灑然矣，况河清有待乎？固始官人便，此候，不宣。

報姜仲文

淮上幸晤教，歸途於廣川道中值令嶽景素年兄，接手書。伻來，復拜瑶芻之辱。詞深篤舊，念切裁成，所以獎提誨植者，真萬之乎恒格。今夫寰内所亟稱者，非文章節義乎！丈以卓冠人群之資，於斯二者稱擅場焉。然又汲汲皇皇，折節於嗜學樹德如我疆其人，則丈之事業將必德性流溢，非如世所云文章節義者可埒。益詣益深，愈求愈精，以伯仲古名賢，以幸吾黨，是則數千里外所拳拳者。弟濫竽新調，荷教知萬非其分，然敢不勉圖？教其不足，而更其不逮，尤有望於丈焉。敕命俟得文用寶後，敬當爲丈致之。我疆兄尚未入都，向議刻稿，以渠言暫止，容刻成寄覽。三肅勒報，臨箋依依。

又

客歲見丈榮轉則甚喜，無何聞伯父易簀則甚怛。同門休戚，誼固若斯。緬惟讀禮枌榆，孝思良苦，政欲覓鴻修唁，而幸值盛伻，附致生芻，祈命使者代布諸几筵，更願丈尊生自愛。弟往者罪盭寔多，而所得褫翻在推賢，於臣子心有大不安者。歸來草棲，甚適麋性。忽枉手札，宛若從天。舊念既深，新章復爛。周環把讀，不離于手。以弟譾劣，丈多溢詞，豈其有蒲歜芹俎之嗜乎？弟嘗妄謂王文成講學，吾道爲之一快，甫再傳，遂失真。至今嫉學者借爲譏柄。如湫鄉尤、丘兩先生，見道既真，力踐且篤，深有功於文成。而陝洛歸心，專祠俎豆，斯固實際之效，人心公道所不容泯者。嚮於燕市，敬懇一言。以丈文章家赤幟，德義爲世推轂，業辱金諾，祠中貞珉，龔亦久矣。倘不我終拒，占授記室，俾得專僕恭領，非獨兩賢大振於時，而斯文未墜且可獵襟而卜。此弟所爲蒲伏函谷關口，馳望於二千里外京峴、龍目間，延頸喁喁也。景素令嶽一函，轉致之，尤荷。

報吴中淮

西川先生，鯉所親受業者，真志實修，粹養妙詣，大都載在《擬學小記》。第其中或有與前賢語不同，正其苦心極力體認所得，求不悖於道耳。側聞門下將付梓人，且以雄作冠之，諒有所以發學要，而尤先生之書益顯。斯文之幸，詎徒門人小子知感佩哉？曩門下於晉陽刻《四先生要語》，今者復刻此書，蓋大有裨於士習。鯉譾陋，能贊一詞乎？

答陳頤菴

先師西川先生入祀元庠，且鍥《要語》以傳，彰往訓來，意至渥也，非足下之力而誰乎？所委序文，誼不可辭。獨煢煢在疚，不即如命，奈何！申呈中有「嘉靖元年蒞任」句，然先師謁選實在十一年，非元年也。且先師歷官户部，非南部，均宜更正。又書目宜明標出「尤西川先生言行録」爲妥，若止曰「理學儒臣」，似欠明白。其不者止照原刻。《要語》目下加「志銘附」三字，其字視目字差小，而旁注之亦可也。統惟裁處。

答蕭漢穎

往歲奉答，誤讀約章，所謂郢書燕説者也，殊非事貴之體。然言雖欠當，而因此得聞大教，不其幸乎？兩河人士未知講學，間有與之講者，渠亦緘口，詰之，則云「舌澀」。自非門下登壇説法，大啓聾瞶，則士子終不知有學問之期，又豈非中州斯文之一大幸乎！今蒸蒸丕變，在在言學。延及縉紳氓庶，亦皆興起，大異曩時景象。夫然後知誠能動物，賢者作人之效，自與俗吏燕粤也。奈何諸生勃勃向學，而門下竟引疾歸攝矣。無能挽留，徒有悵仰。因便敬附八行，遥遥數千里，不知何時得上奏記。臨楮可勝馳慕？祈惟珍重，以慰寰海之仰。

答趙儕鶴

近世學者，門户頗多，上知者莫不闖入釋氏，程純公所謂入人因其高明者也。鯉曩遊西川尤先生門，先生教之，只在六經、《論》、《孟》，其次濂洛諸儒。姚江則先生所私淑者，亦嘗令讀其書。鯉也只墨守師説耳，無所得也。自昔聖賢之學，欲明明德於天下，己立立人，己達達人，是惻隱之心不容已者。來教云慈悲日多，非是心乎？愁痛蓬鬱之人，聞之心動。門下望道真切，定有精旨。無惜明言，發我蒙蔀，是所懇焉。

與李育吾先生

我疆先生，一代真儒，見道明而操履定，忽捐館舍，令熙朝失一大賢，同志失所瞻仰，不獨知己之痛也。所幸諸老躬視含斂，助金具棺，且爲之圖勘合，又爲之置祭田，又爲之謀養其室家。雖年僅逾六旬，官不過五品，然有諸賢經紀後事，亦既榮且哀矣，不足以報此老乎？既又思之，我疆生平不愧不怍，存順没寧，從此蓋棺事定，信大丈夫一完事也，後死者不可猛省耶？近日正圖爲刊其稿，聞訃後即招梓人計事矣。

答劉天虞

日辱枉顧，而僕以入山既深，悵不獲一領謦欬。再承使命之辱，展誦瑶劄，感歉愈不可言。親民之職，昔人嘗恨不得爲，以得行吾志也。且賢豪意氣多高，不屑瑣屑可矣，而每有戾於素位之旨，僕竊疑焉。故敢以前説願門下努力，以後説請教，儻不玉音無窮之感也。若士丈書，拜賜報書，俟另圖，不既。

答張弘所定宇昆仲

自貴邑立會講學，而兩賢昆之名聞於陝洛矣。敝里會友，靡不企欽，而鯉懸懸尤切。忽辱華劄，不惟謙光之德令人浡然思興，而吾道大端業已拈出殆盡。把讀數四，深用欣欣。鯉何言哉？亦惟「誠諸其身」一言，吾儕今日要劑也，幸勉旃。吾道已在公家矣，兩程夫子得專美於前乎？辱見招，少俟微涼趨教，先此謝，不盡。

答陳連山

頃者原擬晤言，只緣不便入城，坐失機會，翻辱翰教。而吾丈言動不苟，又幸得之輿人之誦。「此心不可欺」、「凡事求一個是」兩言，當年請正，日久不甚記憶。繇今思之，亦不謬。論及循理人怨，徇情違理，足知吾丈用功密切，致志於理欲之辨，其嚴如此。以此爲學，持身應世之善物也，聞之感奮。夫所謂理者，天理也。天理者何也？物情之謂也。除却物情，别無天理。欲盡天理，須通物情。《大學》格物所以爲明德、親民、止至善之道。故循物無違，自足取信，奚其怨？然所謂無怨，亦取必吾心而已。若在外之怨不怨，即聖人亦曷能取必？夫以唐虞之世，不免其咨，而隕問如文，見愠如孔，豈堯、舜、文王、孔子處世，獨遠於人情耶？况又今之所謂人情，多流俗汙習，徇之未有不違乎理者。就使得人不怨，失已多矣，吾儕將何以爲學乎？是否？惟裁教。譚、吉二友，甚有志，亦深信吾丈。此學久湮，良友難得，惟吾丈其從臾之。

又

貴邑立會講學，吾道之幸，人心邑俗丕變之一大機括也。風聲一播，遠邇景從，關繫政自不少。揆厥所由，寔仗丈力。而丈公善虛襟，尤欲招之參訂畫堅久之計。此其德澤，又洽百世，非見理明而公物之心宏，何以有此？感激之餘，即思走去。念餘暑猶酷，賤體甚孱，稍待天凉，自當領教。奉復且謝，惟照亮。

又

伏辱瑶函，兼惠扇帕，且得與聞鐫誨，知感知重。夫聖賢之學，大學也。大學以明明德於天下爲準則，故成己必至於成物，物成而成己之分量始完足而無歉。故曰「己欲立而立人，己欲達而達人」，非意之也。孔子自少至老，發憤忘食，樂以忘憂，只是辨此一事。舍是無學矣。雖人情有三，洵如來教。要惟盡其在我至誠而不動者，未之有也。肯以不能理感，難以理諭，遂置之度外乎？譚、吉二君知近裏着己，而譚且有動心忍性兩事，爲丈推重。是丈與人爲善之大學，而人情之非終難理感也，可窺已。是否？幸終教之。

答李少尹

追憶班荆汝洛間，倏忽二紀。隙駒雪鴻，能不感念？鯉憂病相仍，杜門藥裏，一切門外事不敢問。廬處之夫，或者只宜如此。門下邃養，藉重襄陵，利器盤根，新硎聊試，當塗寧尠具眼乎？何得不刮目也？厚儀附璧，即以爲謝。若别諭云云，似不可越俎而譚諸。不覼悉。

答譚子陳

貴邑賴吾友立會講學，又得章尹作興於上庠，諸學博翼贊之，薦紳韋帶之士鼓舞踴躍於其中。風草之機，不誣武城續響乎！會規諸刻，誠心切劘，宜人人感動，可以驗此學之不謬。惟是會名，誤令鄙人竊附先師，何以當！何以當！見招往會，心實願之。顧時方有舅氏之變，弗能偕梅山、巽巖遽去，知能亮我也。所云人多漸雜，欲加擇取，殆於不可。吾儕此舉，元欲人人啓其良心，偕之大道，即闔邑胥來，猶曰止一鄉耳，正不必擇。且會講謂何？若擇而與之，彼不善者不終棄乎？蓋此學是兼善之學，非獨善之學。招招舟子，且弗容已，而奚以擇爲？况當俗頹學絶之餘，世皆汩没於利欲，糾纏於套習，有志之士拯救之之不暇，其何可擇？但在我當躬行以率之，至誠以感之，盡心委曲以攜持之，優游涵泳薰磨以漸化之。不宜徒事曉曉，或妝點門面，致戾會講本義。儻於中誠得幾人爲斯道光，吾方厚幸，揀擇何施？又况立會非徒爲人，全在反求諸己。能反諸己，則無論善不善皆我師資。所謂三人行必有我師，吾將感激不皇，尚忍言擇？蟠龍東中，句句有味。真吾儕藥石也，願共勉旃。

王少筠頃入敝里，未能一晤，亦未知其何爲。第所主者令人未免有瘠環之疑，然不敢問也。日者風雪甚寒，西歸良苦。尋聞泥濘陰黯，更致塗迷，且歷嶮巇，可謂苦甚。然畢竟到家，則以欲到家者其心也。世之迷於心者，亦肯不辭艱苦，求歸而居吾之安宅矣乎！又聞怡然道上，嘯詠不休，所得所樂可以想見，此意當常念之。世重友情，可照千古，又令人興起。書不盡言。

答姜肖鳳

昔人謂山居須得高人益友來往，以暢中襟。貴郡多賢，所與往還爲誰？竊願有聞。僕鄙陋，全靠師友。而里中幸有篤論老朋，曰黄道，曰郭士慤。黄年六十八，一貧如洗，而取與不苟，襟期融融，若有真樂和粹之氣，望之令人鄙吝頓消。郭則聰慧過人，而又杜户讀書，唯日不足，貧亞于黄，年亦少黄十歲。兩人皆布衣，夙志聖學而有味者。此外更有士人數輩，時與切劘，求寡過。僕亦頗愛讀書，竊欲效古人所謂不求記、不求解也者。而子弟三二人，亦時與之改課講題，甚者正其句讀，庶幾學究。門下聞之，能不爲僕胡盧耶？

答朱膳部

門下博洽之學，康乂之猷。鯉自辛卯秋，數相過從，未嘗不斂衽心服。至道義之愛，溢於恒格。鯉何人，斯可以徼寵？感切肺腸，心誠踧踖。蓋屏伏山樊以來，閉門掃軌，與纓衮都不聞問。雖生平知己如門下，亦且竿牘罕通，此門下所諒也。忽拜瑶函，兼辱珍貺，知感知重。念鯉學慚聞道，才謝通方，木茹山棲，廪心甚適。所願門下努力伊周之業，丕造宗社之禧。俾鯉爲太平民，終其身從耒耜之役，即屬厚幸。司馬云云，豈所敢聞？肅謝并候，不次。

又

草野人不敢延見貴倨，理有固然，何云義高哉？而敢當溢譽乎？長安中公餘退食，非得良友夾持，則須潛心静養，此自立功課而名世事業基本也。至朝家典故，海寓才賢，則門下夙所注意，豈鄙人可能蠡測，且時事亦豈鄙人可敢與聞？惟是敝地爲古函谷關口，乃秦晉隴蜀冠蓋所必繇也。儻榮差西度，獲望紫旡浮來，一遂瞻言，是又生平大愉快事也。

答梁勝陽

士君子事，惟是仕處兩端。仕有仕之功課，處有處之功課。跡雖異致，道實同歸，總之安分盡心耳已。不佞木茹草棲，昕夕與同志數輩商榷，求寡過以報知己。所願吾丈敷道淑人，用抒夙抱，無論教化大行，即得一二人以獻明庭，於斯世斯民斷有裨益。别諭諸賢，具見留心，草野人非所敢聞，徒有企慕耳。

答白龍源

燕京還任，草野人不及奉訊，返辱注存，感篆可知。門下治邑，熟路輕車，而猶拳拳遠問，不佞何足以知之？再讀來教，所謂勿使遺臭寧邑云云。第低回以思，今仕宦盈天下，誰有此心？

持此心以運量，而又恒念「靡不有初」，則事業馳譽八紘，流芳百世矣。非吾儕出世間一大事乎！而前所云云，可無慮已。書不盡言，願言努力。

答張汝行

細觀來書，「此中覺有亹亹不肯放下」，及「今日之病在昏昧」等疑并後四條，具見留心問學，用工密切，作我憤悱多矣。然學問關要，尚有商量。孔子曰：「知之爲知之，不知爲不知，是知也。」是知也者，天地神明之竅，日用靈覺之真，徹内徹外，徹始徹終，徹上徹下，徹生死，徹古今，皆此爲之槖籥也。於此不透，無論暴棄，難望此學藩閾。即慨然力行，自謂確有執持者，恐亦不免於冥行偏枯之弊。乃君已知矣，而猶不肯自任，果謙虚耶？抑以知爲迷耶？

夫覺亹亹不肯放下者，知也；病在昏昧者，亦知也。何也？覺固知也。謂今日之病在昏昧者誰也？亦知也。又云「細察之又無所在」，似是以知爲迷。蓋細察即是在，不然，是誰爲之細察耶？已在而猶云無所在，何也？豈亦謂之在者别有所指乎？且覺與細察，即非槁木死灰，即是默默惺惺。而却又欲求默默惺惺，不爲槁木死灰，亦似以知爲迷。至於澄源之功，是矣！是矣！然主意在澄源，即思索亦是，慎思省察亦是。克明學問不可少者，安可直謂之憧憧？況心常見得私欲，即是制私。而私欲既萌，亦非所以真澄源矣，且又何以能當見得也，非上所云省察思索乎？又非上所云覺與細察乎？蓋學問非覺察之患，患不覺察耳。

反覆全書，不免蹈昔人騎驢覓驢之説。豈以君之穎特，乃爲是語乎？此或是功效心，不然則是不由中心求益，漫浪應答乎？初意不欲作答，俟君自悟。昨辱見促，故此相證。此是學問肯綮處，此處透，一切工夫方有端緒。幸細思之，不惜詳辨，是吾儕求益之道也，是孔門求知之道也。

與徐仲雲

頃承枉顧，遠近興起，僕亦多所受益，即仲雲之精進可想矣。仲雲豪傑之資，既已出頭承當，自難退避。况此學元是正景事，非分外者，仁爲己任，曾子吾師哉！願共勉之。俚句更數字，另寫一紙。其壽老夫人文，以誠心相示，且不以文章蹊徑相責望，勉爲之，殊不足觀，然却是一段真情。幅上係拙蹟，未倩人寫，亦以見委不可虚耳。如欲作軸，須是大加筆削，仍求善書者方可。會中三條，亦僭著數語，是否，便中見示。竊念仲雲與幼真志同道同，昕夕劘切，坐見追修之益。獨僕不得膝席與聞，隨事精察工夫爲歉耳。

答黄慎軒

鯉鄙吝久矣，誠願見龍光，印所懸解。乃辱枉顧，重之以珠璣，信風雨自驚，薜蘿生色矣。

而鯉草棲石隱，却未及倒屣以迎，不錯過乎？念自客冬得罪，未嘗動心。今心動於丈之不逢，累月不能化，不爲無所住者笑乎？然迄今但有感佩，抑《詩》所謂「中心藏之，何日忘之」者歟？丈能無吏示我以鞭影乎？佳句不能和，每焚香高歌，琅然金玉，便令心骨透徹，恍在蓬瀛。非即時坐丈側，聆謦欬乎？謹謝。

答張岐東

頃者紫氣浮函谷，獲領麈譚。沔水瑶函，注存尤渥。惟是委敘鼎刻一節，鯉也鄙，胡可加糞佛頭？雖然，草野人得藉附蠅，亦屬厚幸，矧又重違台命也。少却敬當具藁以請郢斤，第願寬限焉。伏思霏霏杯酒間，以及兩度翰誨，并讀崆峒雄文，仰見玄詣獨深，有非初入叢林者所敢闖其藩牆。鯉拜指南多矣，能有一得可裨高明乎？祠分二十兩，容即轉致洛中。然損金太多，所謂大布施也，功德寧可量耶？占復并謝，千祈珍重，臨封但有瞻跂。

又

弟抱痾山樊，然西望有高標在，未嘗不數數也。忽拜命使之辱，重以瑶札，讀之宛見色笑。所貺種種，皆關中珍品。心病身病，并承良砭，感佩可知。鄉者敘名言一稿，深惟羔裏之懼。蓋台下誠心遇我，即不文，胡敢自外？附塵乙覽，肯點鐵成金，庸溷佳編末簡，唯命；不然者，其擲之以覆醬瓿，亦惟命。後宫麟祥，不一而足，此自德慶之徵。如弟消息且杳，以何者仰副隆情？更望教我以作德也。附使申謝，并候萬福。書刻上覽，臨箋曷盡跂仰之至。

又

曠睽日久，馳慕爲勞。忽盛伻遥臨，獲拜瑶函，洎嘉編十部。至展覽後，先見俚言在鍥，不覺惶汗浹踵。緣鯉素不文，只以重違台命，出兹醜態，而未蒙台下點化，昔人謂加糞佛頭，今并佛足糞涴矣。若之何不惶？且汗至霔霔踵浹也。謹附伻稱謝，兼道踧踖之狀如此。弟鯉不善養生主術，以致脾虚水溢，腹脹足腫。今杜門抱痾，近三月矣，醫藥罔效。前聞解州有明醫李生廓齋者，不知其名，係貢元，敦請不肯來。其人頗自重，須上司督促而後出門，刻下猶欲具函，浼平陽守道孫湛老一促。倘台下有便，不知可煩一言預達湛老否？萬一其人以疾辭，蒲坂亦有明醫楊德煌者，方術與李稱伯仲。此人正在治教之下，臨期求李不得，即求楊亦可也。恃在道義夙雅，敢布腹心。伏惟鑒亮，不備。

又

楊醫官至，診視脈證，謂是腑病，繫肝經，投藥輒效。且謂病初時，假令用此藥，只一二服便愈。乃嚮來延醫頗衆，用藥頗多，幾爲庸醫所誤。非仗鼎力，焉得回生妙劑？是弟自今以往之日，皆台丈再生之年也，啣結不足報矣。顧楊君不肯久居，決意西還。愚兄弟洎戚黨百計留之不可得，因雇輿夫專送。渠許以來歲二月間全愈，彼時再來一眄爾。謹此奉復，兼將謝悃。伏枕搦筆，言無倫次，更祈鑒宥，幸甚！

又

盛伻持瑶函送王醫官至，感台下所以垂念不肖鯉者甚渥，蓋骨肉不啻云。弟于獻歲三日，移榻静室，雞犬人聲，了不相聞，一切應酬賓戚俱不相晤。嗒然獨處，且得善攝生高姓者對榻，只以習静穀食爲主，藥裹亦爲謝絶，以聽自然。若與來諭令外祖老先生大教符合，此或不肖弟一點薄福，可獲生機也。王醫官敬留一日，俾得領其精旨，暫送還秦。即盛伻亦暫遲，以便與之俱西。然盛德厚誼，業鏤心難諼矣。伏枕草草，殊爲不恭，亦不盡所欲陳。千祈台亮。幸甚！

答馮少墟

細讀大教，仰見作聖之志，真切懇惓，深非近世學者可闖其藩牆。中間字字句句，鞭辟着己。讀之周環不忍離手。其最爲鯉弟醉心者，曰：「天地間只有做人一事。」曰：「做聖人易。」論人之本來真愛，曰：「不容自已，無所爲而爲。」而語識取則「須自念頭初動處」。其學者大病，在不肯把一生精力拚命去做，被門下一口道破。至讀十則，真足自警，而怕人責備，輕是非人。實學在讀一句，行一句。學聖者在悟，尤忌輕談舞劍。與夫性非玄虛，勘破世情，不受盡言，又不肯盡言，尤中學子膏肓危證。山中寡陋，不知何緣得承鐫誨如斯，慶倖之極，無逆於衷。惟是未發之中，發而中節，乃聖學大關鍵，敢以請正。

「中」字自堯舜拈出，即孔門一貫，所謂道心也，通天地，該古今，徹晝夜。生死無二界，無兩時。子思得家學真傳，乃曰未發之中、發而中節之和，此非有二境也。動静者所感之時也，發也。而本然之體，無分於動静。故雖闃然熟睡，亦謂之發，以有夢也。即無夢，亦不得不謂之發，以此心活心也。活則常發，而却曰未發，語本體也。本體常發，而惟中節則不識不知，物各付物，門下所謂不容自已，無所爲而爲者是也。蓋本體元不曾發也。周元公曰：「中也者，和也，中節也。」此一貫之旨，虞廷以來之真傳也。詳玩來教，曰「雖是」、曰「纔與」、曰「一般」，猶似兩境然者。定有精旨，幸卒賜之教。

又

夜來再辱枉教，并挑燈讀佳稿，大抵皆體驗所得，益幸聞所未聞。而謙沖雅度，夐出風塵，更令人心折。其天錫我良師乎！感激無量。佳卷僭筆數語，即賤子時侍左右，紕繆淺膚，祈惟批教。《疑思録》倉卒未及注片語請正，并手卷附璧。異日肯惠副帙，俾卒業，當有以請也。爲學在仕途，視山中工夫爲難，弟嘗驗過。門下學已得力，當不慮此。然長安道上，容易混過，幸珍重焉。弟資最慵惰，無可奉命，容圖之。尤先生誌上覽，再承惠先傳教言。謹謝，書不盡言。

答徐仁宇

嶽望鴻材，寰中推重，旦夕還闕，自有竹素勛猷，熻熠無窮。如鯉弟甘心丘樊，日惟灌園藝禾，與林花野鳥相夷猶，户外事都不聞問。間有一二同志過從，談及身心，嗒然忘懷，蓋不知日月之於邁也，年丈便中幸有以督筴之。弟往歲闇於事機，罷廢宜然，何當大疏？且驊騮始矯首於伯樂，干將方炫采於風胡。弟則何人哉？此過誤之知，感激固宜其非常矣。

與劉西塘

曹先生祠祀本有關繫，而識短筆劣，殊不能發。昨所云儻不中用，示下另稿，非貌言也。又沔邑狀獨舉按臺，豈此事未由司府乎？何爲其遺之也？此番創始，且當周道之左，往來所必見者。鄙意欲渠於司府，仍一照驗，碑中亦書銜名似便，未知可否？育吾表兄兩舉委未妥，致兹多口。昨馳一函，勸其不必深辨，亦無過求源頭，只決志乞歸爲得。表兄值萋斐貝錦之憂，鄙衷如刺。而鯉罪戾多端，彈文猶以借客形主，多從末減，幸也。且本是以弟累兄，而今返謂累弟，風聞之不實如此。我太翁亦以支連見慰，鯉能安於心乎？然以愚兄弟上廑尊念，感知如何！九月中欲吊同田丈，其時諒得追隨。日承示及，又感。有賜教者，祈付見室處。至懇。

與友人

向奉告馮驩事，未辱見答，心竊疑之。豈尚難斷此蠅頭耶？雖然，淡而不厭，已答我矣。不然，此中蟬聯蝸縮，或又以親爲解，尚何言哉！尚何言哉！

君子之學，莫大乎與人爲善。澠池李惟醇，篤信好學士也。意氣精神，專一不二。三旬中，崤函道上且六往返，酷暑徒步，不憚勤苦。眼前朋友固多，未見有真切勤拳如斯人者。余志意頗厲，雖以良弼曉夕相觀，然得於斯人夾持者更多。頃曾奉告，亦未辱半言及之，何也？世間無志者衆，得一人焉，不以告人，不惟人人不得爲善之益，即彼有志之士所賴我獎掖鼓舞之方，亦太疏矣。是果與人爲善之學耶？

來書動云羈於家冗，夫吾人百凡應感，無非此道，固不得謂之冗。而學急先務，又不可以冗奪也。今爲諸生，且云冗矣，設建牙幕府，百萬材官武士皆我指麾，而敵兵亦百萬在前，警報時至，呼吸之間，風雨陰晴莫可端倪。又設涖職要衝，社稷人民、甲兵錢穀與夫訟獄案牘，一一當前。且過客如織，應接不暇，而又上官突至沓臨。於斯時也，冗乎？不冗乎？何以應之？將諉之乎冗，置之不足理耶？亦漭漭蕩蕩隨吾所答，不顧其勝敗治亂耶？抑亦審其何者緩，何者急，斷之於心而致行之耶？當必有道矣。或曰：「今直未有其事耳。當其事，自有善應之策審然者。」則是今日且打賒帳，非正務矣。脱終無其事，此際不虛度乎？

以上三言，不免過直，亦恃賢者能受盡言故也。不知以爲何如？

卷四

序

月川曹先生録粹序

蓋宋濂洛諸儒明鄒魯之學，入我朝，得白沙、姚江而大明。然先白沙、姚江以此學鳴天下，有兩先生焉，河東薛文清、河南曹月川也。

月川先生生洪武、永、宣之際，嗜古篤行，明道淑人，當世翕然宗仰若山斗。彭少保幸菴謂「我朝道學之傳，斷自先生始」，誠爲確論。先生科第、仕宦、生卒皆先文清。文清嘗稱先生「自少讀書，即有求道之志，遂由關洛以溯濂溪」。且曰：「理明心定，有德有言。」蓋學同行同，而尤推重如此。乃今文清得請從祀，而先生闕然。祀與否於先生無加損，然世道人心繫之矣。或曰先生篤行君子也，所著書羽翼朱《傳》，舉業爾。昔程子作字甚敬，曰：「即此是學。」先生學以一敬爲主，舉業即德業也。且訓經曰傳，翼傳即所以翼經，而况先生學本六經，又非專爲舉業者乎？

今夫躬行君子，聖人以爲難，可少哉？又況國初志學者鮮，而先生獨以斯道爲己任，其言精融閎透，雖稍遜白沙、姚江，然篤行初無二轍。今距先生幾二百年，其孫子及里中後進數十人，猶相與恪遵遺訓，聯會觀摩，究明此學，啓佑之功又大。先生著述甚多。曩宛平李尹蔭欲重刻，不果。又數年，馬子行坤輩與先生七世孫繼儒來新安論學，鯉輒忘其愚陋，敬摘先生言之粹者編次鋟梓，俾論世者知先生之學不詭于鄒魯濂洛，而并序其從祀之後于文清，無亦竊附彭少保之意歟？少保向者云云，蓋寓書河南撫臺梧山李公表章先生者也。

擬學小記續録序

西川先生《擬學編》，嘉靖乙丑，鯉初謁即請而手抄之。是後，凡切磋于朋友，授受于門人，隨得隨録，藏在私篋久矣。隆慶庚午，洛中諸君子遵先生約，作會城南，質問間得覩此編，慮手抄之不及也，相與刻梓，爲卷凡八。表兄李伯生氏取所刻本另爲編次，梁君可氏復刻諸關中，今所傳六卷是也。據鯉所藏先生訓言，總若干卷，兹刻才什之五六。往欲并入表兄編次，先生不可，且曰：「舊刻亦多，毋更入。」鯉唯唯而退。居嘗莊誦，開我茅塞，砭我沉痼，中心感發，勃不可遏，真若一一爲鯉設者。無論長篇，即三二言，讀之成聲，自覺如洪鐘之鏗鍧閎遠，震撞我心也，則長篇感動可知已。蓋先生一體之念懇切，有觸而發，皆懇切語。鯉所以讀之如洪鐘震撞然者，懇切之所感也。邇者檢閲未刻卷條，深懼簡帙散逸，乃仿舊刻篇名，别爲一編，「經疑」、「餘言」、「雜著」、「紀聞」各一卷，「質疑」二卷。劉伯舉氏及鯉私録一卷，附於末，共七卷。僭題曰《續録》，用别關洛兩刻云。

秦關先生要語序

藍田王秦關先生，篤志力行，追古人而上之。其學亦既有所見矣，然猶恨取友之未廣也。乃於是游梁衛，歷燕趙，謁鄒魯，凡三閲歲始歸。欣欣若有所得，不能以語人也。志愈篤，行愈力，謙虚愈下，殆所謂好學君子歟？先生冢嗣伯敬客冬持所選先生《要語》，屬予序。今年復介使者來，皇皇焉恐終不能廣其傳，墜先生之業是懼。予觀先生關洛京途有集，家學有彀，闕里有紀，學顔、學曾、學孟有録，著述不爲不富。而所選僅百餘條，於乎要矣！予不辭固陋，樂爲之序者，誠以先生志行，予所欽服，其立言又多本之躬行，不詭于聖賢之旨，視徒騖玄虚、考諸躬行無當者逕庭矣。吁，可傳哉！或曰關中故有横渠先生，而吕正字伯仲爲先生鄉人，先生之學亦自有本也。

孟我疆先生集序

今寰内稱譚學真切明著，則我疆先生其表表云。曩愚庚辰訪先生，得讀其稿於山海關。客歲，先生起官，過河西，愚復得讀《治平》、《安邊》諸策。比入京，又得讀《里居稿》。已復盡取先生生平之作讀之。其曰《理學辨疑》，蓋懼鄒魯微言寖解寖遠，而直指宗旨也。其曰《政事要畧》，蓋憫蒼赤重困，因病立方，而力救末流也。至答人諸柬，及所爲曰詩曰文，皆發揮道要，寫吾真機，而匪以文也。愚因爲訂次之，喟然曰：「兹不可傳乎？」適鄒君爾瞻氏謂先生一代醇儒，其言可傳，約愚共爲鋟梓。

愚觀先生以真醇高朗之資，專意聖人之學，體驗日久，操存日熟，履踐日篤，性靈日徹。其問學淵源，論議通透，與清介之操，經綸之豫，鄒君之序備矣。請得以闡其心。蓋昔者孔孟思以斯道易天下，顧獨不得一遇，而濟世救民之心，皇皇汲汲，一日不忘。先生學務真修，志切救世，斯民疲苦，盡然疚衷，人心陷溺，怵然攖念。接人則必掖以學，而又罔事窾杳無稽之談。嘗述立人達人九經王道之論，以謂學者必如是而後爲實學。苟不然，而視民困苦漠不關心，忍也。有所得，默默不以語人，私也。此其心不庶幾哉皇皇汲汲矣乎！以故諸所著作，率是心流注，視世儒譚本體而玄虚枯寂，竟尠升堂，語經濟而土羹木胾，卒難充飽者，奚啻南北？憶隆慶己巳晤先生，迄今十有七年，其相與也密，其知之也真，故樂與同志共梓其稿，而并闡之如此。

砭己名言序

予年友張憲周臬陝副，過予山房，縱言及《砭己名言》，曰：「人不學道之謂病。吾病吾多枝言也，有言砭；病吾多類行也，有行砭；病吾之心吾不克轄攝也，有心砭。皆稽往哲、銓前言，將希病病不病，以庶幾學道也者。」

孟生曰：予觀三砭，而《易》之復道可知已。夫人心以宰之，言行以樞機之，然不能保其無病。砭之，斯復之矣。是故危微諄切，養長操存，非過也。蓋旦晝斧斤，靡匪心病，不砭之，胡以復得其職？金口三緘，易心後語，非過也。蓋傷易與繁，靡匪言病，不砭之，胡以復中其倫？蟻封折旋，雞鳴待旦，非過也。蓋媮惰恣睢，靡匪行病，不砭之，胡以復冀其成？故病者，予之砭者也；砭者，脱乎病者也。病欲瘳而罔砭，譬忌醫輩，即神農良方徒設耳。名言輯而不以砭病，譬註《本草》，即岐伯頷首，將焉用之？是故砭必緣病，病必嬰砭。自病自砭，自砭自瘳。

昔孔子稱顔子曰：「有不善未嘗不知，知之未嘗復行也。」《易》曰：「不遠復，無祇悔，元吉。」是故善言砭者，莫如《易》；善用砭者，莫如顔，蓋堯舜周孔以來學道之正脈也。故夫心也、言也、行也，砭之斯復於無病，病去砭亦無所事事。故曰：「予觀三砭，而《易》之復道可知已。」抑《易》不又云乎：「復其見天地之心。」人之心，天地之心也。心復則言行皆得，不然滅東生西，頻復非休復也，甚且迷矣。學道云乎哉？然則三砭一砭也，讀《名言》者自得之。

興學會約序

予新安舊無會。嘉靖乙丑，予獲謁西川先生歸，始創立以講學，然有約而罔所發明。萬曆丙申夏，年友虞城啓昧楊君，以天垣都諫遷官道函谷，登壇説法。與會者七十餘人，皆色喜。而君復出其邑會約覯予，予諦覽之，意懇旨腴，詞平道大。無論邃養者首肯，即初學讀之，恍若撤蔀屋，還逆旅，欣欣睹天日而樂天倫也，約殆稱良哉！

予聞虞城舊亦無會，其師士咸以啓昧講此學，相率禀承，故會立而風動。於乎！唐虞三代時，則有學而無講之名，講學自孔子而始彰。由孟子迄兩程時，則有講而無會之名，會講自朱陸而始著。迨於今，在在有會，會會有約。然稱提明㮣，予尤取乎虞城。典刑大備，條示臚列，予尤取乎立志一語。蓋今之人無異於堯舜以來之人，而得與斯道者晨星。非學不講，凡以志弗立爾。乍興乍仆，一暴十寒，精舍蝟毛，聖賢麟角，厥有繇哉！是故立志乃扼吭語，而易視者必非致道之儔。友人某將重刻以傳，馳書問序。予念新安有約而不能發揚，約可愛而不知傳，殊愧二君。儻同志者信古今無二性，以聖人爲可學，弈不奪鴻，齊毋咻楚，此志誠立，此學自純，庶幾唐虞相傳，道脈常明，而兹約爲不徒云。

鄉賢丘方山先生實紀序

茲紀也，吾新安庠生丘泮裒輯諸家所爲乃祖方山先生誌銘、表贊、傳跋、文移，皆實録。而冠以鄉賢，著德也。今制，鄉祀惟論德，以求海寓稱與否，吾不敢知，若先生者，誠無愧已。先生自束髮至闔棹，簡重孝友，樂道安貧。雖發跡異途，而砥行立德，真有鳳翔千仞氣象。

吾師洛陽西川尤先生，當世大儒也，嘗訪先生山中，膝席論學，不忍去。稱曰古人，至推遜以爲弗及。向非先生成德，則不泛交，不輕許可，莫如吾師，胡獨取于先生？昔尼父門牆，嘗三千矣。語成德者，不越安貧之顔，孝友之曾、閔，簡重之冉，數子而止。它日記列從遊陳蔡諸賢，必躋德行於言語政學之上。夫言語政事文學，今昔所謂難能而可貴者。孔門何以次德行也？道有本末，學有先後。譬諸木，德其根，而言語類則枝葉也。譬諸水，德其源，而言語類則流派也。根深者枝葉茂，源遠者流派長。孔門論人，必先德行以此。今制，蓋與孔門意同，而立德如先生，庶幾聖人之徒，可爲俎豆增輝，寧獨無愧？吾故因先生冢孫請，僭敘簡端，蓋不徒嘉其表章先德，抑使學者監于先生，從事根源，達諸枝葉流派，而毋戾聖學先後本末之序也。

川上會簿序

孔子曰：「德之不修，學之不講，聞義不能徙，不善不能改，是吾憂也。」此萬世講學之法程也。吾黨每月會川上凡三日，可謂知講學矣。試時一反觀，不善果盡改乎？聞義果即徙乎？德果修乎？如是而講，方謂之真講；如是而學，方謂之真學；如是而會，方謂之真會。將親戚鄉黨善之，不但可以成己，亦可以成物。若徒陽務會講之名而陰實悖之，梗中飾外，事弈慕鵠，甚者右利崇争，無異市販之機阱，豈但負却嘉會，亦且取嗤戚黨。已不免爲小人，而又沮人向善之心，其得謂之可乎？自今各務真修，飭躬勵行，過相規而德相勸，心相下而情相親。會不可虚，亦不可間。庶幾仰體孔子之憂，不辱川上，而講會亦尚有益哉！吾黨勉之。

澠池正學會約序

澠池馬子厚、楊子要、鄭元晦、上官體艮、張有乎，既誦習孔孟之訓，斌斌稱學士矣，又相與過新安而商學。余乃述所聞先師尤先生教言，莫非孔孟求仁集義之學，欲其擴充良心，常存天命之性，以毋令意見口耳技好俗情所移膩。諸君聞之，亦既喜見於面，欣欣欲從事矣。已又念此學不可一日無友，然非訂會觀摩，則久而意歇氣倦，因以隤惰者有之。於是聯友爲會，以月川先生爲邑前哲，而又得私淑吾先師，乃設兩先生位於會所，示儀刑也，亦既得所師資矣。然兩先生皆正學，以故甫會而馬嶺千秋之士，靡不願入延。及布衣雲擁川至，可以見人心之同，而正風俗美教化於此焉繫，所關亦既非渺小矣。它日，馬子偕諸君來述其事，且請書數語引會約。夫諸君之欲從事此學，如此其真也，師資如此其正也，感孚如此其速也。以是觀摩足矣，余復何言？

余惟學者不患論議少，而患躬行之不至；不患切磋寡，而患志意之不親。志意親則視人猶己，不論語默，皆足相益，而不致於相盩。躬行至則推己及人，不論親疏，皆足相成，而不致於相睽。然又必以純潔爲洗心之極，以淡泊爲養性之基，愈會愈學，愈學愈正，良心日著，性命日切，將意見口耳無所著，技好俗情無所入。庶幾乎孔孟求仁集義，以無忝居兩先生之鄉。其或徇外務名，黨同伐異，面折博責善之譽，玄談落異學之窠，諸君諒不爾爾，而亦豈諸君所以訂會務學意哉？《詩》不云乎：「靡不有初，鮮克有終。」余更願諸君之終之也。

三子紀過簿序

人之言曰：「惟聖人能無過。」信斯言也。《誥》稱「不吝」語，幸人知湯、孔不足爲聖與？是知過亦聖人所不能無，第與學者之過不同。總之，改之爲貴耳。吾人習染既深，知而改，改而不免再犯三犯，循環弗已也。不求所以必改之方，可乎？於是三子有紀過簿之設焉。紀之者，將以求改也。蓋曰：「吾有過，吾紀之。庶幾睹斯簿也，怵目惕心，赧顔汗背，將有言也，將有爲也，監於覆轍，不致復犯乎！」斯亦昔人分豆識念之遺意已。或曰：「學須真知真改，奚假於簿？不然，過小則紀，隱微與重大則未必紀，簿亦奚爲？」余喟然曰：「亦顧其志耳。古之人亦有犯大不韙，爲今初學所諱。昭昭簡册，不能掩人耳目，而不害其爲聖賢也者，要亦其有必爲聖人之志，終能有成，過卒不爲累耳，又惡知三子之志之不若斯也？」吾慨聖人不得見，又慨習染未易祛，而改過之士寥寥也，於紀過簿有取焉，書之以俟。

記

翟家莊義塾塾田記

余友洛陽金文中，倜儻嗜義，嘗置祭田族田，聲稱溢兩河矣。乃者建義塾一區，又置田百畝供塾師。既竣事，詣新安，語余曰：「黄、唐以前尚矣。虞夏商周之世，庠校徧寰區，即窮鄉莫不有社有師。是以陶鑄醞染，多明經淑行、樸茂敦倫之士，而風俗醇，治化美。迨後功利日興，明經者化爲記誦，淑行者飾爲名高，樸茂敦倫之士雖未嘗無，然環鄉井不多睹遘。無他，庠校雖設，社師盡亡故也。不揣嘗欲建塾延師，群鄉族子弟教導之，蓋有志未能者數歲，邇始諧焉。然慮涉私創，且虞見譏後人。亦既請于按臺徐公，檄縣給帖矣。願子一言。」

余考傳記，義塾與田之名不多見。竊怪古今士大夫衆矣，當其得志時，邸廬詭麗，阡陌縱横，且猶不免爲里中忌，况敢望出所有以及人間？嘗讀宋錢公輔、朱考亭所撰義田、學記，慨然慕希文、德華之爲人。彼其或位都卿相，或百里爲郎，而皆有禄可施，然兩者猶未能兼。如文中繇臯掾以潔廉著，乃能并創塾、田，令鄉族樂有師學，且不苦供具。藉海内聞風而起，社師相望，助庠校所未及，治化安得不美，風俗安得不醇？明經渠行、樸茂敦倫之士，亦安得不興且多？余故表之，庸告後來，使知是塾與田，匪直關一族一鄉，修守勿譏，而文中高義，燁然與劉、范并傳。竊又怪當時爲詭麗縱横者，未嘗不與其人俱没，孰若蘇州、玉山，至今有榮聞夫！然後知文中之見遠且大也。抑師事王文憲，踐履誠篤，著述以淑後進，非仁山先生歟？文中固其雲仍也。余仰止仁山，不可見，見其裔嗜義，已可與言。又况從師知慕聖人之學乎？余師西川尤先生闡聖學，爲昭代大儒，而文中篤信服從。然則余深嘉樂爲記者，獨塾田之建已哉？居於兹者，必以此學相濯磨，一湔功利，還于虞夏商周，庶無負文中之義。文中名廷試，有子曰學古，郡諸生，嘗從余遊。與其父同志，例得并書云。

新安縣條鞭法記

海内行條鞭法者多矣，吾新安則自我侯曾公始。侯自甲申來宰邑事，約己愛民，凡涖官行政，載在令甲者，犂然具舉。已乃洞燭吾邑征輸蝟起，訖無畫一之法。徵納曰大户，歲用百千十餘家。供億曰里甲，歲費不貲。其狡黠則倚以爲奸，弊孔百出，而闒懦者却見紿於積猾。郵庫庾級，尤爲民蠹。公家之賦役者一，而它費倍之。坐是偏累蕩産者什九。民視數役，不翅猛虎毒蛇。侯喟然曰：「吾既爲民父母，坐視不爲之所，是重困吾民也。」遂議行條鞭法，悉心緯畫，臚列條分。兩税及驛傳、拋荒諸項，歲訂銀一萬一千九百六兩有奇，而傾解耗費皆在焉。均徭及一切酬費，歲訂銀五千八百九十三兩有奇，而應解諸費皆在焉。一邑賦役之額盡是矣。其徵折也，兩税等取諸糧石，均徭等取諸丁糧。邑之糧自學田、武場、洎界村、大張逃租五十一石二斗二升二合八勺外，實一萬五千一百三十二石四斗八升三合六勺七杪三撮，石徵銀八錢五厘有奇，此徵折兩税等法也。吾邑山多地墝，民故不習商賈。舊尠上三則户，僅以中下六則供輸。自優免外，實七千二百五丁。中上則每丁徵銀七錢四分二厘有奇，下下則每丁一錢一分有奇，餘四則視中上遞減一錢三分有奇，合之得二千一百七十四金有奇。糧自免外，實一萬四千七百八十一石四斗七升，石徵銀二錢三分三厘有奇。而寄莊石加五分，合之得三千五百二十金有奇。此徵折均徭等法也。曩昔蝟征，括爲一條。而病民若大户，若里甲，若郵庫庾級之類，一切罷免。俾百姓曉然知丁租之數惟此，賦役之數惟此。然又人給印牒，歲兩徵輸，置櫃公庭，民自封投。銀有定期，民惟按牒輸之，其它解納諸費，毫無所擾。議既定，白于撫院臧公，按院劉公，守道先王公、今李公，巡道鄭公，郡守韓公，咸報曰可。行既期年，邑之人歡然稱便，相率請於當道，勒石以垂永久，懼紛更也。亦報曰可。於是邑庠生邵獎、朱時用等，耆民邵逢春等，謀諸學博張君永清、邑幕陶君西，遣使持狀詣都下，索余記。

余惟君子爲政，非徒悦民，蘄於善治；非徒更化，蘄於安民。行條鞭者，或蠹弊未盡，或經畫未妥，終致變更者有之。侯之訂是法也，殫力勞心，鉅細具備。上不廢公，下不病民。百年敝政，一旦嘉與。百姓更新，田野喁喁，若解倒懸而置之衽席。《易》謂：「窮則變，變則通，通則久。」又曰：「神而化之，使民宜之。」其是謂乎？宋儒有言：「寬一分，民受一分之賜。」今法歲不過一萬七千九百餘金，回視疇昔，殆省三之一。民之受賜普矣，固宜欣欣鳴於當道，祈垂永久也。夫爲民父母，宜同欲惡，審趨違。乃民之欲趨在此，獨奈何違其所趨，惡其所欲耶？繼侯者覩是石，諒必有同心矣。異日丁有消長，事有增損，亦惟因時調停潤色之爾，其法固未可輕變也。余樂侯有是政，而又樂邑之人有是舉，於是乎記。侯名唯，丁卯鄉進士，四川富順人。

沔池月川先生祠記

月川曹先生倡聖學於永宣之際，沔池其故里也，而祠僅一楹。石侯顧瞻，歎曰：「湫隘若斯，非有司者責乎？」會按臺侍御陳公移檄拓大。於是卜地東郊，創祠三楹，左右有室，啓閉有門，春秋有俎豆牲帛以祭。規畫既備矣，乃偕學博諸生過新安，以狀屬愚爲記。

愚惟先生之生也，家邦胥化，心悦誠服於霍蒲人士，方嶽大臣之禮敬之也，不敢遇以屬寮。其歿也，或曰百代真儒，或曰本朝理學冠冕。迄今二百年，君子淑其緒，小人頌其休，而疏請從祀，爭刻遺書，廣其傳者，踵相望也。豈先生有求於天下後世之人，天下後世有私於先生哉！蓋先生崛起兵戈擾攘之餘，首取六經八子書，深繹而實踐之，而聖學賴之以倡。夫學惟實也故愈久愈光，愈久愈光故實學愈重於天下，而世之推尊先生也愈遠而愈益盛。且斯祠之作，凡登降堂階者，能無有感而興起乎？此又侯與侍御風厲後學意也，寧獨以崇前賢？而愚因是竊有慨者三。

孔孟演虞庭之傳，又千餘年，而周程續之，曰太極，曰識仁，蓋得一貫、集義之學之宗者。此義不明，即終身從事，恐不免於義襲冥行。愚觀先生以太極爲立本，而求至乎聖人之道，以參天地惟此心，而謂心非血氣。兩言者，濂洛遺旨也。乃或但稱實學，而不察其宗，徒據門人諸纂爲騭評，而不究聖門之所以評人物也，要亦未爲定論。聖門四科，必首德行。顔不違仁，尚矣。其次若閔若冉，孝敬自足取信。至伯牛，獨以疾見惜。而齊魯《論語》、《六經》，舉無片言隻行可考，乃儼然廟庭，七十子且多讓而坐下。此何以説也？

先生念念實理，孝敬尤人欽服。令得聖人而事之，當居德行之科。又况敷政作人，博貫編削，視無可考見者稍殊。如謂彼爲夫子所取，則先生天下深服篤信，誠非阿私所好者。而從祀尚格其請，吾又慨議禮家參對盈庭，國是卒無從定也。叔季道微，即一節義一孝廉之褒表，每視豐約爲幽明，不則亦必藉有氣力者爲之推挽。先生祀典，坐此濡遲。曩愚序《録粹》，謂是於先生無加損，然世道人心繫之，能無慨乎？愚也重感政學之衰，深嘉侯與侍御斯舉，又幸先生久而益彰，而後之有感而興者宜益信此學之必貴務實也。特爲記之，且以俟議禮者考焉。侍御名登雲，唐山人，丁丑進士。侯名允珍，同州人，己卯鄉進士。學博黔中越應捷、膠西王夢旭、覃懷、潘汲。諸生茹進賢、馬行坤等。

説

雞鳴爲善説

孟子曰：「雞鳴而起，孳孳爲善。」夫善者，性也，心之本體也。不孳孳爲之，則心不在矣。

所謂爲善，非如世所云行一善事之謂也。行一善事，亦謂爲善。但雞鳴孶孶，工夫更精微耳。此心生機，時時不息，雖睡夢中亦是善，况雞鳴而起乎？故念念不離本體，是謂爲善。世之或夢或醒，思慮營營擾擾者，固無足言。即心體未透，而模擬想像，執持把捉，亦於孶孶爲善之宗旨尚遠也。《易》曰：「通乎晝夜之道而知。」知通晝夜，其孶孶爲善哉！

成章説

孟子曰：「君子之志於道也，不成章不達。」夫道即《戴記》所謂大學之道，是聖人之致也。人惟立志不大，則局於近小，不能充實光輝，安可以語成章？安可以語達道？天下有大志者，不肯以一善自足。其胸襟光潔，無一私芥蔕；其識量闓瑩，無一私障隔；其力行斯道，實有諸身，無一處欠缺。美在其中，暢于四支，發于事業，夫是之謂成章，蓋「充實而有光輝之謂大」之地位也。到此地位，道斯達矣，達則大而化之之謂聖。更無工夫，更不須裁。乃若狂簡之成章，尚不免偏于質習，不裁不足以入道，裁然後可達也。斯則其小異者，然其要歸於立志之如何。故志不可不蚤辨也，辨不蚤則以小而害大，以賤而害貴，何怪乎達聖道者之寥寥也。

化鯉賦資愚下，蓋嘗望吾黨箴砭，以蘄進修。顧德業進難而退易，友朋諛易而規難。獨居深念，隱隱若有從傍誚讓之者，因悟邇日勸戒泯然，心甚懼焉。古德云：「士有争友。」又云：「切切偲偲。」故願吾黨無棄我也，作《責善説》。

責善説上

學問之道在爲善，切磋之益在朋友。朋友而不以善相責，則相率日趨於非而莫覺矣，何以學爲？孟子曰：「責善，朋友之道也。」是義也，始非不諄諄。吾黨乃比來非漫譚則溢譽，卒忘其所謂責善者。夫士無教友則失聽，諸君之不吾責，是無教也，予將安聽者？意予於學浮慕，寡遷善之實，聞言乏聽受之誠乎？何終日群居，不相關也。今夫善也者，天之命，人之性，吾心之本體，固不以友朋責否爲存亡。然芝蘭從化，蒼黄由染，則夫法語巽言，提撕之使不怠，謂非朋友可乎？昔田畫取士所當爲，責志完之自滿。修史，史官職也。人禍天刑，昌黎之謬，是以見貶於柳州。季路好勇，顔淵諷以崟慎。吴公閔顓孫意氣過高，歎曰未仁。卜子罪天，忘自罪也，子輿怒而數之，而離索之，慨深以長。彼二子三賢，豈故招其友之過爲名高？要不忍見同袍未善，是故翦拂之，覺呼之，用致責望之意。假令當時亦若吾黨，詎不稱緘默慎重，然所貴爲人友者，安可如是？鯉也上之不敢擬聖門之彦，次之不能同文章節義之流，固不足齒收，然吾黨則有顔、曾、言、游、田、柳之任。乃今久矣不聞切磋，德日益隳，愆日益積，問學日益荒墜。人之視予也，謂諸君爲何如人？《語》云：「不知其地，視其草木。」予之不德，是亦地之耻也。吾黨鑒之哉！

責善説下

夫所貴爲學，非求過之寡乎？吾欲寡過而獲責善之友，將蓬産麻中，不期其直。所謂己失之，友得之也。今也吾黨不以規而以譽，夫此以譽譽彼，彼亦以譽譽此，是崇虚諛而鮮實學，欲善之進也，不猶寢冰求暖，設兔罝以捕麞乎？且吾黨之不吾責，毋亦告我以過，而面或赧然赤，抑輒有輾轉之説與？吾試思之，殆有不俟人之規之，而有可汗顔竦息，而悔改不遑者。今夫交接拜揖，或近於淺慢。毁善揚惡，或遠乎忠厚。或急難而罔救，或許諾而食言。硜硜執小信之守，悻悻横自是之見。功名急於趨，玩好急於得，財利急於取，聲色急於好。甚則逆億者、飾人者、嫌者、怪者、惡者、恨者、噂沓皆憎者、諛依求容者、心跡之不明白者，凡若此類，不可名數，皆吾過之，不須人言，昭灼我心，而吾未嘗憤然悔，截然改，而猶傲然自負爲知學，則又何必曰責善責善云乎哉？由今以往，惟從吾真心，自訟自艾，庶乎其瘳也。孔子不云乎：「忠告而善道之。」審如是而不聽，聽而不改，然後可以無相責。儻未至是而嘿嘿，是善柔也。吾學奚賴焉！

趙瀚臣永澈名字説

水自沼沚澗溪，上至湖瀆，率可澄以澈，然最大莫如瀚海。淆之欲濁而不得，澄之不清而常清。靡物不儲，靡奇不有。是知汪洋浩蕩，其量乎，是吾心之用也。澄湛瑩澈，其質乎，是吾心之體也。君子之學，莫急乎養心。心而澈也，可以昭德。心而大也，可以體物。徒大而弗澈，私智小慧爲汙濁焉爾矣。徒澈而弗大，狹度淺衷，爲沼沚澗溪焉爾矣。君子者，將積小以大，澄濁求清也，而顧若斯爲？吾邑趙瀚臣從愚遊，愚曩爲擬名曰永澈，邇始字之。蓋既欲其澄心，又以大其心望焉。乃瀚臣問名字之義，因著其説。或曰：「瀚，北冥也。北冥有魚，化而爲鯤，翼若垂天之雲，徙而南，摶扶搖者九萬里，息也以六月。是亦瀚海所宜儲而有也。子之字趙義渠遺此乎？」愚曰：「養心之學未深，即近小且泥。況遠大乎？苟得其養，若瀚海之歸萬水、宗百川而弗溷。則或化而息焉，則或化而摶焉。愚安得而測諸？」

郭君易名字説

吾鄉郭君，幼未知學。隆慶壬申來會，頓脱舊習，畢意聖賢之塗。頃謂余曰：「鄗人名士傑，近得族譜，吾始祖自石橋來者名廷傑，又吾字亦族中父輩名也，踖然不安者久之。顧命自先君，易之不背先君命乎？」余曰：「古之人，敬其人則思避其名。行輩且然，况爲人孫子，不避其名字乎？假令君先人見族譜，亦必易此名。斯蓋善遵其命也，又得以背命爲嫌哉？」郭君躍然喜曰：「是也。子盍爲我易之？」余因以「侗愨」二字語郭君。郭君曰：「侗之義吾誠愛之，第延平先生諱也。吾聞愨者誠實之謂，吾懼或流於不實也。以是名我，其可哉？」余曰：「何以字君？」曰：「是在吾子。」余惟孔子有言：「士愨然後求智。」蓋爲世之不務愿謹、徒事術智者發也。夫苟愨則精神内蓄，義理瑩然。其智也爲德慧，爲誠明。蘭陵氏所謂端愨生通者也，是天下之大智也。彼徒以智而已者，機械變詐，浸入於心。勞日拙而猶自謂曰予智，是小人者流，君子耻之。君以志學爲本，以孝睦爲行，以改過遷善爲實功，固肫肫乎愨士也。斯其智，賢於世之㤭伎倆萬萬矣。字君曰子智，無乃不可乎？因摭其言爲之説。

王生字幼真説

王生以悟，陝州人也，所居之里曰張茅，去新安六舍，遠矣。生慨然介僮僕，具資糧，負笈來學。其言曰：「以悟甫十齡，先君子見背，終鮮兄弟，伶仃孤苦。獨心誠慕先生講洛中之學，不忘也，積懷有年矣。來之日，母氏悦，戚黨友朋歡送。僉曰：『庸玉之成也，在斯行歟？』先生其許我乎？」余於是館生於廬之旁舍，昕夕相與切劘。既詢其字，曰：「希賜。」余曰：「何謂也？」曰：「取穎悟，庶幾端木子之義。」余瞿然曰：「可乎？」曰：「斯友朋之相贈也，我未之能易也。」余曰：「其然乎？其然乎？尊子之名而名先賢，其毋乃不可乎？」王生蹴然避席，曰：「願賜之教。」「夫世之人惟不知悟也，是以湎於酒，淫於色。黷於貨利，修飾於服履，汩没羈縻於聲華詞章之習，役役焉終其身，甘投於汙溷，迷不知返。斯誠可悲矣！乃生也沖年卓立，不逐流俗，不顧非姍，惟以聖賢之學是志，此豈獨今時豪傑？即書傳所稱古人，何以加焉？是蓋蟬蜕於塵滓氛埃之表，而自悟其真心者乎？」遂字生曰幼真。從而申之曰：「吾有真心，宜時覺悟以擴充之也。真不悟，則其真也斲矣；悟不真，則其悟也妄矣。妄與斲，君子不由也。子既得其真心矣，其尚益勵擴充之學哉！」王生再拜，曰：「以悟敢不夙夜戰兢，求悟其真。勉自擴充，以祇承先生之命。」

四郭字説

四郭昆弟爲梅山先生猶子，濟濟然咸具明慧之資。而梅山先生又以躬行率之，蚤夜同處於精舍，用期共學，可謂不出家庭，自得師友矣。四君青年，向未有字。梅山先生以爲請余，不獲辭，則一一問其名而一一字之。既得其名曰天榮、曰天瑞、曰天然、曰天命。於天榮字以「孺木」，蓋木多華榮，匪由人爲，字曰孺木，其有培植灌溉之望乎！自昔論祥瑞，必推其本源，曰心和氣和，夫惟心和氣和，是以陰陽和，風雨時，甘露降，五穀登，諸福可致之，物畢臻而瑞應至。

字天瑞曰「孺和」，端本澄源之學也。上古氣淳，天然自善，何待於矯？後世學龐俗蠹，而人之氣質亦因以變化，一切匪彝之即，反若順利，而實非吾性之自然，不矯之，何以變化氣質而復吾性？故以「孺矯」字天然，所謂善反之者歟？至於天命，則以「孺俟」爲字。孟子云：「修身以俟之，所以立命也。」命即天也。然非有外於心性，存之養之，絶告子義外之弊，而又無以宋人揠苗爲己病。夫是之謂修身以俟，命斯立矣。孺俟，孺俟，敬修可容已乎？余既字四君，而梅山先生復索余説，爲顧名思義之媒，遂書以爲説。

郭克實字説 克實，名有聲

天地萬物惟一實，學亦務實，足矣，而奚尚乎聲？雖然，聲者實之著。實大則聲必宏。鮮厥聲，是鮮實也。今夫雷之震也，風之籟也，洪鐘之鏗鍧與鶴之鳴九皋而聞於天也，皆非有意求聲，而聲達焉。實也有聲，亦何傷？《傳》曰：「聲聞過情，君子耻之。」吾與子方從事天地萬物一體之學，第兢兢慮實之不至之可耻，而不必憂聲聞之有無。

上官子字體艮説

《易》之象《艮》者曰：「君子以思不出其位。」蓋余嘗學《易》而寐言之矣。位也者，吾心不動不見之地，孟子所謂「天下之正位」是也。心體寂然，未嘗不思，感而遂通，而寂體自如，千變萬化，總之隨所在而不出乎其位，是内者固而外不能入。故曰内外敵應不相與也，是《艮》之體也。然此直自兼山一卦言之耳。六十四卦中，或有以《艮》爲貞者，或有以《艮》爲悔者。若《蒙》不察物，《謙》不自滿，《蠱》之勤勵，《剥》之脱化，《賁》之藏用，《大畜》之兼善，《頤》之節慎，《咸》之虚受，《遯》之不敢居，《蹇》之不輕舉，《損》之去智，《漸》之不躁，《旅》之從人，《小過》之自斂，皆心體寂然，未嘗不思，感而遂通，而寂體自如，千變萬化，總之隨所在而不出乎其位，是千聖之歸藏，萬物之所成終成始，盛德大業之所自生也。故曰：「艮，止也。時止則止，時行則行，動静不失其時，其道光明」，是《艮》之體也。學者果能體此，令吾心不動不見之地，常寂常感，常得所止，不爲一切言詮所縛，不爲一切意氣所激，不爲一切世情所移。内者不出，外者不入，心體嚴密，學術凝定，德由此進，業由此修。即《易》中六十四卦，莫非我體。即《書》陳「安止」，《詩》歌「敬止」，孔言「知止」，孟云「可止」，莫非我體，寧直十四卦，又寧直兼山象哉？

其不然者，應不順則性不定，存不神則過不化。無論「往來憧憧，朋從爾思」，就使增益故作，欲追躅千聖，而學非真止，徒曰「我體艮也」，其究不免分寂感，析内外，始勤終怠，而出位之思多矣，可謂之善體《艮》乎？沔庠上官子從余遊，曰「位」，究心吾邑月川曹先生之學。先生本朝理學冠冕，世知之未能盡知也。嘗作讚明先生之大者，可謂仰止高山，覷《艮》之義矣。然又以曩所以敬名者，近於不止也，問字于余。余爲字之曰「體艮」，蓋望以欽止而求孟氏立天下正位之學，而子又托梅山郭君索余説。夫既已字之，又復説焉，是輔與言之象，豈不出其位之思乎？梅山曰：「銘座書紳，古人不廢，况言有序即艮其輔，莫非止也。且程子『不如觀一《艮卦》之云，豈遂思有所出耶？」余曰：「若是，是亦體艮之學也。」於是爲著其説。

議

儆盤號議

淇邑秦先生，嘗受業于衛涯陰翁。聞良知之説，退而修於淇水之上。余往來兹邑，承川竇丈止宿，皆得晤先生。先生嘗擬號儆盤，向余議可否。余曰：「昔者湯，大聖人也，然且藉盤寓儆，一則曰日新，一則曰日新。良以吾心生機與天運同，日日而新也。顧諟明命，無從匪彝，慄慄危懼，隕於深淵。常新常儆，常儆常新。洗濯澡雪，若盤之沐而去其垢也，儆斯至矣。湯所以承天休而躋聖敬也。先生其有意於是乎？以是爲號，夫誰曰不可？」

卷五

傳

我疆孟先生傳

我明隆、萬間，有真儒曰我疆先生，名秋，字子成，姓孟氏，山東茌平安平鎮人。生而高朗貞介，專意聖學。嘉靖乙巳，年二十一，聞其邑弘山張先生講王文成致良知而大悅，乃於是執弟子禮。隆慶己巳，膺恩選。是時督學爲安成鄒穎泉善，而太平周訥谿怡亦僉憲東土。兩公講學會城，先生雖諸生，多所問辯，且發明天地萬物一體甚透，兩公稱其不凡。既入太學，鼓集天下有志之士講天仙菴。嘗試心及未發之中二論，館師奇之。是年，鯉亦游太學，一見先生，遂契合。而先生學日益進，嘗曰：「道須卓悟，學貴真修。」

明年庚午，舉順天鄉薦。先是，春月囊橐垂罄，或饋之金，或饋之粟帛，皆謝不受，獨不拒鯉，曰：「我與君契合，不足，我且向君索之。」取予不苟，亦可槩見。辛未登進士，授昌黎知縣。

昌黎甫經寇大創，瘡痍未起，逋亡且夥，先生極力拊摩，還定安集。諸所條布，如里甲傳置，釐爲條鞭。又置快鎗火藥，埤堄炮架，教民防寇，瘡痍漸瘳。而逋民胡聚良、劉進孝等千三百餘家，各攜妻子還，皆爲處業。嘗行部見盲者、廢疾無依者，惻然收而養之。鄰封皆至，則寓書其尹爲之養。有謂迂者，先生曰：「我非渠父母耶？」六載焦勞，未嘗廢講。閭閻且知歌詠，庶幾哉武城遺風乎！

萬曆丁丑，轉大理評事。蓋先生政務實，不求人知，而又不阿事上官，以故僅得恒調。故事，入京率有書帕，先生獨無，且前此兩入覲皆無。於是峻却饋遺，惟留情平反。暇則集所知談學靈濟宮，雖以是見嫉于人，然名亦以是丕著。己卯調兵部職方主事，管山海關。山海迫邊，且令甲戍遼者不得竄入，又高麗諸國入貢咽喉，寔重地云。時關法久頽，秉政者欲簡才守者往，且奏給特敕，蓋前此未有也。先生譏察有法，關政肅然。先是，關民出入不譏，用夾帶逋戍爲利藪，至是輒造飛語。又先管關某嘗取遼商逾限列贖鍰充私橐，先生不然。某時爲職方郎中，銜其形己也。間謁政府，進冷語曰：「山海須得一郎中往，主事難鎮壓也。」政府笑曰：「在人，豈在官？有如郎中呰窳縮朒，奚殊主事乎？」雖未是其言，然巧詆之矣。及辛巳京察，卒以詆當外調。衆譁然不平，先生不爲芥蔕。或諷之揭白政府，先生曰：「吾不逢人以弭謗，亦不申揭以白心，聽其所止而休焉，其不可乎？」候代七閱月，關政肅然，識者嘆服。是年，遂乞致仕。

既還里，閱覽古今，探聖賢藴奥，對時題詠，其樂灑然，有曾瑟顔琴意趣。詳具《里居稿》、《理學辯疑》及《村居雜詠》。先生道益明，名日益著。四方賢士大夫道安平，莫不求一見爲快，甚至依依數日不忍去。甲申撫按交薦，其冬起刑部主事，乙酉如京。刑部號閒曹，而先生又不爲一切徵逐杯酒殷勤之歡，日惟揵户力學。有同志來，歡然相與講究。京師故有會，然多作輟。得先生，人人興起，亦人人願交先生，先生亦以斯道自任，接引惓惓。先生官不逾六品，百寮仰若斗山。雖無政事可觀，而嘿淑上下，裨風化者不淺，人咸謂東魯復有孟子焉。丙戌轉員外郎，九月改尚寶丞。越明年丁亥三月，奉命祭衡府，便道入里。撫臺李公戴訪先生安平，對談白宿寺，凡三日。且請訂正《明儒經翼》，先生嘗謂是書踳駁，因録其善者，附以己見。李公特梓以傳。戊子還京，先生年已六十有四矣。精神如壯，不少衰。時時取孔孟書，讀之多妙契。隨契隨筆，名曰《讀書管見》。生平好學，一息不懈。其言曰：「自古聖人，朝乾夕惕，寧肯閒過？」斯其所自體驗乎？明年己丑，轉本司少卿。春三月五日卒。

先生自弱冠從師問友，至蓋棺如一日。其力行斯道，若饑之於食，寒之於衣，期於精詣自得。其仕也，舉世尚同，獨出手眼，非有遯世不見是而無悶之德，欲以聲音笑貌爲之，能乎？以故歷官十九年，蕭然寒士。其與人遊也，河流爲澮，衡度爲平。不令人嫉，亦不令人譽。譽之不加喜，嫉之則反修而無愠。其貌魁梧，舉動端肅，見者起敬。當昌黎入覲，同臬尹見楚侗耿公。

公獨揖先生，留曰：「君何氣象之出群乎？」扣其學，因與定交。其爲詩文，闡繹心得，不事鏤雕鞶帨。凡所著述，必有發明。其論心也，曰：「無方無體，凡耳目視聽，一切應感，皆心也。指腔子内爲言者，是血肉之軀，非靈瑩之天君矣。」論未發之中不外發而中節之和，曰：「天道曾有一刻不感時？地道曾有一刻不應時？人心曾有一刻無事時？一刻無事，是槁滅也。故時時必有事，亦時時未發。未發云者，發而無發之謂，非可以有感無感論也。」論聖學正脈，只在志仁。孔子曰：「苟志于仁矣，無惡也。」初何嘗以改過爲入門正路。克己復禮，自宋大儒皆以去欲還理爲解。先生曰：「若是，則原子克伐怨欲，孔子何以又不予其仁耶？蓋孔顔合下便在復禮上用工，所謂源潔流清也。故曰：博我以文，約我以禮。」嘗答人論學書云：

道之不明久矣。自聖學不傳，而性善之旨日晦。入聖無門，人是其見，雖盡力洗滌，不過渣滓尚在。以故終身盤桓，只在改過間。就其所造，僅以儒賢而止。皆由「克去人欲，復還天理」之説誤之也。人欲無窮，去一日生一日，去一年生一年。終身去欲，終身多欲，勞苦煩難，不知何日是清净，寧壹時耶？來書云，有病不得不服藥，是也。有人於此養其元氣，保其四肢，血氣和平，雖有風寒暑濕不得乘間而入。使不保元氣，藥劑日求，則精神日耗，邪氣日侵，因藥而發病者日相尋焉，終身病夫而已，豈善養身者乎？來書又云，必有主人方可逐賊，此可就家有多積者言耳。愚意不然。布帛可以足衣，菽粟可以足食，家無長物，空空如也。吾且高枕而卧，盜賊自不吾擾，又何用未來則防，既來則逐之乎！

此兩喻者，乃志仁之説，無欲之證也，其論造多近世儒者所未及。鯉交先生二十年，先生言行，皆鯉親所睹記。於乎！世之知先生亦多矣，然未之深知也。著其論心、論未發、論聖學正脈，微見其槩，俾後之君子以覽觀焉。或曰：「山東自孔顔諸大聖賢没，且二千年，傳經砥節，代不乏人。」若乃真修卓悟，直透學脈，如宣尼所謂聞道者，其在先生乎！其在先生乎！

四子傳

四子者，趙永澄、張騰霄、王爾恕、鄧州牧也。余偶出城南，顧瞻川野，心忽悽然，泫然出涕，不覺喟然歎曰：「良朋何悠邈乎！」昔陶潯陽思友而賦《停雲》，百世而下有餘慨焉。余品格不及元亮，而感慨畧同。緬想四子，善人也，且皆耽學，余所不逮。徒以一日長，皆謬師余。昔也相與遊處，今不越半載，相繼淪落。嗚呼！風燭萬事，草露九原。罕虎逝而國産心憀，惠施亡而漆園説寢。斯亦古今之同軌乎！余悲焉，余思焉。余懼若人之泯泯也，作四子傳。

趙永澄，字則映，余新安人也。性伉直，與人處披肝示愫，忘形骸，非其友不友。在里中則親周静涯昆弟，善萬汝仁、江汝復、陳仁甫。適弘農，則交王幼真、張希龍。友有過，若己之過，規切峻厲，人莫不憚嚴。友某害于德，顧性剛好使氣，衆不敢言。則映獨正色規之曰：「君不嘗偕我洛下，北面先師乎？又不嘗偕我講學川上乎？何近事乖剌也！」語極峻直，其友怒，譫詈之，人所不堪，則映不爲變。友卒悟。及如孝繼母，待異母弟友愛有加，尤爲里黨傾服。居亡何，忽一疾没。幼真歸其喪新安葬焉。先是食貧，攜家讀書張茅。張茅，幼真所居里也。則映祭掃東還，至硤石，忽聞陳仁甫死，驚嘆野哭，聲振山木，行道之人嗟異，自是悲連日不能解。生平義利甚嚴，臨終，屬幼真曰：「昨補廩，曾貸數金，君爲我償之。」得諾乃瞑。是時，周静涯已謝世，汝仁、汝復聞則映死，哭之曰：「邑中失一善人，自此不復聞直言矣！」

張騰霄，即希龍，體幹修癯，器宇逸爽，望之知爲有道人。性坦無它腸，果于爲善，幼真稱其有單刀直入之勇。見人學，喜動顔色，且勉翼不懈。幼真十歲喪父，孑立煢煢，里閭誰肯告以善？希龍雖居郡城中，而嘗有意從臾之。他日，幼真負笈來新安，遭希龍于道，問何之，幼真具言其事，希龍曰：「善哉！終身事業，自此定矣。君前驅，我將率吾弟沖霄趨步。」曩弘農士祇攻舉業，自幼真東來，濟濟務學，俗尚丕變，本希龍從臾之力也。希龍没，家甚貧，遺一子幼，幼真鞠而教焉。

王爾恕，幼真從姪，字一之。三歲失怙，稍長，屹立如成人，茹苦務學。嘗曰：「我母從二十歲孀居撫我，我不克激昂砥礪就德業，稱母氏志，是天地間蠹人也。」間御醯辣，叱曰：「嗜此倘害于目，何以讀書！母孀居撫我謂何？」遂絶不食。强爲善不怠，錚錚在同志間。後其母貞節趙氏卒，余爲表其墓。

鄧州牧，字信斯，亦希龍同郡人。質訥，精神内翕，視其貌若無所知識。而含英懷藻，思慮通明，篤信向善，遠非義如汙濁。其學見其進，未見其止。不幸未立年，與一之遭癘俱没。

孟生曰：近世朋友道絶。勢利交則有，道義否。生前交則有，死則否。有如歸殯則映，鞠訓孤兒，雖幼真好行其道，然觀希龍勉幼真及則映屬言，則三子固視幼真如己。生死交情，惟道是重。若一之厲志，信斯木訥，均所謂善人，非邪？此余所爲淒然泫然喟然而思也。余不知潯陽所感，亦若四子其人乎否？

鬻薪者傳

愚聞之師曰：「山中貧民，上有老母，下有妻子，咸賴斯人以養。欲耕無田，欲賈無貲，不得已入山拾薪，趨市鬻之。得錢易米歸而炊食，奉母及妻子以爲常。」嗟夫！人至鬻薪，苦且拙矣，然心之全德亦不外是。彼其不忍一家枵腹而饑，思所以養之，可不謂仁乎？知薪足易米也而鬻之，可不謂智乎？食先奉母，事理宜然，可不謂義乎？奉母必讓，非禮乎？其鬻其養皆非僞習，非信乎？斯人也，未嘗讀書學問，而鬻薪一事，心德具在。蓋天機自然，不學不慮之良知也，獨彼由之而不知之耳。學者讀聖賢書，宜著於斯道，而反以學問爲長物，曰「我不能」。吁！豈真不可能哉？吾於鬻薪貧民有感焉。

行狀

河南西川尤先生行狀

先生諱時熙，字季美，姓尤氏。其先蘇之長洲人，高祖文亮始從軍，隸河南衛。父錦贈承德郎、户部浙江司主事，母姜氏封太安人，王氏蓋生母云。

先生生而穎敏，年十六遊郡校，即有聲。嘉靖壬午，中河南鄉試。明年癸未，見王文成公《傳習録》，讀之豁然有契，於是厭棄詞章，一意聖人之學。壬辰，除署元氏學事，所諭士大都端趨向，重躬行，在闡姚江宗旨，而不徒以文藝爲課。甲午，丁外艱，服闋，復除章丘。其諭章丘士，亦如諭元氏士也。兩地士心悦誠服，多所興起。庚子，陞國子學正。華亭存齋徐公時爲祭酒，特重之。每令六館師生以先生爲準。壬寅，年四十矣，念古人道明德立語，因自詰曰：「我今道明耶？德立耶？」不覺淚下。已慨然曰：「學無師承，終屬懶散。夙志之謂何？」乃介寮友項漁浦師事晴川劉先生。晴川，文成高弟也。先生自慶不及事文成，猶及事文成門人，乃以體驗於心，洎一切見聞悟入者，悉請質焉。無何，晴川以言逮獄，則筆所疑契，時時從犴狴中印正，不少輟。又因得切磋于朱近齋、錢緒山、何吉陽、唐一菴、周訥谿諸君子。甲辰，陞户部浙江司主事，管滸墅，鈔關所摧僅僅足國課，纖毫不以自汙。至奉己澹泊，人所弗堪，先生處之怡如也。丁未，年四十五，以母老乞終養。歸洛三十餘年，明道修德，足跡未嘗濡公門。終身蓬蓽布素，常至空乏。郡守有遺官地者，竟謝不受。居常獨坐小齋，見後進來學者，喜動顔色，與之言終日，無隤墮氣。其言曰：「士不講學久矣，人苟不隨流俗，肯來講求道理，不必所見皆同，即是同志，但當虛心切己，共求精一耳。」其答問也，隨人淺深，誘各不同。有問如何入門者，則曰：「只此發問，便是入門。」少間曰：「只在此心。」問自己病在何處，且求救藥者，則曰：「問病便是知病，不言而喻。」有欲向静處收放心者，則曰：「放者，心也。静須心静，若身静，治其末耳，却恐或爲外道所攝。」問一貫只指本體，若忠恕便就應酬上説，則曰：「本體無物，何一何萬。應酬是本體發用，此處用工。」問致知，則曰：「飲食不知滋味，必有寒熱之病。身體不知痛癢，必有痿痺之病。人心不知好善惡惡，必有偏私之病。病去則本然者復。自知方便，成天下之亹亹矣。」

其爲説大抵祖文成「致良知」，而要歸於提省人心，使知所嚮往，不容自已。晚年有慨于傳文成之學失其真，至謂良知上還有一層者，則喟然曰：「夫良知，無終始，無外内，安得更有上面一層？」於是令學者只於見在職分用功，而曰：「道無淺深，職分固道體之實地也。且夫孔門以孝弟爲爲仁之本。」其論學也，曰「主忠信」，謂終身可行。曰「其恕乎」，非文成宗旨而後學所宜遵耶？此其立教平實易簡，使學者循之可以入道，而不至以虚見爲實際，可謂有功文成。至造詣純全，德器温粹，不言而飲人以和，如春温發物，莫知其所以然，又非言語所可況也。陝洛間仰其德，斌斌服從，至百數十人。而四方士大夫道洛下者，恒以得睹一面爲快。所著有《擬學小記》、《聖諭衍》行于世。

於乎！河南自兩程夫子没，繼此學者鮮矣。先生崛起五百餘年後，以聖學爲己任。蓋自一見《傳習録》，寢讀寢入，寢入寢透。中堂左龕，設文成位，每晨焚拜。來學者率令展謁，尊信如此。而其精微洞徹，成己成物，學修而道明，德立而行尊，褎然爲一代真儒。蓋尤有深造自得者，兩程以來，一人而已。

卒於萬曆庚辰九月二十七日，距生弘治癸亥夏六月二十八日，壽七十有八。配解氏，先卒。子洙，府學生，亦先卒。女二，一適訓導李柔，一適學正李根。孫三，居厚、居默、居樸。居厚、居默俱府學生。曾孫，學顔、學曾、學思。是年冬十一月十八日，葬先生於洛西澗之陽。卒之日，門人十數輩在側。家貧，一切喪具悉出洛縉紳在門下者，而四方門人環哭送葬者踵至。化鯉從學久，受教最深，乃羈京國，弗克奉遺訓，慟恨曷勝！

居厚嘗私紀先生履歷，因詣扣之先生，爲述一二事。已而見其挨年月，扣之不置也，則駭曰：「若欲何爲耶？」自是絶口不復言矣。蓋先生之學得諸心，不求知於世。至如臨終所自爲誌，亦僅紀世系歲月而已。以故嘉蹟懿行不少傳述。然而念念歸根，動合道體，神凝氣定，貌莊色温，自壯至老，時刻不離此學，殆所謂無行不與者耶！

化鯉謬以所聞敬勒狀如右。深懼庸劣，無以窺先生之大也。

誌銘

明徵仕郎南京龍驤衛經歷方山丘公墓誌銘

隆慶辛未冬十月六日，方山丘公卒。先是化鯉造請，公坐談終日，登山歌嘯，且期我師西川尤先生于洛西，商數年所得，無恙也。曾幾何時，而訃至。於呼！哲人已矣！鄉邦失耆舊，同志失法程，傷哉！

公諱鳳，字鳴岐，其先山西翼城人。元末諱仲德者，徙河南之新安。仲德生聚，聚生貴，貴生志興。志興四子，公其仲氏也。公世業農，弱冠爲憲司吏，聞天台陳先生風，毅然以效法古人爲志。衛指揮某罪當落職，賂公求解，公峻色以却。當途重之，名震河藩。嘉靖戊戌，謁選。丁外艱。既服闋，以母老不欲出，且十載。值尤先生乞養歸，造廬相訪，促膝論道，月餘而後返，慨然曰：「古人也！」自歎不及。因贈言勸之出，而公母氏亦卒。公乃以庚戌拜獻縣丞。敬上愛下，事雖至瑣，罔不恪恭。持己嚴，毫無所染。即古劉伯榮、吴處默之廉何加焉！鄉大夫劉公某贈以詩，有「門掩苔花一舊貧」之句。少司徒玉泉陳公瓚時爲侍御，每稱於人曰：「丘丞吾師表也。」誠重之矣。

馬院徐公按河間，欲得屬吏最廉者風郡邑，以問陳推府麟，且令毋拘資格。陳素重公，遂以公對。而見吾陳公大賓爲郡守，尤重公，屢薦之。丙辰，轉南京龍驤衛經歷，見吾公致贐，縣令爲設供具，皆固辭。去之日，一馬一僕，衣笥圖書而已。在金陵，無案牘勞，得肆力古聖賢典籍。故於《學》、《庸》、《論》、《孟》、《禮記》諸書，晝諷夜思，深有味乎其旨，且悔學之晚也。遇大祀，必齋沐出宿官衙。衛官以是日閒暇，設宴召公，公不御酒肉，其酬衛官，菜菓茶餅外無它焉。已未秩滿，贈父如公官，母路、配劉俱孺人。越明年庚申，致仕。渡江，謬劫於盜，發篋衍無所有，驚曰：「緊清官也。」鞠躧而去。

歸田十餘年，讀書談道，怡然自適，足未嘗履城市。邑大夫屢請賓鄉飲，辭謝之，曰：「此朝廷鉅典，鳳何人，而敢與乎？」居常每晨謁先祠，婚喪悉如禮制。訓子姓以道，化及族里，靡弗質樸雅飭。初，公養母時，嘗親耕稼，孺人亦躬爲饁，有龐鹿門風。公治田精，常多獲。弟欲以田易公田，公欣從焉。後治易田復精，復多獲，弟又欲易。孺人有難色，公思有以誨之。值燕會，佯令孺人往。孺人曰：「聞有丈夫燕，婦人可與乎？」曰：「婦人主家，非丈夫耶？」孺人悟，卒從其易，聞者嘆服。宛陵周公怡、涇陽李公世達，皆貽書候訊。而盱江朱公大器，督學中州，特檄表其閭。中丞孟津李公稔識公，曰：「方山，今之古人也。」嘗爲二贊寄之，其辭曰：

今也清官，昔也清吏。秉一寸心，對越天地。

昔也清吏，今也清官。玄風雅度，愧我儒酸。

是時中丞官徐方而公在獻邑，後二十餘年，尤先生讀而跋云：「方山翁知道者也。廉特翁衆美之一節耳。」邑中無貴賤長少，咸知尊仰，於卒也，莫不悲傷。尤先生聞而哭，深以城西約不能踐爲恨。嗟乎！公胡令人景慕若此哉！公孝友貞介，樂道安貧。人但見爲清吏，爲清官，謂公廉士。至事事以古人自期待，中心融融，若有真樂，外物毫莫能誘，則未之深知也。吾河南自程邵諸賢後，公庶幾踵其芳躅已。公生弘治六年三月朔，壽七十有九。孺人壯齡先逝，公鰥居歷三十二年，綽有子輿、王駿之操。子男二，長岳，邑庠生，先卒，娶劉氏。次陵，娶李氏，繼賈氏。女三，長適儒官張先生科，次適李登、劉道。孫男三，泮娶喬氏，浩娶李氏，岳出。淳娶馬氏，陵出。泮、淳俱邑庠生。女十一，適人者六，餘在室。曾孫男一，女二。泮等卜以十二月八日葬公方山祖兆，請銘於尤先生。先生以命化鯉，化鯉敢以不文辭？銘曰：

嗟嗟丘公，秉心真淳。生今之世，實古之人。幼居深山，竭力鋤鋞。長游臬司，托身刀筆。

雖則刀筆，乃肇聖功。踐履篤實，蔚爲時宗。爲吏爲官，清風兩袖。乞歸渡江，拜於舟寇。既返於家，蕭蕭敝廬。左圖右史，澹泊自如。一行一言，爲鄉人式。秉義揭仁，邦之司直。聞者興起，立懦廉頑。無論長少，僉曰方山。念念好學，老而不厭。今也云亡，伊誰型範。於乎！公之德，玉粹金精。公之志，孔思周情。公之操，皭然不緇。公之面，温然可噓。公之力，中流砥柱。巍巍乎，師表百世。

王烈婦郭氏墓誌銘

烈婦者，新安庠生郭時安之孟女也。其生而貞静端莊，嫁而勤樸孝謹，余不暇詳。獨誓死殉夫，爲烈婦之大者，余聞之歔欷，泫然不能止，蓋痛節義之不易云。烈婦年十七，歸王萃秀。僅年半，而萃秀病傷寒，累數日不汗。烈婦晝夜侍，萃秀食乃食，萃秀不食亦不食。萃秀病革，連三日不食，烈婦亦三日不食。亡何，萃秀死，烈婦籲天而哭，誓以死殉。聲出而氣絶仆地，少頃乃甦，甦而又哭，氣又絶，又甦，如是者再四。舅姑知其志，請諸姑姊妯娌共勸之，多方慰諭，志不少回，不食者七日。姻黨劉某謂烈婦曰：「若哭尔夫乎，然胡自苦如此？肯自寬解，安知再適不更愈萃秀乎？」烈婦不應，且視且哭。又郭某者，烈婦叔父也，亦謂之曰：「汝哭誓死，爲萃秀也。萃秀死抑爲誰乎？汝胡自苦如此？且汝祖汝父兄妹俱在，汝安忍舍之？」烈婦亦不應，且視且哭。舅姑知其志，請諸姑姊妯娌勸之食，且晝夜防守惟謹，得不死。迨萃秀葬前二日，烈婦有喜色，奉姑飲食，亦自飲食，復謂姑姊妯娌曰：「未亡人必不欲生，第此時未肯死。俟葬我良人，歸寧我祖我父既，當求一死矣。」姑及家人信以爲然，又見烈婦飲食也，是晚防守少疏。烈婦遂走後園樹，引繩就斃。姑及家人忽尋烈婦不見，即皇皇，視其寢室，亦不見。及至園樹，抱號解下，烈婦已氣絶不可甦。蓋萬曆五年四月二十六日也，年僅得十九。嗚呼，傷哉！

方萃秀之死也，情激心裂，慷慨一死，猶或易也。至于遲之數日，父母戚屬之繾綣，姑姊妯娌之慰諭，曾不能一移其初心，從容就死如此，雖古哲人達生委命，何加焉！烈婦蓋非獨能死也。訃聞之朝，人人痛愕。邑侯沔陽張公擊節歎賞，即日躬臨其喪，且題之曰「妙年貞烈」。而邑人士方具呈申請，乞奏旌表。雖于烈婦無所加，亦可以見人心同然。而脂韋之士，懷二心之臣，聞烈婦風，當愧死萬萬矣，詎直爲女流輩龜鑑哉！烈婦母董氏，生烈婦于嘉靖三十八年五月十六日。卜是年五月四日，同萃秀合葬邑城東文峰陰。銘曰：

於赫烈婦，知有夫，不有躬，烈烈轟轟。青年殉夫，不愛生，獨愛節，轟轟烈烈。人曰生爲愈不應，人曰死無益不應。汝嘿嘿籲天，竟引繩而得正。始也誓死，飲食不御，人皆謂烈婦當必死。既也色喜，飲食忽御，人皆謂烈婦當不死。吁嗟！家人勸諭殷殷，孰知烈婦之爲心？緊芳名之赫赫，震宇宙而光日月。彼二心者，道烈婦之墓傍，宜茹烈婦之風霜。

墓表

樂吾劉先生墓表

是爲樂吾劉先生之墓。先生自幼以守禮聞，其事親也，朝夕在侍，居母喪三年，非弔唁不輕出門。小祥後，遇善繪者，告以母容，寫再三不類。翼日，盥焚自寫。鄰嫗見之，曰：「劉母也。」蓋稱孝子云。督學水陽亢公嘉其行誼，晉廩員。而霽峰王侯扁其門曰「慈孝」。當是時，化鯉即知向慕，其後受學于西川先生，每述以相勖。先生一聞輒契，遂之洛親受業焉。歸而忻然曰：「何幸得聞至教乎！」先生諱鉞，字伯舉。初號玉鉉，自謁師而歸也，往來益密，切磋益至。一日過予，予出陽明先生集觀焉。先生每觀一通，忻然曰：「此即吾師訓也。何幸得聞至教乎！」及觀《從吾道人記》，則忻然笑，躍然起曰：「壯哉，蘿石先得我心。方吾之聞師教也，年已五十矣，吾謂天下之樂莫大于學，將終其身樂而忘倦也，以爲深幸。乃不謂有年逾耳順，忽棄舊習，友人招之不返，而從吾所好以學于聖賢如蘿石者，斯不亦大過人哉！」遂易其號曰「樂吾」，蓋自附于蘿石之後云。

世之人溺於利欲，蚤夜攢眉，曾不見所謂樂。間有自謂爲樂者，又往往縱欲肆志，是亦長戚戚類也。何也？彼其樂非吾之所謂樂也。吾之樂處善循理，不惟怡然自得者爲樂，即戰兢惕厲，亦謂之樂，何也？心無所累故也。先生蓋庶幾樂吾之樂，而爲吾黨所共仰者乎！吾邑立會，講洛陽之學，且十年，始講于寶雲寺，再講于城南精舍，又再講于陳仁甫書屋。月三舉，未嘗輟。衆方賴先生夾持以求繹師訓，先生胡爲遘疾而没耶？方病革也，予與二三同志往視先生。先生顧謂予曰：「老師教詔，覆載之恩也，恨未能常侍側耳。」不及他語。於呼！觀臨終斯言，則先生所樂不可槩睹哉！先生没再逾年矣，予始表其墓。蓋先生之行，未易縷舉。舉先生所樂者，表而出之，以示來裔，先生得無忻然矣乎！

布衣周静涯墓表

布衣没，宿草幾青矣。余與布衣師事西川尤先生。布衣年長我以倍，余嚴事之，布衣亦忘年交我，兩人相得最歡。嘗矢之曰：「吾兩人必以古人相淬礪，德必相勗，過必相繩切。」布衣但見余，喜次于面，余但見布衣亦輒喜。余曰：「我見先生，不待先生教語，生意油然。」布衣曰：「吾亦云云。」則又矢之曰：「吾兩人每日不論有事無事，必一面。亦不論蚤與暮，有言與無言也。」嗚呼！余於布衣能一日不企思耶？

布衣名玩易，字尚時。其父洛陽人，姓周氏，徙居新安。布衣生平尚友古人，事親孝，待弟友愛，治家嚴肅，樂與人爲善。其父純直翁，質樸忠信，見重先師。既没，而先師私諡之曰「純直」。布衣事之，能先意。翁喜置器用，布衣嘗預以錢進翁，翁得適意。將盡，必復預進以爲常。每市新奉翁，必多其數，置餅餌甘熟亦然，知翁必遍予諸孫也。家無多田，間嘗營什一之利，走汝南郟潁及關中，出輒亟歸。或問之，布衣曰：「父年九十餘，若風燭然。我雖在它邦，夢想未嘗不親側也。」迨純直卒，茹素處廬，三年不入内。既服闋，家居談道，或問之，布衣曰：「嚮爲老父甘毳計。今父没即澹泊，正欲見古人明志，何能復走他邦乎？我豈陶朱也哉？」君子謂布衣往日非徒營利也。至如友愛，尤非常情可及。當純直存時，已抱七孫。每飯，三世十餘人，必依倫次同食。内外服食等，悉布衣調度。與二弟玩書、庸禮，雍雍同爨，無異言，綽有古紫荆風，鄉人高其義。居家效古，嚴内外，不但巫覡輩不得入，即媢黨婦女，亦少往來，庭户肅然。有傭者曾事布衣，語人曰：「周宅官府行事。」蓋異之也。

邑中故未知講學，自方山丘先生交先師，令二子岳、陵從之遊，嗣是布衣兄弟亦執弟子禮，講格物之學，布衣始亦獨惟自修，未敢以告人。人視其舉止，莫不訕笑，布衣不顧也。及余從先師，交歡布衣，而布衣愈益淬礪，逢人必誘以學。青衿韋帶之士及賢士大夫多推重焉。在洛如梁北峰、劉西塘、李春野、陳仁泉諸公，咸引爲同志友，皆斂衽禮貌。而布衣尤樂與人爲善。見人有善，稱不絶口。曩走汝南、關中，所至咨訪仁賢，歸必以語余。是時，里中黄君道貧而行義。

邑侯嘗令部軍儲，赴輸小灘。先是部儲者，恒墨斂衆金以自肥，黄君即衆人循例自與，亦毫無所染。其諸却餽不一，而又不令人知，獨布衣知之特詳。他如郭君士慤之貞達，趙君永澄之直諒，以及陜沔嗜學强志之士，多布衣所深嘉而掖引。陳村張亨夫婦賢，布衣每稱説其事，津津有味。其樂善亦不減古人矣。

余聞布衣墓道嘗有人焚拜，不令布衣子弟知。向微學古篤行，胡能感人若是？至乃世系生卒，别有家乘，故不及。孟化鯉曰：學者不可無師。余觀百工，其技藝至淺，猶知求師成藝，况君子德成而上，師顧可廢哉！布衣悃悃肫肫，謁先師而學之。褆身澡德，家庭雍睦，遠近嚮學者，皆推以爲前驅。曩令春秋邵，日刮月磨，則古人耄年儆戒，當斐然在布衣衣帶間矣。余故表而出之，豈徒抒我企思？抑以明學必有模範云。

王節婦趙氏墓表

余嘗悼世之士貳行也，於貞烈婦女每慨歎斂衽之。夫士也，猶有師友之講明，詩書之啓悟，彼婦女者，不尤難乎！若陜州張茅鎮王母趙氏，可謂貞矣。

趙之夫曰以恬，年二十五而即世。時趙年甫二十一歲，翁姑無所養，二子幼，孤呱未立。茹哀飲血，拳拳惟保養老幼是厲。其父母謂趙年尚少，數以語諷之，冀奪其志，則號泣仰天，曰：

「我非死之難，獨老幼無托之患。必欲强我嫁，是速我死也。」父母不復敢言。居常躬紡織，勤苦是甘。終翁姑之身，訓二子學。二子長曰爾恕，州學生。次曰爾慈，皆成立。烝烝嚮學，里黨嘆服。當道聞而賢之，奉恩詔扁其門曰「貞節」。逮辛巳年卒。吾友王君以悟述趙苦節，請余表其墓。余因是又有慨焉。

吾師西川尤先生講文成致良知之學，余與王君叔侄俱從游。世每議良知不足盡道，余請以趙之貞徵之。當夫亡之後，父母奪志之時，從違決于一念，智也。勤苦二十年，其守不爽，仁也。不背夫，義也。養翁姑，孝也。訓二子成立，慈也。一事而五善備焉。藉非節則無以成此善，又可以見道無二致，而不假講明，不資啓悟。儻所謂不慮不學，天性之良，非耶？此余所以深信良知之學之不誣也，此余所以深悼士行之貳而擊節于貞婦也。昔孟子興氏，先喪父，其爲亞聖，蓋得之母教。萬世下誦孟母之賢而不及其貞，豈以貞順婦道之正，而教子賢聖爲更難耶？嗟乎！王母之貞業已旌矣。務其學，成其身，追躅乎前賢，俾王氏之閭與三遷并耀，是不在爾恕輩耶？余故因表其母而并致願于子云。

贊

方山丘先生贊

先生嘗爲吏爲官，人皆仰其廉矣。逮鯉從師尤先生，又知先生爲師莫逆交，而師甚重先生，嘗歎以爲不可及。鯉又聞先生蚤歲聞天台陳先生風，毅然以尚友爲志，終七十九年，力行不倦，卒稱其志云。

早慕天台，義利判決。胸次皭然，冰清玉潔。其知道乎，廉一節耳。卓彼方山，千古仰止。

西川先生像贊

嗚呼，此西川先生像也。先生弱冠有悟，終身修德明道，以聖學爲己任。接人則和睟之容可掬，而心體澄净，一滓不染。《擬學小記》足發孔孟之精微。從遊者百數十人，鯉愚下，誠莫窺其涯涘，然竊謂程子以來一人而已。乃者瞻像進思，敬擬短贊，非敢云足以概先生也。

嵩河間氣，鄒魯的傳。道德純備，規矩方員。秋月冰壺，春風時雨。趙宋伯淳，儼然其位。

祭文

祭尤師母解夫人文

河南自兩程子後，迄今餘五百禩矣，我師西川先生實接其傳。乃若以德配德，駢芳埒美，如秦匹晉，如圭和璋者，我師母也。近談學者衆矣，天真而下漸失其真。每每論道體，議性命，豈不謂精微哉！然孔門論學，自孝弟忠信飲食日用外，未嘗空談道體。何耶？豈非以道無淺深庸行皆性命，而性命徒談則易流于玄虛意見乎？是故先生之教吾黨，一則曰孝弟，一則曰忠信，一則曰飲食男女，而尤拳拳于「恕」之一字，外是無説焉。夫道一而已矣，職分即道體也，譬汲水然，未聞汲水者舍面上而從事淵底也，面上水與淵底非兩也。先生之學，所爲稱平實易簡，由姚江而上接伊洛之脈乎，此洙泗正脈也。某等顓蒙，稍知强於爲善，是固先生循循之教，而師母寔與有助焉。今也天相先生爲斯道宗盟，年雖逾乎從心，而精神猶然康泰。我師母不翊贊道化，以成吾黨，顧遽還太虛，何也？臨柩一奠，誄以俚言，師母有靈，其尚鑒此情悰乎！

祭西川尤先生文

維萬曆八年庚辰冬十月二十有四日庚申，門生孟化鯉涕泗稽首，謹致詞先師西川尤先生之神曰：

於乎！先生已矣，泰山頽，梁木壞矣，化鯉小子失所瞻依矣。化鯉受先生教育，恩非筆楮可既。乃以筮仕，羈在京國，不克奉遺教，視含殮。聞日月有期，將安厝嵩邙瀍穀間佳城矣。又不克從二三子後築場冢上，一寫此心之哀。終天抱恨，復何言！復何言！

追憶嘉靖甲子，化鯉候試洛城，時未知向學。先生與二三子坐講，化鯉漫遊階下花竹間，先生憫之曰：「噫，恁好資性，顧不知事學耶！」化鯉竊聞之，脈脈心動，兹教育之始也。越明年乙丑夏，因夜卧不得寐，輾轉床席，偶念及此學，以謂人生決無隨俗混過，可以爲人之理，亦無有罔所師承，此念可久而弗渝者。賴表兄李伯生氏先容晉謁先生，北面受學焉，十六年於此矣。十六年間，雖未嘗時時侍函丈，然侍之矣或二三日，或五六日，或十餘日。聆真切之教，發蒙撤蔀，未易縷數也。化鯉每告歸，拜别先生，必囑之曰：「子歸而有疑難處，感契處，不妨筆出相證。」化鯉因條書請批駁，求是正，今昭昭簡册，手澤尚新，未易縷數也。

先生未嘗漫爲應酬文字，會意直書，率關道要。即不得已應酬，莫非闡揚此學。每以示化鯉，受讀卒業，必手録焉。藏有多衮矣，未易縷數也。蓋先生之學，化鯉雖未窺其涯涘，然沉渾純粹，理道洞徹，大要以孔門求仁爲宗，而私淑於近世王文成致良知之訓。所著《擬學小記》，真足以接姚江，溯濂洛，探洙泗，而開斯人之蒙瞶。是以居邑濟濟景從，心悦誠服。延及衛北滇南，亦有負笈來學者，詎直化鯉親炙之已哉？始化鯉謁先生，先生語之曰：「學問無他，在毋自欺。」他日曰：「陽明先生説致良知最盡。」頃年有慨於世之學者，動輒談及玄虚要眇之鄉，以爲入微，而考其躬行則不逮，故惓惓勉以職分見在處用工，而曰：「孔門不輕言性命，但説職分。考諸《論語》可知也。」蓋爲道懇切，成己成物，因時立方，救藥我人，心獨苦矣。化鯉荷教育深矣！至矣！先生之恩，殆罔極之恩，而化鯉不得爲慎終之報，抑將何以爲情耶！

祭我疆先生文

昨家君遣僕來京，化鯉尚問先生安否，忽得訃音，未知所措。已爲位哭奠，載遣家僮孟在賫誄語代叩靈几。遥遥千里，祭猶未祭，於私衷實不盡千百之一也。先生其鑒化鯉之誠哉！

於乎！道在今古，待人而明。而賢聖相繼，則常有絶而復興。慨洙泗濂洛既遠，世之學士遂失其宗。趨步者近迂，訓詁者多俗，而妙解者又闖入於佛乘。人是其見，誰能默契肯綮而得不傳之精？

於惟先生，間氣攸鍾，宏志卓識，瑰意琦行。學深鄙乎獨善，道必期於大成。書非正學不覽，言非正論不騰。禮不妄有所及，人不泛與之朋。苟有可觀，即閭巷所不棄；苟無可取，雖貴要其弗稱。處紱冕若固有，值阨抑其無煢。遭巇汙而不辨，當溷濁而罔同。壁立萬仞，百折愈勍。一介不苟，千駟弗驚。仕宦十有九載，蕭然其若寒生。望之喬嶽者，氣象端凝也；即之冬日者，顏色睟充也。議治道鑿鑿有據，福宗社而澤黎甿；談名理亹亹不倦，闡千聖而肇群蒙。論心則嗤血肉非是，論未發則曰中節爲中。謂志仁無惡乃作聖之準繩，謂克己復禮豈去欲之幢幢？若後儒之爲説，詎孔顏之嫡宗？著述甚富，闡繹殊閎。匪迂匪俗，妙解胥貞。契聖學之心印，陋末世之説鈴。不知者謂先生爲唐之景倩，爲漢之祖榮。擬澹泊於閱道，羨風流於淵明。其知者，謂先生匹孔門之狷，扇舞雩之風。遠可方夫廣川，近足媲乎石翁。抑豈知先生之未易及者，孜孜矻矻，終身斯道，更有在乎道脈之正。昔者孔子之學，獨博文約禮，秋陽江漢，爲入其宫。若孟氏之集義，實無忝于顏曾。無欲定性，宋有周程。既絶復續，曰惟陽明。及如洛陽西川先師與先生之師弘山張翁，雖皆私淑新建，而寔各得斯道於遺經。論先生之所造，由師授而愈融。緊力踐與卓悟，誕道岸之先登。非阿私其所好，洵千載之公評。

化鯉不敏，燕市班荆。廿載道義，相與有成。雖聚散不一，而規厲時通。一真自信，先生無爽；二孟喧頌，鯉忝并稱。將期木鐸大振，寧意泰山忽傾！而今而後，箴砭誰憑？於乎！在之山猶嶙峋其上峙乎，而先生胡以獨隕其形？河之水猶泓濟其北注乎，而先生胡以遽秘其靈？傳先生行狀、先生遺稿，以覺後學于無已，肯使之一旦其露零？欲往一哭，煢疚在躬。臨風寄奠，寫我哀衷。言不盡意，先生有靈。

合奠丘公文

我聞性不閒者，機竇敝而精搖；志不遠者，習套熟而神剖。求壽考於若人，或永焉，或不焉，吾未知其然否。公也徜徉方山之野，木石與居，而鹿豕之與耦。足不市井，心無城府。紫蓼綠葵，秋菘春韭，含哺鼓腹，帝力何有？洗耳拭目，蓋嘗峻却冠服于亭長奉詔公舉之日；被裘負薪，又竊聆西川先師緒論于巖洞之口。優哉遊哉，散放畋畂。豈郝參軍所指處則遠志，許刺史所稱無機性閒乎？何神完精固，享年若斯之久也！彼羈羇禄位，桎梏貨利，志齪齪而性擾擾者，相去奚啻霄壤？而公真盛世閒人，太平之黄耇。衆方蘄公以香山元爽爲後進蓍蔡，爲鄉邦模範，胡爲乎步健視明，遽無疾而容與逍遥，陟降上帝之左右。

嗚呼！命者性之始，死者生之終。古之人不憂身之死，而憂多咎之在躬。身苟多咎，縱蹠齡籛壽，祇足爲斯世之欃槍。公呼孫子，談笑着衣，坐而仙化，髣髴古之自知死期，徧告同官，令子弟市棺具之遺風。九十四歲壽考令終，無亦比宋儒者所謂存之順而没寧。吾儕慚性志之未定，恨機習之牢籠。精神悵其走漏，慨隙駒與雪鴻。睹老成之凋謝，相與奔走彷徨而悲零。惟靈爽之不昧，其尚歆黄□而鑒赤衷也哉！

合奠應賓楊翁文

嗟嗟，公遽厭人間世辭鱣堂耶！蓋所貴乎人者，不于身之顯，而于性行之臧。苟不臧而顯乎，雖顯非顯。其或禔身而臧乎，生有裨于俗化，死見哀于閭閻。即不顯，予且以顯歸之曰：「此論行也，而不在區區爵秩之焜煌。」惟公悃愊朴茂，坦夷温良，治家有法，應物以方。至御賢者，更爲之虛襟謙受，人頌盛德之光。一團和氣，曾無幾微徵乎顔面，厲聲赤色，即臧獲亦見其未嘗。兩郎君翩翩然振爾家業，而猶拳拳教以一經，督之百畝，曰「業勤則精，嬉則荒」。澹於勢利，惟性喜飲，飲不擇酒，酒必飲滿，醉則嘔噱絶倒，蓋亦自有其樂，不在乎酒，而豈若劉阮之猖狂。其中舒舒，不蓄鱗甲，其貌愉愉，不盼青白，其事之得也失也，但見一笑爾矣，而欣戚於是焉兩忘。

吾邑自方山先生没，并二三耆修味道君子亦皆相繼淪落，風俗且隨之以蒼黄。相彈以勢，相援以利，相距以機智，令後輩争效虛誇，轉眼風雲，莫知所底麗。談古人則見謂迂闊，不適于用，有志者亦且不免于惑皇。如公性行樂易質直，褎然古道之望。假令生乎弓旌幣聘之世，肖形枚卜，舍公其誰，乃今王公大人既不能引籍譽聞，位公以雲霄日月之際，而吾黨復不免咨嗟涕洟，徒睹公飄飄騎箕以彷徨。嗟乎！世之死者非一，彼冠裳楚楚，無得而稱，即顯也，試與公校之，孰短孰長？然則吾黨怛化不已，從而追思，又從而誄之，詎直爲一人一家悲以愴也哉！雖然，天地者，群生之寄；終始者，萬物之常。惟耿耿之不滅，雖黄壤其吾室，而吾黨又何欷歔于日月者之齊茂草而俱藏。清酒一卣，生芻一束，公之魂誠無乎不之也，金斗雲靄之間，必有憑而縹緲吾觴者矣！

跋

尤孟二先生真筆卷跋

聖人之學，格物之學也。格物之學，爲己之學也。故學以求諸己，而實通乎天地萬物；雖則通乎天地萬物，而我實爲之主。孔孟所以繼堯舜以來道統，而下開程氏之傳者，不越乎此。明興，理學彬彬，而王文成之闡明大著，「致良知」一語，直接道脈。即以愚夫，一提無不領畧。其工夫，則雖聖人有終身用之不能窮者。蓋爲己之學，格物之旨也，而海内多宗之。乃真切爲己，有功文成，則河南吾師西川尤先生與山東我疆孟公焉。孟公得之其邑張弘山後覺，弘山得之豫章徐波石樾，尤先生得之泰和劉晴川魁，晴川、波石得之文成。溯厥源流，亦自有本，而所得于體驗者爲多。以故南北學者，舉未能或之先。稱我疆者鄒南皋，而張陽和則謂尤先生善學文成而救其末流之弊，爲二程後一人。兩公者蓋世人豪，而所稱詡若此，豈溢詞哉！則以二先生格物之學，不詭於孔孟耳。觀其漫筆，罔非爲己。覽斯卷者，儻亦尚論其世乎！若育吾先生之襲藏，學可知已。

西川尤先生要語跋

西川先生終養居洛，涵養體認，垂四十年。所著有《擬學小記》，蓋非考索然哉。其書始刻于洛下，再刻于關中。乃化鯉所藏先生稿尚多，彼兩刻者纔十之三四爾。曩請彙作全書，先生固止之，謂宜減不宜增。兹抄其要語爲册，雖我疆孟君商訂，然固先生意也。至若先生造詣醇全，見道閎澈，足繼伊洛之脈，在讀先生書，考其世者，自有公評，曷敢贅。

跋陽明先生書中天閣語

淇邑承川、小川竇先生，倣盤秦先生，皆篤實君子也。其學皆有淵源，化鯉竊慕效舊矣。乃者虚懷下問，欲立會爲切劘資，且命化鯉爲訂其約。夫居肆成事，百工猶然，況學乎！化鯉深感三君子之有此舉也，於是檢文成公書中天閣語，樂爲之筆。淇澳多君子，當有彬彬興起者矣。

卷六

雜著

計曹私紀 丙戌夏六月二日，時爲户部貴州司主事

萬曆甲申，上命刑部侍郎丘橓、吏科給事中楊廷相同太監張誠藉故相張居正家。少司馬石星寓書丘曰：「内操事可從臾張司禮，令還京言於上」，丘從之。迨乙酉歲夏月，上燕居，問誠曰：「汝湖廣往還，何所聞？」對曰：「聞諸道路，皆言内操不便。蓋謂禍機伏也。」自是内操遂寢。丙戌夏五月，上又謂誠曰：「朕嘗志于古聖帝明王，汝知之乎？」誠叩首曰：「臣知之。」上曰：「汝謂如何？」對曰：「陛下第一須保養聖躬，聖躬，聖明之本也。」曰：「如何保養？」是時，上方喜觴政，好女德，更有少年閹俊十輩甚見寵。誠因言：「臣嘗讀《魯論》，君子三戒，戒色爲首。又酒雖邕和氣血，然傷胃損德亦不細。兩者有節，保養聖躬之要也。」上曰：「都。」誠長跪，更有欲言不敢言之狀。上曰：「第言之，無怖。」誠叩首慨然曰：「官家事何者不壞於奴婢

輩？然亦朝廷寵遇致之。」上曰：「何也？且曩者天下謂武皇帝有八黨，然則今亦有謂朕者乎？」對曰：「外間都説陛下有十俊。」上赧然面赤，誠逡巡而退。未二日，笞兩人幾死，斥去不復近左右。兩人者一張守義，幼俊首，一不知名。餘八人漸斥去。

論曰：昔人云「中人不可假以威權」，跡前二事，縉紳皆謂美談，愚獨不可。蓋古之明君必與大臣商榷於巖廊，而爲大臣者亦皆明「以道事君，不可則止」之義。區區刑餘，止令汛掃。此虞夏商周之治所由盛也。今也不議之殿上，而議之宫中；不謀之大臣，而謀之内宦。大臣又不以道，徒詭幻結納以爲玄策，致令朝家大政，諫者屢褫，而反以消萌遏亂歸之閹寺之手。彼其人知道者有幾，能不漸肆其播弄威權之奸，毒禍國家，犯昔人戒乎？安在其爲美也？《易》象履霜，《詩》歌維霰，蓋其慎哉！

題卷贈許敬菴先生

敬菴許先生拜建昌守，同志者各以言贈。鯉曩伏函谷，每聞先生于我疆丈，竊知嚮慕。頃如京，獲晤先生，時聞緒論，愜夙願焉。惟先生見道分明，充養和粹，而接引後學，尤爲惓切。凡有志者罔不蘄覿温儼，忻聆謦欬。苟有請質，隨問隨答，罔不各啓其良，袪其惑。而先生歌聲清朗，如出金石。間一吟詠，以暢志懷，又罔不醉心鼓舞，虚往實歸以爲常。今繾綣皆弗忍舍也，非先生誘掖包蒙以感發之，而有是耶？兹且之建昌矣，建昌風土人情，愚未識何狀，第知先生能大有造於此邦耳。先生痛癢心切，即政即學，將必使五封之令，同心一德，以休養斯民，而彼五封之士若氓，有不沾被其仁者否矣。是故建昌之政，愚於先生之學卜之，而同志之不忍舍先生，又因以想見建昌之民之感化也。

述言勉趙德高

化鯉讀王文成公書，至《别三子序》，言自程朱諸大儒没，而師友之道遂亡，不覺廢卷而歎曰：「嗟乎！程朱而後，豈遂無師友哉！蓋慨夫非古之所謂師友矣。」又讀《答儲柴墟書》，論王寅之師劉景素事。噫，異哉！寅之胡能於同列一旦執弟子禮，講舉業顧不能易此心求師爲聖賢之學耶！蓋昔者横渠先生撤皋比，而使弟子從講于二程，是固振古豪傑，所謂天下之大勇也。今世士馳騖詞章以博聲利，風靡已甚，求真見性分不容已，毅然以聖賢之道自任，從而求師者，殆寥落如晨星乎！乃今見吾德高。德高，吾同門友也，剛毅高明之資，予特遜之。往歲執弟子禮于予，予輒受弗辭。非予傲然好爲人師也，毋亦文成所謂姑欲假三子爲之證，三子亦姑欲假予而存師友之餼羊之意乎！蓋德高之見幾於撤皮，而識趣超卓，又有出於寅之之上矣。儻所謂豪傑士，非耶？周元公曰：「道義者，身有之則貴且尊。人生而蒙，長無師友則愚。是道義由師友有之。」夫道義有於身，然後得尊貴。有師友，然後道義有於身。故不求師友，不欲有道義於身者也。不欲有道義於身，安於卑賤者也。有師友矣，不知隨處省察，以期深造，道義終無由進，雖得師友，奚益哉！噫嘻，德高子其有味於斯言乎！慎毋令師友之道遂廢後世也。

勉郭克實取友

人生最不可無友，然最不可不交勝己之友。昔郭林宗所至擇交，適陳留，則友符偉明。游太學，則尊仇季智。之陳國，則親龐德公。入汝南，則善黄叔度。非其人不友，以故德立行成，人皆慕重，迄今有道之稱不衰。彼一節之士猶然，況學聖人而可忽於友乎！克實勉之。

述曾孟語勉翟君謨

曾子曰：「父母愛之，喜而不忘。父母惡之，勞而弗怨。」孟子曰：「仁人之於弟也，不藏怒焉，不宿怨焉，親愛之而已矣。」斯言也，仁人孝子之用心也。事親不若此，不得謂之孝；待弟不若此，不得謂之仁。不可語仁孝，則不可以語人。今指人而曰：「汝不得爲人。」未有不艴然怒。而顧自趨于不孝不仁，其亦弗思之甚哉！且吾輩童而受讀，長而講貫。寧直以資詞説乎？必貴有以身之也。清宵惺枕，偶有味於斯言，反覆吟詠，此心油然。蚤起盥焚，書之與君謨共勖焉。君謨子其無忘于斯言乎！

示姪一謙

學貴緝熙，間斷則無所成。孟子曰：「原泉混混，不舍晝夜。盈科而後進，放乎四海。」夫水之流也不息，斯成大川。人之學也不已，必成大聖。是故顔淵亞聖，欲罷不能。曾輿大賢，死而後已。

函谷别言

關中少墟馮丈如京，道新安，以所著《漫言》一編示孟生，孟生一一讀之不逆。薄暮復過我譚學，更出《疑思録》二册，蓋就孔、曾、思、孟語闡繹心得，而其友蕭輝之編次成書者。孟生亦一一讀之不逆。將别，手一卷命綴數語。噫，丈於此學直抉扃鍵矣，復何言！無已，即以丈册中最要一言請正之，可乎？丈曰：「做聖人易。」斯言也，秦漢以來儒者不敢道，惟宋儒曾及之。識得此，其餘問學始可得而講矣。

宋儒有言，寧學聖人而未至，不欲以一善而成名。「寧」之云，「未至」云者，非謂聖人本不可學，姑爲是願望之辭。誠見孔孟以後，功利入人已極，安于一善者有之，誰復知聖人當學？故爲此言。而「寧」之云、「未至」云，又以見義理無窮，不敢要其所至。此濂洛大儒直接道脈處。今夫人者，天地之心。天地以生物爲心，則生生者人之心也。故聖人與天地合德，吾人與聖人同類，類同則心無不同。其卒不同者，非心之罪，人自喪之爾。人孰無心乎？心孰非生機乎？今執塗之人而曰無心，吾不敢誣執塗之人。凡有心者皆命之曰聖，吾亦不敢誣。蓋必其心如乾之大生，如坤之廣生，盎然出之，順遂不可遏，渾是惻隱之心，而後謂之真心。心真則聖矣，故曰心之精神謂之聖。故夫胡粤膜外視斯世，昏放顛仆，不一惻然動念者，固不得謂之人。惻然動念矣，而内交要譽，意必固我之私，萌蘖于其中，令生機壅閼而不皀，遂亦痿痺類耳，其得爲全人乎！

《大學》明明德直至天下平，而後謂之修身；《中庸》盡民物之性至參贊天地，而始謂之盡己之性，非故張大之也，心本如是，人本如是耳。謂聖爲不可學而至者，真自暴自棄者也。丈實見得此，宜語録發明，胥作聖緊關語，非泛泛著述者等埒。它日再過函谷山中，當更有新得示我。敬書以俟。

書王名輔柬

王名輔居新安兩月，將歸省，持柬索孝弟語。嗟嗟，予非孝弟人也，何足知此義？顧此二字，便是盡人道的要緊處。聖賢之所以爲聖賢，只此而已。今人説個學聖賢，則必瞪目相視，駭不敢當。人有一二似聖賢事者，便閧然指斥爲怪物，曰立異，且毛搜其疵以排姗之。至謂彼不孝不弟，又艴然不肯當，不亦大惑也哉！今昔稱聖人，有過於堯舜乎？孟子論堯舜之道曰「孝弟」，至語用功，則曰：「服堯之服，誦堯之言，行堯之行。」此何與于孝弟哉！蓋孝子之爲孝也，不但下之服勞奉養，上之承顏順志，即一出言一舉足一服飾間，少有放心，即屬忘親非孝也，可忽也與哉！名輔既有意于斯矣，將進于是也，孰禦之？而又奚俟于予言？

書《孝經》後贈郭梅山先生

《孝經》者何？聖人作以教天下孝也。讀《孝經》者何？味其言以興孝也。孩提愛親，出乎天性，何假于經？自人愛緣物遷也，則資之經以開蒙蔀，又不容已。第讀是經者豈少哉？孝者幾人？化鯉蓋嘗歎焉。梅山先生以是教子，問予以訓詁。且曰：「匪直小兒，我將莊誦。」又言：「每讀末章，痛甚！」化鯉躍然作而言曰：「是足以興孝矣，是足以讀是經矣！」

書安良弼卷

安良弼從事此學有年矣。躬行孝弟，兄弟法，朋友信，一鄉皆化而爲善矣。然不以是自足，慨然曰：「學不聞道，總屬義襲。況衆人不以我爲非是也，而皆信之，而我猶抱漆雕未信之憂。夫以未信者語人，是謂誤人。以誤人者自信，是謂誤己。夙志之謂何，而可爾乎？」熱心汗背，坐不寧，卧不貼席者三日，矢志努力，直欲法天之健，畢力此學而後已。且誦程子之言曰：「寧學聖人而未至，不欲以一善而成名。」既又思之，學齊語而不久置莊嶽之間，語終不可齊也。聽弈秋而又思鴻鵠之至，弈終不可秋也。我雖强勉行道，人雖歡然信我，其如不免于弓繳楚咻之雜何，吾將裹糧就師，日夜講明此學，證六經之言，稽先師之訓，手抄而質正之，静專而體認之，或者庶幾聞道而不終于不信也。往以請于母，母曰：「吾志也。子即無請，吾固欲言之。子行矣。子之兄洎子之弟尚五人在膝下，而吾又健不衰。子行矣，無慮我。」於是良弼欣然來。日夜講明此學，功勤而志懇，見正而心宏。手不停抄乎正學之書，口不停誦乎正學之言。字必問，疑必質，時有開發，而日有精進。同志聞之，莫不興起。此與弘農王幼真志頗相同。

幼真有大志，居新安二年，講明此學。東西南北，惟余是從。今德行成立，遠近信之，及門之士甚衆。晉中鹺商宋某悦之，竟棄其業從之遊，而幼真猶裹糧就學新安如昔。志愈大而功愈勤，正與良弼無異。嗟乎！世之人蔑視此學且姗笑之久矣，求一念相信已不易得，而況所志如此！其進於道，庸可量也！昔孟子就學而歸，聽母嚴言，還終其學，數年不返，卒能明聖道，稱亞聖。夫以孟子命世之才，猶必專心致力，然後大有所成，況吾人乎！良弼勉之哉！學孟子之學，信漆雕之信，體天行之健，脱義襲之非，鑒學語學奕之失，袪一善成名之見，以蘄聞道，以愜夙志，以終免于誤己誤人之慮。俾天下知良弼有好學之美，而稱其母爲孟母善誨。又不但如今日兄弟足法，見信鄉人而已。良弼勉之哉！吾與幼真當因之益勉矣。書之以爲它日左券。

書陽明先生《默齋説》答郭梅山先生

梅山先生悔其言之多也，遂欲默焉而不言，且命鯉爲易一號以自儆。噫！先生於學可謂篤矣！先生之必能慎言，不假區區一號也，我信之矣。方先生之未知學也，嘗沉于麴蘗，一旦悔其爲父母憂也，遂絶飲酒，今且六七年，豈嘗有一號爲之儆戒哉！來東所謂存心是已。夫悔則心存，心存則自不行其所悔。吾是以知先生之不復多言也。《易》曰：「震无咎者存乎悔。」先生其識之。若夫默而不言，其可不可，則有陽明《默齋説》在。

書周伯子藏衡山墨蹟卷

文衡山書重海内，舊矣。余聞衡山，食味最淡，即鹽酸亦不多御，以是雖耋年，目光如電，猶能書細字。夫淡，本體也。詎直爲書哉！《中庸》不云乎：「君子之道，淡而不厭。」蓋學至于淡，則本體見。本體見，舉宇宙醲釃可歆艷者，皆視爲本體蠹也，胡足以動其中？而又安足好哉？將天下甚事不可爲，獨書也乎？周伯子，余窗友後涯先生冢器也。其藏衡山墨蹟，或亦此意也夫。

書徐仲雲壽母卷

羅山徐仲雲母氏壽七帙。首正十有七日，則其設帨辰云。曩仲雲讀《魯論》齊景、夷齊事，慨人生惟道德爲不朽也。遂企慕聖賢之學，逢人輒諏嗜學者，得則務求爲師友，道里風雨所不恤也。歲戊子，雨中迂道，手王幼真書先容過新安，予時方在疚，雖未及相與商抎，然竊壯之。今年夏杪，復介僕賫糈自炊爨，居十數日然後歸，予更壯之。蓋世方汩没利欲，而獨不遠千里，不避暑雨，顓顓此學，竊意其人雖雅志道德，識趣高明乎，亦豈無有從臾之者？迨歸之日，果得其出于母命。而仲雲且索予言爲母氏壽。予嘗考書史所載，姜姒尚矣，嗣是得魯文伯母於春秋，得鄒子車母於戰國，漢以後又得范功曹孟博、吕滎陽原明、陳康肅嘉謨諸母，以嚴訓子，所從來矣。予不能知徐母，然竊聞其少事先處士，處士盛年捐館，母獨能以貞肅儉勤督三子學。三子先後烹芹，璎鳴同響。而仲雲復翩翩向學，爲人稱詡。仲雲之言曰：「母氏家政嚴，諄諄教三子，無若世俗離析。騰兄弟事之，不敢嬉以怠，而母責望甚鉅。」

嗟乎！先處士早失怙，家豐饒，睥睨四起，復嗾之以宗人。處士没而世業如帶，微母氏褆身捍家，三子何以能振家聲、矯首雁行如是？且夫《大易·家人》稱「嚴君」曰父母。母未嘗不可嚴也。而慈母敗子，人恒道之。以今觀徐母，誰謂不可與文伯以下諸母相等埒耶？誰謂母獨能養之不能教誨之耶？又誰謂不可飲旨酒錫難老耶？予故於仲雲卜昆季能遵母訓，於三子卜母氏聖善。予殆將前爲席而拜手祝也。若乃琴瑟壎篪，其於親順，立身行道，其於親顯。是又仲雲兄弟所以壽母，不徒區區在稱觴旋舞。歲月期頤間者，仲雲勉乎哉！母氏壽，更在道德不朽中矣。

書徐仲雲便面

學要鞭辟近裏着己，此最是緊關語。

五經、《論》、《孟》之訓，莫非慎獨。惟《學》、《庸》則明言之。獨不止人所不見處，日用云爲，何者非獨？此是爲學要緊工夫，此處忽，無學矣。

以見聞用工者，終類蠹魚。以豪傑自命者，多成畫虎。

狂者進取，斐然成章，自有一種實事可觀。若如後人所解，則是大言不慚的人，宣尼何以苦苦思他？

學者須是卓然自立，若怕人説作異，向人做面情，恐其流卒至於鄉原。

特立者多忤世，混世者必失己。與其失己也，寧忤世。

學問元是易簡的，人自有知識後，便染習壞了。爲仁由己，反求即得。畏難苟安，斷非有志之士。

孔子曰：「君子無終食之間違仁，造次必於是，顛沛必於是。」孟子曰：「無爲其所不爲，無欲其所不欲。如此而已矣。」學者體認此兩章，當有精進處。

抑戒、賓筵之詩，吾人不可不書諸座右。

曾子曰：「父母愛之，喜而不忘。父母惡之，勞而不怨。」孟子曰：「仁人之於弟也，不藏怒焉，不宿怨焉。」予每誦此語，輒惕然有省。

以上十條，願與仲雲勖之。

書鄒南臯卷

南臯先生請告還吉水，二三同志謀贈行李，我疆先生爲題卷首曰「洗心藏密」，曰：「斯南臯子之學乎？盍各闡斯義？」余受卷，爰述所聞一二質之。

夫心也，虛靈明覺，至大而密，至顯而藏，潔潔净净。孟子所謂赤子之心者也。知誘物化，私欲障之，如身之有垢，故須洗。翼翼兢兢，日新時習。順無歆羡，逆無怨尤，所以洗也。洗則復矣，復則藏密，藏密則神智焕而化光。

寡欲之謂洗，之謂藏，密而非内也。通天下之志，定天下之業，斷天下之疑之謂洗，之謂藏，密而非外也，何也？寡欲則一，一則徹動徹静，徹上徹下，徹古徹今，無所不貫，是謂真洗心藏密。洗非襲取，藏非枯寂。

《易》言洗心，不但曰藏密，而曰退藏。退字極有味，即《書》之遜志，《詩》之抑抑，孔之默識，《中庸》之篤恭，於學至喫緊。一切世味、一切知見退得下，惟精惟一，密孰如之？夫專一翕聚，天地猶然，況人乎？

江漢以濯之，秋陽以暴之，是聖人之洗心。日知其所亡，月無忘其所能，是賢人之洗心。見善則遷，有過則改，是學者之洗心。安勉不同，其歸一也。

或曰：「釋子無外内皆空，老氏真人潛深淵，無亦洗心藏密乎？」曰：「渠空則皆空矣，渠潛則一於潛矣。吾儒不然，寂然不動，感而遂通天下之故，經綸天下之大經，立天下之大本，知天地之化育。」

「變化氣質可謂洗心乎？」曰：「沉潛不肯剛克，高明不肯柔克，即是心粗，即屬放心，非洗，非藏，非密也。然則變化氣質，殆善洗心與！」

書謝盤谷憤樂相尋卷

盤谷先生三游京華，余嘉其志。於歸也，書以贈之。

孔子稱回不改其樂，且自謂樂在其中。至好學終身不厭，回與同之。夫學即憤也，樂即學也。即憤即樂，是謂孔顔之學。

遯世無悶，不見是而無悶，非發憤忘食，樂以忘憂耶？不然，安得無悶？潛龍之學宜如此。

孔之周流，孟之歷聘，是學不厭，蓋處處求益也。遊而非此，不可以語道。

孔云「聞道」，是學問緊關語。何謂道？如何方謂之聞？後世勵節敦行之士，儘有可觀，先正却不以聞道許之，何也？

書鄒大澤卷

大澤年兄篤志嗜修舊矣。乃者請告南還，猶懇懇向一二同志商心學之要。鯉也安所知識？請述所聞以就正。

定者，心之體，動應即定也。蓋變化云爲，非於心體有所加。無加于心體，何定如之？故程純公以廓然大公、物來順應爲性定。

孔門罕言心，其言孝、言仁、言言行、言政學、言天地萬物，莫非心也。是學問日可見之行也。時時學問，即此心時時流行。

心無起無落，若强把此心要捉得定，是執血肉之具爲心，而未窺此心之真也。宣尼只論好學，而《戴記》論正心修身，必到格物始盡。夫格物者，定心之實地也。《傳》曰：「君子素其位而行，不願乎其外。」夫學須顧位，實心盡分，絶一切歆羨怨尤之私，斯謂之心定。

學者誠好學，則必能改過遷善，惟日不足，不然非真從事于學也。或曰：「心常定常應，常應常定，何至于過？」蓋人生而有氣質之偏，有習染之累，安得無過？顧心體之明未嘗盡泯，好學則自然知過，自然知改，如是而後謂之真好學。

論道理一言可盡，論工夫終身用之不能窮。然以立志爲先。志欲何爲，須要辨别。實心爲學，自然虚心求益。故親師友以講習，摹古訓以持循，皆是培植灌溉此心，不可缺。乃若講習者、持循者，知講習持循之可不可而從違之者，誰乎？《易》曰：「樂則行之，憂則違之。」孟氏亦曰：「是非之心，人皆有之。」此真種子，却在自家。

自求見本體之説興，而忠信篤敬之功緩，或且視之爲瑣屑，遂令正學名實混淆，而弄精魂者竊藉以爲口實。

右所述漫無次第，媿非心得。幸值躬行君子，必有以誨我者。敬俟教。

初學每日用功法

初學言動，大率以敬謹安詳不欺爲主，須時時刻刻省察。有不敬謹，不安詳，或自欺處，覺則即改，毋得容忍將就過去。

蚤飯後將昨夜工夫舉出商量，其睡時果安定否？抑縱情放膽否？曾有夢景否？夢中有舊習否？有情欲否？有警省否？蚤起盥櫛以後，曾有過思過動處，知否？一一省察，舉出商量，毋得自欺。

午後取聖賢垂教之言，誦玩一二條，仍歌詩一首，以暢滌襟懷。

日間雖有職業，不無逐境任情，改頭換面時。至夜不可便睡，趁此衆務皆息，須安心静坐，或半更或一更，將此日功夫不論好歹，細細檢點，有過必痛自悔責，期無再犯。如師友同處，便舉出商量，且自激昂振厲，曰：「古昔聖賢亦人耳，乃能立德成身，終不然似我今日優遊度日乎？」顔淵「舜何人？予何人？有爲若是」之言，便可朗誦。

凡坐時須知在此坐，起身行動須知起知行，接應賓客須知接應。一切細微净穢事，務須知。作務便各内省，是敬是肆，是納交要譽否？中間有無欲速怠緩，又或有所厭煩憎惡，與夫褻狎喜幸意否？有則猛與改除。

凡吃飯舉箸，須知是舉；止，須知是止；食入口，須知味。中間有無貪饕嫌惡，或要增減滋味，或曾歆羨他處烹調，且食時亦有浮游亂想否？一不加察，即是縱欲。逐物慕外，喪德之愆，所關不小，須當下照破洗净，不容些子留戀，方是終身不違仁的課程。

凡接朋輩，須察能切磋相成否？仍蹈舊習否？此最要緊，不可忽。

凡遇不如意處，多是私意，須細察之。如不脱然，歌詩一二首，或求正師友，務求融釋，不可放過。

凡講論便須内省，務使虚心樂受。欲有辨問，須待語畢，然後平心易氣，次第商量。仍須檢察，有自是好勝否？有牽合傅會否？又省此一講究，是求自慊否？是在言語上校短長否？抑是自修不容已，不得不辨否？總之，在求切己。

以上諸條，多先正語，皆切初學日用。吾曹果能敬遵無失，可望有成。然第一則尤在不自欺，願相勉之。

卷七

雜著

答陳實夫

問：仁者以天地萬物爲一體，只是無我，無我則無物，無物則反身而誠，仁體全具，國華無疑。又曰「真我」，得非如孟子所謂「萬物皆備於我」者乎？請發明之，以開其矇。

知仁者以天地萬物爲一體，是無我，是無物，是反身而誠。仁體全具則即真我矣。知萬物皆備於我，是真我，則亦即仁體全具。反身而誠，無物無我，以天地萬物爲一體矣。蓋無我而後謂之真我，真我必無我，又何俟區區之發明？《中庸》論：「唯天下至誠，爲能盡其性。」則必盡人性，盡物性，贊化育，與天地參。非無我乎？非真我乎？又曰：「致中和，天地位焉，萬物育焉。」非真我乎？非無我乎？《大學》曰：「自天子以至於庶人，壹是皆以修身爲本。」身者，我也，天下國家皆我也。知性之所在，必欲明明德於天下，而不以一膜外分胡越，真我也。蓋真我者，性也，非軀殼之謂。言我則必通天地萬物，而後其體備。舍天地萬物，不足以爲我。非我則天地萬物亦幾乎息矣。彼徒以一身一家爲我者，多見其有我也，多見其不知真我也已。

問：前見教静虚動直只是廓然大公，物來順應。國華心中殊覺省快。然静虚何以明？明何以通？動直何以公？公何以溥？請詳教之。

周元公論聖學，以無欲爲要，曰：「無欲則静虚動直。静虚則明，明則通。動直則公，公則溥。」是知明通公溥者，静虚動直也。静虚動直者，無欲也，一而已矣。無前後，無内外，無階級之可言也。今既已知静虚動直爲廓然大公，物來順應，心中省快，則明通公溥一以貫之，而却復作疑，豈於静虚動直尚未了了乎？夫心體本虚，人性上元不可加一物也。有不虚者，欲塞之耳，故曰無欲則静虚，虚即明，何也？無私欲以蔽其體也。明即通，何也？無私欲以滯其用也。豈曰虚而後明，明而後通乎！人之生也直，生機元無邪曲，有不直者，欲揉之耳，故曰無欲則動直。直即公，何也？私欲毫不生於中也。公即溥，何也？私欲毫不染於外也。豈曰直而後公，公而後溥乎！且静虚則動自直，動直則静愈虚，非有兩時，非有兩事，非有界限。總之，無欲一言盡之矣。吾懼吾之多欲，而不慮明通公溥之不了了也。

問：非禮既已視矣，何以曰勿視？得非未視心無將，既視心無留之謂乎〔二〕？請教。

未視無將，既視無留，於非禮勿視已得其槩矣。然而端本知要之學，則尚有可商量者。孔子曰：「知幾其神乎？幾者動之微，吉之先見者也。《易》曰：『介於石，不終日，貞吉。』介如石焉，寧用終日？斷可識矣。」公孫丑曰：「不動心有道乎？」孟子曰：「有。」學者皆知知幾爲聖學之精，而不知秉心堅確，專精一志，非外物可誘，如介石者之貞吉。皆知不動心爲聖學之要，而不知願學孔子，知吾言以養吾氣，非本體見戕，如告子者之强制。以故操之無要，引之即去。如無柁之舟，雖有榜人，中流而遇風波，聽其漂蕩覆没，莫可誰何矣。是知介石者知幾之本，養氣者不動心之道。知幾則不善未嘗不知，知之未嘗復行，心恒弗動也。不動心，則於一切經目真如浮雲，曾不足以當一瞬，而何嘗毫忽攖念。知幾之神也如此，則内不見己，外不見人，内外忘而心常定，是介石貞吉、知言養氣之學也，目之所視，又焉有非禮者哉！然則吾人爲學，亦務得其本焉耳矣。

問：知得如此是病，即便不如此是藥，然亦不可長留在心胸爲悔。是乎？非乎？請教。

學者不免諱疾忌醫，知病即藥，亦正難事。雖然，獨不愛生乎？第既藥矣，病已即已。若夫

〔二〕「視」，原作「事」，據上下文改。

留滯胸中，不又因藥生病乎！故悔過之念不可無，留滯之私不可有。孟子曰：「所過者化，所存者神。」夫惟存神則所過自化，又焉有留滯之足憂？

又

問：老師云：「人多有怨尤心，不得于人則尤人。有不遂者，則曰：『命合如此。』亦是怨天。」然則孔子曰：「道之將行也與，命也。道之將廢也與，命也。」而孟子亦曰：「吾之不遇魯侯，天也。」亦形之於言。謂孔孟爲怨天，可乎？看來如項羽之引「天亡我」，是耶，非耶？

此疑甚善，此處不可無此一問。蓋世人所云命合如此，元是怨詞。若孔云命，孟曰天，正是知命知天之學，安得謂之怨。至項羽引天，又欺天罔人之甚也，何足言哉！

問：學問不可不潛心，孔之憲章，顔之步趨，是潛心處否？

心而曰潛，學問之深功也。必如孔之默識，忘食忘憂忘年；顔之心齋，不遷不貳不校，始得憲章步趨。正是潛心學問，只有此一路。若處處非潛心，便不是聖學。

問：獨學而無友，則孤陋而寡聞。然燕朋逆其師，燕僻廢其學，不如無友。則朋友之倫可廢與？

友也者，友其德也，友何可廢哉？《孟子》尚友一章，宜細玩。

問：程子見人静坐，如何便歎其善，其工亦分閒忙否？學子實用工者少，不免紛擾，故見静坐而善之。静坐須是撥閒，若忙如何來得？且學者焉得只忙，忙個甚麽。

問：程子曰「無妄之謂誠，不欺其次也」，果何所分別？

程子是謂無妄爲自然，其實無分別，學問最怕牽制文義。

問：獨處不拘不慢可也。見尊長忽起敬貌，或以爲作而致其情，不知有悖道義否？見尊長而忽起敬，此正乍見皆有之心，正是道義，安得謂之作情，安得謂之悖道義？試省之，果不出於忽起而有所作耶？

問：學者須識得大頭腦，則於一切視聽言動自不離了根。請指示。

不肯做俗人，必求爲聖賢，此志一立，即是大頭腦；既有此志，則念念處處必非俗人之見，安得離了根？

問：乍喜乍怒之人不可與共學。

自家先須平其情。

問：對境最驗學之法。

須要我作得主，不然恐隨境轉也。

問：昨一友始呼字，既呼名，終呼幼名。國華雖不應，然有怒意，是不知懲忿之學也。必須如顏子之不爲怒所遷方可。

懲忿最是。然尤須自反，何以來此友之三呼也？

問：昨友戲再三，國華終不應。友曰：「再不相戲」。始信「惡言不出於口，忿言不及於身」爲不虚。而愧已往之隨俗，又懼將來之不能緝熙也。

以此用工可謂有志，可語自守矣。若更實心相成，正言勸勉，安知其友不幡然遷善，肯終爲匪人乎？學欲緝熙，須是時時責志。

答曹克統

問：矯偏之道，亦不嫌于爲名，實對症藥也。以真心變化氣質，方是矯偏。大抵學問要潔净，稍帶名心，終難入道，若以之恕人，則不妨。

問：世人視此學方，聖人視此學圓。世人有滯礙，聖人無滯礙。

聖人渾是天理，絶無有我之私，故無滯礙。圓處則其純熟曲當，亦非有外于方也。觀孔子自言，亦曰從心所欲不逾矩，可見已。

答安良弼

問：度量要寬和，識趣要遠大，立身要廉靖，處事要公平。能是四者，庶可言學。不然，亦猶之乎鄉人，非希聖希賢之道也。輔邦日日省察，有志未逮，願詳教。

四者賢聖之基，脱乎鄉人矣！然所以幾此者，豈件件而刻厲之哉！件件刻厲，操之無要，將有時寬和，有時不寬和，而度量難乎恒擴矣；有時遠大，有時不遠大，而識趣難乎恒充矣；有時廉靖公平，有時不然，而立身處事難乎有定衡矣。觀其言曰「能是四者，庶可言學。不然，亦猶之乎鄉人，非希聖希賢之道也」，味此語則四者信有要矣。蓋人不好學，不免爲鄉人。學而不希聖賢之道，亦豈所謂大學？縱事事求寬和，求遠大，求廉靖公平，亦猶無根之木，無源之水。其如發生流衍何？所謂義襲而取，行仁義者也。能一一合聖賢之道，又能終其身無間斷乎？惟天下有大志者，不欲混於鄉人，必欲學且必欲學聖賢之道。譬諸花木，根本既培，時至自然開發，與剪綵爲花者真天淵矣。時時念念學的是聖賢，則時時念念在聖賢道理中，亦時時念念是聖賢心腸，度量識趣，立身處事，又安有不各得其宜者哉！昔孔子十五即志學，終身忘食忘憂，只做得此一個學字。故其自信自名，亦曰好學。吾儕誠知爲學之要，劈頭便自聖賢之道上做工夫。此志一立，斷不以近小凡鄙自居，斯日日省察之功，斯求能此四者之方，而庶幾可逮也矣。

問：不怨天，不尤人，下學而上達，如何是道體？如何是工夫？輔邦近來覺不怨天處可學，而能不尤人似難學。此或心體未透徹歟？請教。

學者不能上進，全是怨尤爲害，蓋怨尤起於心所不遂，根於有我，知有我則怨尤多。若見得天地萬物，何者非我，何者爲我，自然愛人。惟欲人人得所，而其心始快足而無歉，和氣藹然，全無芥蒂。一切應感，反求諸己，怨尤亦何自而興？此是下學工夫，上達即在其中，日新而不知也。工夫在是，道體即在是。今只用下學工夫，不怨不尤可矣。且人只是一個心，怨尤亦無兩樣，能不怨天，即不尤人，蓋人即天之人也。《正蒙》云：「責己者，當知天下國家無皆非之理，故學至於不尤人，學之至也。」可謂精切懇到矣。

問：先天後天之説，昨教誨即「終食不違仁」。輔邦似覺有醒，然心中尚不甚明快，請詳示之。

先天後天，只是一個天。昨因用飯，遂以終食爲言。蓋天隨時而在，元無方所，遇飲食便知味，遇父母便孝，遇乍見便惻隱，以至凡事莫不皆然，而毫無私智，是之謂終食不違仁。此是可做工夫的，故曰後天，後天奉時，人之不違天也。然性命本體，自無所違，先天即在其中，天之不違人也。吾儕只是要真心做奉天時的工夫，時時不可放過。先天而天弗違是主意，後天而奉天時是工夫。奉天時即《詩》所謂「順帝之則」也。

問：終日終夜，何時無思？《易傳》謂何思何慮，聖人不思而得，輔邦果將何如用工？

思者心之職，不思則除是槁木死灰。《洪範》曰：「思曰睿。」《通書》曰：「思者聖功之本。」乃《易傳》則曰：「何思何慮。」豈真槁木乎？蓋思皆天理，於心體毫無增損。孔子所謂舜禹有天下而不與，孟子所謂行其所無事也，是謂何思何慮，聖人不思而得者也。如今用工只要時時刻刻在天理上看，有甚思慮。人只是多了閒思妄想，不知事皆天定，何待我脚忙手亂。

問：昨聞生生之謂易，與一陰一陽之謂道，歸在人身上，果何所發明？易者乾坤而已，乾大生，坤廣生，天地之所以爲大德也。故曰：「生生之謂易。」其在人也，則謂之仁。天地不仁，不能生萬物；人心不仁，不能成萬化。故《乾》象曰體仁，《坤》象曰厚德。有此仁心，自然生惡可已。遇親而孝，遇長而敬，遇宗廟而欽，遇孺子入井而怵惕惻隱。生生不息，曾何時刻有停？故曰：「一陰一陽之謂道，繼之者善，成之者性。」《易》其至矣乎。孔子晚而喜《易》，讀之至於鐵擿三折，漆書三滅。然猶曰：「假我數年，五十以學《易》，可以無大過矣。」學者宜如何？子曰：「己欲立而立人，己欲達而達人。」又曰：「君子無終食之間違仁，造次必於是，顛沛必於是。」誠如是，生生之易庶矣乎。

答李惟醇

問：光儒一向苦於多病，或謂天定使然，自覺純是人事所致。前教云知病豈可晏然，便須服藥，又云莫成心病。日復一日不能體認得出，請詳示之，以鍼砭其愚。

既云多病純是人事所致，則自病自知，明醫診視不精於此，其鍼砭亦須自審。又云日復一日不能體認得出，夫天下事理，患不體認，未有體認而不能者。第恐漫浪應答，未肯實體耳。先正謂「覺紛擾則且静坐，覺懶看書則且看書」，皆因病而藥，變化氣質之方。子勤勵常坐常看書者也，此方宜無可用，姑舉二三請自擇。子貢見原憲曰：「夫子病乎？」憲曰：「無財謂之貧，學道不能行謂之病。若憲，貧也，非病也。」此體羸色饑之病也。子夏入見聖道而悦，出見紛華靡麗而悦，交戰而癯，此識趣靡定之病也。宋程子儀三入翰林，意望兩府，移疾不出。詢之，云：「虚熱上攻。」石中立云：「只消一服清涼散。」蓋謂兩府始得用青涼傘云。此急要得功名之病也。往年，桃林許怡雲曾言，一士人苦攻舉業成腹病，屢醫不效，中式而病始瘳。此科第未遂之病也。弦韋之佩，子誰適從？程純公云：「人有四百四病，皆不由自家。」則是心須教由自家，吾獨慮子不能由自家，吾何憂子病哉。抑人亦有言：「聖人不病。」蓋聖人專心好學，無妄知外馳、二三其德之病。是以清明在躬，志氣如神，自無有能爲病者。子果欲不病，舍專心好學，奚以哉？

答徐仲雲

問：鄙性粗直，向謂天性固然，率性倘無甚害。近見師門抑抑，真是三代威儀。今欲變化氣質，不至做作，格式從何而入？又云：騰冒昧負笈來遊，似有上進之志。適聞師云，魯肅再見呂蒙，便謂非復吴下阿蒙。意謂士志學，從師及游諸名勝後，另作一番人物，方有益。念騰生四十餘歲，志學二十年，亦嘗兩謁函丈，看來還是舊時人。敢問作何工夫，方見有益？

學以變化氣質爲急，凡見謂好而却自疑沮不即從之者，還是無真心，還是怠惰。若中心真以爲好，未有不即變化而肯安於舊習之不好者。格式從入，隨人立志。今云欲變化氣質，則即此欲變化一念，就是格式，就是從入，循此一念，焉有不變化之理？且凡不由真心，出於假意爲之者，名曰做作。若果真心求變化，正所謂沉潛剛克，高明柔克者也，可得以做作目之？蓋古之戰兢惕厲，至有特立獨行，舉世非之不顧者，於今但仰其爲聖賢，誰謂爲做作乎？又况此等做作，本非不好物事，即謂之做作何害？且吾人習染已深，即不做作，只可謂之隨俗，求免鄉人之議而已，安在其爲率性也？後條所云，另作一番人物，亦即此變化之謂。舍此别無求益之方矣。

問：向因讀《論語》齊景公、伯夷叔齊章，悟得人生一世，功名富貴過去無存，惟道德垂世不朽，遂妄意聖賢之學。昨舉似，師云：「有志，但發心在爲名，似非吾人性體不容自已之真。」第理境精微，性天渺漠，探之一時難入。敢問只在躬行着力，亦可不作三代以下人物否？

三代以上人物只是躬行，後世遠讓三代者，正坐不躬行而徒言之弊。今云只在躬行着力，審如是，是真聖賢學術也，又何憂理境性天之難入乎？且理，吾心之理；性天，吾心之性天。吾誠肫肫懇懇，明明白白，專務躬行，不以一毫世俗名利雜之，則肫懇明白之理，即理之精微；肫懇明白之性天，即性天之渺漠。時時如此，時時精渺，而乃云探之難入，豈欲求諸玄虚之鄉乎？吾慮躬行不着力之不暇，暇慮精微渺漠哉！

答弟化鯨

問：蔡虚齋謂：「用私用術，終無人不識，終無人不知。」此二句若出於爲人，固非君子學以爲己之意。弟以爲初學不可無此工夫，必有畏人知之意，自不敢行私行術，久久自化，即孟子所謂强恕而行，何如？

學問論生熟則可，若起頭便須真，真爲己方是實學。不然只是假，如何算得？

問：虚齋云：「律身嚴，與人忠，素行乎狄童。」弟以爲學問必素行乎狄童爲得，然其功必於良知無一念自欺，無一事不實，而狄童乎否，可以驗良知之實否。何如？

良知合内外，通人己，原無欺，原無不實。致之則學問之功畢矣。然亦只求自慊而已，外面乎不乎，無論也。

問：虛齋云：「樂莫樂於日休，憂莫憂於多求。」日休與多求相反，去此多求，自然日休。人之所以不得爲聖爲賢，病痛全在多求上。何如？

見得分明如此，何憂吾弟之不聖賢哉！勉之，勉之，誠諸其身斯可矣。

問：虛齋云：「心氣常順，百病自遁。」弟以爲養身即養德，身養得十分，德亦進十分。何如？

看得是，虛齋正指養德言。蓋學問原只以養德爲主，養身在其中矣，非二事。

問：虛齋云：「心術要正大，舉動要光明。」弟以爲心術不正大，舉動不光明者，正以其用私行術也。正大光明之功，即莫用半點私半點術，何如？

只照良知不自欺用工，看光明正大不？大抵吾人爲學，只求諸心一條是正路。少馳於外，便有爲名爲利之病。細體之自見。予嘗妄意此學，粗知向方，每愧吾弟不肯留心於此。今此數條，所見即不甚遠，予甚慊然。義理無窮，躬行爲是。願共勉之，無負此生。

問：歷覽所誨數條，大意只是良知不自欺。暨看老師《小記》，至「道理只是日用常行」條，弟遂忻然自任，以爲道理不難，可學而至。及用工與夫反觀實難，方用工不自欺，而念頭行事又不覺蹈於自欺。不惟念頭，雖行過事自反已非自欺，及一二日後自反還是自欺，何也？敢問不自欺之工何如？

只肯用工反觀就是不欺。知蹈於自欺，即是不欺，久則熟而純矣。大都學問元是日進的，元是日有所見的，只如此學去，即是不自欺之工。不須又求一方，是騎驢覓驢也。

問：老師云：「耻説仁義只是勝心，流爲無志。」前日弟自會中來，有友以道學名之者，弟不敢任。及看此段，可見還是無志。夫子當時取狂者，亦是取其志而已。必有狂者之志，然後可與入聖，何如？

最是，最是。最要立志。學問只是覺得是就爲，覺得不是就不爲，若過求却是功效心。

問：老師云：「心地須常教舒暢歡悦。」弟以爲必須收放心，使此心常存。應事接物，審察理欲，内外交養，静亦静，動亦静，物自不能撓亂，而心始能舒暢歡悦，何如？

大意俱是，只常常的存心，自然舒暢歡悦。蓋心無邪私，廓然怡然，何舒暢歡悦如之。然與世俗舒暢歡悦異，又不可不辯。此三條比前較精切，足見吾弟用心。勉之，不患不到佳處。

讀《參元三語》臆言

心一而已，故云獨。萬物皆備於我，故云獨。兢兢業業，無忘無助，是之謂慎。飲食入口便知味，知行合一也。

千聖傳心之要，只是一個微字。今用功不起意見，不落有我，不識不知，何微如之。是謂道心。

此心昧處，多是私意，搜尋私意，良心自見。

動静者時也，良心無動静也。

今多過動，昧其真心。能節其過，何失之有？故曰「以約失之者鮮矣」。

天理人欲甚精微，今放過、影過、混過多矣，宜猛省。發皆中節，心體原未發也，是真樂也。

私欲無有不自知者，但知而不致，昧其本體多矣。以不了了之，可爲經營過慮者藥石。

作守令之道，只要以愛民爲主。

古人琴瑟簡編，莫非是學。板築魚鹽，莫非作聖之地。只是存心，如歌詩，心地光净，一聲歌出，只是此一聲，何等自慊！若别有思慮，便不舒暢，便聲音亦拘緩。即此便可驗之。

今只要立定此念，一定在此儘己力量，自反自修，遇人講論時虚心平氣。

以善服人尚不可，况未善而責人乎？

凡事必有宗盟，事乃有濟。且如會日，衆所推遜者未至，則此日友朋只成聚訟，便無整肅雅飭意。此近翁所以有取于門人事有若之事也。

看書及聞師友言，就要反到自己身上，尋個對證，依方修服，方是實學。

人之一心真誠惻怛爲仁，此是本體，即是全體。凡發念應感處，不論大小輕重，即此全體發見。蓋一端即統體也。

聞陳司敗議其黨，自以爲幸，此是孔子好學處。氣象心術何等平易，何等真實，何等廣大！如今被人規過，便求解脱，且不論其過，只解脱便是最惡的念頭，便不是真切好學，與孔子氣象心術奚啻萬里！

不由真心之端，而别爲功利之緒，此真異端也。

學者纔説習氣，纔説禀賦，便是無志。至於横逆報施，纔説有激，纔説相稱，便是欺心。此但可以恕人，自修者宜痛省猛克也。此正今日切要之功。

見人講論定要出己見，説向前一步，此是粗心浮氣，若反到自身上尋證修服，方是爲學。

天地不息於誠，故浮雲不爲礙，過化矣。今未能乾乾不息於誠，則所存不神，便有許多私意，憧憧戚戚，如何得過化，如何得與天地同流？

今日用只取善是真工夫，是全吾乍見良心。其有與吾心相背馳者，亦要體悉人情，不可作惡，自作勞擾，以生鄙吝。

只儘力負擔起，不肯延捱，方成學問。若坐守閒説不著肩，何云躬行，何以謂之學？

閱《近溪集》臆言

孔子言學，即是《大學》明明德於天下之學，謂爲達已達人，非謬。觀下文朋來之樂、不知不愠可知已。曰時習者，學無間斷之謂，如湯之日新又新，《乾》之自强不息。所謂須臾不可離，無終食之間違仁，造次必於是，顛沛必於是，雖之夷狄不可棄也者。而生生之易，隨時變易，順通於所感，正所謂學也。如必曰時即聖時之時，時習謂習乎聖時，則當云「學時而習之」矣，得無亦好奇之過乎？

獨即是知，元與虞庭「惟一」、孔子「一貫」之「一」同。但謂慎獨與致知不同，工夫有先後，則不敢從耳。

性只一性，知性則知天，尚非盡耶？豈容分得先後。

中者性也，人皆有之，何論福分？不厭不倦，人皆可爲，何論福分？

不貳過，正是好學。非是既好學了，然後能過不貳。審如是，則所好者何學耶？

孔子之學，其初就在仁，合下只是一貫，非特積久而始一，而始叫出仁字來也。

孔門學問只是求仁。志便是志此仁，仕便是達此仁。浮雲富貴，處一化齊，終身無頃刻肯違這個。故明明德於天下，而謂之大學。

善緣、功德、報答等，皆釋氏之流弊也，可稱述乎？

呼吸一氣，有往來而無差殊。復垢亦若是也。

近溪説出啞啼一聲，不若孟子赤子之心之言爲雅。

分析支離矣。心也，精也，神也，聖也，一而已矣。

通章分析支離。齊治均平就是格致誠正，非有二心，非有兩事，而曰自某出之，則是二之也。欠精一矣。

説個時字，就是天命之性；説個性字，就是時字。不俟湊泊幫助而始全。故五十知天命，非少時也，天命即時也。動静不失其時，非遺性命也，時即性命也。

知愛知敬是知，愛敬，就是能。天下豈有既愛親敬長了，而不謂之能乎？亦豈有止曉得愛敬，而遂可謂之知乎？

形色天性，謂形色即天性也。非謂有個天性，又有一個形色爲之生化呈露也。呼吸往來，視聽起居，莫非形色，莫非天性也。

既云赤子之心渾乎其天，是有善無不善矣。却乃云無善無不善，而實無不善，不亦自相矛盾耶？所謂「繼之者善，成之者性」，豈若是混耶？

天命原只是善。

孟子曰「仁，人心也」，言仁即是心，心即是仁，非有二也。程子云「義禮智信皆仁也」，隨出異名，總是一仁，仁則只是此心。而曰心視仁義等宏且深，不亦鑿乎？

本來面目，先正借以明良知，面目即良知也。若近溪云云，則良知又有個面目矣，似失之鑿，且何必究論此等處。況四字又出釋子語乎？此葛藤何時是斷絶期耶？

孔子開口便只説謹言慎行，孟子開口便只説孝弟忠信，此非當下耶？「只在當下」，亦釋氏語。

目視耳聽，天明天聰，形色天性，原無二致。只有所使之，則是天性使耳目矣，有是理乎？審如是，孟子何以不曰形色本乎天性？下句又何不言盡性，而只云踐形耶？

心耳目一體而有小大耳，非截然可分爲兩件也。

「究悉名言，詢求哲士，體察沉潛，默識心通」四句，是近溪指示出知性工夫來。若上智的人，自知性爲本體，性即知，知即工夫矣。

二乘不足深辨，然謂坐入靜定，一念不起，亦足惑人。程子所謂必欲爲槁木死灰，除是死也。彼靜定者持身靜耳，念豈能無？

靈妙即是心，心本生生也。而曰心本不生，曰以靈妙而生，則心爲死物，靈又是靈，心又是心矣，有是理哉？

我也，身也，誠也，恕也，仁也，皆心也。萬物皆心也。故孟子首句，説我不説身，次説身不説我。其説誠，説恕，説仁，又各不相湊搭，而皆不言心，則莫非心也。况口耳目乎？可以識一貫之學矣。

身自備萬物，萬物皆是身。生來本如此，無初既之别。

反身就是達天，蓋誠者天之道也，反身誠之者也，非外反身而又有達天之功也。

乾乾即是本體，不然做工夫者誰乎？性性即是工夫，不然體段或幾乎息矣。乾乾、性性豈有異耶？

己千録

人須有舍生取義的志氣，方能作聖。乞人且能之，况君子乎！

夜氣即是良心，良心即是仁義，仁義即是好惡，好惡即是情，即是才。

觀孔子没一節，子貢、游、夏輩視曾子江漢秋陽之論孰爲得？可見學人者，只在本源澄澈，不在言語氣象上摹仿。

夫子無可無不可，便是無意必固我。此意必固我，乃道理上有執著，所謂理障，如夷之清，惠之和者是也。豈常人所可語哉！

色取仁而行違者，色取仁而行違道，干譽之事，與質直好義正相反，鄉原之學也。不遷不貳正是好學，非由好學而後能不遷不貳之謂也。

孔子曰：「朝聞道，夕死可矣。」又曰：「自古皆有死，民無信不立。」孟子曰：「夭壽不貳，修身以俟之，所以立命也。」又曰：「二者不可得兼，舍生而取義也。」義、命、信、道，皆生人之性也，一也。不生而存，不死而亡，壽不得加，夭不得損者也。聞道則生可也，死亦可也，壽可也，夭亦可也。生與道俱，没與道遊，故食不足以易信，生不足以奪義。無它，見之定故耳。苟不聞道，則窮通得喪毀譽榮辱，且有不勝其疑懼者，况死生乎？故學不聞道，生亦罔生，死亦徒死，焉能爲有無耶？

吾道只是一個端。異乎此端者，便謂之異端。

夫子説道之不行，而曰智愚，正見知就是行。説道之不明，而曰賢不肖，正見行就是知。

夭壽一般，原非二樣。譬之晝夜然。夭如夏之夜、冬之日，短者奚以損，奚以悲？壽如冬之夜、夏之日，長者奚以加，奚以喜？是謂夭壽不貳，特人看做二樣耳！

有感無感皆是感，有應無應皆是應，以性體之無息也。君子無時不學，學即本體也。

萬物皆我之用。知我爲主，均是用矣，無二無萬。

「不知爲不知，是知」，指明處，不指照處。

問此心之静有不易者。曰：「即此知不易静之一知，即本静之神。即此欲静之一欲，即不静之故。」

心無出入，如何收，如何放，須實體乃見。

論事引古法語之言也，人多易從。

學不求諸心，開口便是病。上古無機變之習，無多欲之慕，亦無所謂知。饑食渴飲，惟率其所覺而爲之。即今赤子之知可驗也。孔曰無知，文曰不識不知。是己虚靈之體，不分知行。

吾身親見，仕即學。不願膏粱文繡，學即仕。

但毋自欺，則誠者固有者也。

幼子常示無誑，便是教以聖人事。古有胎教，養聖胎也。

此心、此性、此學與天地萬物一體，何大如之！故曰從大體。

天下國家身心意知曰物，致誠正修齊治平曰事，即感而言曰物，即應而言曰事，有物必有事，有事必有物，亦一時見。

感必有物，應則爲事。

推其末以原其本，則曰先後。究用功實地，則曰在。非不行也，但不知只是冥行，故曰道其不行矣。夫君子之學，只是知命，故曰不知命無以爲君子。命在我者，不失己也，窮通順逆，奉天隨遇是已。

人常言事不如意云云，不如意以有意也。苟無欲以起將迎之意，又何如不如之可言哉！

應天下之務，成天下之亹亹，與人大家同做，譬百骸各效其能，共成一身之用也。

言語必信是由仁義行，正行便是行仁義矣。哭死而哀是由仁義行，爲生者便是行仁義矣。由仁義行是集義，行仁義是義襲。此王霸之辨，學術差别之大關口，非細故也。

戒之爲言，最爲入道之首而進德之先。其所持守，雖至道明德立，亦不可緩。於乎！暗室屋漏，上帝照臨，不自戒嚴，神且陰殛。縱不爲善謀，將不爲禍恐邪？一息尚存，戒之戒之！

源頭既濬，流出自清，指南定向，適國坦途。

所知所行，自始至終，曰窮，用功也。行無不足，曰盡，功足也。已造其極，曰至，復舊也。其實一而非三，而又三而不混。

事物之來，遊塵過目，無非我之所在，而無一塵之可我。

領惡全好，率吾身之惡歸於善，率不善之人盡歸於善，非彰善癉惡之謂也。

聖不可知，謂我不可加知，非人不能知也。

反身而誠，行無不慊於心。

修己即是行道，不可分修己、行道爲二途，而以行道爲出仕也。

從心所欲，應用無方，如鳥飛寥空，何跡可涉？因叩而鳴，該括無遺，如風吹萬竅，何瑕何摘？

人以遲暮自棄，不能勵朝聞道夕死之志，如衛武之求警于國，豈不深可患邪？

不計功，不謀利，只在心性上用功，即是聖學。

我者吾之形，吾者我之神，予則我之遜詞，已則吾之真機。已兼形骸而指其機，機脱形骸而指其念，幾則動而未形，已則動而成象者也。

凡人做一事，做到足色處，便謂之聖。

隨它風浪大，我只不開船，可以爲遭侮受激者之藥。

來多去多，惹些風波；來少去少，省些煩惱。可以爲困乏無求者之慰。

操心謝俗之法，有志者當隨事自得。

世徒見聖人無不知能，遂安心以爲不可幾及，豈知皆自好問中得來。是故好察好問者大舜也，三吐三握者周公也，尼父每事必問，顔淵問寡不能。《書》不云乎：「好問則裕，自用則小。」

古人之學，日聞所未聞，不見已有勝人處。終身只求盡所未盡，不見已有可取處。是故聞猶龍、郯、萇、萇弘則必師；居深山河濱雷澤，則必取善言善行。故尼父一則曰無知，一則曰未之有得。而古今贊舜，惟曰舍已從人。吾人視舜、孔如何？可自滿乎？

人要常把古人相較量，使知激昂。若只覷着眼前鄉人，自謂不己若，便是無志，便自小了。凡終日混混營營，不思人之所以爲人之道謂何，只是空過了一日。孟子曰：「人之所以異於禽獸者幾希。」煞可深省。

既知向學，須出頭承當，庶不替私欲開躲閃門。

人苟有志於學，便要明白從一條路，不必畏人指摘，且可藉以遷善。只恁蹯兩家船不得。

孟子言，人能充無欲害人之心，而仁不可勝用。此最是爲學切要處。於此肯充，方可言學。

學在自慊，然必須頭腦明始不錯。不然未有不以意所便安處爲慊者。質先覺，味古訓，求明頭腦之要訣也。然須立志，志須要真。

宗族鄉黨之間，可以驗學。孔子大聖人也，恂恂似不能言，引伸觸類，義理不可勝用。此處稍忽，所學安在？

學必心一而無雜，功專而無間。然後成章而始有立德之基，否則難乎有成矣。

人心元是豫悦和樂的，若厭煩憂苦，全是私欲爲祟。故必掃除廓清，復吾心體，使之常常豫悦和樂而後可。

每日時時檢察，吾心果在否？務令常在，不致放逸，而後於所以異於禽獸幾希者爲無忝。

今日始學，須要操心謝俗。或近師友，日日觀摩，或親經籍，時時體貼，或静坐以凝慮，或遠遊以洗心，方便多端，試請自擇。若僅僅傍户倚門，泛泛隨流逐浪，飄飄捕風捉影，悠悠一暴十寒，則隙駒易過，玄珠難得，空願何補，竟虚此生矣！

陳實夫一日意欲出門，因書「爾出幹甚緊要事」七字於門頂。是後睹之，自無出門之意念。此豪傑之士，便有這等見識，便有這等方法。似此用功，決無有不上進者。愚三復其言，爲之斂衽。

吾人須是樸實頭做的去，始是實學。若覺的是如此，只管講說，却不躬行，豈不落在空言窠臼。當以爲戒。

安分工夫，近益體得是爲學要法。《中庸》謂素其位而行，孟子謂禹、稷、顔子、曾子、子思易地皆然，正以此也。蓋尋常説爲學，説工夫，無所爬搔，惟拈起個分字來，便無論大小貴賤，皆有見在可做的工夫，學問始不涉玄虚。此心寬平廣大，無可歆羨怨尤，自然而日游於太和熙皞之天。奈世之學者，視此兩字爲常談俚語，置而不講，固宜其希高慕外，擾擾憧憧，不見心體之真境，而學者蝟起，聖者麟出也。

學者皆謂富貴安逸是福，貧賤拂逆便不是福，殊未盡福字精旨。《記》曰：「知福者順也。」蓋心地順遂，無懼無憂之謂。貧賤拂逆，富貴安逸，只是所遇。如寒暑晝夜交代乎前，吾性元不以是有加損。是故富貴不淫是富貴者福，貧賤不移是貧賤者福。在昔舜禹身爲天子，有而不與;孔顔簞瓢疏水,樂在其中。而富貴貧賤夷狄患難,《中庸》舉謂之自得,如此方是人各享其福。

有慨終年爲學,不見長進者。余曰須是真精神透露,須是見聞卜度與一切愛護難割者通放下,否則終其身恐只如此,奚翅終年?且種種不欲與世情違,乃求長進乎?

非大開心目者,不足以語此學。

昨一謙姪自述有病,徒飲食爲無所用功。余曰:「學問之功,無時可間。養病有養病之功,飲食有飲食之功。隨宜調治,不起怨尤,此養病功也。入口知味,畧無揀擇,此飲食功也。何者非學,而云無所用功乎?」

昨得二友書,看來亦與謙姪所見同。孟子「必有事焉」一句,不可不細玩。不然未有不待四停八穩而後學者。審如是,終身不成片段矣。書以自警。

陳瓚家貧,年逾九十猶勤筆研。人憂其衣食不足,答曰:「瓚賢能不及顔子,而禄壽過之,何患貧也?」嗟乎!瓚以忘貧勤學爲時所重,假令專心聖學,不更自得乎!

昨見謙姪讀《孟子》「欲惡有甚於生死」等句,因思吾人須辨得此處明白,方可言學。乃今外物之可欲有輕於生者,尚戀戀難割;可惡有輕於死者,且悠悠難斷。此等襟期,學何緣進?

吾今日肯把心之存否視若軀命之死生乎?則志向有不真,德業有不成者,否矣!

須常養得愛人之心隨在活潑始得。若口說能愛，心曲猶不免有揀擇在，非真能愛人者也！不用功時，我雖陷在大惡中，亦不肯自惡。纔舉足入會，便於人之小過亦不肯恕。甚者，令人都要絶他，使無所容。此非吾師家法也。語不云乎：「君子尊賢而容衆，嘉善而矜不能。」

嘉靖甲子歲，曾夢與友人書扇，自爲七言律詩一首。當時未習爲詩，既寤，尚能全誦夢中句，心頗異之。迨旦，止記首句云：「翠竹麒麟錦馬敲。」又三年爲丙寅，西川先生側偶述請正，意先生必有妙解。先生但曰：「夢也。」音旨嚴重。鯉於言下有悟。蓋心體未明，晝已屬夢，而又夢中説夢，且欲求解於不可知之鄉，宜先生之不我與也。自後有夢，亦不復識。

學問有得，氣象自別。昔象山先生一接傅志暐，深訝面目殊常，扣之，果夜來有悟於仁體。孟我疆見道分明，往知昌黎縣，入覲，從衆見楚侗耿公，公於稠衆中獨抗手揖我疆，留曰：「君何氣象之超群乎！」因叩其學，大稱賞，遂與定交。

曹克統問：「惟在我有所欲，斯人得以欲誘。若無欲，則無間可入，而俯仰屈伸，無不自如矣。」曰：「是。」

又問：「聖人之心只是與人爲善，若見人有機阱之入，而不爲之指津避險，是爲不仁，故曰教人爲善，是自己爲善。」曰：「是。」

卷八

賦

擬大祀山陵賦

惟皇帝御極，於兹八年。南郊東籍，大禮并舉。物阜民安，百嘉鬯遂。乃履雨露，興怵惕。爰詔禮臣議制，宗祝諏日。躬祀山陵，神人允輯。臣以聖天子至仁達孝，孚幽格遐，所以宣示元元，垂教萬世，不可無述也。

聖皇受命，配天光宅。靈圖誕膺，洪算永錫。國承熾昌之候，運逢熙洽之葉。物和時豐，八年一日。而又至性天成，穆然玄默。蜎濩育神，澄心清魄。祇若夔夔，視膳無斁。秉虔於郊，體勤於籍。萬國騰歡，八荒允協。乃眷九陵，兢焉怵惕。於是歷吉日，協靈辰。奉兩宫，驅萬乘。張鳳葆，設蜺旌。鳴鑾大輅，步輦乘茵。蒼螭素虯，霧集而雲合；翠蓋綃紈，燭電而流星。辭閶闔，歷城闉。玉車臨夫高衍，金根俯乎崎嶔。動朱輪則纖埃絶，飄輕幰則微風生。迤麗昌平之坂，駐蹕拱華之城。離宫相屬，别殿錯營。玉户金鋪，蕙帳蘭楹。肅乎太乙，齋乎陽靈。瞻九陵之如在，痛夙殞乎靈根。篤孝思於罔極，聿追承乎宗祊。精禋兮奏格，盛服兮齋明。奠秬鬯兮泔淡，薦五犧兮三牲。蟠熺炭兮將椒糈，盛玉帛兮潔蘩蘋。禮始兮觀盥，樂陳兮歌笙。黍稷兮既潔，明德兮惟馨。觀天顔兮慘怛，瞻慈容兮淒零。后妃恭兮懿穆，嬪御濟兮環珮森。相辟公兮旅獻，列奉璋兮執駿奔。禮文兮咸秩，孝享兮功成。於是旭日辨色，祥宇廓清。奎緯猶燦，卿雲載呈。皇帝乃降璇席，陟平丘，捨玉輅，泳方舟。渺渺兮摇拽，綿綿兮紆游。桂棹兮千鷁，蘭栧兮萬艘。駕黿鼉兮瀛海，驅龍蜃兮安流。當斯時也，宇宙澄寂，八風不揚。麗辰容與，化日舒長。居靡都市，人無賤良。長幼側肩而躡踵，士女雜還而相將。候歸艎於春渚，忻忭舞乎八方。載歌載泳，于衢于康。謂尊養媲隆于虞帝，而繼述追蹤于周王。遐哉邈乎！盛德大業，不可及矣！敢作頌曰：

粤天壽之崤崪兮，峙燕冀而獨崇。左太行而右滄海兮，蓋王氣其所鍾。昔文皇定鼎於兹土兮，并金陵以爲隆。更長獻而永昭兮，咸埋玉乎其中。閲十葉之延祚兮，流休光而垂鴻。緊登三而咸五兮，陋西峙與東封。獨瞻依夫丘寢兮，乃悽愴於神衷。廓心源於令典兮，俾垂裕於永終。肆聖皇之大孝兮，標九嶷而巄嵸。洽覃恩于四海兮，彌寰宇其春融。餘波流於四裔兮，盡萬國而攸同。歷億萬斯其年世兮，歌壽考其無窮。

吟

心吟贈我疆先生 有引

曩隆慶己巳，晤先生於太學。先生見道分明，其論心也曰：「無方無體，凡耳目視聽，一切應感皆心也。指腔子内爲言者，是血肉之軀，非靈妙之天君矣。」論未發之中不外發而中節之和，其言曰：「動静者，所感之時也。發也而本然之體無分於動静也。是故睹而不落于睹，不睹也，是謂真睹；聞而不落于聞，不聞也，是謂真聞。真聞真睹，是謂發而中節之和；不睹不聞，非所謂未發之中。天下之大，本乎未發之中，即心之本體也。」凡所論説，莫不通透。迨庚午、辛未聯第，用此學治昌黎，迄今有聲。别後數數寄余書，相勉以學。客歲，余計偕北上，謂先生官廷評，可聚首印心也。而先生業轉兵部尚書郎，特敕駐山海矣。余因偕陝州王幼真造訪，相與劇談旬餘。先生熟視我心行，見病狹小也，則謂之曰：「學貴大成，要以孔孟爲範。區區謹守，豈鄒魯家法邪？宣聖不得中行，則取狂狷，而不及謹厚之士，何也？」復以詩贈，有「天與良知元妙用，人因執著礙圓明」之句，蓋砭余也。余時次韻而别，别甫半載，大道有吟，氣志有説，兩端有解，以至鎖鑰攻守之喻，不一而足。俛仰宇宙，孰有愛我之深，望我之切如先生者乎？邸中無事，感今憶昔，敬摭次教語爲《心吟》，用識相與之雅云。

吾人一心，妙通萬類。至虚至靈，無方無位。目視耳聽，各有職司。心如元氣，流貫四時。感而遂通，睹聞不落。真睹真聞，本體自若。是中節和，即未發中。萬象皆有，太虚常空。戒懼存存，時謂慎獨。致乃中和，藹藹位育。詎云論效，祇完此心？欛柄由我，大地黄金。在昔已巳，陪君太學。我寔後進，君爲先覺。此心之體，未發之中。諄諄向我，期我融通。數載而來，或聚或散。散則貽書，聚則忘倦。比於關海，再荷班荆。慨我狹小，而示大成。回首賡和，别又數月。喻解説吟，時勤開發。俯仰宇内，生我者親。君今成我，二義實均。感而作歌，勉充吾隘。求不負君，月征日邁。

詩

懷幼真

憶别與君約，七日抵吾廬。如何七日過，不見西來車？
慈闈應戀汝，六日暫留居。即令七日發，遇雨當趑趄。

不審果行邁，今猶難絶裾。嗟我悠悠子，夾持全賴渠。
兹方十日别，真若三秋餘。夜夢遊洛下，逆旅同居諸。
問君幾日至，君曰今到且。笑語宛平日，普光亦看余。
相談時頗久，寤後自如如。普光，幼真僕名。

題楊太史復所請告還惠州卷

楊雄富文翰，妙譽馳九區。藻思麗金雘，玄袖握明珠。
矯翮起南溟，扶摇漸天衢。虎觀儲群彦，鷹揚爾獨殊。
芳風振流響，大雅還淳初。羅浮忽入夢，飄爾戒征車。
藎臣心魏闕，戀戀豈江湖。古來台鼎器，勳業屬鴻儒。
卓哉江門叟，心源溯魯洙。羡君同梓里，羹牆儼樞趨。
勿以肩鉅難，真性諒不渝。勿以萬里遥，康莊逞名駒。
夙昔推公輔，遭際正黄虞。勖哉淩霄羽，一舉弘曠圖。

贈董巢雄同年以諫言謫官

總是憂危意，誰分獻替臣。只慚隨馬仗，寧憚逆龍鱗。
雨露知猶厚，風霜且自辛。鎦壇今寂寞，何用惜吾身。
四海謳歌日，九重汗馬勞。孤臣懷霰集，雅志願弓弢。
不作玉階碎，還聞强項褒。竿頭猶百尺，東望首頻搔。

題節婦葉母卷

葉氏有賢母，孀閨三十春。奉姑曹令女，課子孟芳鄰。
越月隨機杼，熊丸共夕晨。貞心淩素雪，苦節照蒼旻。
堪慰良人死，獨全爲婦倫。豈徒明壼則，還可教忠臣。
千古欽高義，女中識鳳麟。

別空谷趙先生

悵仰高蹤亦許時，春風遼海共天涯。魯陽應有揮戈日，衛武還瞻詠竹詩。
半世探珠曾巨浪，十年索玉見名岐。那知後會論心地，把手相看月上遲。

職方我疆先生奉命駐海關余往訪之留談旬餘暇日觀海用陽明先生韻

茫茫欲問海東津，一駐山關便浹旬。擬泛星槎同漢使，翻憐秦世隔僊人。
登樓不盡天邊興，彼岸還尋個裏真。吾與亭前生意滿，歸來吟詠舞雩春。公署後圃有吾與亭。
海門一望接天津，山甫欽承帝命旬。坐使波清澄石甲，閒聽潮響泣鮫人。
天連島嶼俱堪畫，蜃聚樓臺總似真。聖代北門無一事，萊公到處有陽春。

次我疆先生韻言別

松月亭前憶舊盟，時聞關上鳥聲清。九重軫念河山險，四海論交兄弟情。
我以偏枯成障礙，君從渾雅出精明。臨歧不盡殷勤意，悵望郊原緑草生。

耕藉田

春藹膏原農事催，煌煌鑾輅撫玄臺。從知萬姓終千畝，共羡三推動九垓。
翠幙瑞迎羲日近，青壇祥并舜雲回。小臣愧乏安仁賦，長願君王念草萊。

送姜仲文同年使金陵

春風冉冉拂行旌，送爾星軺下石城。五色文章歸雋望，百年道誼結新盟。
趨庭但喜王程便，題柱那因晝錦榮？此去懸知詩禮問，薛王心印更須傾。
蚤從粉署通仙籍，乘興南遊賦兩都。萬里鄉心瞻北固，三春詩景及東吴。
莫憐雛鳳歸丹穴，共羡搏鵬起壯圖。想像秋風飄桂日，相隨整珮逐晨趨。

送昆山李年伯

因尋桃杏來天上，却爲松筠憶故山。驛路鶯花迎祖帳，清朝簪紱映斑斕。
鄴侯名在神仙籍，令伯心存孝友間。嘯傲五湖煙月裏，何妨鐘鼎寄身閒。

題松菴逸叟卷

疊山相對一茆堂，門外高松百尺長。石澗寒流江雪暮，林陰垂蔦午雲涼。
陶弘未擬空音響，孫綽終看具棟樑。秦代封禪何足論，清風一枕見羲皇。

別徐友

郿縣英豪徐仲雲，屩簦千里度伊濆。昨來暑雨光陳榻，此去秋風扇楚氛。
函谷兩投何所見，青箱盈帙詎無聞。向平玄晏非君志，握手相期共惜分。
東去鵬程萬里雲，馬蹄飛遞大河濆。趨闈第欲披親喜，題柱那容綴世氛。
得所以然成主宰，到無忘處覓真聞。他年再弄關山月，應笑人間爾我分。
芳郊逸驥共秋雲，一闋離歌響澗濆。草色鳴臺盈綠蟻，曦光折柳爛秋氛。
人生百禩渾如寄，斯道幾希貴有聞。吾輩誰同鄒季者，臨歧可歎筈弦分。

秦謳忽漫止流雲，送爾文軺下汝濆。敢許一真捐影射，寧誇五色門塵氛。世儒呶辨非吾事，古聖的傳可孰聞？明日函關臺上望，青雲洛口馬頭分。

同年高環漳詩來相慰和以復之

當年璧水共風流，別袂於今二十秋。經濟我慚長袖舞，圖書君喜一囊收。幾從劍氣尋真侶，還對月明傍舊洲。世事浮沉看過鳥，好乘雪夜放王舟。

嵩河歸卧曉雲流，千里琅函碧樹秋。豈有擊車天子異，可堪雕玉露囊收。竹山已闢羊裘徑，鏡水還尋鷗鷺洲。衮職夔龍廊廟在，江湖自古任漁舟。

附環漳詩：曾近微垣第一流，錦囊縱臾碧山秋。夾扶日月先臣在，涕哭乾坤我輩收。四海有聲關廟社，千年吾道屬滄洲。懸知衮職須山甫，蚤晚天迴江漢舟。

壽許太翁太母

耦耕投老鹿門遊，近水香飄杜若洲。并蒂紫芝開玉圃，聯翩玄鶴下丹丘。霞杯色映江雲濕，島樹煙隨海月浮。青瑣僊郎擁傳日，黄綸彩服對添籌。

題大蜀彭年丈梅畫

羡爾丹砂質，常能傲雪開。欣然題短句，誰作杏花猜。紅梅

素練緊誰埽，一枝玉雪骨。衆芳摇落盡，東閣見孤發。白梅

勉一諤姪

從今便立志，打起真精神。半世雖然過，還成半世人。

學海終歸海，爲堯即是堯。試看幽谷鳥，翩翩喜遷喬。

送陳蓮幕解官歸登州

曲澗飛雲映曉暉，東垣仙尉掛冠歸。懸魚三載成何事，千里清風捲葛衣。

祖帳郊門感慨歌，蕭蕭行李出關河。得歸共道身多病，海嶠猶堪採菊莎。

棄官歸去卧之罘，洛水函雲六月秋。相送莫憐清吏苦，齊東海上有閒鷗。之罘，登州山名。

使君東去一身輕，萬姓闕前淚若傾。苦别不愁相繼者，只愁相繼使君清。

夏日永寧吉生來學詩以勉之

負笈蹁躚冒暑行，函關誰復漢劉生。試看洛水澄新月，還悟當年瓦竹聲。

兩旬内吉生來而去去而復來又復去也用前韻

南去北來覓路行，却教歧處泣楊生。只今肯信長安道，何地清陰不友聲。

淮南元宵遇馬長卿節推

雪滿江淮燈滿城，逢君意氣便爲傾。那知娓娓通宵話，不似人間賞玩情。

燕月同遊又八年，抵今相見更相憐。丈夫事業掀天地，莫負山陽一夜筵。

城北小園

蘿洞陰陰緑樹繁，傍崖圓轉十三門。此中桃杏桑麻遍，誰信郊埛有武源。

山外郁椒聳黛屏，柳堤堤下水泠泠。況兼北望横雲嶠，便欲從今結草亭。

偕萬汝仁安良弼步出北門坐余小圃

三畝荒園五柳牆，北枝山鵲噪斜陽。因逢好友臨金水，共座蘆花歎卜商。汝仁有子夏入見出見之慨，故云。

樹底交流隔翠微，偶同郊外扣柴扉。層陰久坐陪清話，但見閒雲帶日飛。

永寧新立講學會陳汝時詩以招之次韻却答

二十餘年别洛下，何期此日雁書裁。論心況復興多士，吾道逢君已漸開。

弱冠韋弦已愛佩，抵今猶自不知裁。秋深縱渡崤陵水，却愧無匙待鎖開。

附汝時詩：吾黨幾多狂簡士，懸懸端望我君裁。孔車不阻崎嶇路，洛水金山笑口開。

同楊德潤遊嵩少

三月三花映紫谷，我來逢雨少林宿。攜囊迤邐衝雲去，踏遍高峰三十六。

嵩嶽巍峨靈秀繁，兩程申甫照乾坤。如今二室仍相望，獨有秦槐漢柏尊。

面壁人還此地鳴，嶺松菴上亂雲生。個中不悟西來意，真是磨甎望鏡成。

石室插天鎮兩河，白驢閒跨任高歌。吾儒自有明心訣，誰更禪門浪問魔。

盧巖瀑布掛春風，路入嵩陽嶽廟東。無那探奇輸二客，崎嶇陰雨晚山中。

孤寺深巖萬木叢，飛泉瀝瀝響天風。可憐今夜眠珠殿，不是三緣了未空。

次日平明出疊峰，晴天曉徑馬從容。道人未解貪光景，徒有洗心意正濃。

雨霽登臨眼更開，太行遥望抱金臺。西天渺渺蒼煙裏，伊洛摇光日下來。

夏縣王克允幼出家濟源，遷沔明岐黄術又十餘年而慕聖人之學爲賦

四絶

沔池覓得昆明傳，曾到濟源浪學仙。今日柴門遲雪立，與君共誦説書篇。

月横沔上印前川，汾水涑溪一派懸。君欲求之伊洛際，蒼茫本自静涓涓。

聖學之功要識仁，一圓靈藥九區春。也知異業元同道，切脈何如乍見真。

半月依依頗認真，俗儒門面笑多人。西歸試向吾徒説，絲點安排總未仁。

病中習静

静室焚香理病身，琴書手卷日相親。胸中自覺無他物，但聽啼禽報蚤春。

養德從來即養身，如今二竪苦相親。操存未到和平地，漫説宫中六六春。

理學雲浦孟先生傳

先生蓋伊雒間真儒，篤學好修者。卒二十七年，海内如吉水、西安、虞城諸君子，爲詩、爲賦、爲贊、爲誌銘、爲墓碑，是不一人，而獨無傳。吕子乃爲之曰：

先生姓孟，名化鯉，字叔龍，其先秦人也。洪武初，有好古者，始家新安焉。好古生真，真生聰，聰生倫，倫生秋，是爲贈南户部主事雙臺公，配衛太安人，夢有光如日，大於斗，遂誕先生。蓋嘉靖二十有四年乙巳閏正月二十有四日也。先生幼而警敏，長而端摯，其度修而美髯，其性嶷嶷，識者知其非常人。爲兒時，嗜讀《小學》。八歲讀《孝經》、《論語》，十三讀《易》，旁通經史，及《左》、《國》、秦、漢。比爲文，自構一格，不傍人籬下。十七補諸生，便慨然以古道自任。館於盟津，一日謂其外兄曰：「古人爲學，必正心修身，無愧怍而後即安，豈沾沾舉子業哉？」於是聞西川尤先生質直力行，倡道淑人，遂往師事之。讀《擬學小記》，曰：「濂雒真傳，具在於兹。」凡西川先生所言，手自籍記成帙。

會督學試所部，拔其文行皆第一。尋應恩詔首貢，肄業成均，試第二。有友郭青螺、黄慎軒、孟我疆。而我疆尤密，聯會講學，以道義相砥礪。癸酉中河南鄉試第九。故事，同年具呈坊價，先生瞿然曰：「吾輩方將起家，清仕路，抑奔競，乃先行請托耶？」獨不列名。凡先生初貴，及偕計，有司以故事徵驛遞路費，先生皆峻却不受。庚辰成進士，授南户部主事。時相欲致先生爲重，終不往謁。尋服雙臺公喪，起補户部主事，筦銀庫，痛革宿弊。出榷河西務，口不言錢，惟與子衿、耆老講《聖諭》六語，發明正學。行之日，士民肖像祀江干。

丙戌，江南、山左大饑，先生奉命往賑，裒益稽核，全活無算，尤厚賚善士。是年改驗封主事。會衛太安人卒，先生兩丁内外艱，哀毁骨立，喪制一准《家禮》，斟酌合宜，可爲法式。居喪不茹葷，不入内，不妄言笑。蓋先生天性孝，事兩尊人無間。或愠，則率婦長跪請過。雙臺公易簀，先生之留都任在途，以兩叔父視含斂。比襄事，每朔必稽顙，曰：「見兩叔父，即見吾父母也。」起復補稽勳，歷文選郎。

先生私念用人本朝廷公典，而或干以私，豈不上負君，下負所學？故一意孤立，雖大貴人氣焰薰灼，不少徇。往例，銓法多先白政府，然後補牘，先生不爲動。中璫請托，毫不假借，敕守閽勿通一刺。凡諸舞文吏所得自行其意者，搜剔殆盡，於是内外率側目視先生矣。張可菴棟以都諫建言國本謫，時論韙之，弗敢用也，先生疏起之。上業令票旨，政府封還，陰陽其詞，遂忤上，調外，尋以中外力救，削先生籍。先生神色自若，猶夙夜治文書，付所司，始跨蹇歸。歸之日，簪紳絡繹出，祖於郊，見先生行李蕭然，家奴徒步，皆歎曰：「賢者去國，我輩尸位，獨無愧於心乎？」郡邑長吏率求一見不可得，或負弩津途，問選君何往，而先生已微服過矣。

初，先生從西川遊，歸而設會講學，寒暑不輟，多所興起。西川每對人曰：「吾道西矣！」嗣與我疆諸先生講學京邸，又於川上建兩賢祠，後爲宗賢樓，聚圖書，羅俊乂。四方之士聞風負笈，若陝、澠、嵩、永、雒、孟、汝、羅、秦、晉，聯翩而至，無慮數百人。至是，先生歸，諸弟子迎于黄河之湄，歌詠之聲遏雲振木。先生於道益精進，所發明益開朗澄澈，非獨擴良知之緒，即上溯洙泗，中衍伊雒，當亦非先生莫屬也。先生所至，人化之。在榷則清貪墨之風，在銓則抑奔謁之途，在里則以恬淡古樸爲里俗先。故其里不用聲歌，不曳綺羅，婚嫁不論財，非嘉宴不用鼓吹，人謂新安有古人風，先生之教也。雖窮鄉幽谷之人，無不稱曰：「孟師！孟師！」

先生精神强毅，每漏下五鼓，即起課諸子弟，夜分伊唔不倦。亡何，疾革，弟化鯨侍藥，猶孳孳勉以爲學。又口占四詩，有聞道未足之意，遂瞑。門人相視失聲，城爲罷市。澠有老嫠婦聞而悲之曰：「天下無福耶！」其感人之深如此。海内君子過其墓，多泫然淚下。凡吊先生者，不曰皋夔稷契，則曰濂雒關閩；不曰精心卓詣、千古有賴，則曰嗟吾道之墜地，慨斯文之喪天。嗚呼痛哉！大抵先生之學以無欲爲宗，其教人則專以孝弟忠信慎獨爲要，不爲高深玄冥之論，至平至實，至易至簡，至純至粹。有門人王參君以悟者，自總丱師先生，信先生尤篤，其贊先生曰：「仕以達道，學本無欲。」知言哉！先生丁酉正月二十六日卒，葬城東函谷之阜。明年祀鄉賢，大中丞鍾公復以議論請建祠，春秋特祀。壬戌，奉詔贈中大夫、光禄寺卿。子一誠，孫瑛、璘、琄、琛、珪、璲。一誠皆能繼先生志〔一〕。所著有《尊聞録》、《讀易寐言》、《諸儒要録》、《理學功臣言行條》、《名賢卓行條》、《焚黄葬冠儀注》、《文集》八卷行於世。先生號雲浦，學者稱雲浦先生。

吕子曰：嗟乎！道學不明，世日趨於墨衺，喬詐脂韋，噂沓而不可砥也，相習而常。惟言學，則非而姍笑之，以爲怪。竊厥所由，豈以世有一種僞學，口而弗躬，不然則迂執而弗裨於用。今觀先生力行孝弟，古道淑人，且理財用人，齊家化俗，隨試而效，故凡口而弗躬，迂執而弗裨於用，皆學之似而非也，非學之尤也。先生當世趨波靡之日，膴而不淫，炎而不競，遁而不悔，此之擔當於道，豈顧人姍笑？豈向人面孔生活？真吾道之一砥柱！而惜不假之年，天也！溯淵源者，伊維爲洙泗嫡派，而先生嶡起，上接月川之鉢，近振西川之鐸，程邵以後，一人而已。近先生之居，如此其甚，讀其書，尚論其人，夫亦愈知學矣。

門人吕維祺頓首撰。

〔一〕「一誠」，二字疑衍。

理學雲浦孟先生像贊

儼然其容，挺幹修竹。湛然其神，江濯秋曝。氣其冲矣，布帛菽粟。行其純矣，精金美玉。仕以達道，學本無欲。伊洛淵源，千載其屬。

門人王以悟頓首題。

川上書院像贊

嗚呼！登其堂，入其室，夫有儼然在上，可望而不可即者。緊何人哉，厥貌何秩秩也！度何嶷嶷也！浩然之氣何屹屹也！我思厥心，何緝緝也！嗚呼！澗之水，逝不歇；澗之流，伊洛合；澗之源，洙泗一。嗚呼！緊何人哉，其泰山巖巖之遺裔乎！

門人呂維祺頓首題。

附録

明理學雲浦孟公墓誌銘

虞城 楊東明 撰

余年友雲浦孟公卒，遺孤一誠走使弟化鯨具行畧，楊甥玉潤具行狀，屬余爲誌。公名世大賢，一旦棄人間世，此乾坤氣運所關，匪細故也。余方擗踊慟悼之不暇，何能搦管抽思爲誌哉？獨念余辱附同心，公之隱德有家人弟子未及知而余獨知者，又安忍禁瓦缶之鳴，不令盛德光昭於永永哉？

按狀，公諱化鯉，字叔龍，别號雲浦，家世陝西郃陽人。洪武初，祖諱好古者，偕從兄好義、好德、好然徙新安家焉。高祖真生聰，聰生倫，倫生三子：曰秋、曰夏、曰仲。秋即公父，贈南户部主事。配衛氏，封太安人，以嘉靖二十四年閏正月二十四日生公。公生有異質，讀書一目輒不忘。少爲邑庠弟子員，居嘗默然循省，謂舉子業不足盡人也。乙丑，始拜西川先生門下，讀其《擬學小記》諸書，欣然有當於心。凡先生片言隻字，罔不籍記佩服，久之幡然解悟，吟弄而歸。創文峰會講，興起斯文，遠近趨門牆受業者甚衆。西川先生曰：「吾道大明於西方。」蓋喜公之能承其志也。

己巳，膺恩選。癸酉，領鄉薦。庚辰，成進士。同年友有連名呈請坊價者，公曰：「優士厚典而求得之，可乎？」不列名。識者已知公非常品矣。辛巳，除授南户部主事。尋丁外艱，遵禮守制，酌古準俗，皆可爲後人法。癸未，建兩賢祠，設西川、方山二先生位，率諸生展拜，日講學其中。尋以服闋北上，復除户部主事，領河西鈔關。已而直隸、山東饑，公以望奉命往賑之，全活以百萬計。公自是譽望日隆，朝堂推重。尋轉吏部主事，歷官選司郎中。公堂選，裁奔兢，拔淹滯，胥吏積弊搜剔殆盡。往者，遷除方面重臣，先關白政府。公以用人取自上裁，遇缺輒具名疏請，不爲白。政府以公大賢，亦不以往例束之。舊凡大選，中貴巨璫輒請託罔利，率爲常事，公毫無所徇。於是中貴人側目視公，日欲伺間隙中之矣。前諫臣可菴張公棟以建言奪爵，時論韙之，而弗敢用也。公曰：「薦賢爲國，利害何計？」疏上，遂大忤上意，闔司被譴。公意氣自若，徐理案牘付典守，葛巾野服，飄然跨蹇歸去。山居習静，即大貴人可仰而不可得。即聯屬舊同志，日講學二賢祠中。陝、沔、永、盧、汝、潢、光、羅間，翕然風動，負笈至者數百人。公爲僦民間舍居之，日與討論刮劘，無少倦。

丙申，余遊關中，道新安，拜二賢祠，坐諸士下風。而座中若長若少，若儒紳韋布士，濟濟然和，秩秩然序，偲偲然質疑問難，少頃歌韻洋洋，響徹洛澗之濱，猗與盛哉！有友揭《中行》章爲問，余曰：「中行非絶德也，日用間一點良知恰當處即是矣。人自中行，論甚狂狷？」公曰：「然哉！堯舜執中用中，亦只此些子伎倆，更無別法。信得及，便知人皆可爲堯舜。只是成就自家物事，無俟遠求。」余復設難曰：「堯舜大聖人也，吾儕當下反觀，用何抵當，而猥云可爲，不亦過乎？」公曰：「我以無堯舜者抵堯舜。夫良知無知也，無知乃無不知。存此是爲未發之中，措之即爲中行之士。此人心虛體，萬化根源，學者須宜理會。」一時友朋聞之，多有省云。

比余關中還，復詣公寓請益，公出所著《易訓》示余，大都以心體立説，與程朱訓異。余讀而訝之。公曰：「《易》，萬古心學之源也。而觀象玩占，淺孰甚焉，故謬。歸諸心，俾學道者知所原本云。」余乃益歎公精心卓詣，非淺淺可窺。千古絶學，方有深賴，乃一疾竟不起焉，豈天之將喪斯文歟？何奪公之速也！

公制行謹嚴，取予尤慎。自恩選鄉舉，輒辭常例不受。迨署銀庫，榷鈔關，典銓衡，靡匪利藪，而所至輒有廉聲，家食數年，力絶餽遺。有以苦節病之者，曰：「第見世儒利心不下，吾不敢蹈之耳。」

公學有深解，至其教人，則一以孝弟忠信爲本，不爲玄杳高深之談。歲時享祀祠堂，必誠必信。子弟輩有不閑禮度者，輒嚴督不少假貸，修身教家，踐履篤實。視夫空譚盛而實行疏者，未可同日語矣。高卧東山，望隆朝野，兩臺交章力薦，動以皋夔稷契、濂洛關閩目之，則公之所養所負可知矣。卒之日，哀動遠邇，行道之人，無不隕涕。著有《尊聞録》、《讀易寐言》、《理學功臣言行條》、《名賢卓行條》、焚黄葬冠諸儀注、《摘句通鑒》、《增減性理音釋》、《四書五經纂輯》、《諸儒要録》。門弟子皆手録家藏，以需刊佈。享年五十有三，萬曆二十五年正月二十六日卒。配龔氏封安人。男一誠，邑庠生，娶董氏。女二，長適孟津録事梁能子生員允濟，次適邑庠生王誥子生員親賢。十月十三日，葬於邑東函谷之北原。虞城楊子東明爲之灑泣銘曰：

嵩嶽降神，洛瀍毓粹。誕育名賢，出類拔萃。學務躬行，志存錫類。著書立言，發矇呼寐。篤實輝光，豐神盎睟。溯流伊洛，窮源洙泗。養晦東山，乾坤倚庇。天喪哲人，勳猷未遂。我爲勒銘，潸焉墮淚。函谷之原，百世永禧。

雲浦孟先生祠碑記

吾道三千年來淵源所漸，譬之水，洙泗，崑崙也；子輿、昌黎、周、程、張、朱，龍門、積石也；薛、吴、姚江、白沙諸公，溟渤、尾閭也。今河洛爲中原文獻，二程、邵夫子倡明性教之地。小子辰知讀書，便聞月川、西川及雲浦孟先生稱鼎峙。戊戌，過月川之里，則固已拜之。西川祠墓在洛之西澗，望而神悚。趨新安，則孟先生祠在焉。展拜瞻視，起敬起肅，堂廡門楹特巋存，求所爲碑載絲行履者無之。但聞一孫已舉孝廉、明經。時信宿去，未識也。越三年，再過其所，如玉氏方觀光，尹玉氏則振鐸武安，辰得與共事者耳。周旋久，出其文録以示，揭良知之指，切實平易，直接文成無疑。先生爲兒時，嗜《小學》，八歲遍《孝經》、《論語》，十三究《易》及子史諸大書，十七補諸生，即師事西川，親炙其學。負笈從遊，風雨寒暑靡間，所言手自籍記。無何，入成均，與郭青螺、黄慎軒、孟我疆諸名賢商酌性命而學益篤。癸酉，舉於鄉。庚辰，成進士，授計曹，補南北天部。清以律己，正以肅人，到處坐皋比，發明正道，以汲引後生爲務。然所最難者，忤執政不畏，廣朝白發不怯，投劾而神色自若，策蹇攜囊，至僮僕肩擔自隨，其廉節如此。歸構兩賢祠、宗賢樓。四方學者甚衆，立雪帷燈，講誦不輟。視了翁築室白鶴山，楊惟中引名士于河朔，尤覺淵廣。乃天不假以年，麟見筆絶，即於其力振微言之日。噫嘻！惜哉！明神宗朝，豫撫軍鍾襄，惠請理學從祀，特敕有司立耑祠，以時致祭。廟貌崇飾，當孔道，往來秦晉豫蜀者，無不止車騎瞻禮。蓋先生在朝廷則重朝廷，釐弊倖以清皇路，疏用讜直，以進善類，發粟活人，執政嚴重，欲致先生，終不一見；在黨里則重里黨，布衣瓦器將終身，不爲子孫計，戚屬有搆鬥者，不敢令先生知，叟孺咸化。疾革之日，婺婦有唏嘘曰：「天下其無福耶！」持兩尊人喪，一凖文公禮。婚娶不輕用聲樂，士女不曳紈綺，至今其鄉有樸茂風。所著有《尊聞録》、《讀易寐言》、《諸儒要録》、《理學功臣言行條》、《名賢卓行條》、《焚黄葬冠儀注》、《文集》八卷。上遵鄒魯，遠接四氏，近體文成及西川、月川。學本于致良知，而歸指于提省人心，功夫做向平實切近處。

齋居謹於郊廟，夢寐惕於晝醒，修踐先乎文命，一語一默，一動一静，期於可守。此天下宗之，後世宗之，如水之溯崑崙，山之臻太嶽也。余小子與其孫尹玉公㫬日親體貌，如親先生焉。跡其平日行事隱德，教人用人者，如北面問難焉。不得同時，如其師事西川，而猶幸與其哲胤追擬詠歎，挹先生之光澤，而領先生之道範，則亦幾于其師承之矣。祠故壯，劫於兵燹。新朝初年，得監司于公倡捐修葺殿堂一龕，凡講所庖湢欄楯之屬稱小備。尹玉伯仲以銘狀誌傳頗有，而祠内缺焉少記載，且麗牲無碑不可，命小子爲之。辰鄙學末秩，何敢榜揭祠門？聊敘先生之守先待後，及景行私淑之意云爾。

文林郎知武安縣事西湖後學陳之辰頓首拜記。